경희대학교 H&T애널리틱스센터 식품기업 분석 보고서

식품기업 경영분석 2019

최규완 | 장수청 | 방도형 | 강혜진 | 이창민 | 정조영 | 정지윤

BUSINESS ANALYSIS OF KOREAN FOOD MANUFACTURING AND PROCESSING COMPANY

경희대학교 출판문화원

이 책을 펴내며

우리나라의 식품산업은 지속적으로 성장해왔습니다. 2018년 국내 식품산업 생산실적은 전년 대비 5.1% 증가한 78조 9천억 원으로 집계되었으며, 최근 3년간 연평균 성장률 3.7%를 기록했습니다. 식품산업의 생산실적은 국내 제조업 총생산 대비 16.3%, 국내 총생산 대비 4.4%를 차지하는 것으로, 국가 경제에 미치는 영향이 매우 큽니다.

특히 1인 가구 증가와 저출산 및 고령화로 외식 및 내식의 규모가 줄어든 대신, 가정간편식의 소비가 확대되면서 식품산업에도 큰 변화가 일어나고 있습니다. 새로운 식품 포맷의 등장으로 식품산업 성장성에 기대가 커짐에 따라서 식품기업 간에 브랜드, 제품, 가격 등에서 다양한 경쟁 구도가 형성되고 있습니다. 또 기존 식품기업 이외에 유통기업과 외식기업까지 식품업계에 진출함에 따라 산업 내 경쟁도 치열해지고 있습니다. 경쟁률 심화 및 산업구조의 복잡화에 따라 식품산업의 다양한 정보를 수집하고 제공할 필요성이 생겼다고 판단해, 공시된 정보를 확보할 수 있는 식품기업을 분석하여 본 책자를 발간하게 되었습니다.

이 책에서는 공시된 정보를 파악할 수 있는 식품기업들의 경영 상태를 분석하였습니다. 외부 감사대상 법인과 상장법인(총 58개)에 대한 기본적인 재무제표와 해당 기업들의 수익성, 안정성, 활동성 등을 파악할 수 있는 다양한 재무분석을 제시함으로써 식품기업의 경영 상태를 한눈에 파악할 수 있도록 했습니다.

대학의 공공성을 기반으로 정기적으로 본 책자를 발간해 식품산업의 정보 부족과 불균형에 따른 사회적 비효율을 완화하는 데 기여하고자 합니다. 부디 본 책자가 식품산업에서 새로운 도전 또는 경영상 부진으로 어려움을 겪고 있는 여러 식품사업체에 유용한 정보이기를 기대합니다. 끝으로 본 책자가 발행되는 데 많은 격려와 지원을 해주신 ㈜오뚜기 함영준 회장님께 감사의 뜻을 전합니다.

식품기업 경영분석 2019 저자 일동

일러두기

- 이 책은 2018년 데이터를 분석한 것으로, 최근 10년간의 변화추이를 한눈에 볼 수 있다.
- 외부 감사대상 법인과 상장법인(총 58개)에 대한 기본적인 재무제표를 제시한다.
- 수익성, 성장성, 안정성, 활동성 등을 파악할 수 있는 다양한 재무분석을 실시한다.
- 지표 해설을 부록에 첨부하여 내용 이해를 돕는다. 197쪽~203쪽 참조

이 책은 식품산업의 발전을 기원하는 오뚜기 재단의 지원으로
발간되었습니다.

차례

표 목록

그림 목록

Ⅰ. 분석 개요

1. 분석 목적

- 국내 식품산업은 다양한 사회·문화적 변화에 영향을 받아 지속적인 성장세를 보이고 있다. 특히 저출산 및 고령화로 인한 가구 규모의 축소로 외식 및 내식이 줄고, 인스턴트식품의 일종인 가정간편식 HMR 의 소비가 확대되어 산업 성장을 촉진하고 있다.
- 식품업계는 일찍이 규모화를 이룬 기업들이 오랜 업력으로 시장을 지배했으나 최근에는 브랜드나 제품 등으로 다양한 경쟁 구도를 형성하고 있다. 특히 최근 유통기업들이 식품업계에 진출함에 따라 다양한 제품군이 형성되었고, 많은 식품 제조 및 가공기업들이 자사 브랜드뿐만 아니라 PB Private Brand 제품 생산에도 주력하고 있다.
- 산업 지형의 변화에도 현재 국내에는 많은 식품업계 이해관계자들이 산업 및 기업에 대한 경영성과를 판단하고 의사를 결정할 수 있는 정보의 수준이 현저히 낮은 실정이다.
  - ○ 식품업계 트렌드 자료 등 소비자 관점에서 식품산업을 이해하는 정보는 생성되고 있으나 기업 관점에서의 성과 분석 및 세부 업종별 비교 등 산업을 이해할 수 있는 정보 원천은 미비한 상황이다.
- 식품 제조 및 가공기업에 대한 경영분석 자료를 주기적으로 제공하고 식품산업 내 세부 업종별 비교 등을 통해 식품기업 및 식품산업에 대한 양질의 정보를 제공하고자 한다.

2. 식품산업의 개념 및 범위

- 식품산업의 개념은 연구 분야 및 연구자의 판단에 따라 다양하게 정의되기 때문에 하나로 획일화하는 데 무리가 있다. 그러나 포괄적인 의미에서 식품산업이라 함은 농수산물을 원료로 사용하여 가공식품을 생산하는 음식료품 제조업과 식품의 유통 및 외식산업 전반을 아우르

는 개념이다.

- 통계청의 한국표준산업분류에서 음식료품 제조업의 정의는 각종 주 부식 또는 조미용 식료품을 생산하는 산업 활동뿐만 아니라 가축의 도축 및 곡물의 도정과 배합사료 생산 활동을 포함한다. 본 서에서는 분석의 목적을 고려하여 식용이 아닌 가축용 사료는 식품산업에서 제외한다.
- 통계청의 한국표준산업분류표에 따르면, 음식료품 제조업은 식료품 제조업과 음료 제조업으로 세분류된다. 식료품 제조업은 도축, 육류가공 및 저장처리업, 수산물 가공 및 저장처리업, 과실, 채소 가공 및 저장처리업, 동물성 및 식물성 유지 제조업, 낙농제품 및 식용빙과류 제조업, 곡물 가공품, 전분 및 전분제품 제조업, 기타 식품 제조업, 동물용 사료 및 조제식품 제조업으로 구분된다. 음료 제조업은 알코올음료 제조업, 비알코올음료 및 얼음 제조업으로 구분된다.

[표 1-1] 식료품 및 음료 제조업의 분류(표준산업분류 10차 개정, 2017)

<table>
<tr><th>대분류</th><th>중분류</th><th>소분류</th><th>세분류</th><th>세세분류</th></tr>
<tr><td rowspan="20">음식료품 제조업</td><td rowspan="20">식료품 제조업 (10)</td><td rowspan="3">도축, 육류 가공 및 저장처리업 (101)</td><td>도축업</td><td>도축업</td></tr>
<tr><td rowspan="2">육류 가공 및 저장처리업</td><td>가금류 가공 및 저장처리업</td></tr>
<tr><td>기타 육류 가공 및 저장처리업</td></tr>
<tr><td rowspan="5">수산물 가공 및 저장처리업 (102)</td><td rowspan="4">수산동물 가공 및 저장처리업</td><td>수산동물 훈제, 조리 및 유사 조제식품 제조업</td></tr>
<tr><td>수산동물 건조 및 염장품 제조업</td></tr>
<tr><td>수산동물 냉동품 제조업</td></tr>
<tr><td>기타 수산동물 가공 및 저장처리업</td></tr>
<tr><td>수산식물 가공 및 저장처리업</td><td>수산식물 가공 및 저장처리업</td></tr>
<tr><td rowspan="2">과실, 채소 가공 및 저장처리업 (103)</td><td rowspan="2">과실, 채소 가공 및 저장처리업</td><td>과실 및 채소 절임식품 제조업</td></tr>
<tr><td>기타 과실, 채소 가공 및 저장처리업</td></tr>
<tr><td rowspan="3">동물성 및 식물성 유지 제조업 (104)</td><td rowspan="3">동물성 및 식물성 유지 제조업</td><td>동물성 유지 제조업</td></tr>
<tr><td>식물성 유지 제조업</td></tr>
<tr><td>식용 정제유 및 가공유 제조업</td></tr>
<tr><td rowspan="2">낙농제품 및 식용빙과류 제조업 (105)</td><td rowspan="2">낙농제품 및 식용빙과류 제조업</td><td>액상시유 및 기타 낙농제품 제조업</td></tr>
<tr><td>아이스크림 및 기타 식용빙과류 제조업</td></tr>
<tr><td rowspan="5">곡물 가공품, 전분 및 전분제품 제조업 (106)</td><td rowspan="4">곡물 가공품 제조업</td><td>곡물 도정업</td></tr>
<tr><td>곡물 제분업</td></tr>
<tr><td>제과용 혼합분말 및 반죽 제조업</td></tr>
<tr><td>기타 곡물 가공품 제조업</td></tr>
<tr><td>전분제품 및 당류 제조업</td><td>전분제품 및 당류 제조업</td></tr>
</table>

대분류	중분류	소분류	세분류	세세분류
	식료품 제조업 (10)	기타 식품 제조업 (107)	떡, 빵 및 과자류 제조업	떡류 제조업
				빵류 제조업
				코코아 제품 및 과자류 제조업
			설탕 제조업	설탕 제조업
			면류, 마카로니 및 유사식품 제조업	면류, 마카로니 및 유사식품 제조업
			조미료 및 식품 첨가물 제조업	식초, 발효 및 화학 조미료 제조업
				천연 및 혼합조제 조미료 제조업
				장류 제조업
				기타 식품 첨가물 제조업
			기타 식료품 제조업	커피 가공업
				차류 가공업
				수프 및 균질화 식품 제조업
				두부 및 유사식품 제조업
				인삼식품 제조업
				건강보조용 액화식품 제조업
				건강기능식품 제조업
				도시락 및 식사용 조리식품 제조업
				그 외 기타 식료품 제조업
		동물용 사료 및 조제식품 제조업 (108)	동물용 사료 및 조제식품 제조업	동물용 사료 및 조제식품 제조업
	음료 제조업 (11)	알코올음료 제조업 (111)	발효주 제조업	탁주 및 약주 제조업
				청주 제조업
				맥아 및 맥주 제조업
				기타 발효주 제조업
			증류주 및 합성주 제조업	주정 제조업
				소주 제조업
				기타 증류주 및 합성주 제조업
		비알코올음료 및 얼음 제조업	비알코올음료 및 얼음 제조업	얼음 제조업
				생수 생산업
				기타 비알코올음료 제조업

3. 식품기업 특성

- 국내 식품산업은 2018년 상장법인[KOSPI, KOSDAQ] 기업이 73개, 외부 감사대상 법인이 1,140개로 큰 규모를 이루고 있다. 식품산업은 산업의 규모화를 이룬 역사가 길고, 오랫동안 사업을 유지하는 기업이 다수 포함된 산업이며, 지난 10년간 외형상 폭발적으로 성장했다. 앞으로도 식생활 양상의 변화에 상응하여 꾸준히 성장할 것으로 판단된다.

- 국내 식품기업은 소수 대기업 형태의 그룹사와 다수 중소기업 형태의 비그룹사로 나뉘며, 다양한 대체제가 존재하는 식품산업의 특성상 높은 시장 경쟁성을 유지하고 있다. 또한 영세성이 다른 제조업에 비해 아주 높게 나타나며 제조비용에서 재료비가 차지하는 비율이 높다.
  - 시장 진입을 위한 설비투자 비용은 낮으나 추후 영업, 유통망이 중요하게 작용하여 진입 초기에 유통망을 확보한 소수 업체를 중심으로 과점체계가 형성된다.

4. 조사 및 분석 방법

- 본 서의 조사 대상 기업은 식품기업 중 유가증권시장 및 코스닥KOSDAQ 상장법인으로 한정하였으며, 상장법인 중 조사 목적과 맞지 않는 일부 업종동물용 사료 및 조제식품 제조업을 제외한 58개 기업으로 선정하였다. 선정된 기업의 재무자료는 ㈔한국상장회사협의회의 KOCOinfo에서 제공하는 TS2000 PB를 활용해 수집하였다.
- 상장법인 58개 식품기업의 기존 분류가 실제 사업영역과 맞지 않아 본 서에서는 분석의 용이성을 위해 한국 표준산업분류체계10차에 의거 재분류하였다.
- 재무비율 지표의 경우, 일부 기업의 이상치Outlier로 인해 지표에 편의Bias가 발생한다. 이를 고려하여 이상치가 존재하는 지표에 대해서는 Winsorzing[1]을 실시했다.

5. 분석 대상

가. 2019년 분석 대상 식품기업

[표 1-2] 분석 대상 식품기업(2019년 감사보고서 발간 기업 기준)

구분	기업명	상장 여부	업종 구분	그룹사 여부
1	(주)농심	KSE	1073	G
2	(주)동원에프앤비	KSE	1021	G
3	(주)마니커	KSE	1012	NG
4	(주)빙그레	KSE	1050	NG
5	(주)사조대림	KSE	1021	G
6	(주)사조오양	KSE	1021	G
7	(주)삼양사	KSE	1072	G

1 Winsorizing : 자료의 분포에서 양극단에 발생하는 이상치(Outlier)에 대해 설정된 범위에서 이상치를 끌어오는 방법으로, 본 서에서는 95% 범위를 벗어나는 양측 이상치에 대해 95% 범위의 임계치로 끌어온 후 평균값을 구한다.

구분	기업명	상장 여부	업종 구분	그룹사 여부
8	(주)선진	KSE	1012	G
9	(주)에스피씨삼립	KSE	1071	G
10	(주)오뚜기	KSE	1073	G
11	(주)오리온	KSE	1071	G
12	(주)조흥	KSE	1074	NG
13	(주)크라운제과	KSE	1071	NG
14	(주)팜스코	KSE	1012	NG
15	(주)풀무원	KSE	1079	G
16	남양유업(주)	KSE	1050	NG
17	대상(주)	KSE	1062	G
18	대한제당(주)	KSE	1072	G
19	대한제분(주)	KSE	1062	NG
20	롯데제과(주)	KSE	1071	G
21	롯데푸드(주)	KSE	1050	G
22	사조동아원(주)	KSE	1061	G
23	사조씨푸드(주)	KSE	1021	G
24	삼양식품(주)	KSE	1073	G
25	샘표식품(주)	KSE	1074	G
26	서울식품공업(주)	KSE	1071	NG
27	CJ씨푸드(주)	KSE	1021	G
28	CJ제일제당(주)	KSE	1079	G
29	한성기업(주)	KSE	1021	NG
30	해태제과식품(주)	KSE	1071	G
31	(주)노바렉스	KDQ	1079	NG
32	(주)뉴트리	KDQ	1079	NG
33	(주)동우팜투테이블	KDQ	1011	NG
34	(주)비피도	KDQ	1079	NG
35	(주)에이치엘사이언스	KDQ	1079	NG
36	(주)엠에스씨	KDQ	1074	NG
37	(주)인산가	KDQ	1074	NG
38	(주)정다운	KDQ	1011	NG
39	(주)체리부로	KDQ	1011	NG
40	(주)푸드웰	KDQ	1030	NG
41	(주)하림	KDQ	1011	G
42	(주)한탑	KDQ	1061	NG
43	(주)현성바이탈	KDQ	1079	NG
44	매일유업(주)	KDQ	1050	G
45	아미코젠(주)	KDQ	1079	NG

다음 페이지에 계속

구분	기업명	상장 여부	업종 구분	그룹사 여부
46	우리손에프앤지농업회사법인(주)	KDQ	1011	NG
47	코스맥스엔비티(주)	KDQ	1079	NG
48	한국맥널티(주)	KDQ	1079	NG
49	(주)MH에탄올	KSE	1112	NG
50	(주)무학	KSE	1112	NG
51	롯데칠성음료(주)	KSE	1120	G
52	보해양조(주)	KSE	1112	NG
53	하이트진로(주)	KSE	1112	G
54	(주)국순당	KDQ	1111	NG
55	(주)진로발효	KDQ	1112	NG
56	(주)창해에탄올	KDQ	1112	NG
57	(주)흥국에프앤비	KDQ	1120	NG
58	풍국주정공업(주)	KDQ	1112	NG

주1: 표에 사용된 기호의 의미는 다음과 같다.
기업규모 – KSE(유가증권상장법인), KDQ(코스닥상장법인)
그룹사 – G(그룹사), NG(비그룹사)
업종구분 – 1011(도축업), 1012(육류 가공 및 저장처리업), 1021(수산동물 가공 및 저장처리업), 1022(수산식물 가공 및 저장처리업), 1030(과실, 채소 가공 및 저장처리업), 1040(동물성 및 식물성 유지 제조업), 1050(낙농제품 및 식용빙과류 제조업), 1061(곡물 가공품 제조업), 1062(전분제품 및 당류 제조업), 1071(떡, 빵 및 과자류 제조업), 1072(설탕 제조업), 1073(면류, 마카로니 및 유사식품 제조업), 1074(조미료 및 식품 첨가물 제조업), 1079(기타 식료품 제조업), 1111(발효주 제조업), 1112(증류주 및 합성주 제조업), 1120(비알코올음료 및 얼음 제조업)

나. 그룹사 여부별 분류

- 2017년 '㈜노바렉스', '㈜뉴트리', '㈜비피도'가 코스닥 상장을 하면서 분석 대상 비그룹사 기업은 총 34개로 증가하였다.
- 지난 10년간 꾸준히 비그룹사 식품기업이 그룹사 식품기업보다 많았으나 그룹사 식품기업의 수도 꾸준히 증가했다.

[표 1-3] 식품기업 현황 : 그룹사 여부별

(단위 : 개)

구분	2008	2009	2010	2011	2012	2013	2014	2015	2016	2017	2018
그룹사 기업	15	16	16	19	19	19	19	19	21	24	24
비그룹사 기업	19	19	21	21	21	22	24	27	29	31	34

다. 세부 식품산업별 분류

- 한국표준산업분류체계[10차]를 기준으로 살펴보면, 기타 식료품 제조업은 10년간 점차 증가하였고 가장 많다.

- 전반적으로 업종별 기업 수의 변화가 크지 않으나 2008년 대비 분석 대상의 수가 감소한 업종은 낙농제품 및 식용빙과류 제조업이다.
- 음료 제조업의 경우 '㈜흥국에프엔비'의 진입으로 나타난 비알코올음료 및 얼음 제조기업 수의 변화를 제외하면 10년간 변화가 나타나지 않았다.

[표 1-4] 식품기업 현황 : 세부 업종별 (단위 : 개)

구분	2008	2009	2010	2011	2012	2013	2014	2015	2016	2017	2018
도축, 육류 가공 및 저장처리업	2	1	1	1	1	1	2	2	2	2	2
육류 가공 및 저장처리업	3	3	3	4	4	4	4	4	4	4	4
수산물 가공 및 저장처리업	2	2	2	2	2	2	2	2	2	2	2
수산동물 가공 및 저장처리업	2	2	2	2	2	2	2	2	2	2	2
과실, 채소 가공 및 저장처리업	1	1	1	1	1	1	1	1	1	1	1
낙농제품 및 식용빙과류 제조업	7	4	4	4	4	4	4	4	4	5	5
곡물가공품, 전분 및 전분제품 제조업	3	3	3	3	3	3	3	3	3	3	3
곡물 가공품 제조업	2	2	2	2	2	2	2	2	2	2	2
기타 식품 제조업	3	3	3	3	3	3	3	3	3	6	6
떡, 빵 및 과자류 제조업	2	2	2	2	2	2	2	2	2	3	3
설탕 제조업	1	1	1	2	2	2	2	2	2	2	2
면류, 마카로니 및 유사식품 제조업	2	2	2	2	2	2	2	2	2	2	2
조미료 및 식품 첨가물 제조업	5	5	5	5	5	5	5	5	6	6	6
기타 식료품 제조업	3	4	5	5	5	6	6	7	7	8	8
발효주 제조업	1	1	1	1	1	1	1	1	1	1	1
증류주 및 합성주 제조업	7	7	7	7	7	7	7	7	7	7	7
비알코올음료 및 얼음 제조업	1	1	1	1	2	2	2	2	2	2	2

- 식품기업의 수에 비해 분류의 수가 많아 분석의 용이성을 위해 업종을 재분류했다. 그 결과는 [표 1-5]와 같다.
- 2017년 대비 기타 식료품 제조기업의 수만 증가하였으며, 이외 업종에서는 기업 수의 변화가 없다.
- 2016년 대비 분석 대상의 수가 증가한 업종은 기타 식품 제조업이며, 10년간 점차 증가한 것으로 나타났다.

[표 1-5] 식품기업 현황 : 세부 업종 재분류별

(단위 : 개)

구분	2008	2009	2010	2011	2012	2013	2014	2015	2016	2017	2018
도축업	1	1	1	2	2	2	3	3	4	5	5
육류 가공 및 저장처리업	2	2	2	3	3	3	3	3	3	3	3
수산동물 가공 및 저장처리업	5	5	5	5	6	6	6	6	6	6	6
과실, 채소 가공 및 저장처리업	1	1	1	1	1	1	1	1	1	1	1
동물성 및 식물성 유지 제조업	1	1	1	1	1	1	1	1	1	1	1
낙농제품 및 식용빙과류 제조업	3	3	3	3	3	3	3	3	3	4	4
곡물 가공품 제조업	2	2	2	2	2	2	2	2	2	2	2
전분제품 및 당류 제조업	2	2	2	2	2	2	2	2	2	2	2
떡, 빵 및 과자류 제조업	2	2	2	2	2	2	2	2	3	5	5
설탕 제조업	1	1	1	2	2	2	2	2	2	2	2
면류, 마카로니 및 유사식품 제조업	3	3	3	3	3	3	3	3	3	3	3
조미료 및 식품 첨가물 제조업	2	2	2	2	2	2	2	2	3	4	4
기타 식료품 제조업	2	2	2	2	2	3	3	5	7	7	10
발효주 제조업	1	1	1	1	1	1	1	1	1	1	1
증류주 및 합성주 제조업	4	5	6	6	6	6	7	7	7	7	7
비알코올음료 및 얼음 제조업	1	1	1	1	1	1	1	2	2	2	2

II. 식품기업 경영분석 주요 결과

1. 2018년 주요 재무지표 요약

- 2018년 한국 식품기업 경영분석 대상에 포함된 식품 제조 및 가공기업 중 CJ제일제당㈜가 매출액 규모 약 6조 450억 원으로 동종업계 내 상위 기업 중에서도 압도적인 매출액 격차를 나타내며 1위를 차지했다. 이어 롯데칠성음료㈜(2조 3,230억 원), 대상㈜(2조 2,350억 원), ㈜오뚜기(2조 970억 원), ㈜농심(1조 8,570억 원)의 순으로 나타났다.
  - 전반적으로 분석 대상인 기업의 매출액 격차는 매우 큰 편으로 단순 매출의 비교만으로는 성과를 가늠하기 어려울 것으로 판단된다.
  - 일부 매출액 및 자산 규모는 하위권이나 수익성은 더 준수한 기업들이 존재하므로 주요 재무비율 지표로 조사 대상 기업들의 성과를 비교해볼 필요가 있다. 실제로 각각의 재무비율 지표와 매출액 간 상관관계는 높지 않아 재무비율 지표로는 규모의 이질성을 무시하고 상대적 비교가 가능할 것으로 보인다.
  - 다만 일부 기업들은 매출액 및 자산 규모 같은 절대적 성과도 미흡하지만, 재무비율 지표도 현저히 떨어진다. 가령 ㈜현성바이탈은 매출액 규모가 가장 낮고, 당기순손실 규모도 크며 수익성, 성장성, 활동성 모두 최하위 수준을 나타냈다. 유일하게 재무안정성만 확보되어 있으나 기업의 지속적 성장 가능성은 매우 낮다.
- 매출액 1위를 차지한 CJ제일제당㈜는 당기순이익도 매우 높은 수준을 나타내고 있다. 반면, 매출액 규모에서 2위를 차지한 롯데칠성음료㈜는 상위 기업 중 유일하게 당기순손실을 기록했다.
  - 롯데칠성음료㈜의 경우, 전기 대비 영업이익이 증가했음에도 당기순손실이 발생했다. 당사 내 인적 분할로 인한 각종 기타 수익의 감소로 발생한 것으로 영업성과와는 무관한 손실로 해석할 수 있다.
- 2018년 분석 대상 기업 중 수익성이 가장 우수한 기업은 아미코젠㈜이다. 당사는 매출액순이

익률 및 총자산순이익률 모두 최상위를 기록했다.

○ 매출액 규모 상위의 그룹사 중 성과가 준수한 CJ제일제당㈜와 당기순손실을 기록한 롯데칠성음료㈜를 제외하고는 대체로 중간 수준의 수익성 성과를 나타냈다.

■ 성장성이 가장 우수한 기업은 ㈜에이치엘사이언스이며, 이어 ㈜노바렉스, 서울식품공업㈜ 등이 뒤를 이었다. 성장성은 대체로 중하위 기업이 높은 순위를 차지했다. 성장 규모의 절대적 크기가 현재 대비 차지하는 비중이 높기 때문에 중소 규모 기업이 상대적으로 높은 성장성을 기록한 것으로 판단된다.

○ 매출액 규모 상위 그룹에서는 유일하게 CJ제일제당㈜만 높은 성장성을 기록해 10위권 내에 포함되었다. 나머지 상위 기업들은 중간 정도의 성장성을 나타내고 있다. 상위 그룹에 있는 대기업 역시 정체되지 않고 꾸준히 성장이 이어진다는 점에서 식품업계의 성장세를 엿볼 수 있다.

■ 활동성이 가장 우수한 기업은 총자산회전율이 가장 높은 매일유업㈜로 나타났으며, 이어 ㈜에스피씨삼립, ㈜동원에프앤비, 롯데푸드㈜, ㈜뉴트리 등으로 나타났다.

○ 활동성이 낮은 기업들이 대체로 매출액 규모도 하위인 그룹에 많이 분포하고 있다. 이는 규모가 작은 기업의 경우, 자산을 효율적으로 활용하지 못하는 것으로 판단할 수 있다. 다만 활동성이 높다고 매출액 규모가 높은 것은 아니다. 상위권 그룹에서는 활동성과 매출액 성과는 큰 상관성이 없는 것으로 해석할 수 있다.

■ 부채비율이 가장 높은 기업은 한성기업㈜이며, 이어 ㈜한탑, 보해양조㈜, 서울식품공업㈜, ㈜하림 등이 뒤를 잇는다.

○ 부채비율이 높은 상위 5개 기업 중 3개가 당기순손실을 기록한 기업이고, 상위 10개 기업 중 5개 기업이 당기순손실을 기록한 기업이다. 수익성이 준수하거나 우수한 기업에서의 부채비율은 수익성과 상관성이 떨어지나, 수익성이 저조한 기업의 부채비율이 상대적으로 높다.

○ 수익성이 악화된 가운데, 재무안정성까지 확보되지 않는다면 성과 부실이 지속될 우려가 있다. 해당 기업들은 무엇보다 수익성 및 재무안정성 회복이 중요할 것으로 보인다.

[표 2-1] 2018년 주요 재무지표 현황

순위	기업명	매출액 (백만 원)	당기순이익 (백만 원)	총자산 (백만 원)	수익성				성장성		활동성		레버리지 비율	
					매출액 순이익률 (%)	순위	총자산 순이익률 (%)	순위	매출액 성장률 (%)	순위	총자산 회전율 (회)	순위	부채 비율 (%)	순위
1	CJ제일제당(주)	6,045.73	926.27	8,589.53	15.32	7	11.73	5	14.78	7	0.77	39	80.40	25
2	롯데칠성음료(주)	2,323.27	-54.57	3,201.76	-2.35	51	-1.65	51	1.93	23	0.70	42	168.61	7
3	대상(주)	2,235.92	77.36	1,830.37	3.46	29	4.15	24	2.09	22	1.20	18	98.99	18
4	(주)오뚜기	2,097.13	139.43	1,654.46	6.65	20	9.11	10	2.29	20	1.37	6	50.53	37
5	(주)농심	1,857.81	75.67	2,406.70	4.07	25	3.20	32	0.13	29	0.79	35	27.05	44
6	롯데푸드(주)	1,810.81	42.54	1,208.28	2.35	36	3.50	29	-0.43	37	1.49	4	77.04	26
7	(주)삼양사	1,666.02	32.16	1,641.12	1.93	38	1.95	38	2.58	19	1.01	27	55.12	35
8	하이트진로(주)	1,657.62	24.91	3,316.70	1.50	40	0.74	46	-0.44	38	0.49	48	172.67	6
9	(주)동원에프앤비	1,632.63	41.01	1,029.30	2.51	35	3.93	26	4.04	17	1.57	3	88.23	22
10	롯데제과(주)	1,586.11	16.82	2,239.78	1.06	44	0.75	45	0	34	0.71	41	87.35	23
11	매일유업(주)	1,300.08	61.15	616.81	4.70	24	9.91	8	0	30	2.11	1	76.36	27
12	대한제당(주)	1,105.43	6.62	983.28	0.60	47	0.67	47	-4.17	43	1.12	22	116.22	13
13	남양유업(주)	1,070.69	9.13	1,045.54	0.85	46	0.88	43	-7.49	47	1.03	25	17.81	49
14	(주)에스피씨삼립	1,016.33	28.39	594.16	2.79	31	5.44	19	0.61	26	1.95	2	103.24	16
15	(주)팜스코	933.11	10.48	797.65	1.12	43	1.44	41	-5.47	46	1.28	11	125.95	11
16	(주)빙그레	838.16	32.13	648.47	3.83	27	5.02	20	-0.38	36	1.31	9	20.05	48
17	(주)하림	828.01	-7.68	820.35	-0.93	50	-1.07	49	-4.44	44	1.15	21	175.86	5
18	(주)선진	746.43	19.38	780.05	2.60	33	2.86	33	7.53	12	1.10	23	123.44	12
19	(주)오리온	711.90	70.77	1,163.67	9.94	12	6.08	17	0	31	0.61	43	66.74	32
20	해태제과식품(주)	706.37	4.01	752.82	0.57	48	0.52	48	-9.91	51	0.92	32	162.97	8
21	삼양식품(주)	464.18	34.16	387.55	7.36	16	8.88	11	2.22	21	1.21	15	73.60	29
22	(주)사조대림	431.03	7.19	347.71	1.67	39	2.07	37	-8.65	49	1.24	13	74.03	28
23	사조동아원(주)	407.96	16.06	464.17	3.94	26	3.42	30	9.06	9	0.87	33	154.87	10
24	사조씨푸드(주)	397.13	12.62	380.27	3.18	30	3.41	31	5	15	1.07	24	73.10	30
25	(주)크라운제과	388.53	13.68	332.76	3.52	28	4.11	25	0	32	1.17	20	159.60	9
26	대한제분(주)	305.13	34.68	707.39	11.36	11	4.96	21	6.55	13	0.44	49	9.57	54
27	(주)사조오양	296.15	7.96	308.29	2.69	32	2.61	35	-4.53	45	0.97	29	98.00	19
28	한성기업(주)	286.87	-2.63	222.23	-0.92	49	-1.20	50	-11.13	53	1.31	10	311.51	1
29	(주)마니커	269.91	-11.77	191.33	-4.36	54	-5.70	56	13.54	8	1.31	8	86.06	24
30	샘표식품(주)	269.11	17.99	200.56	6.69	19	9.18	9	0.46	28	1.37	7	52.28	36
31	(주)체리부로	255.94	-8.75	205.01	-3.42	52	-4.27	55	-18.63	56	1.25	12	114.45	14
32	(주)동우팜투테이블	250.16	18.12	220.49	7.24	17	8.61	12	8.37	11	1.19	19	16.92	50
33	(주)무학	177.54	-19.12	618.96	-10.77	56	-2.98	52	-23.25	57	0.28	54	22.03	46
34	(주)조흥	168.07	8.04	195.31	4.78	23	4.42	22	3.67	18	0.92	31	55.60	34
35	CJ푸드(주)	150.70	2.16	126.52	1.43	42	1.75	39	-8.46	48	1.22	14	104.83	15
36	코스맥스엔비티(주)	145.79	21.38	207.09	14.66	8	11.82	4	20.15	4	0.81	34	71.70	31
37	(주)엠에스씨	144.61	8.68	142.77	6.00	21	6.15	16	1.87	24	1.02	26	88.90	21
38	(주)노바렉스	107.30	10.48	107.31	9.77	13	11.72	6	32.71	2	1.20	16	33.39	43
39	(주)창해에탄올	96.39	13.16	161.23	13.65	10	7.98	13	4.80	16	0.58	46	49.21	39
40	(주)정다운	94.88	9.04	93.95	9.53	14	11.41	7	18.24	5	1.20	17	96.41	20
41	(주)뉴트리	86.71	2.25	58.96	2.59	34	3.81	27	0	33	1.47	5	20.06	47

다음 페이지에 계속

순위	기업명	매출액 (백만 원)	당기순이익 (백만 원)	총자산 (백만 원)	수익성				성장성		활동성		레버리지 비율	
					매출액 순이익률 (%)	순위	총자산 순이익률 (%)	순위	매출액 성장률 (%)	순위	총자산 회전율 (회)	순위	부채 비율 (%)	순위
42	(주)진로발효	85.78	14.06	114.29	16.39	6	12.78	3	-1.06	39	0.78	38	13.87	52
43	우리손에프앤지 농업회사법인(주)	83.23	4.19	164.14	5.03	22	2.59	36	0.51	27	0.52	47	39.34	41
44	보해양조(주)	81.44	-28.03	200.52	-34.42	57	-13.42	57	-17.61	55	0.39	52	188.49	3
45	(주)풀무원	77.18	15.83	478.98	20.51	3	3.58	28	5.49	14	0.17	57	24.94	45
46	(주)한탑	74.39	-4.02	130.62	-5.41	55	-3.25	54	-9.61	50	0.60	44	192.31	2
47	서울식품공업(주)	70.76	0.62	77.40	0.88	45	0.81	44	25.28	3	0.92	30	181.01	4
48	(주)푸드웰	65.00	1.46	86.22	2.24	37	1.70	40	-10.76	52	0.76	40	102.22	17
49	(주)에이치엘사이언스	64.11	10.87	71.41	16.95	5	16.83	2	59.48	1	0.99	28	13.37	53
50	(주)국순당	52.68	15.17	221.23	28.80	2	7.06	15	-12.33	54	0.24	55	8.71	56
51	풍국주정공업(주)	49.39	8.52	122.73	17.26	4	7.16	14	-1.60	40	0.41	51	5.08	57
52	(주)MH에탄올	46.94	6.55	109.66	13.96	9	6.04	18	-2.75	42	0.43	50	60.15	33
53	(주)흥국에프앤비	44.13	3.11	80.44	7.05	18	4.15	23	1.05	25	0.59	45	37.05	42
54	한국맥널티(주)	32.10	0.48	41.10	1.49	41	1.17	42	-2.45	41	0.79	36	49.90	38
55	(주)인산가	25.40	-1.04	32.52	-4.08	53	-3.19	53	0	35	0.78	37	39.48	40
56	아미코젠(주)	23.60	34.63	150.65	146.77	1	27.68	1	17.08	6	0.19	56	15.95	51
57	(주)비피도	14.87	1.13	46.74	7.61	15	2.71	34	8.83	10	0.36	53	4.50	58
58	(주)현성바이탈	8.11	-64.88	67.12	-800.07	58	-65.54	58	-62.95	58	0.08	58	9.31	55

주 : 전체 순위는 매출액 규모 기준

2. 수익성·성장성 분석

- 2018년 식품기업의 경영성과를 살펴보기 위해 매출액순이익률과 매출액성장률을 바탕으로 Matrix를 구성하였다.
  - ○ 수익성과 성장성의 편차가 커 평균값Mean이 아닌 중앙값Median을 기준으로 4개의 사분면으로 구분해 전체 식품기업을 살펴보겠다.
  - ○ 각 사분면에 위치한 식품기업들을 구체적으로 살펴보기 위해 각 사분면에 위치한 기업들의 수익성과 성장성을 중앙값을 기준으로 다시 각각 4개의 영역으로 구분해 분석하였다.
  - ○ 2차원 공간에 Mapping한 기업은 각 기업의 구분번호로 사분면에 나타냈으며, 구분번호는 [표 2-2]와 같다.
- 수익성과 성장성을 기준으로 전체 식품기업의 분포를 나타낸 그래프는 [그림 2-1]과 같다.

[표 2-2] 2018년 분석 대상 기업 목록

구분	기업명	구분	기업명
1	(주)농심	30	해태제과식품(주)
2	(주)동원에프앤비	31	(주)노바렉스
3	(주)마니커	32	(주)뉴트리
4	(주)빙그레	33	(주)동우팜투테이블
5	(주)사조대림	34	(주)비피도
6	(주)사조오양	35	(주)에이치엘사이언스
7	(주)삼양사	36	(주)엠에스씨
8	(주)선진	37	(주)인산가
9	(주)에스피씨삼립	38	(주)정다운
10	(주)오뚜기	39	(주)체리부로
11	(주)오리온	40	(주)푸드웰
12	(주)조흥	41	(주)하림
13	(주)크라운제과	42	(주)한탑
14	(주)팜스코	43	(주)현성바이탈
15	(주)풀무원	44	매일유업(주)
16	남양유업(주)	45	아미코젠(주)
17	대상(주)	46	우리손에프앤지농업회사법인(주)
18	대한제당(주)	47	코스맥스엔비티(주)
19	대한제분(주)	48	한국맥널티(주)
20	롯데제과(주)	49	(주)MH에탄올
21	롯데푸드(주)	50	(주)무학
22	사조동아원(주)	51	롯데칠성음료(주)
23	사조씨푸드(주)	52	보해양조(주)
24	삼양식품(주)	53	하이트진로(주)
25	샘표식품(주)	54	(주)국순당
26	서울식품공업(주)	55	(주)진로발효
27	CJ씨푸드(주)	56	(주)창해에탄올
28	CJ제일제당(주)	57	(주)흥국에프엔비
29	한성기업(주)	58	풍국주정공업(주)

- 4개의 사분면 중 수익성과 성장성이 모두 상대적으로 높은 1사분면에 속한 기업들을 살펴보면 [그림 2-2]와 같다.
  - ○ 1사분면에 위치한 기업 중에서도 성과가 준수한 기업은 ㈜창해에탄올, ㈜MH에탄올, ㈜정다운, ㈜엠에스씨 ㈜농심, ㈜푸드웰 등이 있다.
- 성장성은 상대적으로 높은 반면, 수익성이 상대적으로 낮은 2사분면에 속한 기업들을 살펴보면 [그림 2-3]과 같다.

○ 성장성은 높지만 수익성이 유독 저조한 기업은 왼쪽 상단에 위치해 있으며, 샘표식품㈜, 남양유업㈜, ㈜오리온, 대한제분㈜ 등이 있다.

■ 성장성과 수익성 모두 상대적으로 낮은 3사분면에 속한 기업들을 살펴보면 [그림 2-4]와 같다.

○ 3사분면 내에서도 상대적으로 성과가 부진한 기업들은 왼쪽 하단에 위치하고 있으며 ㈜동원에프앤비, ㈜삼양사 등이 있다.

■ 수익성은 상대적으로 높은 반면, 성장성이 상대적으로 낮은 4사분면에 속한 기업들을 살펴보면 [그림 2-5]와 같다.

○ 4사분면 내에 위치한 기업들은 수익률 수준은 상대적으로 높은 반면, 매출규모가 역성장하고 있는 기업들이 다수 분포하고 있다.

○ 특히 한국맥널티㈜, 사조동아원㈜ 등의 기업이 높은 수익률에도 매출액이 역성장하는 대표적인 기업이다.

[그림 2-1] 2018년 수익성·성장성 Matrix

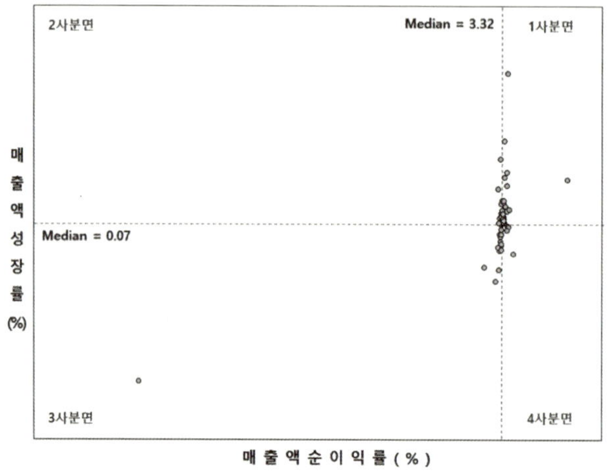

[그림 2-2] 수익성·성장성 분석 – 1사분면

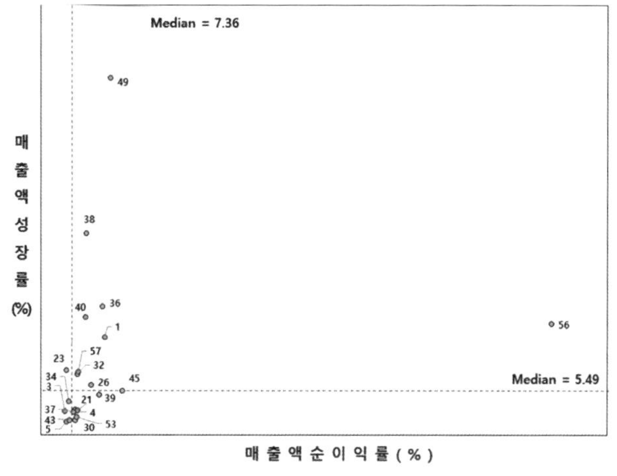

[그림 2-3] 수익성·성장성 분석 – 2사분면

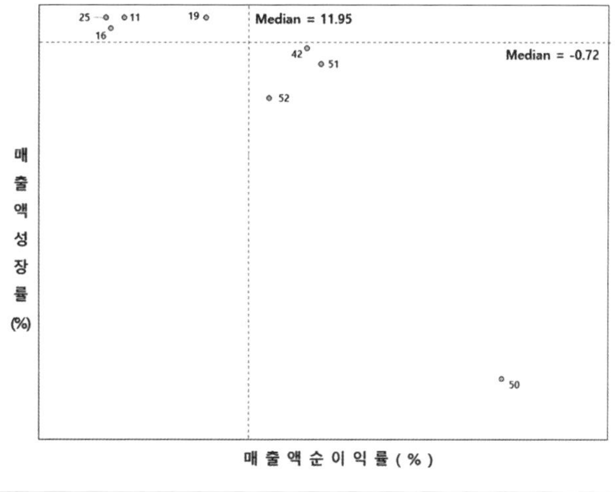

[그림 2-4] 수익성·성장성 분석 – 3사분면

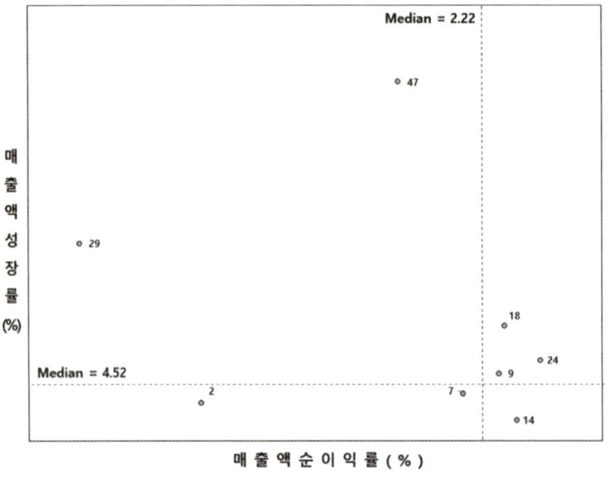

[그림 2-5] 수익성·성장성 분석 – 4사분면

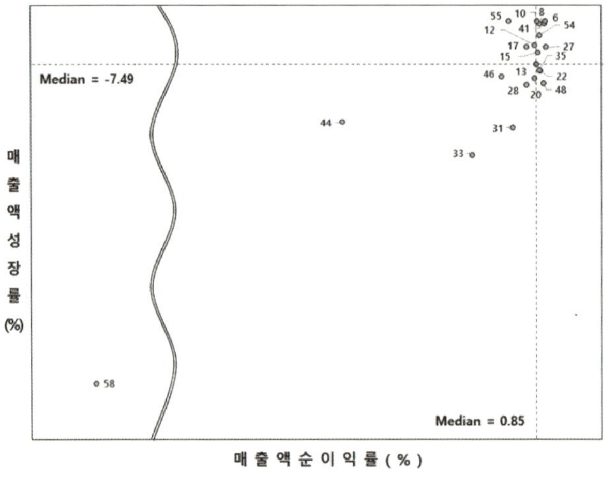

3. 수익성·활동성 분석

- 활동성은 기업에 투하된 자산 및 자본의 활발한 운용 정도를 판단하는 지표로 자산 활용의 효율성을 판단할 수 있다. 따라서 수익성과 함께 살펴봄으로써 효율적으로 자산을 운용하면서 수익성이 좋은 기업과 그렇지 못한 기업을 상대적으로 비교할 수 있다.

- 2018년 식품기업의 수익성과 활동성을 기준으로 성과를 살펴보기 위해 매출액순이익률과 총자산회전율을 2차원 공간에 Mapping한 결과는 [그림 2-6]과 같다.
  - ○ 총자산회전율에 큰 이상치는 없으며, 골고루 분포하고 있는 것으로 나타났다.
- 수익성과 활동성이 모두 상대적으로 높은 1사분면에 위치한 기업들은 [그림 2-7]과 같다.
  - ○ 1사분면에서도 특히 수익성과 활동성이 모두 높은 기업은 매일유업㈜, ㈜에이치엘사이언스, ㈜노바렉스 등이 있다.
- 활동성은 상대적으로 높으나 수익성은 상대적으로 낮은 2사분면에 위치한 기업들은 [그림 2-8]과 같다.
  - ○ 2사분면에서 상대적으로 높은 활동성에도 수익성이 낮은 기업은 ㈜비피도, 사조씨푸드㈜, ㈜사조대림, 대한제분㈜, 하이트진로㈜ 등이 있다.
- 수익성과 활동성이 모두 상대적으로 낮은 3사분면에 위치한 기업들은 [그림 2-9]와 같다.
  - ○ 3사분면에서도 특히 수익성과 활동성 성과가 부진한 기업은 대상㈜, ㈜크라운제과, ㈜조흥 등이 있다.
- 수익성은 상대적으로 높은 반면 활동성이 낮은, 높은 4사분면에 위치한 기업들은 [그림 2-10]과 같다.
  - ○ 4분면에서도 특히 수익성은 높지만 활동성이 낮은 기업들은 ㈜동우팜투테이블, 매일유업㈜, ㈜선진, 우리손에프앤지농업회사법인㈜ 등이 있다.

[그림 2-6] 2018년 수익성·활동성 Matrix

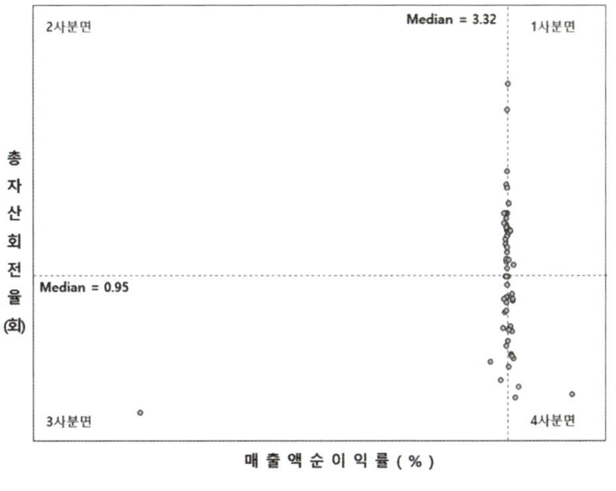

[그림 2-7] 수익성·활동성 분석 – 1사분면

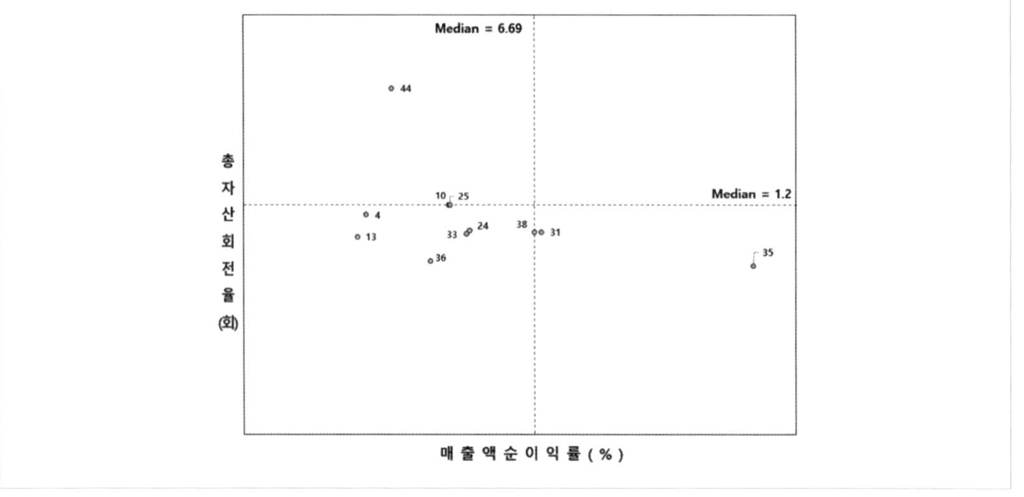

[그림 2-8] 수익성·활동성 분석 – 2사분면

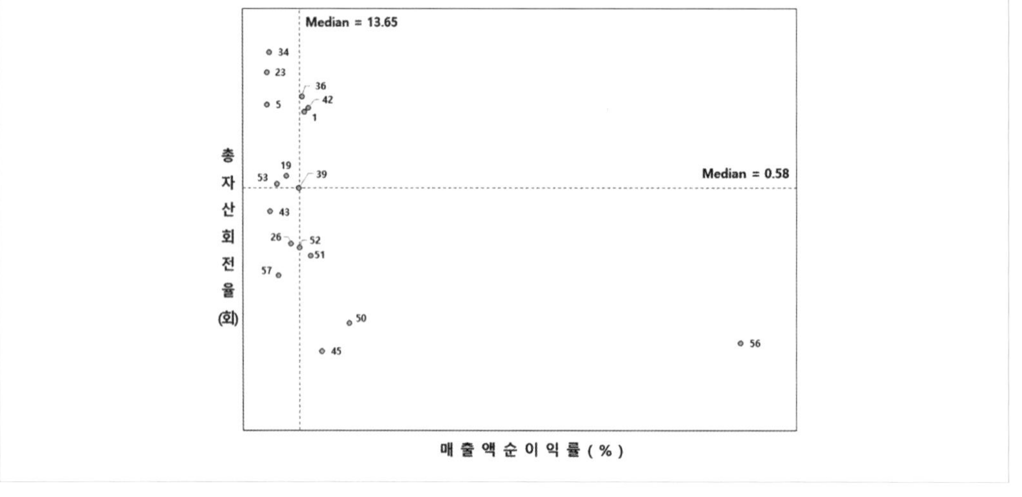

[그림 2-9] 수익성·활동성 분석 – 3사분면

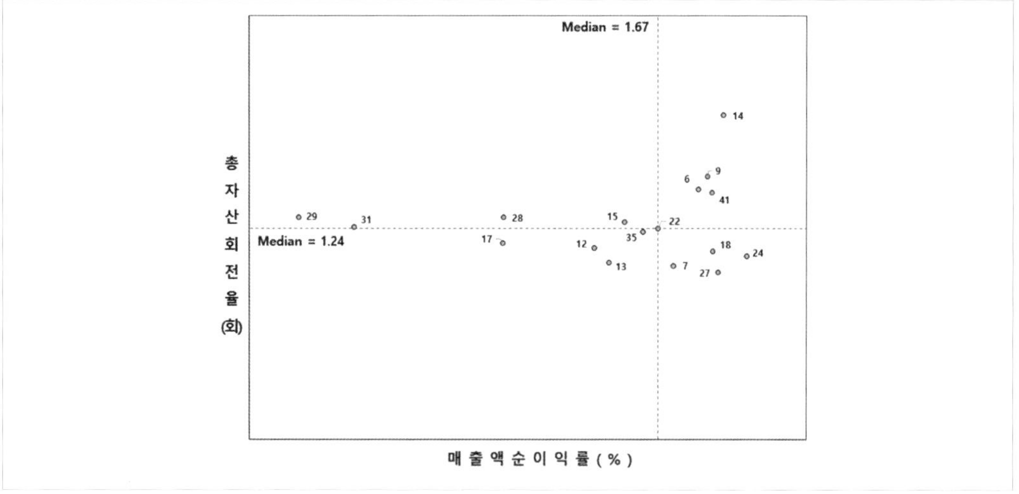

[그림 2-10] 수익성·활동성 분석 – 4사분면

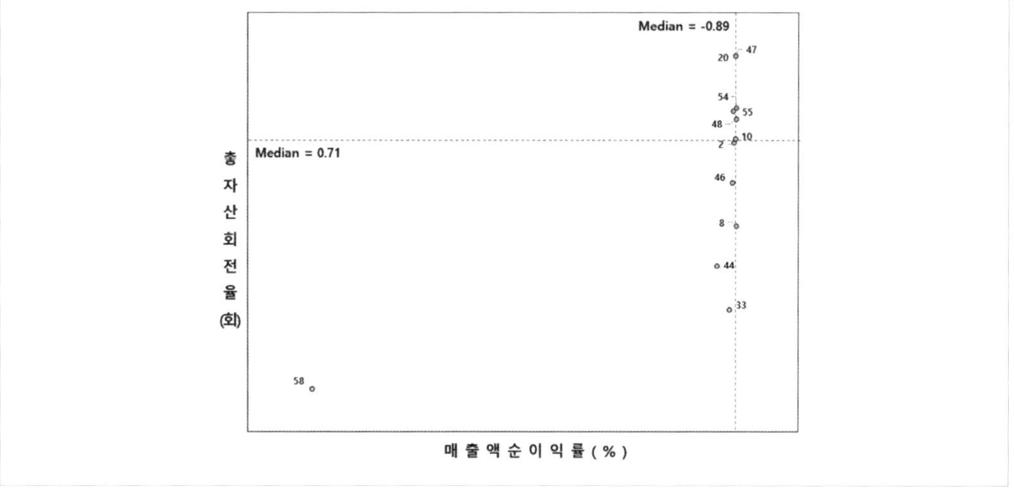

III. 식품기업 재무비율 분석

1. 재무비율 분석

- 재무제표 자료를 이용하여 산정되는 재무비율은 다양하다. 분석 의도에 따라 다양하게 변형해 사용할 수 있으므로 같은 이름을 가진 재무비율도 그 정의는 약간씩 다를 수 있다.
- 본 서에서는 한국은행에서 매년 발간하는『기업경영분석』의 재무비율 정의를 따랐다.
  - ○ 재무비율의 정의는 부록 내용 참조.
- 다양한 재무비율이 제공하는 정보의 의미를 기준으로 성장성 비율, 수익성 비율, 레버리지 비율, 유동성 비율, 활동성 비율, 생산성 비율, 부가가치의 구성으로 구분해 분석했다.

2. 성장성 비율

- 성장성 비율은 일정 기간 중 식품기업의 경영규모 및 경영성과가 얼마나 향상되었는지를 나타내는 비율로 잠재 성장 가능성, 미래 수익 발생능력 및 이익 실현 가능성, 시장의 경쟁적 지위 등의 정보를 제공한다.

가. 식품기업 전체

- 식품기업의 총자산증가율은 2011년에 대폭 상승, 2012년, 2013년에 대폭 감소하는 등 증감을 반복하다 최근 2년간은 큰 변화가 없는 것으로 나타났다.
- 식품기업의 매출액증가율은 2011년까지 전체적으로 증가하는 추세였으나, 2012년을 기준으로 증가 폭의 변화는 있으나 전체적으로 감소하는 추세를 보이고 있다.

[표 3-1] 식품기업의 성장성 비율

(단위 : %)

비율	2008	2009	2010	2011	2012	2013	2014	2015	2016	2017	2018
총자산증가율	11.54	10.27	7.77	17.78	4.19	1.21	6.63	11.4	9.55	6.91	8.64
매출액증가율	10.55	6.38	9.06	12.34	8.54	2.92	2.48	4.96	7.34	4.11	2.52

[그림 3-1] 총자산증가율 : 식품기업 전체

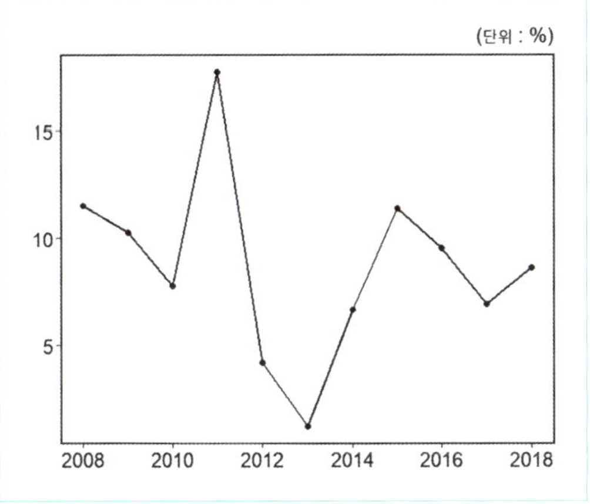

[그림 3-2] 매출액증가율 : 식품기업 전체

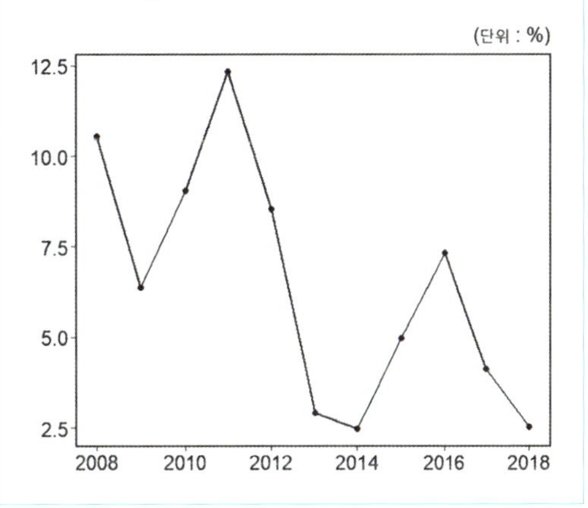

나. 세부 업종별

- 도축업의 총자산증가율은 2013년까지 감소하였으나 2013년 이후 증가 추세를 보이는 것으로 나타났다. 매출액증가율은 2014년까지 전체적으로 감소 추세를 보이다 2016년 대폭 성장하였으나 다시 대폭 감소하였다.
- 육류 가공 및 저장처리업의 총자산증가율은 증가율의 폭에는 변화가 있으나 전체적으로 감소하고 있다. 매출액성장률 역시 증감이 반복되고 있으나 전체적으로 감소하는 추세이다.
- 수산동물 가공 및 저장처리업의 총자산증가율은 2013년까지 전체적으로 감소 추세를 보이다 2015, 2016년 대폭 상승하였으나 최근 2년간 다시 대폭 감소하였다. 매출액성장률 역시 총자산증가율과 비슷한 양상을 보였다.
- 과실, 채소 가공 및 저장처리업의 총자산증가율은 증감이 반복되고 있으며 전체적으로는 큰 변화가 없다. 매출액증가율은 2012년까지 증감을 반복하다 2013년에 크게 하락하였으며 2016년 다시 크게 상승했다가 2018년 최저점을 기록했다.
- 동물성 및 식물성 유지 제조업의 총자산증가율은 2016까지 큰 변화가 없는 정체기였으나 2017년 대폭 하락한 뒤 다시 예전 수준을 되찾았다. 매출액증가율 역시 총자산증가율과 비

슷한 양상을 보였으나 2017년에 하락한 정도와 다시 상승한 폭이 더 큰 것으로 나타났다.

- 낙농제품 및 식용빙과류 제조업의 총자산증가율은 2009년에 크게 증가한 뒤 꾸준한 감소 추세를 보이고 있다. 매출액증가율은 2012년까지 성장하였으나 그 이후에는 감소하는 추세를 나타내고 있다.
- 곡물 가공품 제조업의 총자산증가율과 매출액증가율 모두 2010년에 대폭 감소한 후 증감을 반복하며 정체기를 보이고 있다.
- 전분제품 및 당류제조업의 총자산증가율은 2011년과 2015년에 성장세를 보였으나, 최근 2년간 감소하였다. 매출액증가율은 2013년에 대폭 감소한 후에 낮은 증가율을 기록하다 최근 3년간 다시 상승하고 있다.
- 떡, 빵 및 과자류 제조업의 총자산증가율은 2010년에 큰 폭으로 감소한 후 2011년 다시 소폭 상승하였으나 그 이후 정체기를 보이고 있다. 매출액증가율은 전체적으로 정체기를 보이나 2011년 큰 폭으로 상승하여 2012년 다시 예전 수준을 기록하였다.
- 설탕 제조업의 총자산증가율은 2009년에 큰 폭으로 감소한 이후 2014년, 2016년에 증감을 반복하고 있다. 매출액증가율 역시 2008년에 감소한 이후 2016년에 증감을 보이나 전체적으로 비슷한 수준을 유지하고 있다.
- 면류, 마카로니 및 유사식품 제조업의 총자산증가율은 2011년에 큰 폭으로 상승한 후 다시 큰 폭으로 감소하였고, 그 이후로는 소폭으로 꾸준히 상승하는 추세이다. 매출액증가율은 2010년 큰 폭으로 감소한 이후 증감을 반복하고 있다.
- 조미료 및 식품 첨가물 제조업의 총자산증가율과 매출액증가율은 2011년까지 큰 성장세를 보이다 2012년 대폭 감소하였으며 그 이후에는 증감을 반복하고 있다.
- 기타 식료품 제조업의 총자산증가율은 2009년에 큰 폭으로 상승하여 증감을 반복하고 있으나 꾸준히 성장하고 있다. 매출액증가율 역시 2010년에 큰 폭으로 상승하여 증감을 반복하고 있으나 전체적으로 비슷한 수준을 유지하고 있다.
- 발효주 제조업의 총자산증가율은 2010년까지 성장세였으나 10년간 큰 변화 없이 정체기에 머물러 있다. 매출액증가율은 2010년 큰 폭으로 성장하였으나 다시 큰 폭으로 감소하였고 증감을 반복하며 낮은 수준을 유지하고 있다.
- 증류주 및 합성주 제조업의 총자산증가율은 2010년까지 감소하다 2011년 큰 폭으로 상승했다가 다시 큰 폭으로 하락하였으며 그 이후 꾸준한 성장세를 보이다 2018년 소폭 하락했다. 매출액증가율은 증감을 반복하고 있으나 전체적으로 감소 추세를 보이며 최근 3년간 저조한 증가율을 보이고 있다.

- 비알코올음료 및 얼음 제조업의 총자산증가율은 2009년, 2015년에 큰 폭으로 상승한 후 다시 감소하였으며, 그 두 해를 제외하고는 비슷한 수준을 유지하고 있다. 매출액증가율 역시 2011년, 2012년에 소폭 상승한 것을 제외하고는 비슷한 수준을 유지하고 있다.

[표 3-2] 식품기업의 성장성 비율 : 세부 업종별 (단위 : %)

비율	2008	2009	2010	2011	2012	2013	2014	2015	2016	2017	2018
도축업											
총자산증가율	16.01	17.26	22.30	11.85	10.94	-4.59	6.95	5.61	-2.81	17.18	18.41
매출액증가율	44.41	25.34	7.18	7.95	-2.02	11.52	-8.55	7.21	38.39	11.88	0.90
육류 가공 및 저장처리업											
총자산증가율	32.88	24.79	5.69	23.69	4.02	0.98	17.47	6.73	-5.2	16.21	14.31
매출액증가율	12.80	25.16	2.59	3.23	8.83	9.26	10.04	0.32	-3.78	9.76	5.32
수산동물 가공 및 저장처리업											
총자산증가율	15.38	10.12	10.46	18.90	7.80	-0.87	3.74	14.16	14.04	5.31	2.49
매출액증가율	9.84	4.86	14.08	10.99	5.99	-2.78	2.78	14.38	14.34	5.51	-3.92
과실, 채소 가공 및 저장처리업											
총자산증가율	8.29	-1.66	6.2	10.05	1.56	-0.67	-3.12	1.93	7.05	-1.16	1.13
매출액증가율	3.14	0.19	11.92	3.34	10.56	-7.91	-7.98	4.1	12.18	4.98	-10.76
동물성 및 식물성 유지 제조업											
총자산증가율	10.83	1.04	10.84	11.36	2.44	2.44	5.31	5.69	7.82	-53.97	0.76
매출액증가율	8.12	12.04	9.01	3.83	11.43	8.16	5.66	4.31	5.87	-99.48	56.55
낙농제품 및 식용빙과류 제조업											
총자산증가율	2.31	15.78	12.56	9.11	8.33	7.62	2.52	5.94	2.99	-2.39	1.23
매출액증가율	12.49	11.39	9.77	13.37	20.14	15.19	-0.09	2.89	1.77	1.08	-2.65
곡물 가공품 제조업											
총자산증가율	23.6	-3.88	1.39	14.54	10.77	-10.51	0.85	-13.63	-8.87	9.85	4.68
매출액증가율	41.95	32.02	-8.89	7.24	8.85	-4.77	-12.62	5.02	-7.58	-1.15	-0.27
전분제품 및 당류 제조업											
총자산증가율	2.23	7.53	4.04	10.77	4.59	3.87	2.18	8.19	6.41	-0.24	-0.4
매출액증가율	14.12	7.78	5.86	9.07	10.01	-1.08	0.59	-1.75	0.58	6.46	4.32
떡, 빵 및 과자류 제조업											
총자산증가율	40.6	1.99	-2.38	25.25	8.28	1.89	2.22	2.16	8.73	9.56	9.54
매출액증가율	14.1	12.88	9.91	58.19	16.86	13.97	3.47	4.32	-0.18	7.84	5.09
설탕 제조업											
총자산증가율	52.66	1.29	3.33	8.41	-2.3	-2.66	20.48	-2.08	31.69	-1.42	-1.03
매출액증가율	16.91	-5.69	5.01	6.56	6.35	-6.12	-2.07	-5.09	18.42	1.70	-0.8
면류, 마카로니 및 유사식품 제조업											
총자산증가율	8.13	5.93	9.09	21.83	-2.22	4.46	4.29	3.74	7.68	8.78	7.52

다음 페이지에 계속

비율	2008	2009	2010	2011	2012	2013	2014	2015	2016	2017	2018
매출액증가율	13.93	8.66	-1.57	7.36	5.28	-3.02	1.25	0.87	10.07	10.54	1.58
조미료 및 식품 첨가물 제조업											
총자산증가율	-6.94	8.35	13.28	28.26	-4.67	-2.45	10.54	7.53	8.34	1.85	7.56
매출액증가율	2.96	-6.17	16.2	33.22	-0.38	7.13	7.37	2.36	7.61	14.84	1.99
기타 식료품 제조업											
총자산증가율	-19.51	17.05	10.17	12.1	7.58	27.54	13.58	50.08	45.77	22.73	20.57
매출액증가율	-39.85	-35.62	27.32	12.84	-8.84	12.91	16.22	14.21	22.11	-0.14	11.1
발효주 제조업											
총자산증가율	-6.21	3.6	13.85	10.65	4.97	-0.14	1.27	-1.1	-1.7	4.38	5.94
매출액증가율	-12.61	1.35	89.21	19.79	-7.35	-16.51	-7.25	-15.94	-8.71	-12.19	-12.33
증류주 및 합성주 제조업											
총자산증가율	12.71	8.96	4.13	33.7	-4.4	0.61	4.63	4.81	8.5	10.04	-0.78
매출액증가율	5.98	0.06	1.89	10.29	13.25	1.8	6.08	2	-4.1	0.62	-5.98
비알코올음료 및 얼음 제조업											
총자산증가율	-8.82	68.2	8.12	10.13	5.23	4.47	2.8	44.63	-3.22	-9.45	4.7
매출액증가율	6.4	3.41	6.55	20.17	28.86	0.69	2.66	8.97	2.53	4.58	1.49

[그림 3-3] 성장성 : 도축업

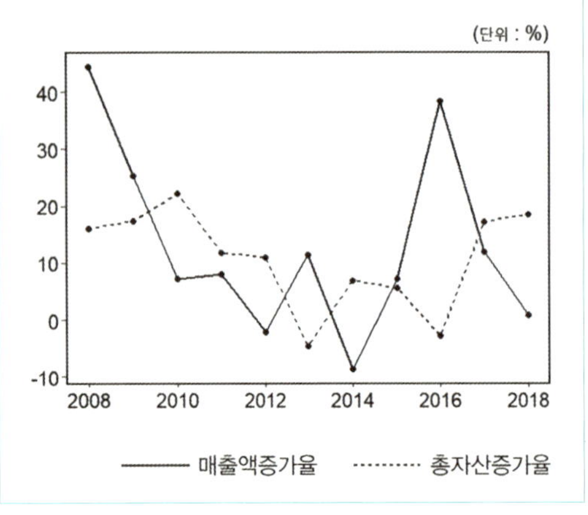

[그림 3-4] 성장성 : 육류 가공 및 저장처리업

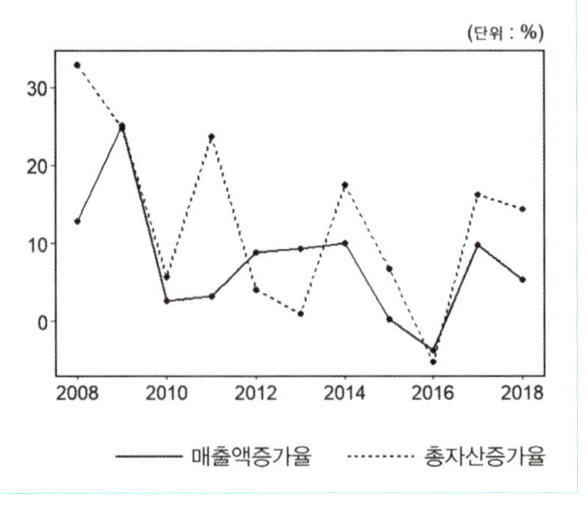

[그림 3-5] 성장성 : 수산동물 가공 및 저장처리업

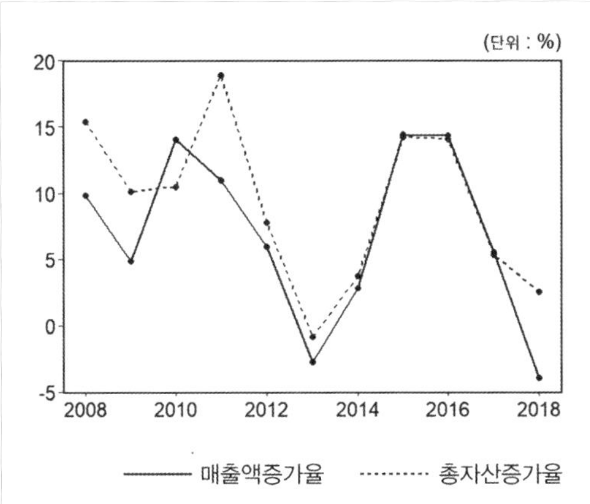

[그림 3-6] 성장성 : 과실, 채소 가공 및 저장처리업

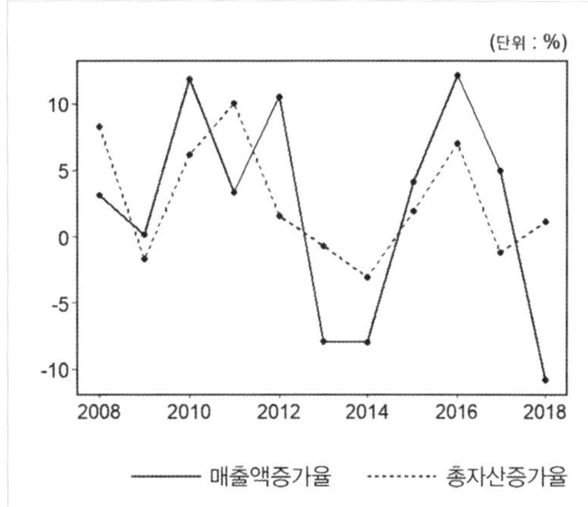

[그림 3-7] 성장성 : 동물성 및 식물성 유지 제조업

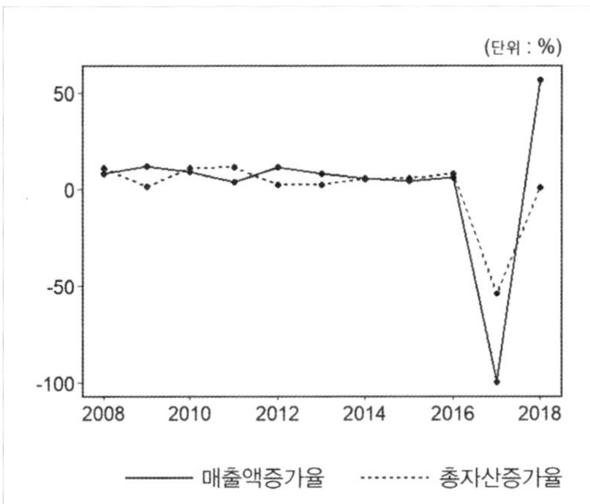

[그림 3-8] 성장성 : 낙농제품 및 식용빙과류 제조업

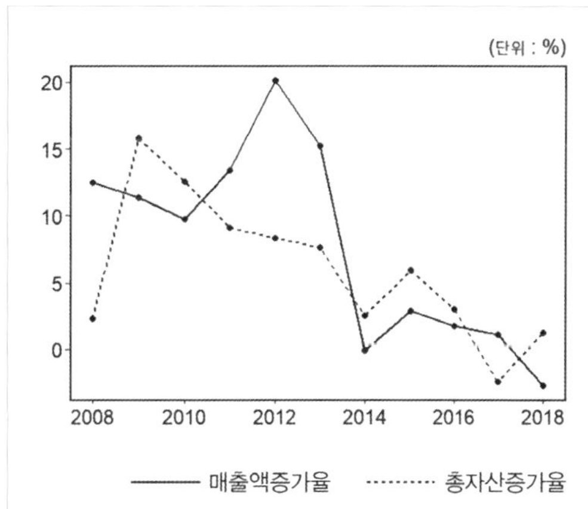

[그림 3-9] 성장성 : 곡물 가공품 제조업

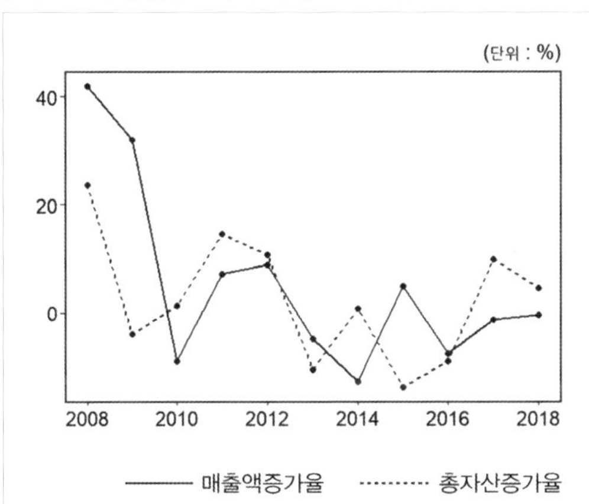

[그림 3-10] 성장성 : 전분제품 및 당류 제조업

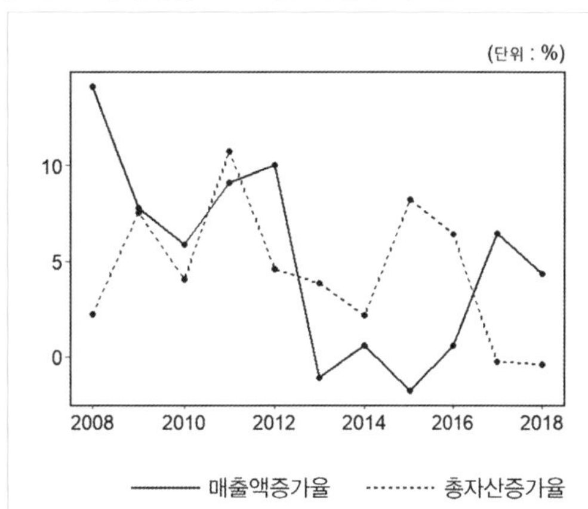

[그림 3-11] 성장성 : 떡, 빵 및 과자류 제조업

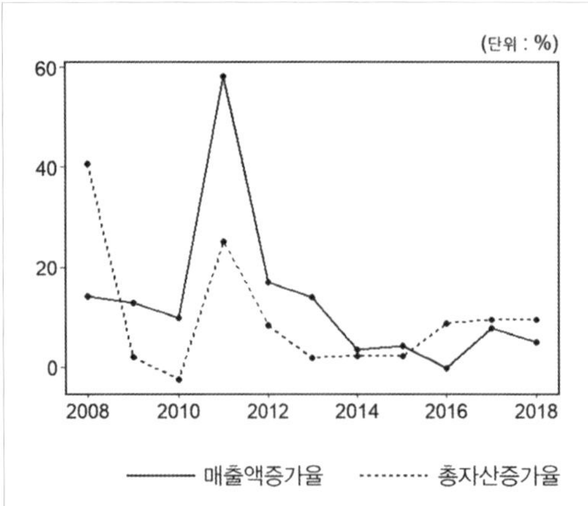

[그림 3-12] 성장성 : 설탕 제조업

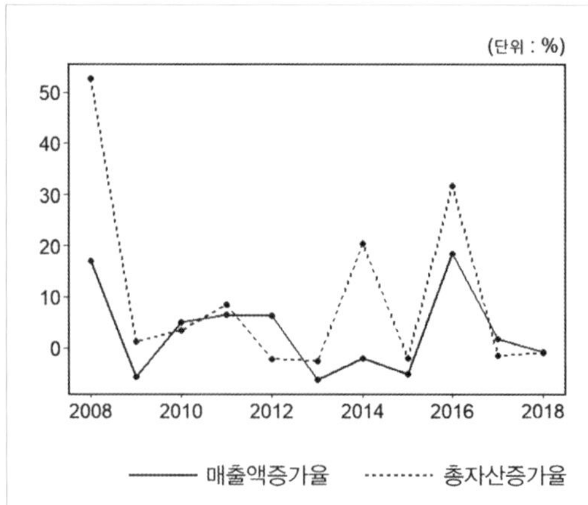

[그림 3-13] 성장성 : 면류, 마카로니 및 유사식품 제조업

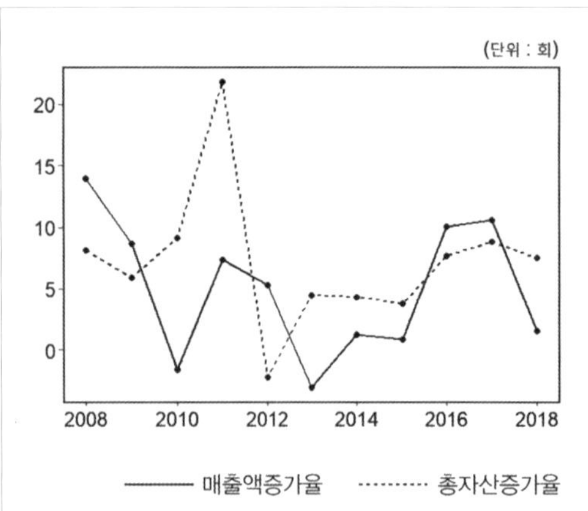

[그림 3-14] 성장성 : 조미료 및 식품 첨가물 제조업

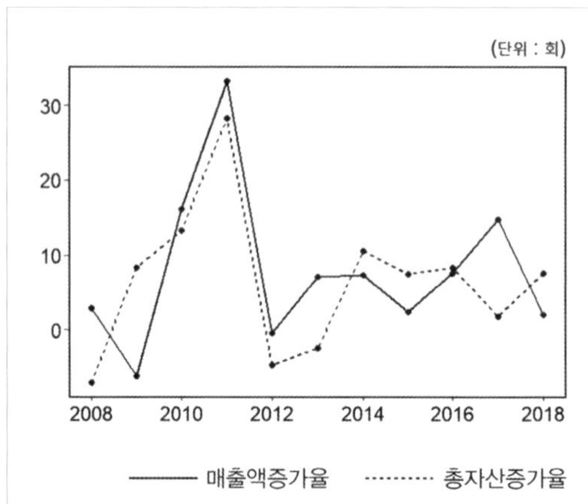

[그림 3-15] 성장성 : 기타 식료품 제조업

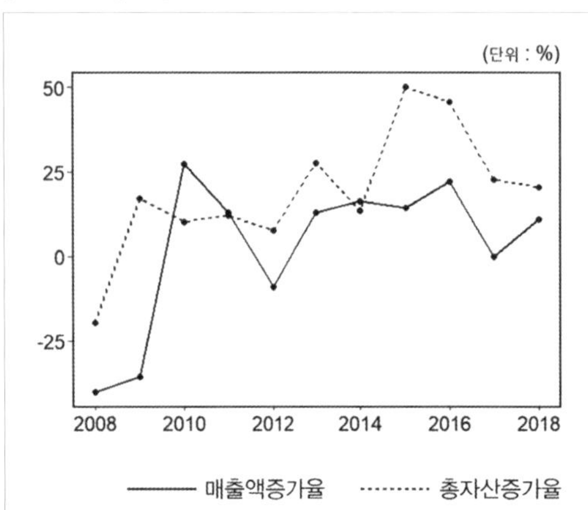

[그림 3-16] 성장성 : 발효주 제조업

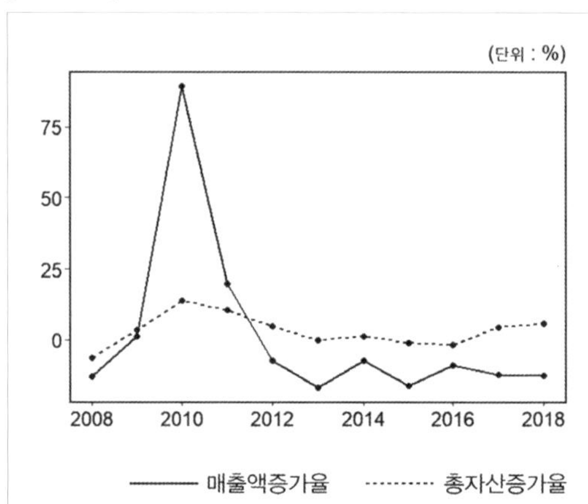

[그림 3-17] 성장성 : 증류주 및 합성주 제조업

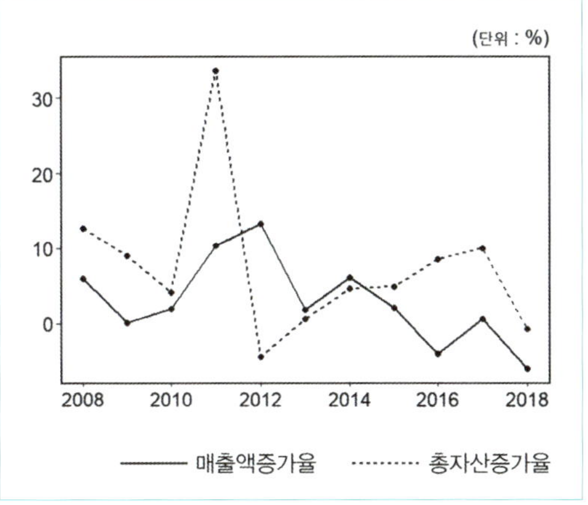

[그림 3-18] 성장성 : 비알코올음료 및 얼음 제조업

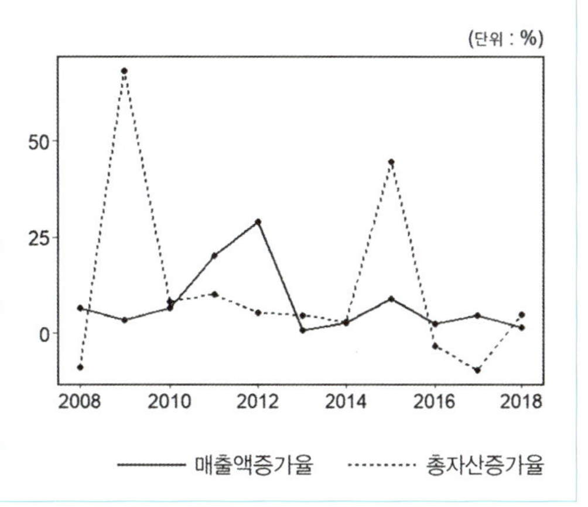

다. 그룹사 여부별

- 그룹사 기업의 총자산증가율은 일정 수준을 유지하다가 2011년 큰 폭으로 증가했으나 그 이후 하락하여 2013년에 저점을 찍은 후 다시 예년 수준을 유지하고 있다. 그룹사 기업의 매출액증가율은 2011년까지 큰 폭으로 상승하여 정점을 찍은 뒤 다시 큰 폭으로 감소하였고 그 이후 낮은 수준에서 비슷한 증가율을 유지하고 있다.
- 비그룹사 기업의 총자산증가율은 증감을 반복하다 2013년에 저점을 찍은 후 다시 상승하여 예년 수준을 유지하고 있다. 매출액증가율은 2014년까지 감소 추세를 보이다 2016년까지 상승하였으나 최근 2년간 다시 하락하여 저점을 찍었다.

[표 3-3] 식품기업의 성장성 비율 : 그룹사 여부 (단위 : %)

비율	2008	2009	2010	2011	2012	2013	2014	2015	2016	2017	2018
그룹사											
총자산증가율	6.43	11.52	8.22	25.52	4.56	0.75	6.4	5.92	7.79	3.45	6.94
매출액증가율	6.74	5.11	11.08	18.27	12.39	2.78	2.89	3.15	8.36	3.45	2.77
비그룹사											
총자산증가율	14.12	9.35	7.16	13.25	3.18	2.63	6.65	15.77	12.37	9.77	9.57
매출액증가율	12.82	7.03	6.94	8.35	5.28	2.39	2.14	5.10	7.70	3.64	1.16

[그림 3-19] 총자산증가율 : 그룹사 여부

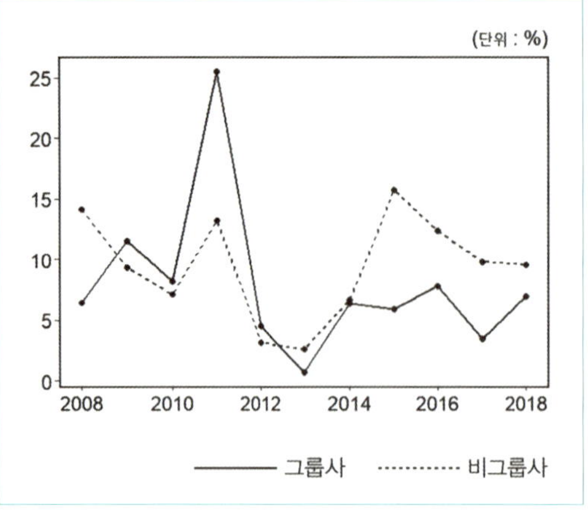

[그림 3-20] 매출액증가율 : 그룹사 여부

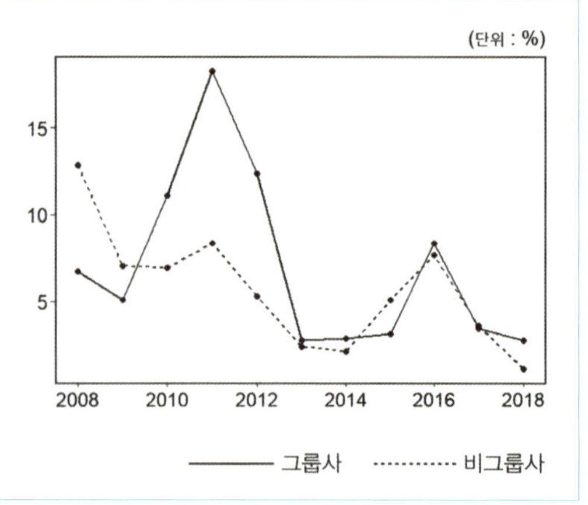

3. 수익성 비율

가. 식품기업 전체

- 수익성 비율은 투자 자본에 대한 경영성과의 정도 및 비용을 보전하고 이익을 낼 수 있는 능력에 관한 정보를 제공해주는 재무비율로 투자자, 경영자, 채권자 등 이해관계자들이 의사결정을 할 때 가장 중요한 정보로 활용된다.
- 수익성 비율은 투자이익을 측정할 때 손익계산서상의 회계이익을 이용하기 때문에 기업의 실질적인 현금흐름과 차이가 있을 수 있다. 그러나 수익성 비율이 한 기업 내에서 정기적으로 측정되고 타 기업과의 수익성 비율 산출 방식이 동일할 경우에는 유용한 정보이다.
- [표 3-4]와 [그림 3-21]~[그림3-24]는 식품기업의 총자산순이익률, 자기자본순이익률, 매출액영업이익률, 매출액순이익률을 계산한 것이다.
- 식품기업의 수익성 지표는 전반적으로 2009년에 큰 폭으로 상승하였으나 최근 2년간 감소하고 있다.
- 구체적으로 살펴보면 식품기업의 총자산순이익률은 2009년 큰 폭으로 상승하였으나 그 이후 증감을 반복하고 있으며 최근 2년간 감소 추세에 있다.
- 식품기업의 자기자본순이익률 역시 2009년에 큰 폭으로 상승하였으나 그 이후 다시 감소한 뒤 증감을 반복하고 있다.
- 매출액영업이익률은 2010년까지 큰 폭으로 상승하였으나 그 이후 감소하여 2012년에 저점,

2016년에 정점을 찍는 등 큰 폭으로 증감을 반복하다 최근 2년간 하락 추세에 있다.

- 매출액순이익률은 2009년 큰 폭으로 상승하였고 그 후 소폭으로 감소하였으나 꾸준한 성장세를 보이다 최근 다시 소폭 감소하였다.

[표 3-4] 식품기업의 수익성 비율 (단위 : %)

비율	2008	2009	2010	2011	2012	2013	2014	2015	2016	2017	2018
식품기업 평균											
총자산순이익률	1.7	5.96	6.36	3.56	3.6	4.16	3.47	4.05	4.98	5.13	3.66
자기자본순이익률	1.42	10.42	9.98	5.99	6.4	6.81	4.73	6.29	7.91	8.65	5.3
매출액영업이익률	4.57	7.25	7.91	6.39	5.84	6.63	6.54	7.18	7.94	6.47	6.11
매출액순이익률	0.97	5.39	5.65	4.32	4.02	4.27	4.47	5.11	6.08	6.79	5.02

[그림 3-21] 총자산순이익률 : 식품기업 전체

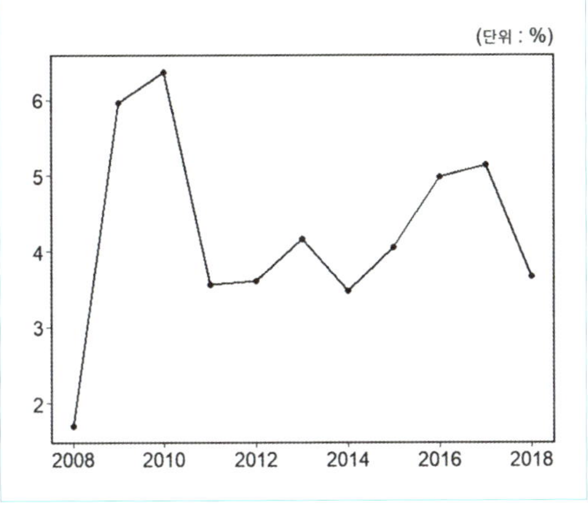

[그림 3-22] 자기자본순이익률 : 식품기업 전체

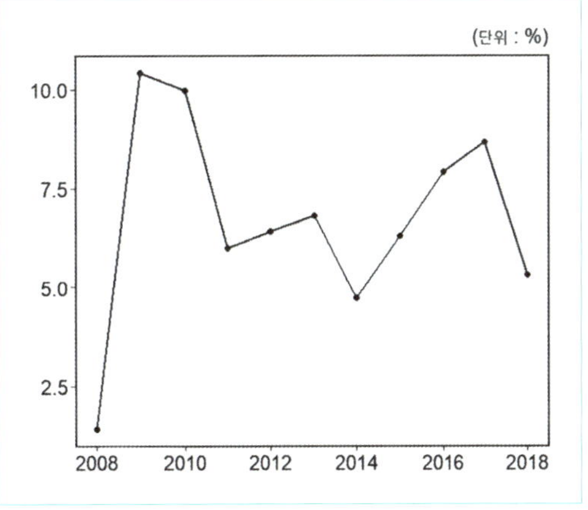

[그림 3-23] 매출액영업이익률 : 식품기업 전체

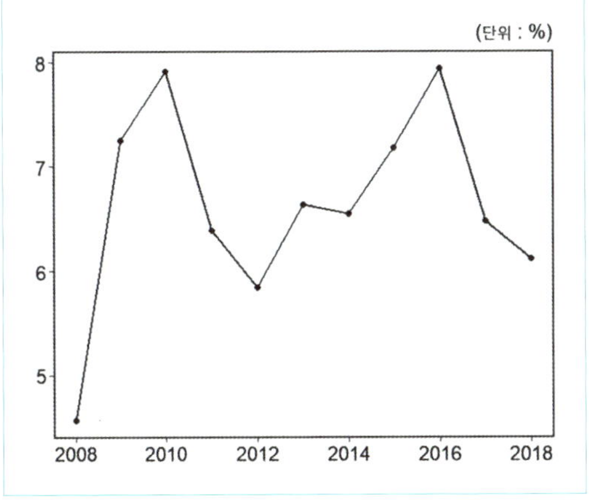

[그림 3-24] 매출액순이익률 : 식품기업 전체

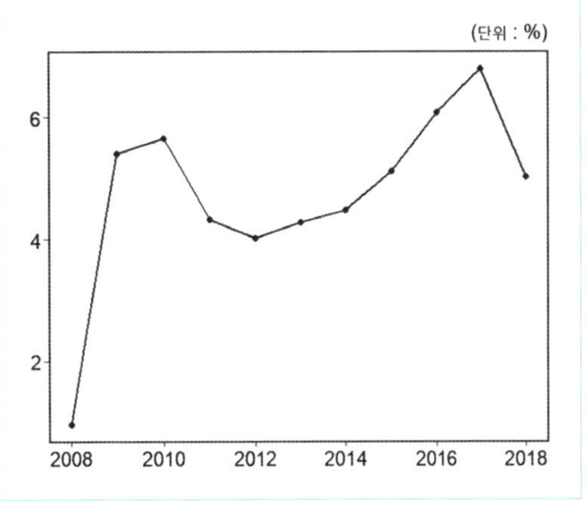

나. 세부 업종별

- 도축업의 수익성 지표 중 자기자본순이익률의 변동 폭이 크나, 모두 비슷한 양상으로 2012년까지 크게 하락하였으며 그 이후 증감을 반복하고 있는 것으로 나타났다.
- 육류 가공 및 저장처리업의 수익성 지표 모두 10년간 증감을 반복하고 있으나 자기자본순이익률의 변동 폭이 커 두드러지며 매출액영업이익률은 일정한 수준을 유지하고 있다.
- 수산동물 가공 및 저장처리업의 자기자본순이익률은 2010년까지 큰 폭으로 증가하였으나 그 이후 감소한 뒤 증감을 반복하고 있다. 그 외 수익성 지표들은 전체적으로 비슷한 수준을 나타내고 있으나 수익성 지표 모두 2014년에 저점을 찍었다.
- 과실, 채소 가공 및 저장처리업은 2015년 수익성 지표의 최저점을 기록한 후 상승하였으며 최근 2년간 상승하고 있는 것으로 나타났다.
- 동물성 및 식물성 유지 제조업의 매출액영업이익률은 2017년에 큰 폭으로 감소하였으나 그 외 수익성 지표들은 큰 폭으로 상승하였다. 그중 매출액순이익률이 두드러지게 상승하였으며, 2018년에는 다시 감소하였다.
- 낙농제품 및 식용빙과류 제조업의 수익성 지표들은 2009년 큰 폭으로 상승한 뒤 2015년까지 감소 추세를 보이다 최근 3년간 꾸준히 증가하고 있는 것으로 나타났다.
- 곡물 가공품 제조업의 자기자본순이익률은 2009년 큰 폭으로 상승한 이후 그 수준을 유지하다가 2014년에 수익성이 큰 폭으로 떨어져 악화되었으나 2016년 다시 (+)의 수익성을 되찾았다. 그 외 수익성 지표들 역시 증감을 반복하나 (−)의 수익성을 기록하며 전체 업종 중 수익성이 가장 저조한 것으로 나타났다.
- 전분제품 및 당류 제조업의 수익성 지표 모두 2008년에 최저점을 찍은 뒤 상승하여 증감을 반복하였으며 2018년에 매출액영업이익률을 제외하고 모두 증가하였다.
- 떡, 빵 및 과자류 제조업의 수익성 지표 중 매출액영업이익률을 제외한 수익성 지표들은 2010년 정점을 찍었으며 그 이후 다시 하락하였으나 꾸준한 수익성을 나타내고 있다.
- 설탕 제조업의 경우 수익성 지표들이 증감을 반복하고 있으며 그중 자기자본수익률의 변동 폭이 가장 커 두드러지게 나타나고 2016년에 모든 수익성 지표들이 정점을 찍었다.
- 면류, 마카로니 및 유사식품 제조업의 자기자본순이익률은 2012년까지 지속적으로 하락한 뒤 정체기를 보이다 2016년에 다시 상승하였다. 그 외 수익성 지표들은 낮은 수준에서 자기자본순이익률과 비슷한 추세를 보였으며 최근 1년간 모두 소폭 상승하였다.
- 조미료 및 식품 첨가물 제조업의 수익성 지표 모두 2009년에 (−)에서 (+)로 수익성을 회복하였

으며 그 이후 증감을 반복하나 비슷한 수준을 유지하고 있다.

- 기타 식료품 제조업의 매출액순이익률과 매출액영업이익률은 2018년 (-)의 수익성으로 크게 하락하였으며 그 외 수익성 지표들은 이전과 같은 수준을 유지하고 있다.
- 발효주 제조업의 매출액순이익률은 2016년 이후 큰 폭으로 성장하였고 2018년 정점을 찍었으며 그 외 수익성 지표들 역시 2015년에 (-)의 수익성을 나타냈으나 최근 3년간 꾸준히 상승하고 있다.
- 증류주 및 합성주 제조업의 매출액영업이익률은 다른 수익성 지표와 비교하였을 때 높은 수준을 유지하고 있으나 모든 수익성 지표가 2018년에 큰 폭으로 하락하였다.
- 비알코올음료 및 얼음 제조업의 수익성 지표는 2015년에 정점을 기록한 뒤 다시 하락하였고 매출액영업이익률을 제외한 지표들은 2018년에 감소하였다.

[표 3-5] 식품기업의 수익성 비율 : 세부업종별

(단위 : %)

비율	2008	2009	2010	2011	2012	2013	2014	2015	2016	2017	2018
도축업											
총자산순이익률	13.9	21.19	19.63	7.24	1.28	4.99	-0.28	2.14	2.84	9.18	3.46
자기자본순이익률	21.04	28.97	24.44	8.88	2.33	8.41	-1.37	1.99	4.53	16.12	4.52
매출액영업이익률	7.85	11.19	12.33	4.05	-1.15	3.21	1.37	1.49	4.42	8.03	4.87
매출액순이익률	7.21	10.24	10.61	4.23	0.88	3.07	-0.17	1.42	2.49	8.04	3.49
육류 가공 및 저장처리업											
총자산순이익률	-1.72	5.63	4.22	1.45	3.24	4.42	0.79	0.41	3.63	1.58	-0.37
자기자본순이익률	-3.61	13.59	10.18	3.63	6.49	9.64	0.55	0.51	8.09	2.34	-0.97
매출액영업이익률	1.55	3.08	3.56	2.82	1.47	1.86	1.55	1.91	2.44	2.34	2.21
매출액순이익률	-1	3.59	2.91	1.32	1.92	2.57	0.2	0.37	2.77	0.84	-0.15
수산동물 가공 및 저장처리업											
총자산순이익률	3.66	5.96	7.88	4.51	2.51	2.78	0.95	5.03	2.62	4.3	2.15
자기자본순이익률	2.64	13.29	15.94	9.76	5.49	5.72	0.04	9.87	5.13	8.72	3.67
매출액영업이익률	1.13	5.75	6.13	4.74	4.16	2.46	1.72	3.19	3.91	4	3.2
매출액순이익률	1.36	3.78	5.79	3.04	1.63	2.17	0.35	3.73	1.97	3.51	1.8
과실, 채소 가공 및 저장처리업											
총자산순이익률	1.19	1.06	2.14	2.54	1.57	0.96	0.63	0.22	2.46	1.39	1.7
자기자본순이익률	2.02	1.79	3.65	4.69	3.07	1.87	1.2	0.42	4.9	2.8	3.42
매출액영업이익률	4.48	3.85	4.62	5.28	3.78	3.24	1.9	2.05	2.39	3.49	1.81
매출액순이익률	1.47	1.35	2.49	3.1	1.83	1.22	0.85	0.29	2.96	1.64	2.24
동물성 및 식물성 유지 제조업											
총자산순이익률	2.28	3.83	4.24	0.8	2.68	3.28	4.09	4.55	6.85	33.71	1.02

다음 페이지에 계속

비율	2008	2009	2010	2011	2012	2013	2014	2015	2016	2017	2018
자기자본순이익률	4.46	7.66	8.37	1.66	5.64	6.57	8.01	8.88	13	49.85	1.04
매출액영업이익률	2.36	3.24	2.1	1.63	2.84	2.7	2.39	3.18	5.21	−23.27	10.75
매출액순이익률	1.39	2.2	2.37	0.48	1.54	1.78	2.18	2.45	3.73	2671.48	32.56
낙농제품 및 식용빙과류 제조업											
총자산순이익률	4.56	11.28	9.03	6.3	7.53	4.65	4.04	3.58	4.07	4.12	4.78
자기자본순이익률	6.72	14.84	11.77	8.35	10.02	6.61	5.31	4.58	5.17	5.86	7.6
매출액영업이익률	6.5	7.19	7.51	6.21	6.01	3.14	2.36	3.16	3.97	2.53	3.65
매출액순이익률	3.49	8.95	7.55	5.18	5.61	2.85	2.85	2.71	3.15	3	2.94
곡물 가공품 제조업											
총자산순이익률	−12.11	4.42	2.5	−1.22	2.15	−1.24	−9.46	−5.27	1.42	2	0.08
자기자본순이익률	−32.16	12.02	6.26	−3.34	6.23	−3.52	−35.3	−30.46	7.48	6.8	0.29
매출액영업이익률	1.8	8.36	6.28	1.32	4.53	0.5	−4.17	1.62	5.49	3.98	3.2
매출액순이익률	−15.56	4.58	3.22	−1.49	2.9	−1.81	−12.8	−6.32	1.73	2.43	−0.74
전분제품 및 당류 제조업											
총자산순이익률	−1.01	4.24	5.32	2.58	4.65	4.26	4.36	3.91	3.48	2.44	4.55
자기자본순이익률	−1.24	5.17	8.22	5.83	8.81	8.13	7.4	6.68	6.14	4.34	7.07
매출액영업이익률	2.54	8.82	8.84	2.9	6.16	5.81	9.52	8.58	7.42	5.76	5.71
매출액순이익률	−1.82	7.14	8.18	2.31	5.46	4.63	5.62	5.37	5.33	3.66	7.41
떡, 빵 및 과자류 제조업											
총자산순이익률	−2.73	−3.77	11.42	−0.3	2.78	2.95	2.77	3.36	3.11	2.63	2.94
자기자본순이익률	−4.47	−6.91	21.04	−0.77	6.09	6.52	6.01	6.96	7.8	5.89	6.25
매출액영업이익률	−1.18	−4.25	−4.62	−0.11	3.56	3.36	2.98	3.4	2.91	2.27	4.97
매출액순이익률	−2.73	−4.95	13.08	−1.27	2.36	2.08	1.68	2.36	1.99	1.37	3
설탕 제조업											
총자산순이익률	0.63	2.37	1.44	0.65	2.61	1.7	1.64	1.36	4.82	1.14	1.31
자기자본순이익률	1.45	5.19	3.14	1.52	5.64	3.31	2.98	2.08	8.97	2.03	2.25
매출액영업이익률	3.3	3.54	1.25	2.07	1.99	2.24	2.37	2.95	4.84	1.86	2.97
매출액순이익률	0.4	1.93	1.14	0.51	1.78	1.12	1.19	1.22	4.13	1.11	1.26
면류, 마카로니 및 유사식품 제조업											
총자산순이익률	7.61	8.65	6.07	5.05	2.88	4.69	4.55	3.75	7.97	6.34	7.15
자기자본순이익률	17.41	16.92	10.52	8.86	5.05	7.47	7.28	5.48	12.22	10.25	11.43
매출액영업이익률	6.88	6.28	4.62	5.03	4.55	4.76	4.35	4.88	5.53	6.45	7.02
매출액순이익률	5.04	5.91	4.51	3.92	1.88	3.83	3.75	3.15	7.15	5.11	6.06
조미료 및 식품 첨가물 제조업											
총자산순이익률	−8.39	5	6.07	4.97	4.54	3.64	4.3	3.76	5.48	6.6	4.23
자기자본순이익률	−8.16	7.07	8.96	9.22	9.03	7.41	8.61	6.87	10.84	11.6	7.35
매출액영업이익률	−2.56	6.78	5.59	7.19	5.45	5.36	6.17	6.12	9.37	8.44	9.9
매출액순이익률	−9.64	6.46	7.64	5.47	5.62	3.91	4.4	4.27	5.98	6.07	3.5

비율	2008	2009	2010	2011	2012	2013	2014	2015	2016	2017	2018
기타 식료품 제조업											
총자산순이익률	3.63	2.27	4.31	5.8	2.62	8.87	11.88	6.48	9.14	4.24	3.81
자기자본순이익률	5.75	5.92	7.76	12.12	5.86	12.38	18.18	10.7	12.24	6.08	6.74
매출액영업이익률	8.54	6.76	26.59	28.22	18.69	24.86	29.05	16.2	18.63	12.12	-5.99
매출액순이익률	4.42	-4.59	-7.12	19.98	8.68	16.09	37.91	14.03	13.26	7.37	-41.25
발효주 제조업											
총자산순이익률	2.41	5.23	8.73	3.06	2.58	1.15	0.98	-2.37	-1.1	4.82	7.06
자기자본순이익률	2.7	5.64	9.57	3.41	2.84	1.26	1.07	-2.6	-1.2	5.25	7.68
매출액영업이익률	2.91	7.93	13.65	4.56	5.9	1.24	0.99	-11.08	-7.97	-5.97	-5.22
매출액순이익률	6.84	14.44	13.85	4.54	4.45	2.44	2.24	-6.48	-3.23	16.39	28.8
증류주 및 합성주 제조업											
총자산순이익률	6.04	8.02	4.88	2.97	5.7	6.01	8.33	8.05	7.75	7.44	2.74
자기자본순이익률	5.76	12.27	3.14	-1.83	7.26	6.56	11.56	10.9	9.48	9.96	1.99
매출액영업이익률	15.11	15.01	14.85	13.3	12.43	16.35	15.47	17.01	15.97	14.19	9.7
매출액순이익률	7.87	12.85	6.99	4.95	8.82	6.02	11.48	11.94	13.26	14.26	3
비알코올음료 및 얼음 제조업											
총자산순이익률	3.23	0.38	1.2	1.57	2.45	2.43	0.68	7.2	1.99	3.56	1.25
자기자본순이익률	4.16	0.52	1.77	2.45	3.98	3.89	1.13	10.07	2.46	6.24	0.5
매출액영업이익률	5.09	5.45	6.57	8.32	7.65	8.04	4.59	13.06	6.83	4.74	6.06
매출액순이익률	5	0.72	2.81	3.35	4.36	4.5	1.28	11.04	3.51	5.88	2.35

[그림 3-25] 수익성 : 도축업

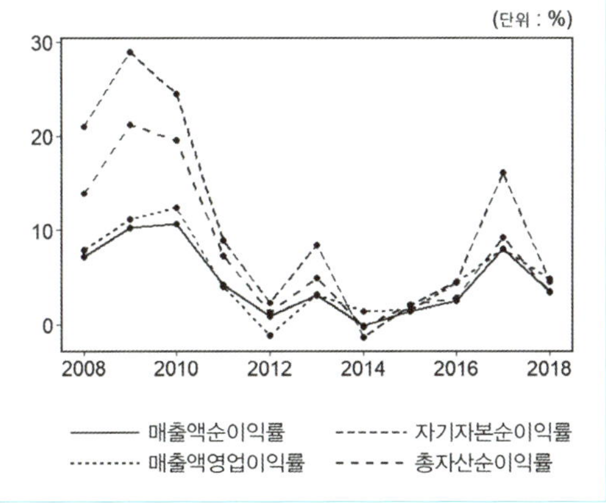

[그림 3-26] 수익성 : 육류 가공 및 저장처리업

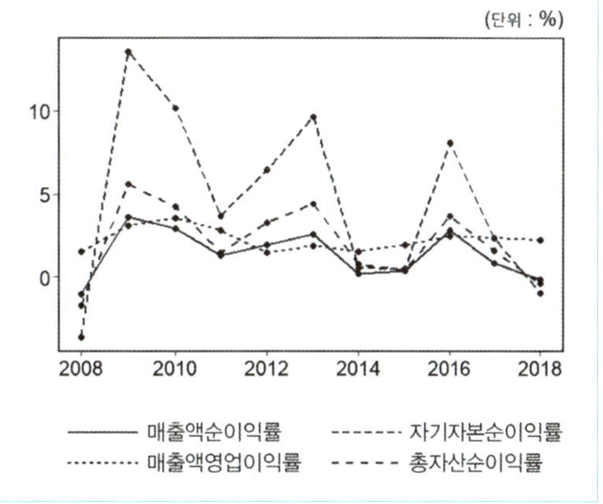

[그림 3-27] 수익성 : 수산동물 가공 및 저장처리업

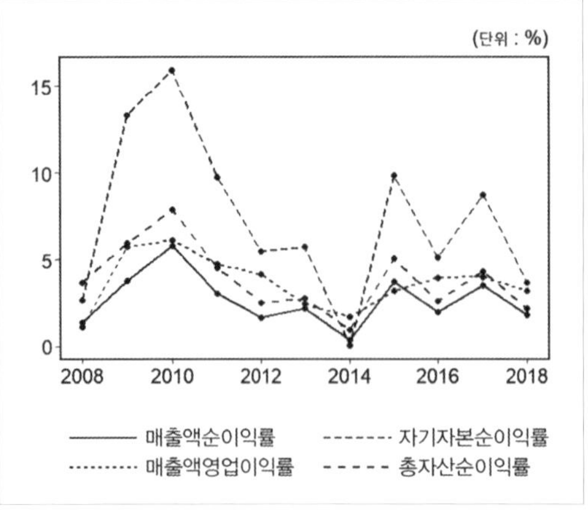

[그림 3-28] 수익성 : 과실, 채소 가공 및 저장처리업

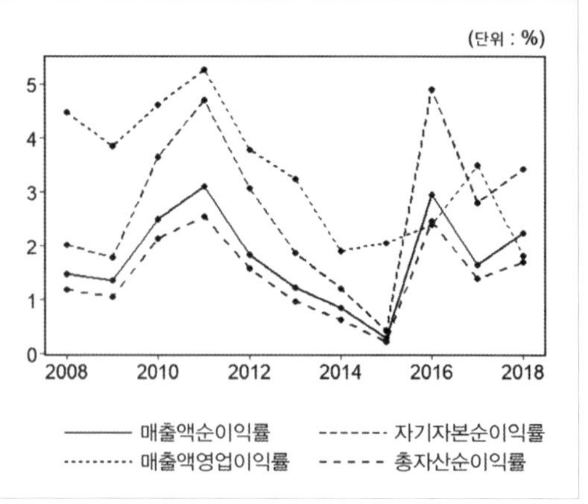

[그림 3-29] 수익성 : 동물성 및 식물성 유지 제조업

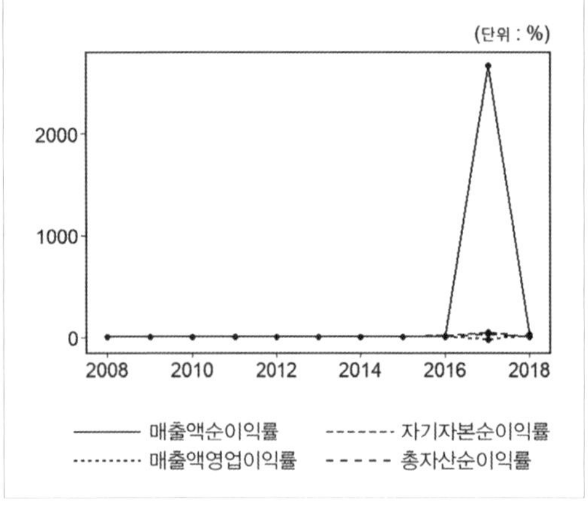

[그림 3-30] 수익성 : 낙농제품 및 식용빙과류 제조업

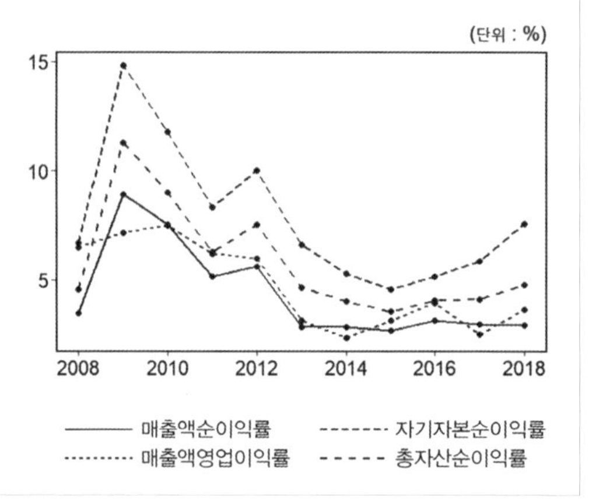

[그림 3-31] 수익성 : 곡물 가공품 제조업

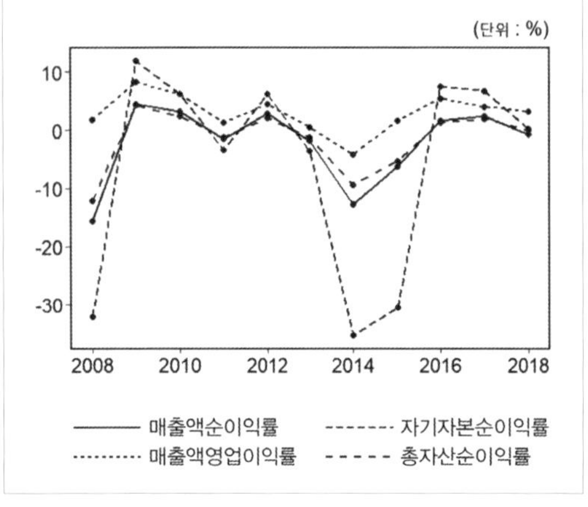

[그림 3-32] 수익성 : 전분제품 및 당류 제조업

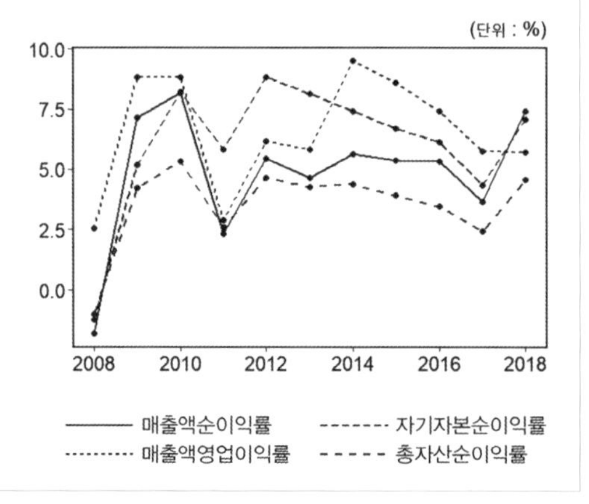

[그림 3-33] 수익성 : 떡, 빵 및 과자류 제조업

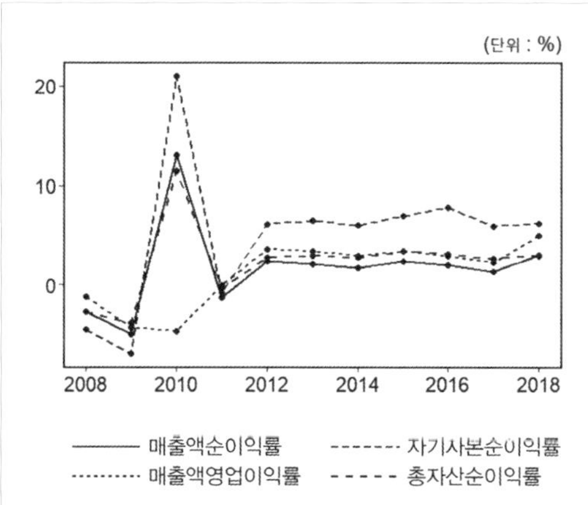

[그림 3-34] 수익성 : 설탕 제조업

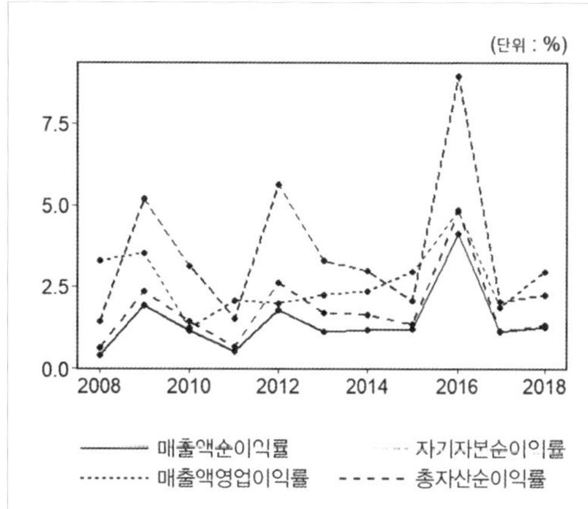

[그림 3-35] 수익성 : 면류, 마카로니 및 유사식품 제조업

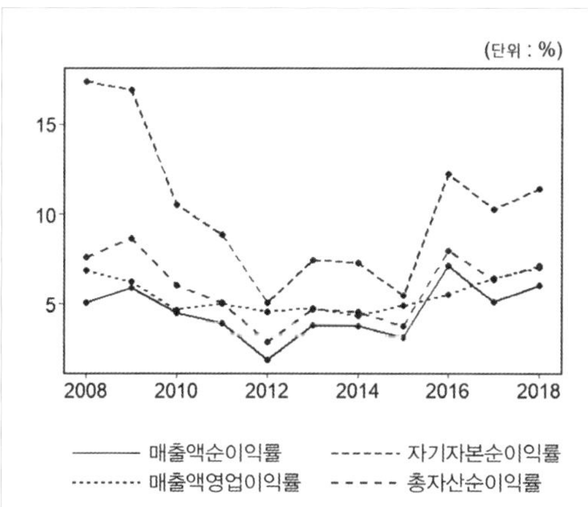

[그림 3-36] 수익성 : 조미료 및 식품 첨가물 제조업

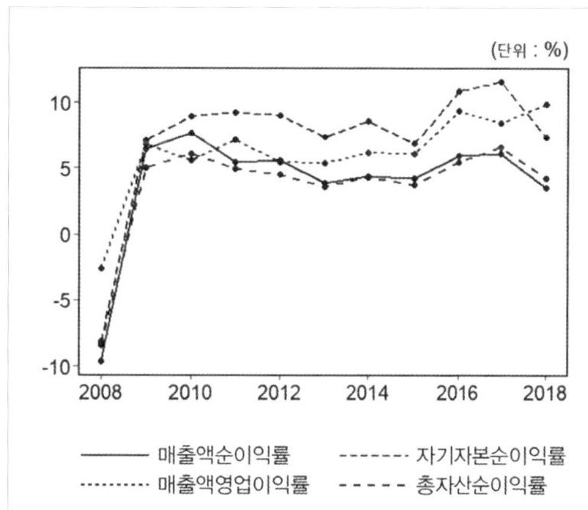

[그림 3-37] 수익성 : 기타 식료품 제조업

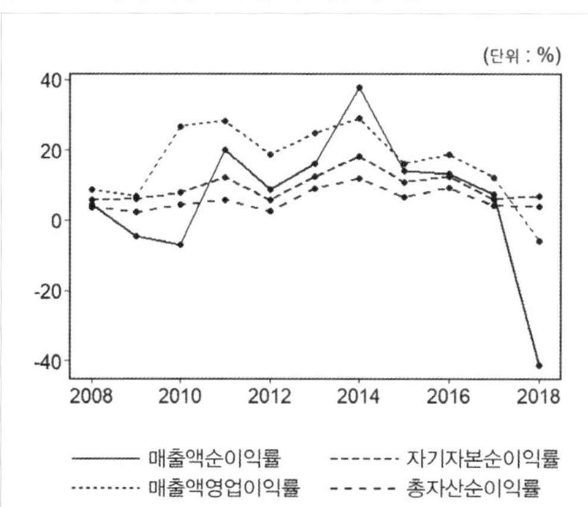

[그림 3-38] 수익성 : 발효주 제조업

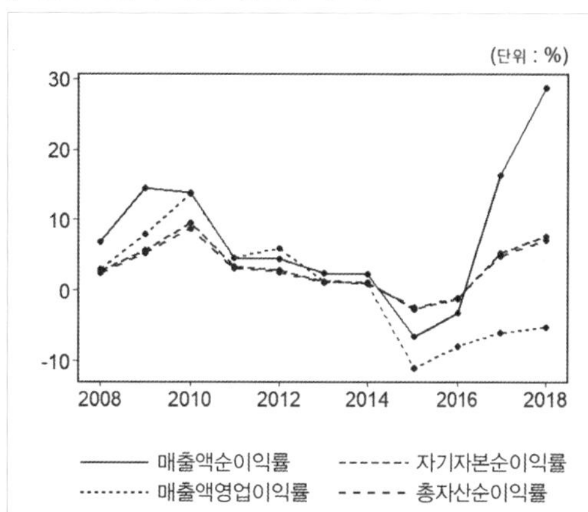

[그림 3-39] 수익성 : 증류주 및 합성주 제조업

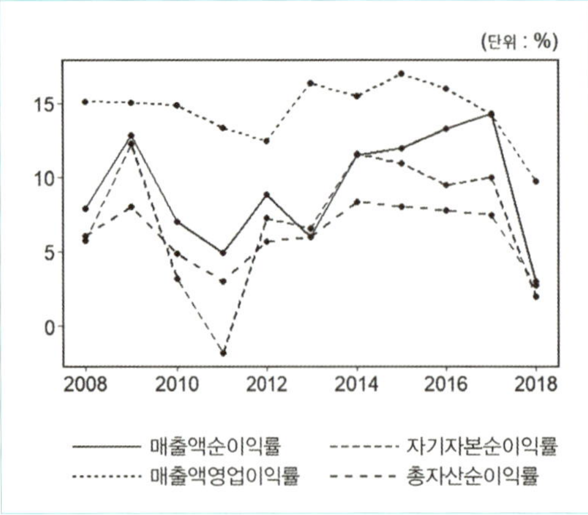

[그림 3-40] 수익성 : 비알코올음료 및 얼음 제조업

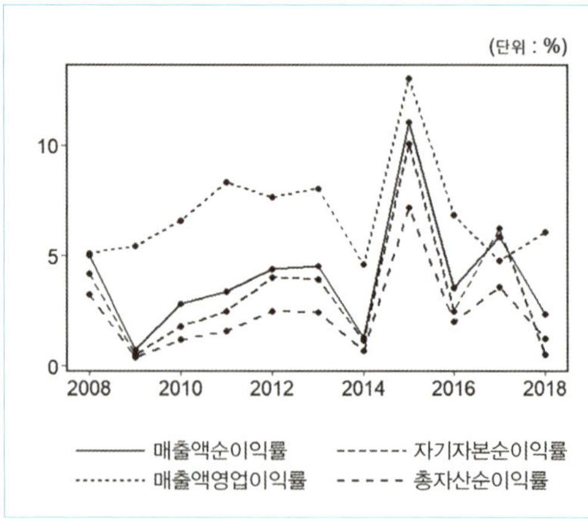

다. 그룹사 운영여부별

- 2008년에 비그룹사의 총자산순이익률이 그룹사보다 낮았지만, 그 이후 큰 폭으로 상승하여 2018년을 제외하면 그룹사와 비교해 높은 순이익률을 나타냈다.
- 자기자본순이익률은 2008년에 비그룹사가 (-)의 수익성을 기록한 것을 제외하고 비슷한 추세를 보이며 증감을 반복했다.
- 수익성 지표 중 그룹사와 비그룹사의 차이가 매출액영업이익률에서 가장 두드러졌다. 비그룹사는 2011년 하락한 이후 꾸준히 상승하여 2016년에 정점을 찍었으나 최근 2년간 큰 폭으로 감소하여 그룹사보다 낮게 나타났다. 그룹사의 매출액영업이익률은 2010년까지 상승했으나 그 이후 하락하였고 증감을 반복하다 2018년에는 비그룹사보다 높은 영업이익률을 나타냈다.
- 비그룹사는 비교적 비슷한 수익성을 나타냈으며 2018년에 저조했다. 그룹사는 2017년에 수익성이 큰 폭으로 상승하여 정점을 찍었고 2018년 다시 예년 수준을 보였다.

[표 3-6] 식품기업의 수익성 비율 : 그룹사 여부

(단위 : %)

비율	2008	2009	2010	2011	2012	2013	2014	2015	2016	2017	2018
그룹사											
총자산순이익률	3.33	4.79	5.11	3.46	3.11	3.7	2.87	3.21	4.09	5.04	3.81
자기자본순이익률	4.62	9.53	9.55	6.6	6.43	6.97	4.32	4.67	8.23	9.42	6.76
매출액영업이익률	4.57	6.21	7.54	6.84	5.19	4.82	4.14	5.09	5.85	4.34	5.78
매출액순이익률	2.17	3.7	3.92	4.36	3.22	3.45	3.69	3.55	3.93	62.22	5.16
비그룹사											
총자산순이익률	0.02	7.01	7.53	3.43	4.05	4.53	3.95	4.68	5.64	5.22	3.21
자기자본순이익률	-0.73	11	10.53	4.05	5.99	6.17	4.3	7.03	7.68	7.95	3.45
매출액영업이익률	4.7	7.78	8.48	6.31	6.31	8.05	8.21	8.66	9.21	7.89	5.14
매출액순이익률	0.04	7.26	7.9	3.56	4.74	4.71	5.79	6.46	7.68	7.58	0.75

[그림 3-41] 총자산순이익률 : 그룹사 여부

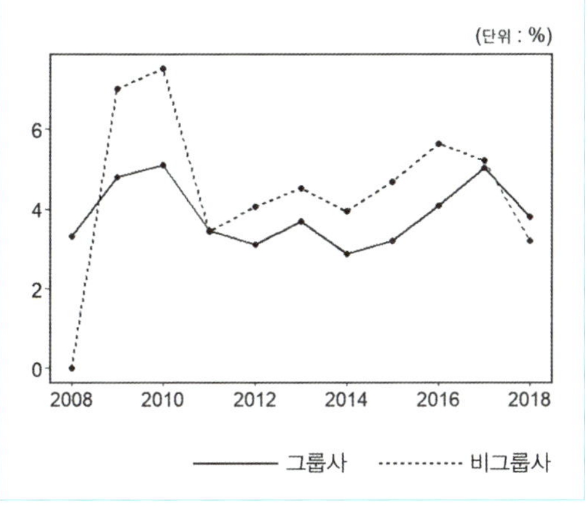

[그림 3-42] 자기자본순이익률 : 그룹사 여부

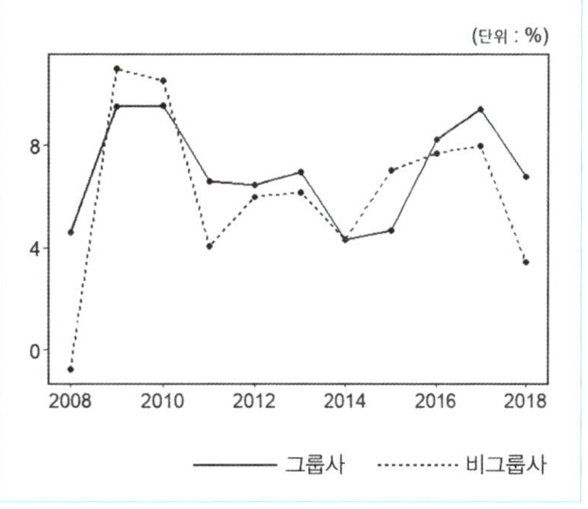

[그림 3-43] 매출액영업이익률 : 그룹사 여부

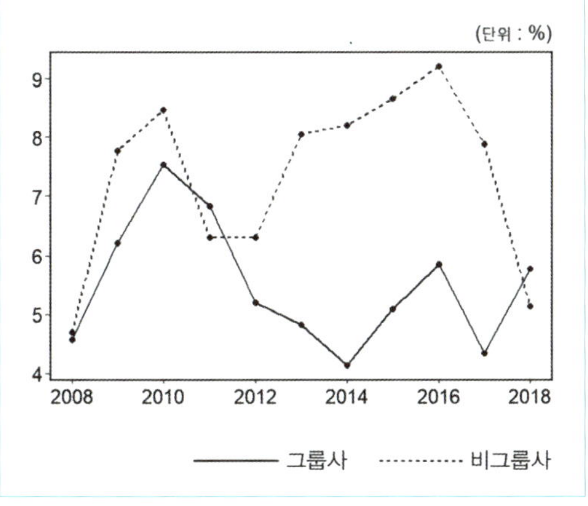

[그림 3-44] 매출액순이익률 : 그룹사 여부

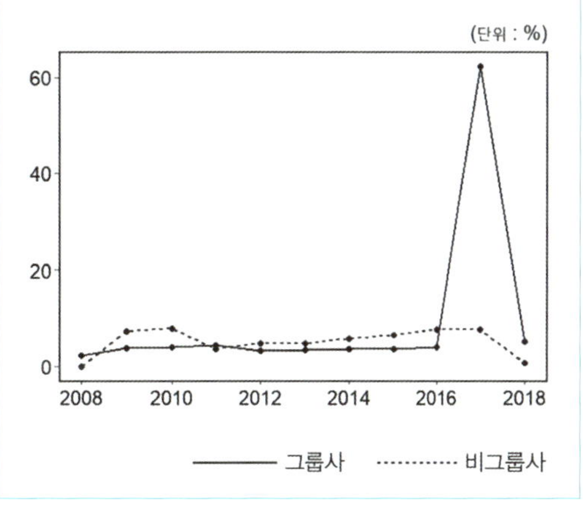

4. 레버리지 비율

가. 식품기업 전체

- 레버리지 비율은 기업의 재무위험을 측정하는 척도 중 하나로 타인자본 의존에 따른 장기적 지급능력을 평가하는 지표이다.
  - ○ 타인자본 사용에 따른 재무위험을 평가하는 레버리지 비율에는 부채비율, 이자보상비율, 비유동비율, 비유동장기적합률 등이 있다.
- [표 3-7]과 [그림 3-45]~[그림 3-48]은 식품기업 평균에 대한 연도별 부채비율, 이자보상비율, 비유동비율, 비유동장기적합률을 계산한 것이다.
- 식품기업의 부채비율은 2011년에 정점을 찍었으나 그 이후 큰 폭으로 감소한 뒤 최근 2년간 비슷한 수준을 유지하고 있다. 모든 레버리지 비율도 부채비율과 같이 2011년에 큰 폭으로 상승하였고 그 이후 증감을 반복하였으나 전체적으로 감소 추세를 보이고 있다.

[표 3-7] 식품기업의 레버리지 비율 (단위 : %)

비율	2008	2009	2010	2011	2012	2013	2014	2015	2016	2017	2018
식품기업 평균											
부채비율	101.34	90.21	88.08	103.42	101.86	91.64	91.8	84.99	81.18	76.87	76.76
이자보상비율	138.48	35.17	29	94.46	34.24	21.23	40.63	57.05	46.38	25.01	32.59
비유동비율	116.05	114.06	112.61	120.59	118.6	116.86	113.91	111.92	110.61	114.56	111.62
비유동장기적합률	93.25	91.55	93.67	94.6	91.22	91.21	90.75	91.32	91.15	92.62	89.92

[그림 3-45] 부채비율 : 식품기업 전체

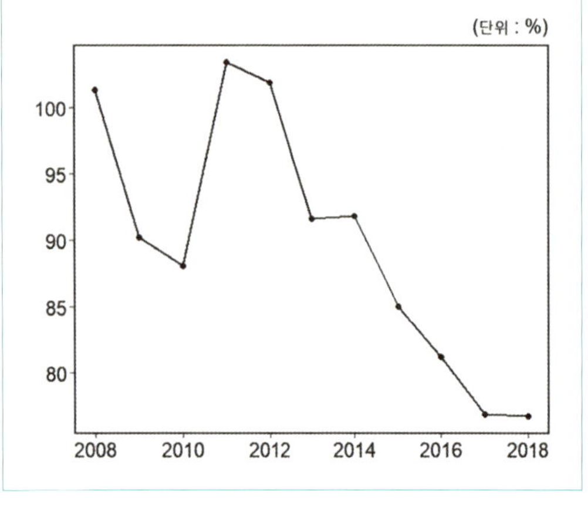

[그림 3-46] 이자보상비율 : 식품기업 전체

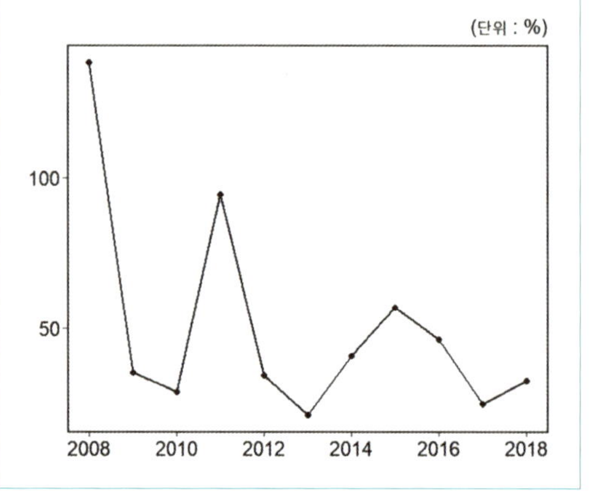

[그림 3-47] 비유동비율 : 식품기업 전체

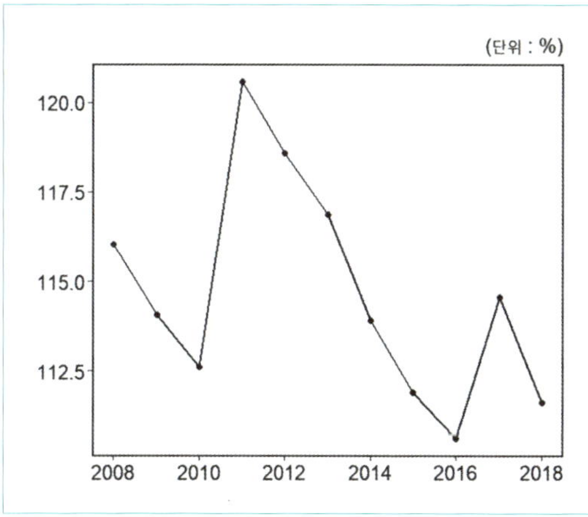

[그림 3-48] 비유동장기적합률 : 식품기업 전체

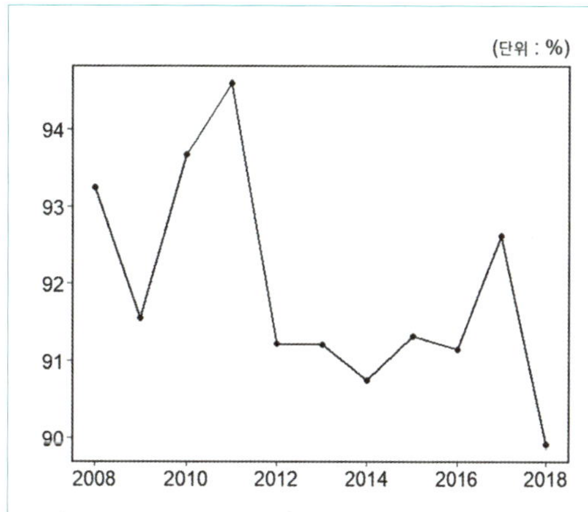

나. 세부 업종별

- 최근 10년간 식품기업의 레버리지 비율은 증감을 반복했으며, 세부 업종에 따라 차이가 있다.
- 도축업의 경우 이자보상비율의 변동 폭이 가장 큰 것으로 나타났으며 2012년에 최저점을 기록한 이후 꾸준히 상승하여 2018년에 비유동장기적합률, 비유동비율과 함께 정점을 기록했다.
- 전체적으로 레버리지 비율 중 이자보상비율의 변동 폭이 가장 작았으나 낙농제품 및 식용빙과류 제조업의 이자보상비율은 2018년 큰 폭으로 상승하였으며 기타 식료품 제조업과 증류주 및 합성주 제조업에서 큰 증감이 있었다.
- 동물성 및 식물성 유지 제조업에서 부채비율이 최근 2년간 큰 폭으로 하락해 유지되고 있다.
- 전반적인 제조업의 이자보상비율이 다른 레버리지 비율에 비해 모두 저조하게 나타났다.

[표 3-8] 식품기업의 레버리지 비율 : 세부업종별

(단위 : %)

비율	2008	2009	2010	2011	2012	2013	2014	2015	2016	2017	2018
도축업											
부채비율	47.38	28.79	21.21	24.1	108.21	79.03	98.9	111.94	67.33	61.42	87.82
이자보상비율	34.81	63.22	92.97	38.44	-3.39	9.49	3.98	20.27	35.05	47.32	117.4
비유동비율	58.91	47.33	44.83	44	90.17	97.99	91.88	90.98	93.22	93.42	110.35
비유동장기적합률	50.63	42.87	42.93	42.3	73.3	79.19	80.13	79.92	80.82	84.57	93.22
육류 가공 및 저장처리업											
부채비율	125.81	145.99	135.12	164.89	152.64	132.7	145.69	145.2	102.95	99.33	112.4
이자보상비율	1.55	2.16	2.29	2.59	3.11	4.73	6.11	5.71	4.44	3.67	2.25
비유동비율	122.12	124.94	119.48	120.41	107.28	109.41	107.11	123.89	128.87	135.49	138.61
비유동장기적합률	98.36	92	92.51	94.71	86.98	90.38	88.28	106.97	117.21	115.41	122.36
수산동물 가공 및 저장처리업											
부채비율	197.4	130.28	105.23	123.3	119.56	109.15	123.08	116.34	131.92	119.68	120.66
이자보상비율	10.3	11.06	16.81	6.31	3.27	4.13	5.62	6.76	6.46	6.86	5.37
비유동비율	140.14	123.05	112.08	120.1	115.78	121.18	132.21	137.33	141.71	134.51	133.79
비유동장기적합률	98.64	96.45	93.74	96.21	90.61	89.01	101.04	107.27	112.36	105.24	109.44
과실, 채소 가공 및 저장처리업											
부채비율	69.4	67.12	73.1	96.05	94.9	92.99	87.56	94.99	102.29	101.17	102.22
이자보상비율	2.75	2.6	3.31	2.85	2.11	1.98	1.02	1.45	2.55	5.16	2.55
비유동비율	107.68	103.75	103.84	114.33	108.57	108.24	107.03	117.47	121.14	116.98	89.05
비유동장기적합률	100.62	98.18	98.31	99.31	89.26	89.4	88.55	91.74	99.85	96.09	77.8
동물성 및 식물성 유지 제조업											
부채비율	104.4	95.42	99.73	116.2	104.83	95.49	96.23	94.13	85.97	2.35	2.81
이자보상비율	3.4	4.82	3.07	2.09	4.22	5.26	6.32	9.03	18.59	-	-
비유동비율	121.71	120.94	117.17	121.62	110.13	100.14	95.32	94.26	88.38	98.89	98.64
비유동장기적합률	100.91	88.17	103.58	89.71	81.95	77.43	69.19	64.41	68.01	98.44	97.65
낙농제품 및 식용빙과류 제조업											
부채비율	38.03	31.22	31.27	34.13	29.83	27.87	26.13	26.44	25.73	38.79	47.84
이자보상비율	175.22	144.76	121.83	84.14	101.94	102.52	204.65	377.95	35.37	17.04	711.35
비유동비율	74.82	71.13	67.8	73.29	68.58	72.07	70.4	70.02	66.51	72.91	74.54
비유동장기적합률	66.33	65.67	61.79	65.15	62.18	65.52	63.7	63.85	62.53	63.65	61.34
곡물 가공품 제조업											
부채비율	206.89	171.38	155.67	184.12	195.69	183.33	322.58	390.45	285.82	165.29	173.59
이자보상비율	0.6	3.64	3.44	0.63	1.7	0.16	-1.33	0.56	1.66	1.31	1.04
비유동비율	169.97	154.96	143.8	148.22	149.25	158.83	248.22	304.46	248.83	170.33	155.75
비유동장기적합률	121.84	116.63	116.66	110.39	103.81	117.84	163.1	260.9	168.36	155.28	125.01
전분제품 및 당류 제조업											
부채비율	102.07	75.98	73.41	80.95	69.84	63.93	58.45	63.55	69.95	65.08	54.28
이자보상비율	1.21	8.39	22.68	1.41	16.96	12.23	42.26	29.3	23.84	25.12	40.39

비율	2008	2009	2010	2011	2012	2013	2014	2015	2016	2017	2018
비유동비율	144.52	129.03	121.05	116.57	112.66	103.56	98.89	109.09	107.22	107.59	101.22
비유동장기적합률	110.88	99.36	102.08	87.78	90.44	89.02	81.03	85.05	79.86	80.73	80.61
떡, 빵 및 과자류 제조업											
부채비율	46.25	61.09	69.9	116.56	120.37	113.49	108.64	106.33	135.1	164.74	126.87
이자보상비율	778.35	42.41	10.96	2.32	3.28	4.36	4.69	8.1	7.69	4.71	5.9
비유동비율	101.32	112.53	120.49	145.54	141.73	143.34	143.05	146.35	168.07	186.58	168.04
비유동장기적합률	89.7	95.07	97.31	111.7	98.52	113.66	113.5	119.27	127.55	124.29	114.65
설탕 제조업											
부채비율	121.8	116.21	121.02	147.76	112.98	101.1	107.76	104.41	91.7	86.97	85.67
이자보상비율	2.14	2.04	0.86	1.47	3.51	9.31	16.11	10.44	14.14	3.68	4.52
비유동비율	121.52	117.91	128.38	137.46	116.64	115.1	120.02	123.78	101.05	109.11	112.69
비유동장기적합률	82.09	82.2	86.8	81.13	86.92	84.19	85.9	86.73	74.97	77.67	82.7
면류, 마카로니 및 유사식품 제조업											
부채비율	106.01	82.92	81.89	74.09	64.1	61.09	59.45	58.56	55.44	55.73	50.4
이자보상비율	28.37	53.76	20.45	19.88	19.75	26.76	29.71	40.08	38.42	52.61	47.97
비유동비율	125.36	107.63	104.43	104.94	105.03	102.61	105.59	104.61	99.31	101.21	97.62
비유동장기적합률	108.38	93.79	88.42	88	94.36	91.67	94.99	94.02	90.56	95.01	88.81
조미료 및 식품 첨가물 제조업											
부채비율	102.06	100.78	111.67	141.58	115.58	97.14	101	98.53	91.61	70.33	58.68
이자보상비율	−9.35	18.11	19.97	12.2	4.77	6.39	9.68	10.46	15.81	17.16	14.7
비유동비율	99.5	92.12	98.79	110.43	116.11	108.54	105.77	99.56	96.92	91.35	83.87
비유동장기적합률	80.55	74.6	80.1	88.11	85.81	83.61	82.27	77.75	76.2	81.33	73.51
기타 식료품 제조업											
부채비율	87.39	108.53	99.11	122.24	121.89	81.13	67.24	49.03	42.21	37.26	32.26
이자보상비율	4.06	2.38	4.12	3.93	2.28	20.42	4.47	48.73	90650.6	483.96	−42.3
비유동비율	153.65	167.5	171.94	186.66	188.15	138	120.68	99.28	81.49	93.99	73.67
비유동장기적합률	124.41	105.03	117.33	124.46	104.55	87.58	87.91	80.1	67.73	77.12	66.53
발효주 제조업											
부채비율	8.46	6.98	12.06	11.38	9.22	9.26	10.14	9.35	9.22	8.91	8.71
이자보상비율	−	−	−	−	−	−	−	−	−	−	−
비유동비율	55.31	58.34	55.17	66.8	65.59	63.87	63.97	64.81	69.97	69.51	77.78
비유동장기적합률	55.08	57.87	54.96	65.23	64.1	62.13	62.19	62.79	67.26	67.25	74.95
증류주 및 합성주 제조업											
부채비율	85.92	80.27	91.48	106.62	108.92	100.92	62.24	50.9	55.1	65.73	72.92
이자보상비율	142.73	110.14	81.3	1802.82	232.71	73.26	219.49	187.93	129.48	38.55	33.23
비유동비율	97.94	119.23	125.48	133.16	142.93	137.97	109.54	99.02	106.33	113	119.36
비유동장기적합률	81.18	107.93	109.74	107.89	112.49	111.1	90.48	87.73	90.72	94.26	92.79

다음 페이지에 계속

비율	2008	2009	2010	2011	2012	2013	2014	2015	2016	2017	2018
비알코올음료 및 얼음 제조업											
부채비율	27.67	47.34	48.08	63.22	61.41	58.57	72.35	49.06	57.57	95.98	102.83
이자보상비율	1717.27	4.57	4.41	5.72	6.36	7.61	3.86	14.96	10.5	9.01	18.31
비유동비율	89.66	126.16	132.18	137.33	133.03	132.02	143	109.64	120.34	142.53	145.75
비유동장기적합률	83.61	95.3	99.77	109.35	95.55	97.27	107.41	84.53	94.6	88.45	88.92

[그림 3-49] 레버리지 : 도축업

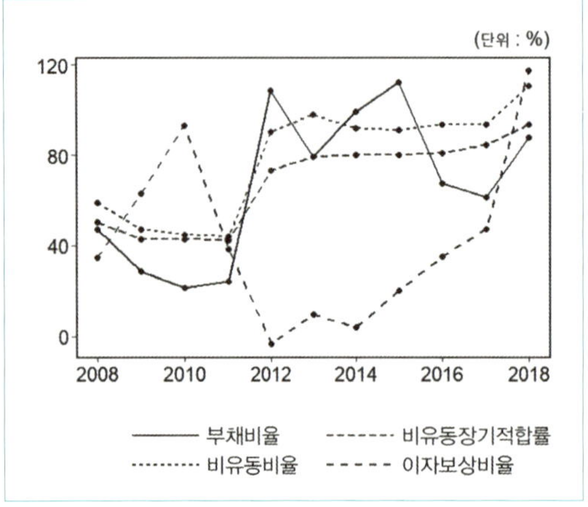

[그림 3-50] 레버리지 : 육류 가공 및 저장처리업

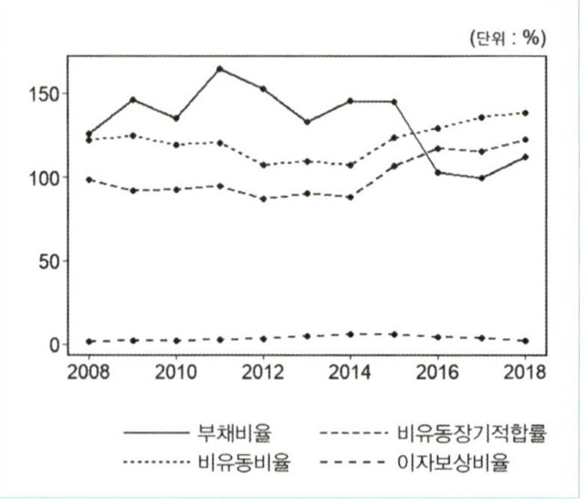

[그림 3-51] 레버리지 : 수산동물 가공 및 저장처리업

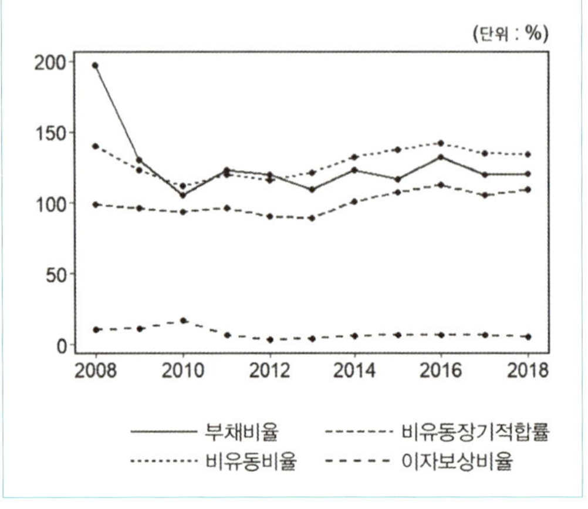

[그림 3-52] 레버리지 : 과실, 채소 가공 및 저장처리업

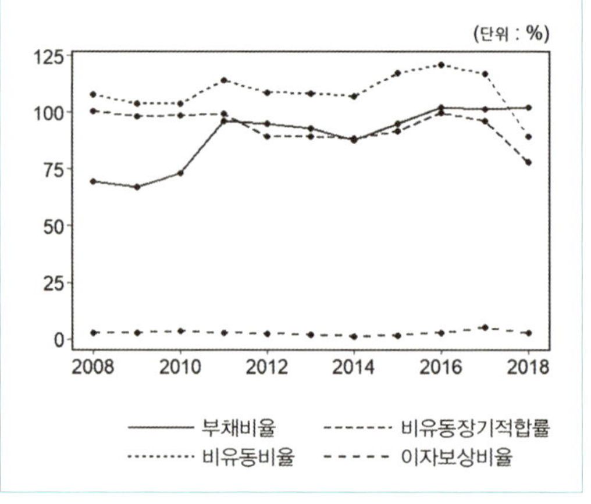

[그림 3-53] 레버리지 : 동물성 및 식물성 유지 제조업

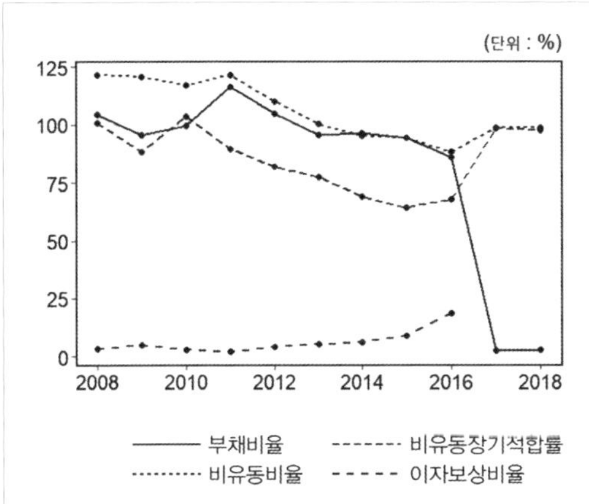

[그림 3-54] 레버리지 : 낙농제품 및 식용빙과류 제조업

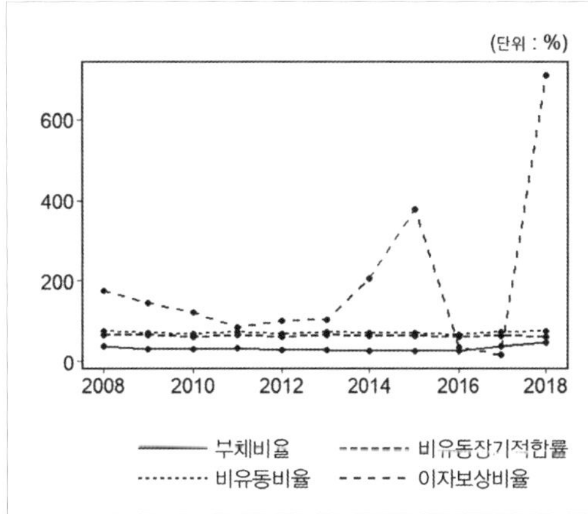

[그림 3-55] 레버리지 : 곡물 가공품 제조업

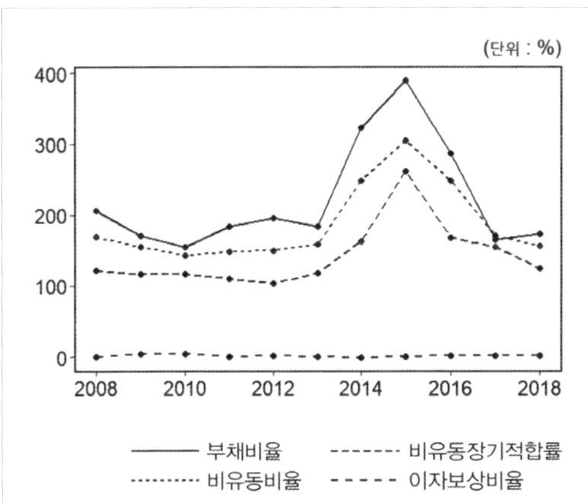

[그림 3-56] 레버리지 : 전분제품 및 당류 제조업

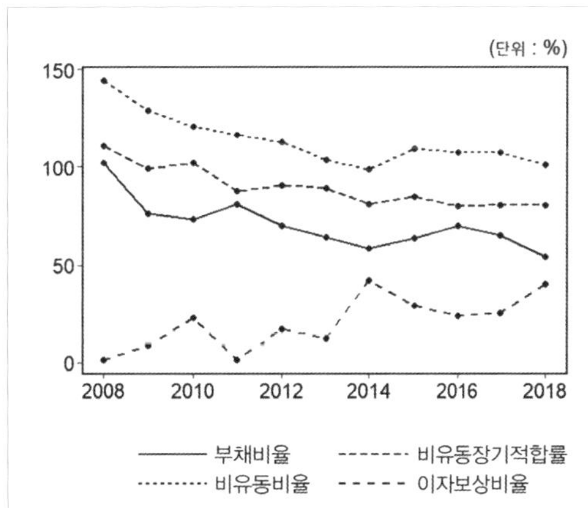

[그림 3-57] 레버리지 : 떡, 빵 및 과자류 제조업

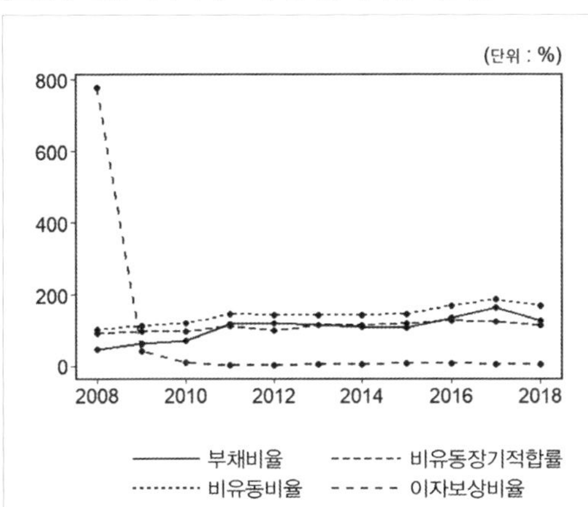

[그림 3-58] 레버리지 : 설탕 제조업

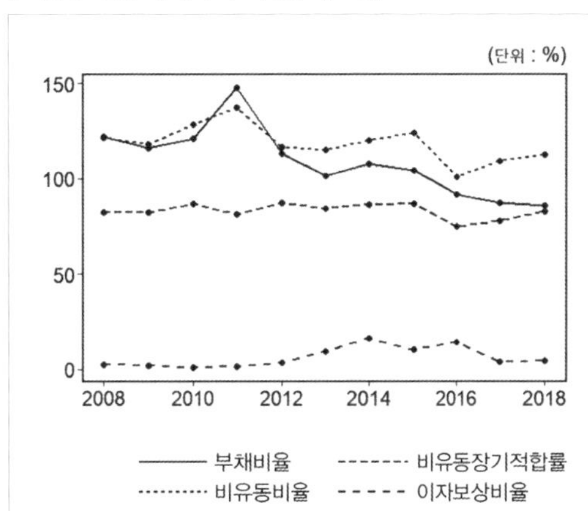

[그림 3-59] 레버리지 : 면류, 마카로니 및 유사식품 제조업

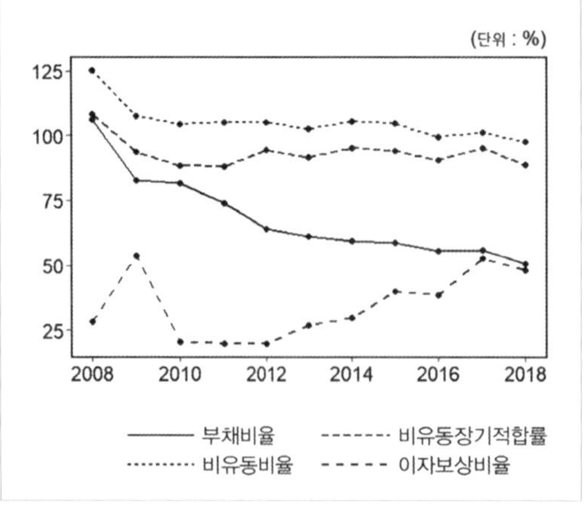

[그림 3-60] 레버리지 : 조미료 및 식품 첨가물 제조업

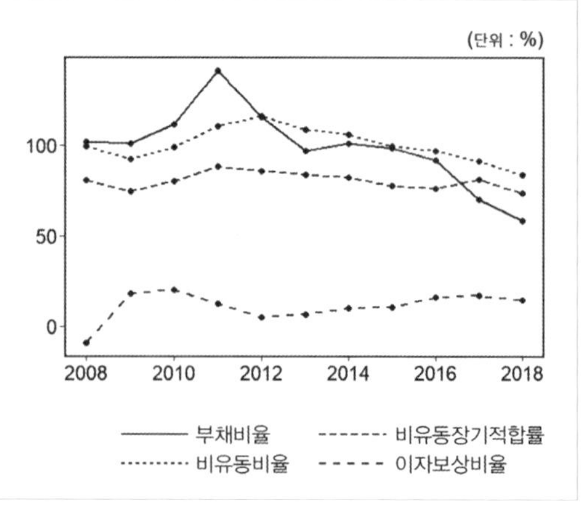

[그림 3-61] 레버리지 : 기타 식료품 제조업

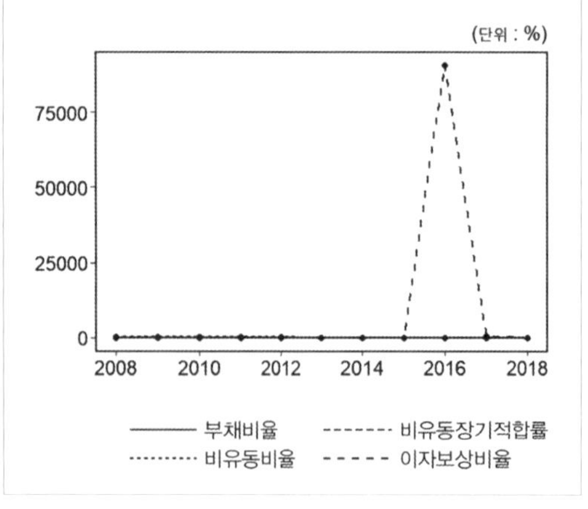

[그림 3-62] 레버리지 : 발효주 제조업

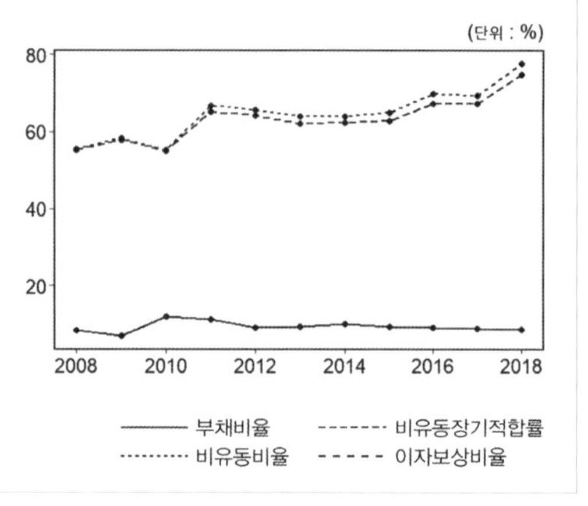

[그림 3-63] 레버리지 : 증류주 및 합성주 제조업

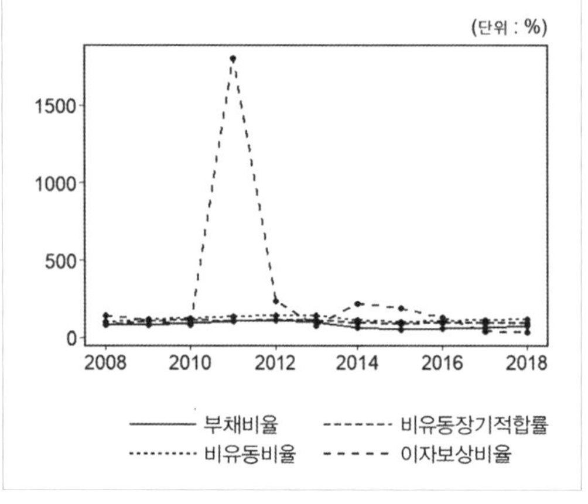

[그림 3-64] 레버리지 : 비알코올음료 및 얼음 제조업

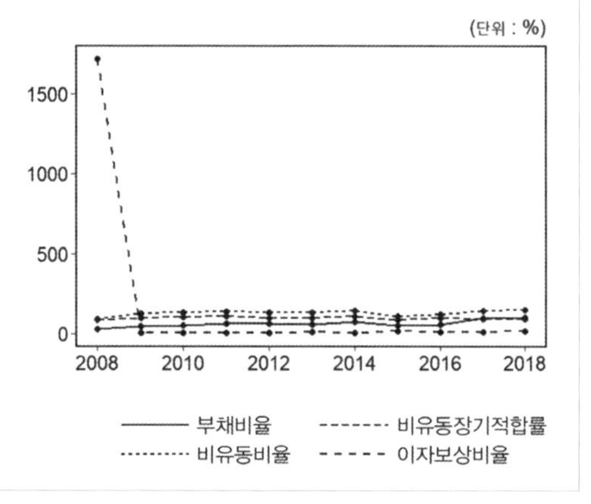

다. 그룹사 여부별

- 비그룹사에 비해 그룹사 기업의 부채비율이 높은 수준을 나타냈고 2016년 비그룹사의 부채비율은 최저점을 기록하였다.
- 이자보상비율은 2016년에 비그룹사가 정점을 찍으며 높은 값을 나타냈으며 그 외 부채비율, 비유동비율, 비유동장기적합률 모두 그룹사가 비그룹사보다 높은 수준을 나타냈다.

[표 3-9] 식품기업의 레버리지 비율 : 그룹사 여부 (단위 : %)

비율	2008	2009	2010	2011	2012	2013	2014	2015	2016	2017	2018
그룹사											
부채비율	122.33	97.78	92	111.11	110.79	99	106.25	108.29	103.95	96.76	91.83
이자보상비율	226.19	20.46	12.97	7.04	5.89	8.19	9.61	11.62	13.43	12.75	12.57
비유동비율	134.55	129.99	129.61	137.11	128.11	127.82	131.24	134.7	135.57	134.44	130.02
비유동장기적합률	103.92	99.85	103.74	103.53	92.89	95.74	99.58	105.69	103.77	103.23	99.64
비그룹사											
부채비율	83.31	84.33	84.17	98.09	95.4	84.18	77.17	67.83	60.65	62.84	66.67
이자보상비율	55.84	54.47	48.44	457.35	86.04	39.05	97.61	104.07	12223.74	89.81	69.4
비유동비율	99.43	99.39	98.61	106.26	109.43	106.15	99.53	97.58	93.89	99.42	98.2
비유동장기적합률	83.68	84.78	85.08	87.05	89.27	87.09	83.86	84.66	82.62	84.52	82.93

[그림 3-65] 부채비율 : 그룹사 여부

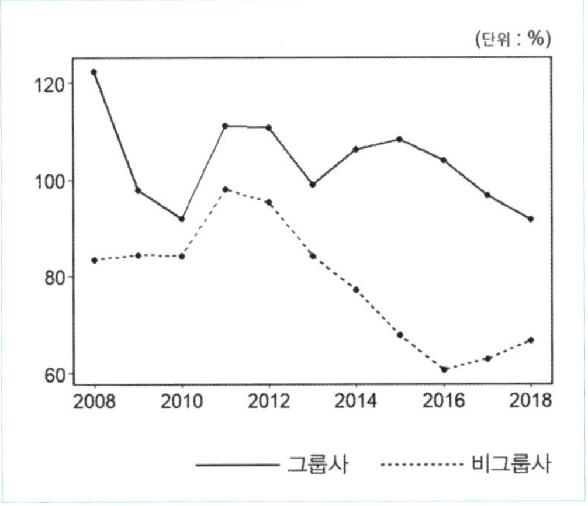

[그림 3-66] 이자보상비율 : 그룹사 여부

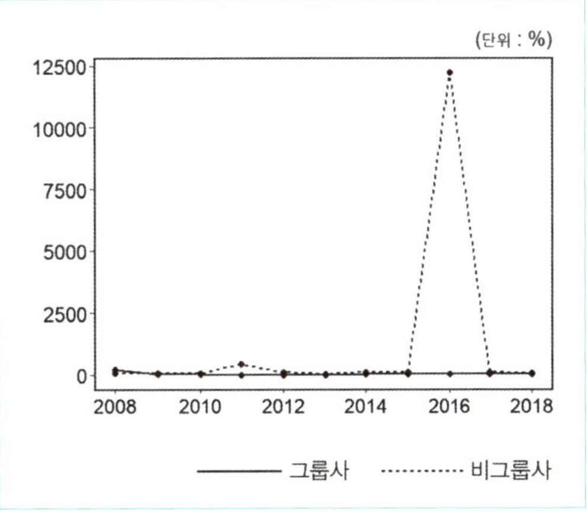

[그림 3-67] 비유동비율 : 그룹사 여부

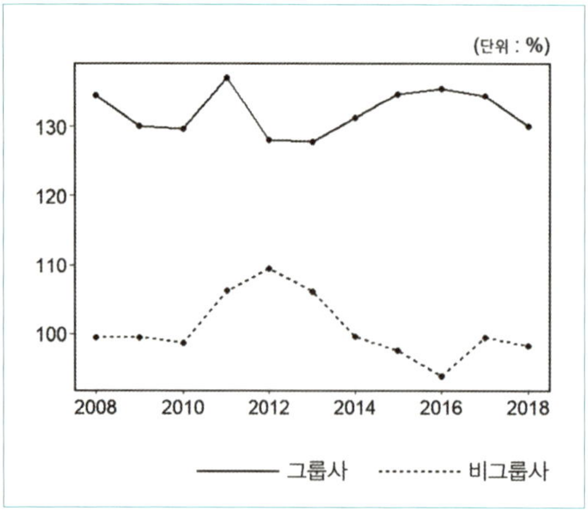

[그림 3-68] 비유동장기적합률 : 그룹사 여부

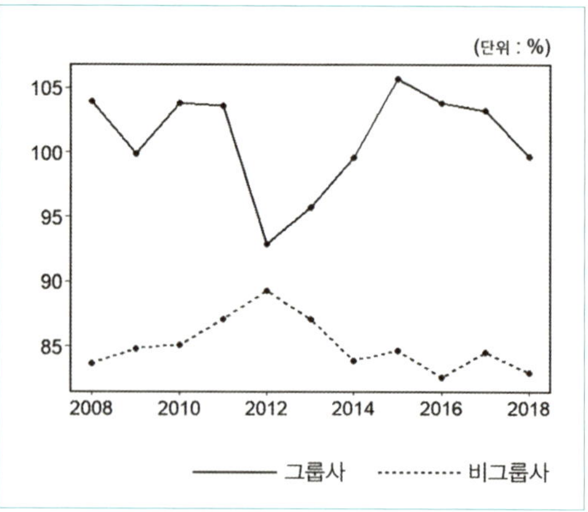

5. 유동성 비율

가. 식품기업 전체

- 유동성 비율은 기업의 재무위험을 측정하는 척도 중 하나로 기업의 채무이행능력[지급능력]을 평가하는 데 사용되는 지표이다.
  - ○ 기업의 단기지급능력을 평가하는 유동성 비율에는 유동비율, 당좌비율, 현금비율이 있다.
- 식품기업의 유동성 비율은 2010년 큰 폭으로 떨어진 이후 다시 꾸준히 증가하여 2017년에 정점을 찍었다. 식품기업의 단기부채 대응능력 개선으로 판단할 수 있다.
- 당좌비율은 2009년 이후 크게 감소하여 2012년에 최저점을 찍은 후 다시 반등하여 2009년 수준을 되찾은 것으로 나타났다.
- 현금비율의 경우 증감을 반복하고 있으며 2015년에 가장 큰 폭으로 증가하였다.

[표 3-10] 식품기업의 유동성 비율 (단위 : %)

비율	2008	2009	2010	2011	2012	2013	2014	2015	2016	2017	2018
식품기업 평균											
유동비율	209.34	228.33	173.86	165.41	168.03	200.13	193.19	205.43	212.23	238.56	217.1
당좌비율	149.75	185.92	133.2	121.39	117.38	147.22	143.32	159.22	172.74	194.34	172.99
현금비율	11.01	14.42	13.24	14.68	12.47	13.1	11.48	17.84	14.67	11.62	13.97

[그림 3-69] 유동비율 : 식품기업 전체

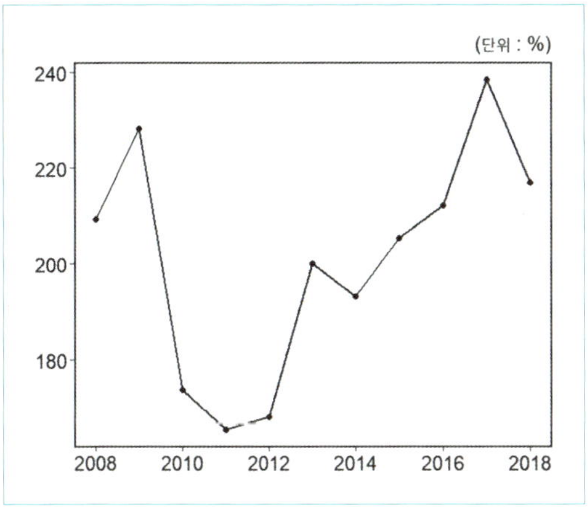

[그림 3-70] 당좌비율 : 식품기업 전체

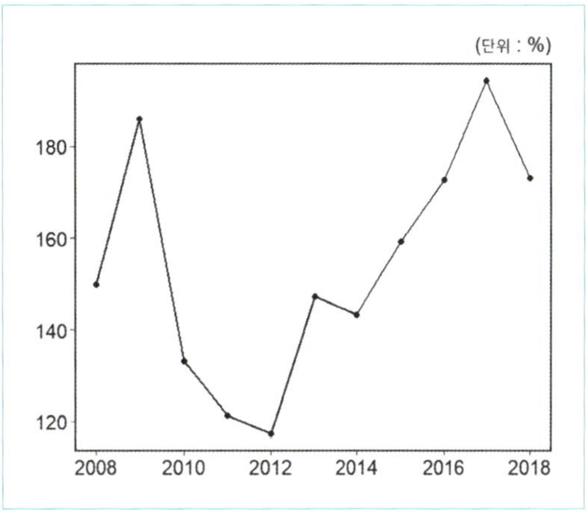

[그림 3-71] 현금비율 : 식품기업 전체

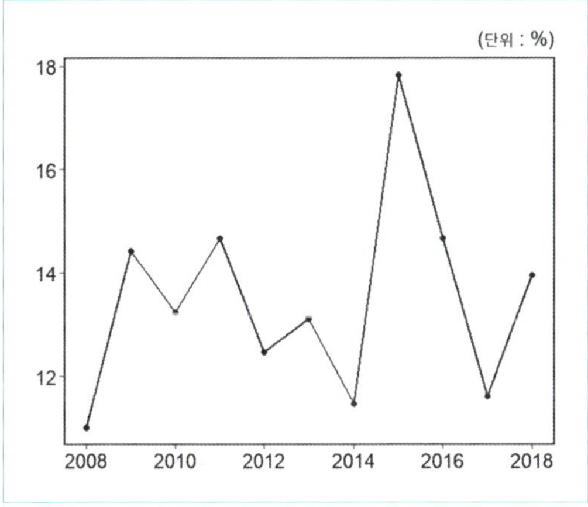

나. 세부 업종별

- 2018년 기준으로 동물성 및 식물성 유지 제조업과 발효주 제조업이 다른 업종에 비해 현금비율이 높게 나타났다. 유동부채 대비 현금을 많이 보유하여 유동성이 우수한 것으로 판단된다.
  - ○ 수산동물 가공 및 저장처리업과 곡물 가공품 제조업의 경우 현금비율이 다른 업종에 비해 낮게 나타나 현금성 단기 채무지불능력이 약하다고 판단된다.
- 2018년의 유동비율을 기준으로 보았을 때 낙농제품 및 식용빙과류 제조업, 전분제품 및 당류 제조업, 기타 식료품 제조업, 발효주 제조업, 증류주 및 합성주 제조업의 유동비율이 다른 업종에 비하여 높게 나타났다.

[표 3-11] 식품기업의 유동성 비율 : 세부 업종별 (단위 : %)

비율	2008	2009	2010	2011	2012	2013	2014	2015	2016	2017	2018
도축업											
유동비율	285.02	442.78	454.69	398.77	184.76	250.27	206.4	228.91	203.39	195.96	170.45
당좌비율	215.61	354.64	362.11	379.95	155.69	222.36	183.54	198.19	181.9	179.08	152.56
현금비율	18.21	5.31	5.31	2.49	9.2	17.02	10.88	10.41	10.94	12.6	8.62
육류 가공 및 저장처리업											
유동비율	101.19	109.59	108.55	109.18	111.91	115.29	111.33	93.89	80.53	79.64	72.64
당좌비율	71.52	89.27	87.21	97.88	89.65	92.92	92.84	80.32	65.41	64.93	55.18
현금비율	9.78	17.34	4.18	27.01	17.5	9.55	19.23	20.85	6.62	8.6	14.75
수산동물 가공 및 저장처리업											
유동비율	110.96	113.51	113.58	114.05	125.96	133.61	120.67	111.99	93.03	108.77	107.22
당좌비율	66.52	76.02	72.15	67.38	70.38	76.84	63.33	57.06	50.07	57	49.71
현금비율	6.64	15.38	2.84	2.82	8.65	6.95	3.29	3.62	3.83	3.74	4.1
과실, 채소 가공 및 저장처리업											
유동비율	98.94	103.12	102.64	100.98	117.83	117.85	120.74	115.8	100.22	105.99	128.96
당좌비율	47.39	53.76	52.78	55.18	62.21	45.77	50.15	48.43	54.42	61.8	86.99
현금비율	2.47	9.73	2.39	0.21	1.49	0.08	8.27	11.23	9.24	7.51	9.82
동물성 및 식물성 유지 제조업											
유동비율	98.69	127.85	95.32	117.29	134.43	144.14	172.61	209.01	174.19	182.5	233
당좌비율	55.77	80.71	56.14	64.49	82.45	89.03	110.09	148.47	124.89	182.5	233
현금비율	2.03	11.86	5.49	7.41	11.1	14.91	17.78	25.8	20.72	31.88	46.44
낙농제품 및 식용빙과류 제조업											
유동비율	286.61	305.67	316.93	281.71	325.93	323.01	359.68	353.37	330.39	310.44	295.94
당좌비율	236.7	264.05	276.06	219.61	243.75	235.04	239.88	260.63	265.78	241.93	218.75
현금비율	13.45	19.45	28.88	26.66	20.12	10.62	5.37	12.2	8.83	10.17	10.81
곡물 가공품 제조업											
유동비율	83.36	84.29	85.03	89.33	96.42	83.17	68.99	60.17	60.9	63.88	81.88
당좌비율	57.06	55.92	60	65.28	70.38	68.14	51.05	45.71	48.06	46.93	61.05
현금비율	7.73	3.44	1.79	4.35	4.51	1.5	2.18	1.14	1.61	2.52	9.17
전분제품 및 당류 제조업											
유동비율	103.35	133.58	158.34	165.56	150.6	152.07	172.59	171.19	237.35	262.88	277.07
당좌비율	53.98	94.27	114.74	118.98	102.31	118.6	130.78	124.08	186.78	193.17	213
현금비율	19.74	16.57	22.73	30.47	30.2	30.75	21.19	22.47	17.58	12.37	19.84
떡, 빵 및 과자류 제조업											
유동비율	134.58	116.35	107.58	96.98	109.86	94.9	83.97	72.29	65.21	68.4	87.22
당좌비율	112.05	92.73	88.95	76.34	87.49	70.08	66.53	60.76	53.29	57.29	63.15
현금비율	12.28	6.78	4.42	6.29	4.13	3.12	3.46	3.6	2.86	8.65	14.59
설탕 제조업											
유동비율	135.96	135.1	126.69	140.82	124.46	138.65	130.55	132.03	160.44	173.3	149.11

비율	2008	2009	2010	2011	2012	2013	2014	2015	2016	2017	2018
당좌비율	88.65	89.88	80.91	75.16	72.21	87.56	73.08	74.68	104.27	108.48	82.31
현금비율	26.74	33.23	21.15	21.35	12.06	17.63	18.98	16.51	22.2	11.26	8.99
면류, 마카로니 및 유사식품 제조업											
유동비율	103.84	117.19	131.25	130.46	119.39	130.4	119.07	126.48	140.78	136.88	146.36
당좌비율	72.24	91.21	106.32	106.44	97.53	106.55	94.7	102	115.08	111.27	119.02
현금비율	14.65	24.07	24.8	21.77	15.86	27.45	20.48	25.32	25	22.8	20.98
조미료 및 식품 첨가물 제조업											
유동비율	474.89	326.13	255.93	151.62	194.69	302.3	178.41	164.04	168.57	167.83	172.87
당좌비율	307.12	257.44	194.5	98.69	119.6	212.57	103.12	93.84	106.18	100.03	109.31
현금비율	14.85	3.09	12.05	14.67	3.12	4.24	5.3	11.4	16.8	9.8	15.25
기타 식료품 제조업											
유동비율	43.07	86.04	52.84	43.2	77.47	387.34	301.93	326.78	411.99	618.61	510.63
당좌비율	22.67	71.09	35.97	27.47	57	355.34	272.55	280.35	376.31	554.97	456.58
현금비율	2.06	7.7	20.8	23.75	24.11	25.33	21.53	39.04	32.06	10.49	20.76
발효주 제조업											
유동비율	660.06	787.18	486.9	496.76	632.3	703.45	634.49	725.29	755.95	709.77	627.32
당좌비율	576.44	706.41	404.9	400.25	516.35	590.3	547.06	622.16	640.93	614.56	519.07
현금비율	33.83	68.8	58.96	58.29	59.94	55.18	32.88	33.18	25.4	40.46	32.8
증류주 및 합성주 제조업											
유동비율	495.77	540.58	290.31	275.3	208.5	253.28	264.49	283.27	256.03	275.79	323.57
당좌비율	396.24	446.22	230.8	203.81	137.74	175.4	200.42	239.72	213.01	241.65	272.5
현금비율	3.62	9.79	9.58	8.12	4.67	5.08	8.76	20.6	14.89	13.21	11.93
비알코올음료 및 얼음 제조업											
유동비율	185.97	141.61	101.92	68.8	127.95	116.24	74.84	216.12	140.92	166.65	130.96
당좌비율	140.48	104.56	65.09	44.23	87.03	80.09	48.67	152.75	79.44	110.88	84.86
현금비율	14.57	10.82	12.25	10.74	7.11	12.59	7.99	26.38	21.41	13.41	9.6

[그림 3-72] 유동성 : 도축업

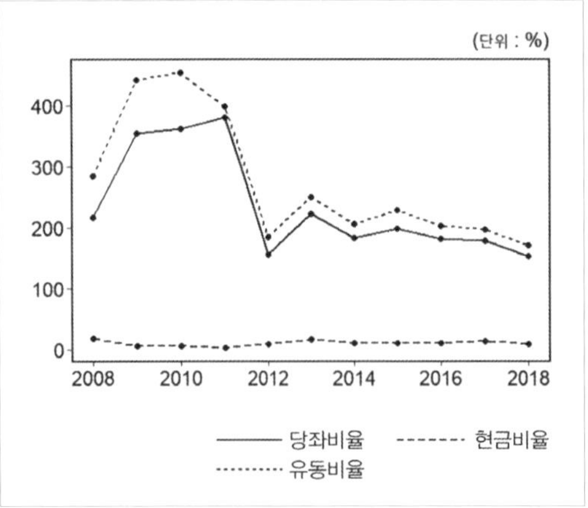

[그림 3-73] 유동성 : 육류 가공 및 저장처리업

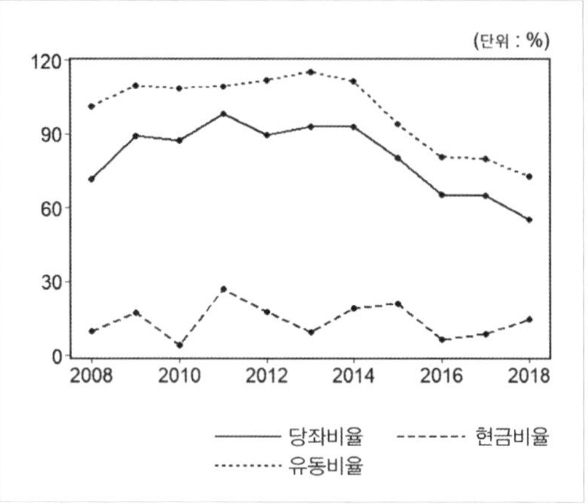

[그림 3-74] 유동성 : 수산 동물 가공 및 저장처리업

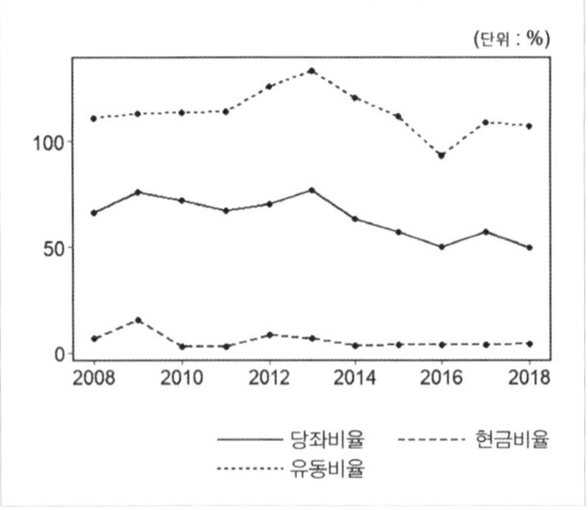

[그림 3-75] 유동성 : 과실, 채소 가공 및 저장처리업

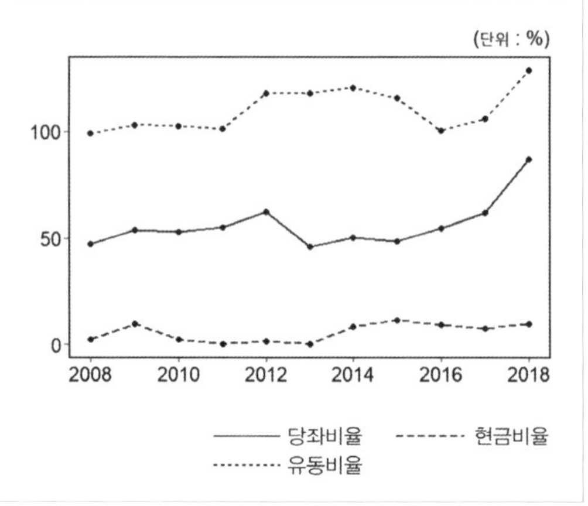

[그림 3-76] 유동성 : 동물성 및 식물성 유지 제조업

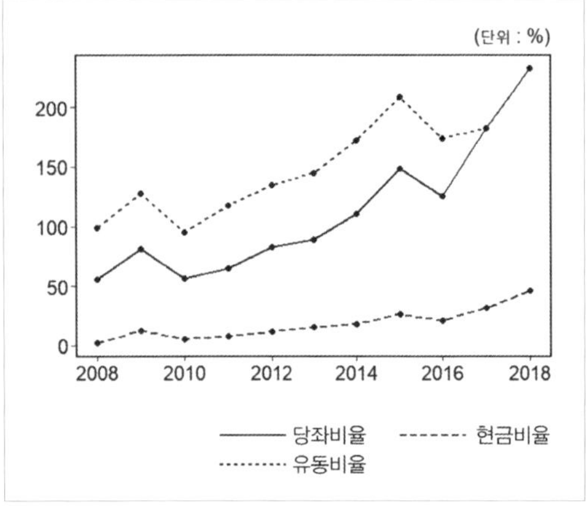

[그림 3-77] 유동성 : 낙농제품 및 식용빙과류 제조업

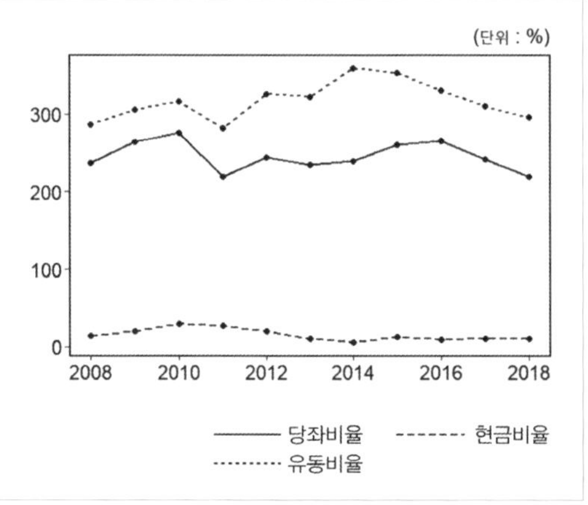

[그림 3-78] 유동성 : 곡물 가공품 제조업

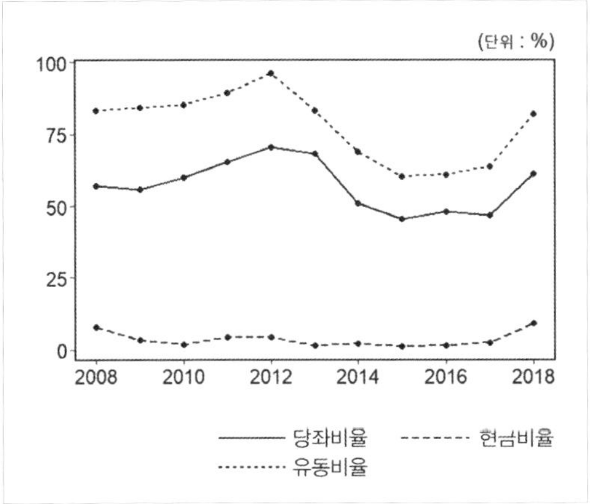

[그림 3-79] 유동성 : 전분제품 및 당류 제조업

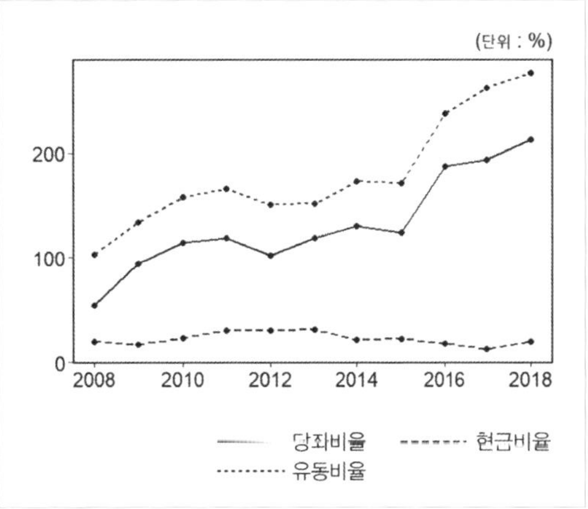

[그림 3-80] 유동성 : 떡, 빵 및 과자류 제조업

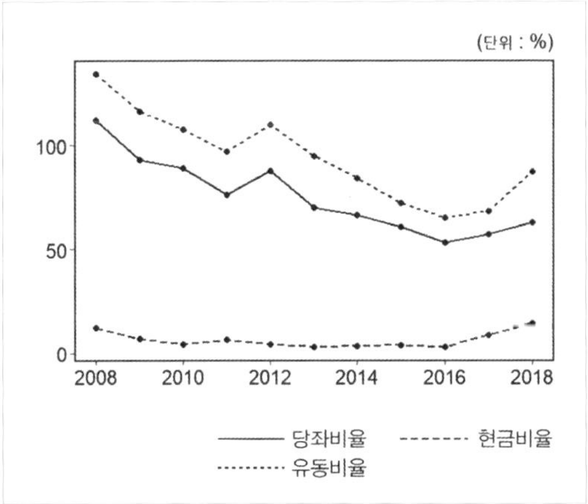

[그림 3-81] 유동성 : 설탕 제조업

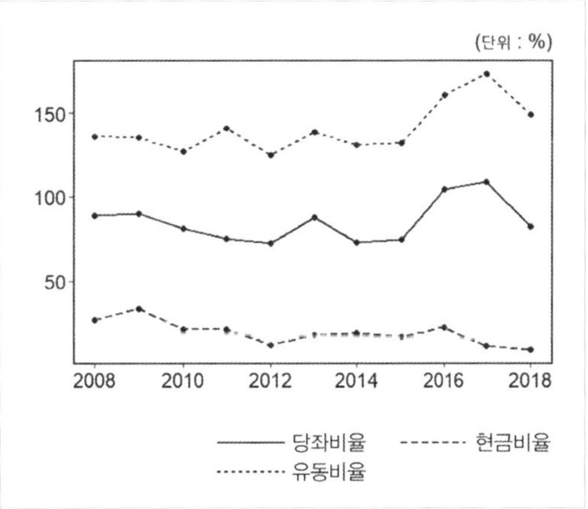

[그림 3-82] 유동성 : 면류, 마카로니 및 유사식품 제조업

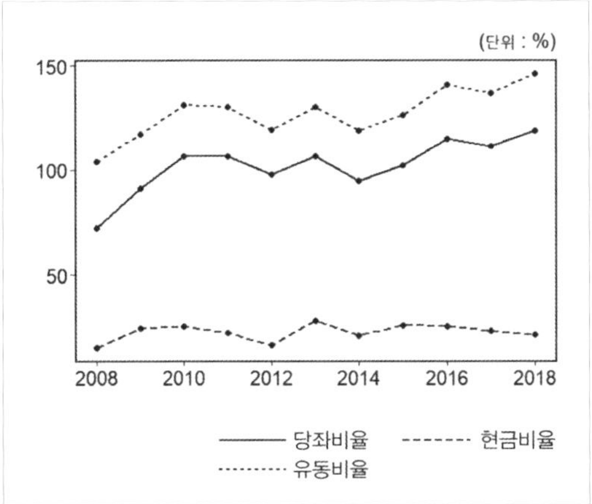

[그림 3-83] 유동성 : 조미료 및 식품 첨가물 제조업

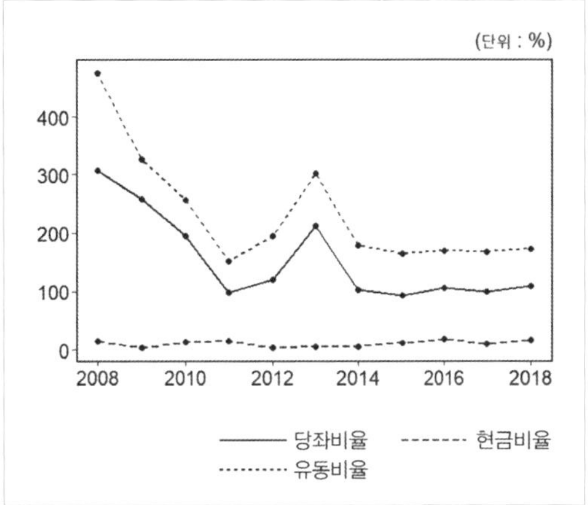

[그림 3-84] 유동성 : 기타 식료품 제조업

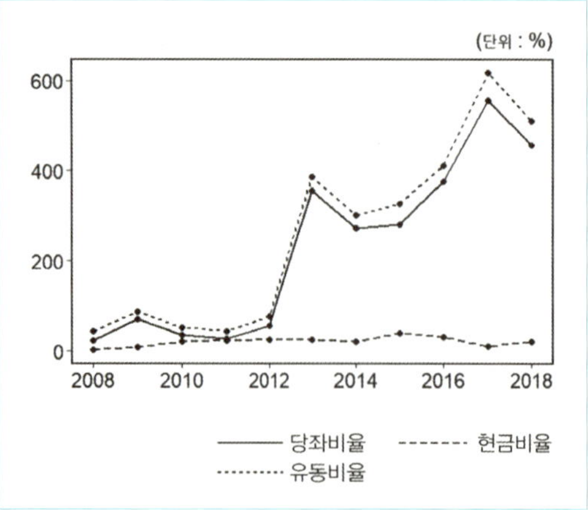

[그림 3-85] 유동성 : 발효주 제조업

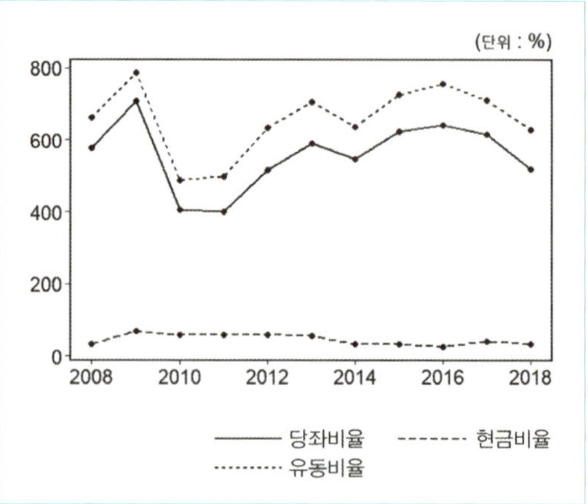

[그림 3-86] 유동성 : 증류주 및 합성주 제조업

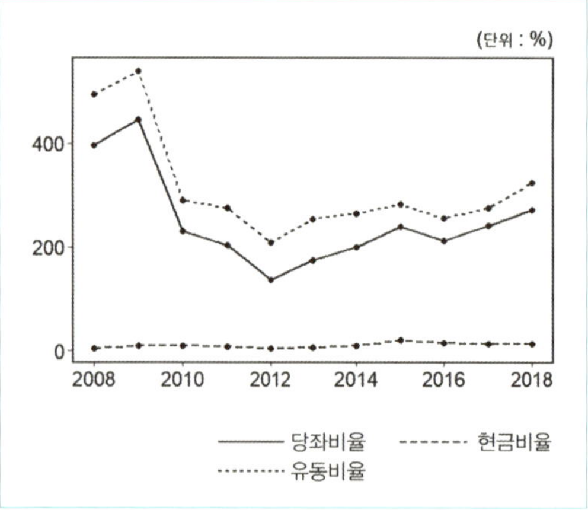

[그림 3-87] 유동성 : 비알코올음료 및 얼음 제조업

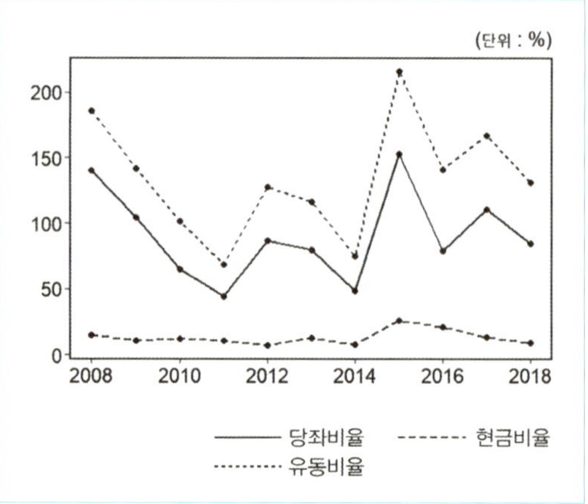

다. 그룹사 여부별

- 최근 10년간 식품기업 중 그룹사 기업의 유동성비율 중 유동비율과 당좌비율의 경우에는 비그룹사에 비해 큰 변동을 나타내지 않았다. 비그룹사의 경우 유동비율과 당좌비율이 2012년에 저점을 찍었으나 다시 꾸준히 상승하는 추세에 있으며, 현금비율은 그룹사 여부와 상관없이 증감을 반복하고 있다.

[표 3-12] 식품기업의 유동성 비율 : 그룹사 여부

(단위 : %)

비율	2008	2009	2010	2011	2012	2013	2014	2015	2016	2017	2018
그룹사											
유동비율	106.33	109.52	99.96	103.23	118.42	118.69	116.02	116.79	106.53	112.25	124.34
당좌비율	69	77.53	69.19	68.68	78.74	81.18	75.78	78.01	73.35	76.67	80.14
현금비율	10.74	16.87	14.12	12.59	13.42	14.56	11.13	15.76	15.39	12.59	14.25
비그룹사											
유동비율	310.94	341.48	250.19	227.59	222.83	291.38	268.57	283.95	294.44	341.62	304.18
당좌비율	234.4	284.12	200.09	174.14	159.6	224.41	208.73	230.39	250.12	289.63	257.02
현금비율	11.58	12.69	12.71	16.49	11.49	11.02	11.8	18.8	14.52	10.76	13.9

[그림 3-88] 유동비율 : 그룹사 여부

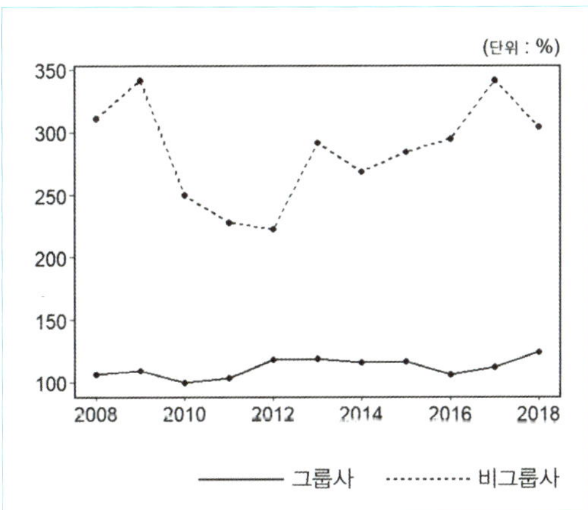

[그림 3-89] 당좌비율 : 그룹사 여부

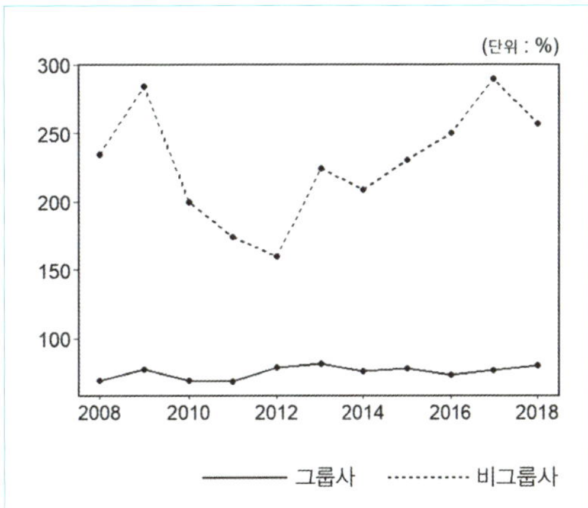

[그림 3-90] 현금비율 : 그룹사 여부

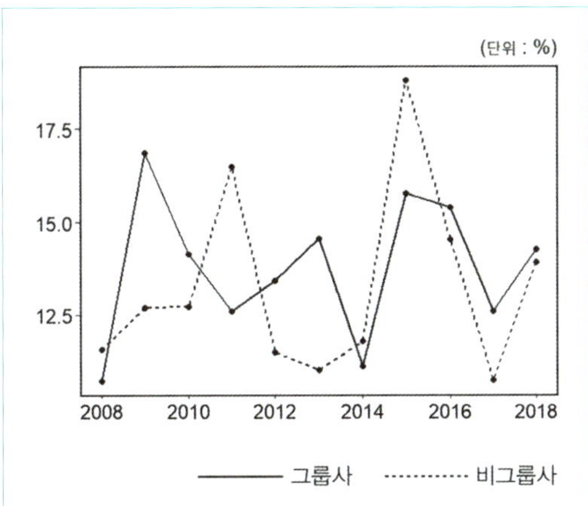

6. 활동성 비율

가. 식품기업 전체

- 기업은 영업활동을 수행하기 위하여 매출채권, 재고자산, 유형자산 등에 투자하고, 이렇게 투자된 자산들은 생산·판매·관리 활동을 거치면서 매출과 이익을 창출하게 된다.
- 동일한 매출액을 달성하면서도 이에 필요한 매출채권, 재고자산, 고정자산 등에 과대하게 투자하는 기업도 있다. 그러나 이처럼 각종 자산에 과다하게 투자하는 기업은 자금순환도 원활하지 못하다.
- 활동성 비율은 매출액과 이를 뒷받침하기 위해 투자된 각종 자산들과의 관계를 측정해 이들 자산이 얼마나 효율적으로 이용되고 있는가를 평가하는 재무비율이다.
- [표 3-13]과 [그림3-91]~[그림3-94]는 식품업 평균에 대한 연도별 총자산회전율, 자기자본회전율, 비유동자산회전율, 제고자산회전율을 계산한 것이다.

[표 3-13] 식품기업의 활동성 비율 (단위 : %)

비율	2008	2009	2010	2011	2012	2013	2014	2015	2016	2017	2018
식품기업 평균											
총자산회전율	1.16	1.09	1.06	1.05	1.09	1.09	1.05	1.01	0.97	0.94	0.91
자기자본회전율	2.53	2.19	1.98	2.05	2.24	2.15	2.07	2.04	1.92	1.79	1.68
비유동자산회전율	2.19	2.02	1.98	2	2.08	2.01	1.93	1.85	1.82	1.65	1.64
재고자산회전율	11.58	11.2	11.75	11.55	11.27	11.95	11.69	14.89	19.06	19.43	16.27

[그림 3-91] 총자산회전율 : 식품기업 전체

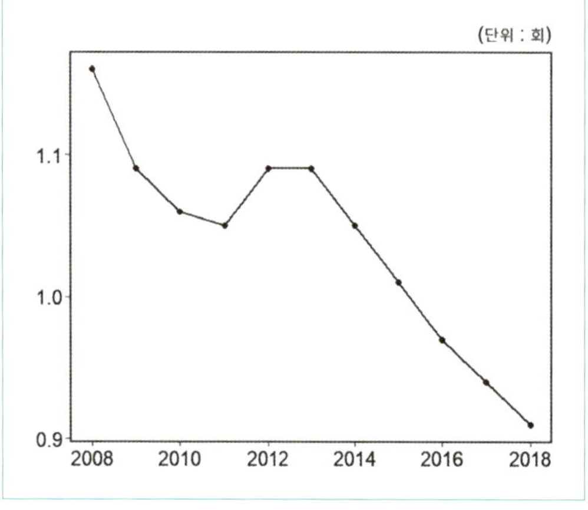

[그림 3-92] 자기자본회전율 : 식품기업 전체

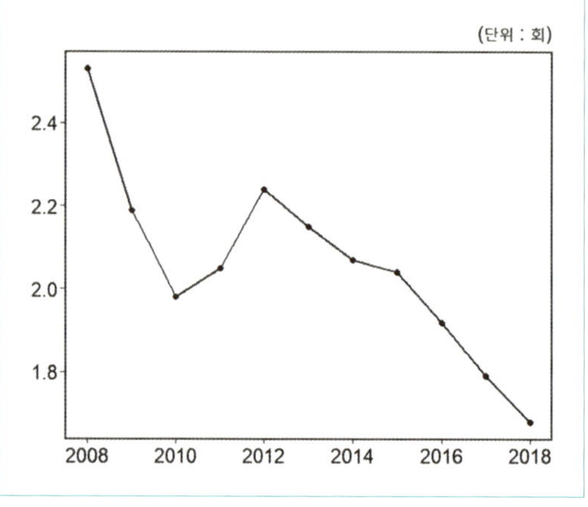

[그림 3-93] 비유동자산회전율 : 식품기업 전체

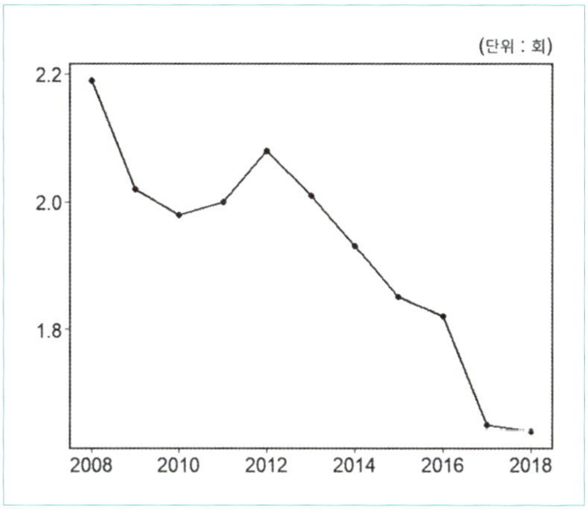

[그림 3-94] 재고자산회전율 : 식품기업 전체

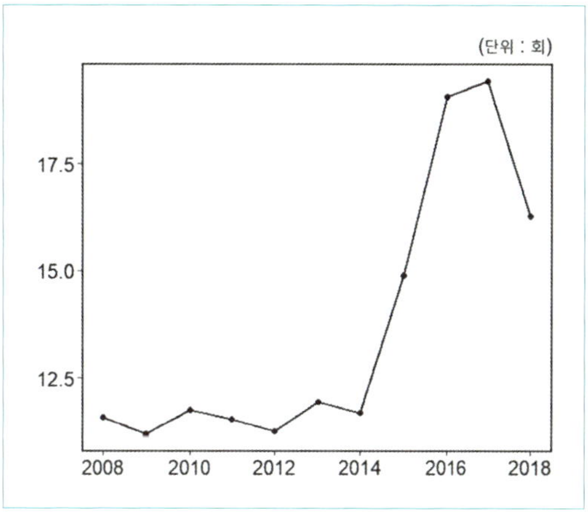

나. 세부 업종별

- 2018년 기준 육류 가공 및 저장처리업, 수산동물 가공 및 저장처리업, 낙농제품 및 식용빙과류 제조업, 면류, 마카로니 및 유사식품 제조업의 총자산회전율이 다른 업종과 비교하였을 때 높은 수준으로 나타났다. 해당 업종이 보유하고 있는 자산을 매출 창출에 보다 효율적으로 이용했다고 볼 수 있다.
  - ○ 떡, 빵 및 과자류 제조업은 2011년부터 7년간 높은 수준을 유지하다 2018년에 소폭 감소하였다.
- 도축업, 육류 가공 및 저장처리업, 낙농제품 및 식용빙과류 제조업, 떡, 빵 및 과자류 제조업, 면류, 마카로니 및 유사식품 제조업과 기타 식료품 제조업의 재고자산회전율은 2018년 기준 다른 업종과 비교해 높게 나타났다. 재고자산회전율의 경우 식품의 신선도, 유통과정 등의 특성이 반영되어 업종별로 상대적 차이가 크게 발생하는 것으로 나타났다.
- 2018년에는 동물성 및 식물성 유지 제조업과 기타 식료품 제조업, 발효주 제조업의 자기자본회전율이 비교적 낮게 나타났다.

[표 3-14] 식품기업의 활동성 비율 : 세부 업종별 (단위 : %)

비율	2008	2009	2010	2011	2012	2013	2014	2015	2016	2017	2018
도축업											
총자산회전율	1.93	2.07	1.85	1.71	1.44	1.6	1.46	1.46	1.14	1.29	1.07
자기자본회전율	2.92	2.83	2.3	2.1	2.92	3.07	2.77	2.99	2.13	2.35	1.92
비유동자산회전율	4.47	5.41	5.01	4.73	3.59	3.39	2.93	3.34	2.35	2.38	2.04
재고자산회전율	14.13	15.31	14.53	22.35	22.87	33.66	60.26	30.77	42.18	46.34	49.25
육류 가공 및 저장처리업											
총자산회전율	1.66	1.63	1.46	1.31	1.36	1.48	1.48	1.35	1.28	1.34	1.23
자기자본회전율	3.77	3.84	3.5	3.28	3.46	3.52	3.53	3.3	2.84	2.66	2.53
비유동자산회전율	3.15	3.17	2.96	2.83	3.74	3.71	3.61	3	2.34	2.16	1.89
재고자산회전율	12.84	15.92	17.08	23.51	28.75	22.63	18.82	19.68	26.43	34.86	30.66
수산동물 가공 및 저장처리업											
총자산회전율	1.73	1.54	1.59	1.55	1.43	1.36	1.37	1.39	1.39	1.33	1.23
자기자본회전율	5.67	3.81	3.27	3.29	3.17	2.9	2.92	3.02	3.11	3.04	2.75
비유동자산회전율	3.57	2.95	2.89	2.9	2.7	2.53	2.46	2.32	2.28	2.21	2.03
재고자산회전율	11.35	12.2	13.18	10.43	8.05	7.67	8.06	8.49	9.55	9.96	8.01
과실, 채소 가공 및 저장처리업											
총자산회전율	0.81	0.79	0.86	0.82	0.86	0.79	0.74	0.77	0.83	0.85	0.76
자기자본회전율	1.37	1.32	1.46	1.51	1.68	1.53	1.41	1.48	1.65	1.71	1.53
비유동자산회전율	1.23	1.25	1.41	1.39	1.51	1.41	1.31	1.32	1.38	1.44	1.48
재고자산회전율	4.03	4.23	4.57	4.29	4.32	3.3	2.84	3.21	4.03	4.75	4.25
동물성 및 식물성 유지 제조업											
총자산회전율	1.64	1.74	1.79	1.67	1.75	1.84	1.88	1.85	1.84	0.01	0.03
자기자본회전율	3.2	3.47	3.54	3.48	3.67	3.69	3.67	3.62	3.49	0.02	0.03
비유동자산회전율	2.68	2.86	2.97	2.91	3.18	3.51	3.76	3.82	3.83	0.02	0.03
재고자산회전율	9.73	11	11.47	9.08	9.3	10.09	10.06	11.09	12.36	0.12	0
낙농제품 및 식용빙과류 제조업											
총자산회전율	1.25	1.27	1.21	1.23	1.35	1.41	1.34	1.32	1.28	1.3	1.48
자기자본회전율	1.7	1.67	1.57	1.61	1.77	1.83	1.71	1.67	1.62	1.72	2.28
비유동자산회전율	2.67	2.67	2.66	2.55	2.59	2.61	2.44	2.41	2.41	2.51	3.06
재고자산회전율	15.34	17.12	18.97	15	12.56	12.7	11.08	11.22	13.69	14.19	12.71
곡물 가공품 제조업											
총자산회전율	0.78	0.88	0.8	0.79	0.77	0.74	0.68	0.76	0.78	0.78	0.74
자기자본회전율	2.07	2.5	2.11	2.14	2.23	2.15	2.34	3.62	3.56	2.42	1.98
비유동자산회전율	1.55	1.66	1.47	1.52	1.52	1.4	1.21	1.29	1.28	1.23	1.21
재고자산회전율	6.09	6	5.82	6.17	5.95	6.93	6.98	7.12	8.8	9	7.24
전분제품 및 당류 제조업											
총자산회전율	0.82	0.83	0.85	0.88	0.9	0.86	0.84	0.79	0.74	0.78	0.82
자기자본회전율	1.71	1.69	1.66	1.74	1.75	1.58	1.48	1.39	1.4	1.51	1.49
비유동자산회전율	1.09	1.15	1.2	1.31	1.38	1.35	1.35	1.22	1.15	1.24	1.26
재고자산회전율	6.47	6.94	8.73	8.23	8.16	8.85	9.29	8.01	8.03	8.46	8.35

비율	2008	2009	2010	2011	2012	2013	2014	2015	2016	2017	2018
떡, 빵 및 과자류 제조업											
총자산회전율	0.94	0.92	1.02	1.45	1.47	1.63	1.67	1.68	1.44	1.36	1.03
자기자본회전율	1.36	1.4	1.65	2.74	3.3	3.66	3.63	3.46	3.42	3.27	2.43
비유동자산회전율	1.44	1.34	1.46	2.16	2.32	2.55	2.53	2.45	2.04	1.95	1.43
재고자산회전율	18.41	16.39	18.25	26.25	24.95	24.1	29.36	53.09	47.07	42.23	16.85
설탕 제조업											
총자산회전율	1.58	1.23	1.26	1.27	1.48	1.42	1.27	1.12	1.16	1.06	1.07
자기자본회전율	3.63	2.69	2.76	2.97	3.17	2.89	2.58	2.31	2.27	2.04	2
비유동자산회전율	3.07	2.25	2.24	2.24	2.77	2.57	2.21	1.88	2.05	1.9	1.79
재고자산회전율	9.82	7.94	8.3	7.02	8.23	8.82	7.92	6.62	7.44	6.95	6.76
면류, 마카로니 및 유사식품 제조업											
총자산회전율	1.53	1.54	1.39	1.29	1.26	1.21	1.17	1.12	1.18	1.21	1.13
자기자본회전율	3.33	3	2.58	2.32	2.15	1.99	1.9	1.81	1.89	1.94	1.76
비유동자산회전율	2.49	2.58	2.41	2.2	2.07	1.96	1.85	1.76	1.85	1.9	1.75
재고자산회전율	18.09	17.81	19.08	19.57	20.12	20.29	18.32	16.91	18.1	18.48	17.22
조미료 및 식품 첨가물 제조업											
총자산회전율	0.87	0.82	0.86	0.94	0.86	0.96	0.98	0.93	0.92	1.13	1.02
자기자본회전율	1.75	1.7	1.86	2.19	2.08	2.09	2.01	1.93	1.84	2	1.67
비유동자산회전율	1.85	1.98	2.27	2.38	1.84	1.81	1.9	1.93	2	2.25	1.95
재고자산회전율	3.96	4	5	4.58	3.94	4.98	4.87	3.87	4.11	5.94	5.83
기타 식료품 제조업											
총자산회전율	0.87	0.57	0.55	0.52	0.46	0.53	0.49	0.62	0.66	0.53	0.68
자기자본회전율	1.71	1.25	1.06	1.08	1.08	0.93	0.82	1.1	0.96	0.8	0.95
비유동자산회전율	1.08	0.76	0.72	0.66	0.58	0.92	0.84	1.13	1.74	1.07	1.95
재고자산회전율	51.56	3.96	4.47	3.69	3.41	7.46	7.32	2980.45	586.92	442.14	307.85
발효주 제조업											
총자산회전율	0.35	0.36	0.63	0.67	0.58	0.47	0.44	0.37	0.34	0.29	0.24
자기자본회전율	0.4	0.39	0.69	0.75	0.64	0.52	0.48	0.4	0.37	0.32	0.27
비유동자산회전율	0.67	0.69	1.22	1.23	0.97	0.8	0.75	0.62	0.55	0.46	0.36
재고자산회전율	7.67	6.69	9.36	8.27	7.68	6.75	7	6.33	6.02	5.7	5.02
증류주 및 합성주 제조업											
총자산회전율	0.64	0.58	0.57	0.53	0.56	0.61	0.65	0.62	0.56	0.52	0.48
자기자본회전율	1.08	1.03	0.96	0.99	1.07	1.15	1.08	0.96	0.85	0.83	0.79
비유동자산회전율	1.36	1.13	1.12	1.1	1.05	1.07	1.13	1.17	1.03	0.95	0.86
재고자산회전율	6.88	10.12	8.89	7.1	7.23	7.39	8.37	10.93	12.82	12.21	10.4
비알코올음료 및 얼음 제조업											
총자산회전율	0.65	0.52	0.43	0.47	0.56	0.54	0.54	0.61	0.54	0.61	0.64
자기자본회전율	0.83	0.73	0.63	0.73	0.91	0.86	0.88	0.92	0.82	1.03	1.32
비유동자산회전율	0.91	0.65	0.49	0.54	0.68	0.65	0.64	0.86	0.74	0.85	0.94
재고자산회전율	10.7	10.3	11.16	9.75	9.97	9.99	9.58	7.3	7.4	7.28	6.9

[그림 3-95] 활동성 : 도축업

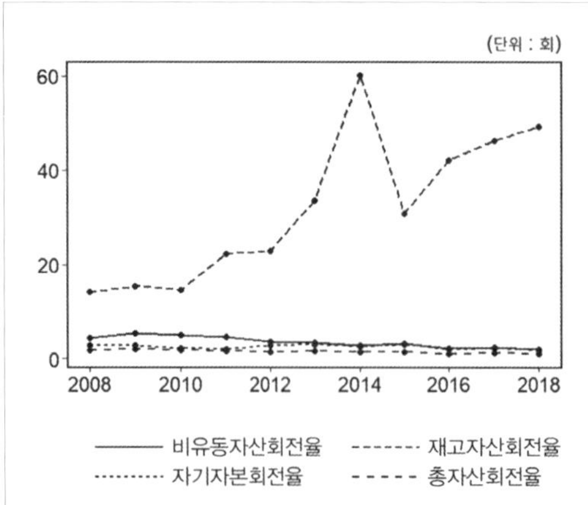

[그림 3-96] 활동성 : 육류 가공 및 저장처리업

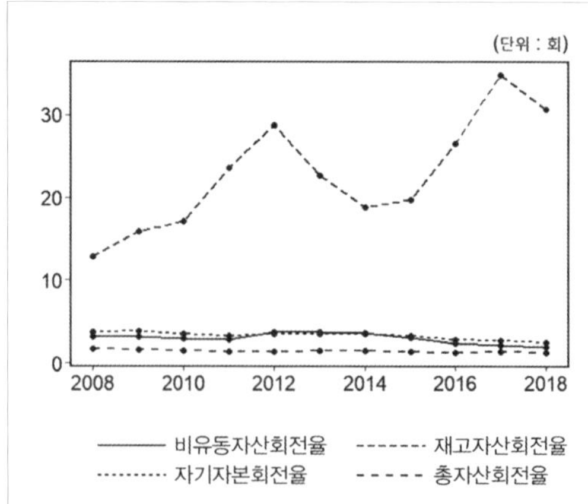

[그림 3-97] 활동성 : 수산동물 가공 및 저장처리업

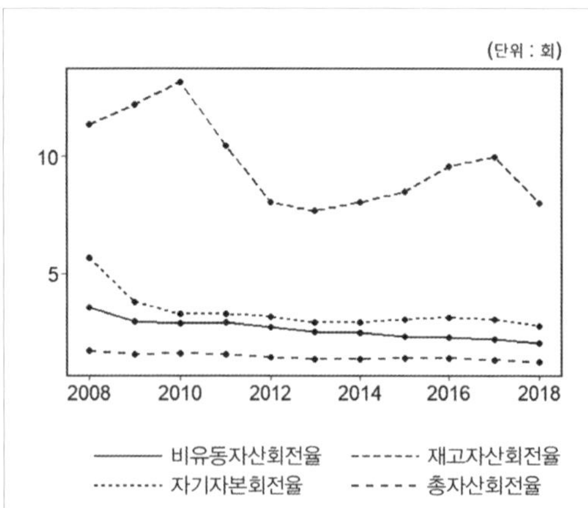

[그림 3-98] 활동성 : 과실, 채소 가공 및 저장처리업

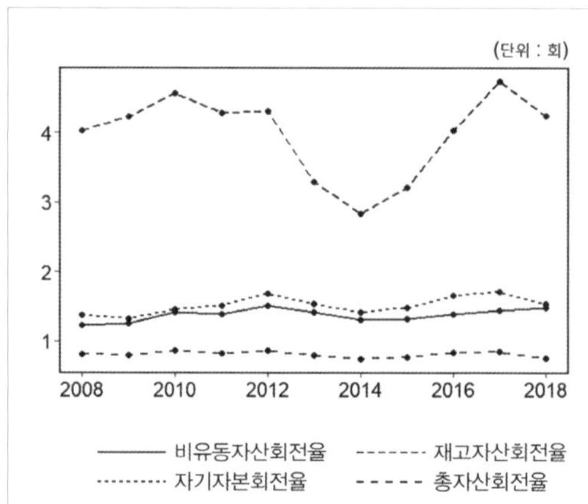

[그림 3-99] 활동성 : 동물성 및 식물성 유지 제조업

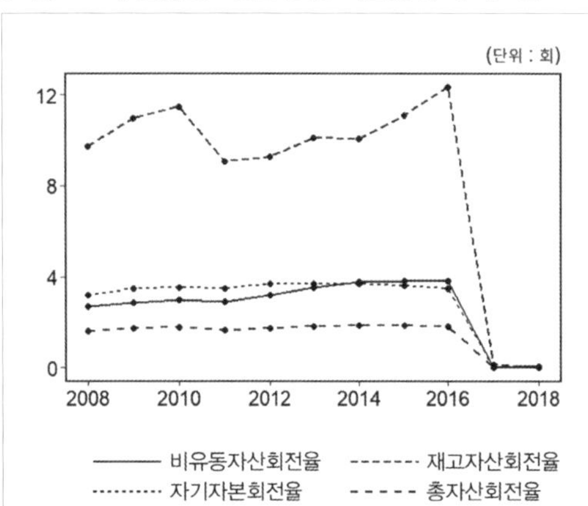

[그림 3-100] 활동성 : 낙농제품 및 식용빙과류 제조업

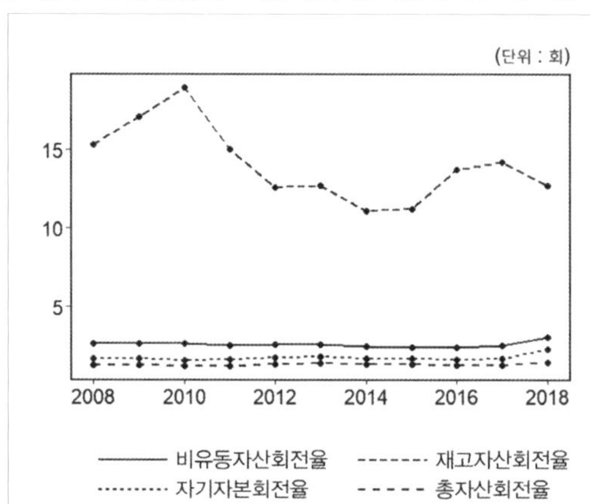

[그림 3-101] 활동성 : 곡물 가공품 제조업

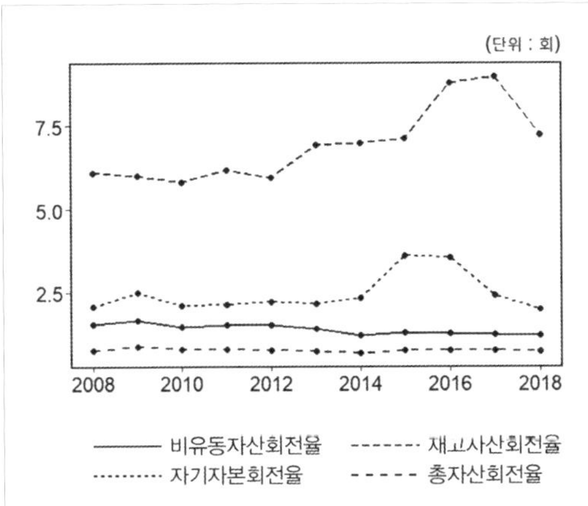

[그림 3-102] 활동성 : 전분제품 및 당류 제조업

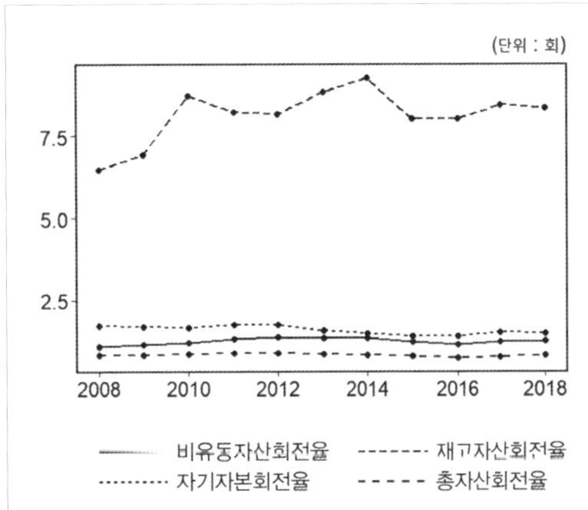

[그림 3-103] 활동성 : 떡, 빵 및 과자류 제조업

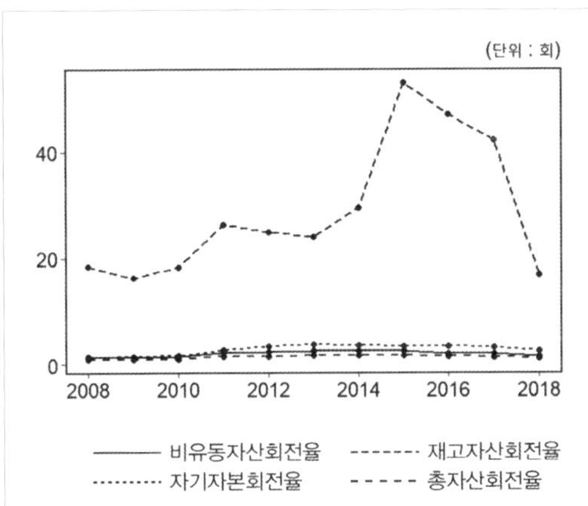

[그림 3-104] 활동성 : 설탕 제조업

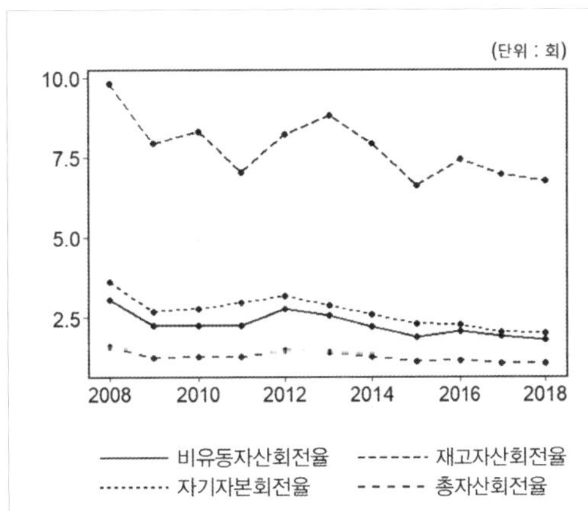

[그림 3-105] 활동성 : 면류, 마카로니 및 유사식품 제조업

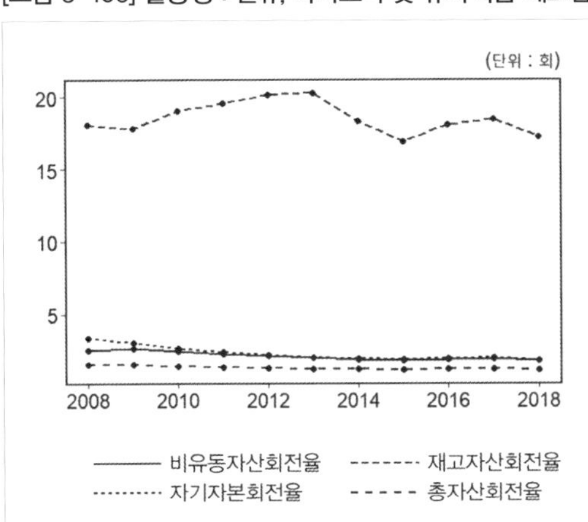

[그림 3-106] 활동성 : 조미료 및 식품 첨가물 제조업

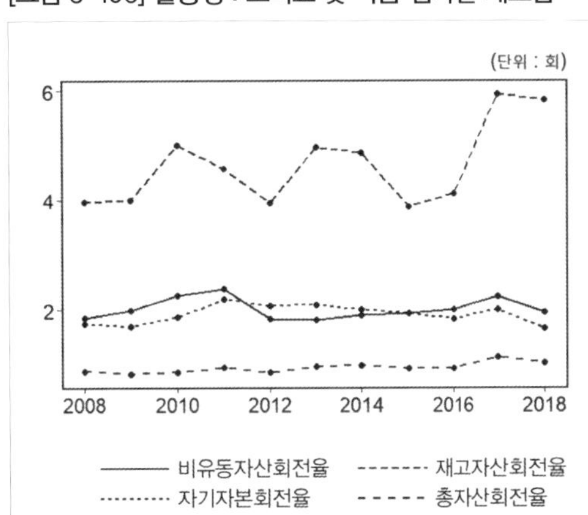

[그림 3-107] 활동성 : 기타 식료품 제조업

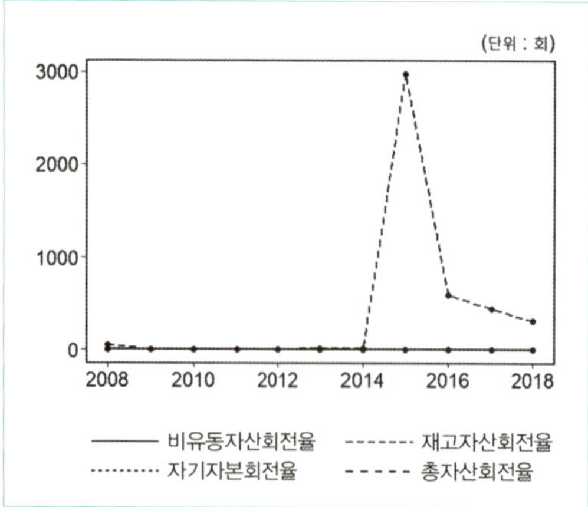

[그림 3-108] 활동성 : 발효주 제조업

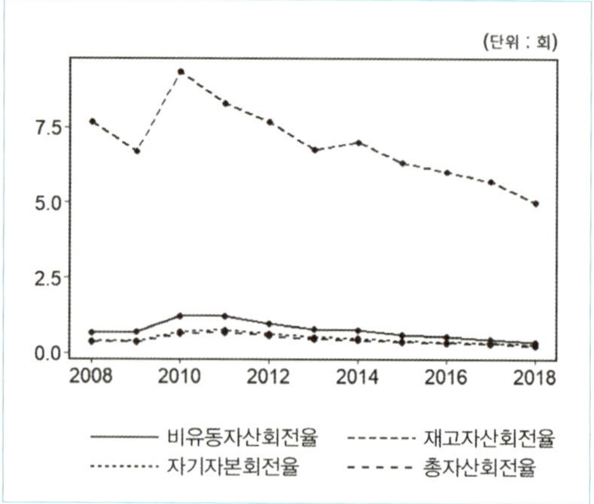

[그림 3-109] 활동성 : 증류주 및 합성주 제조업

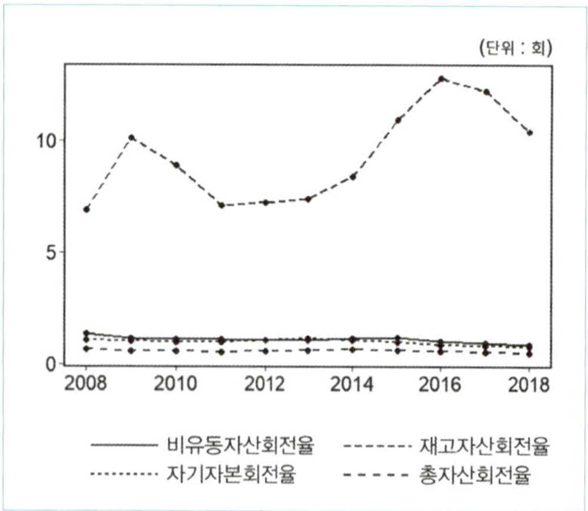

[그림 3-110] 활동성 : 비알코올음료 및 얼음 제조업

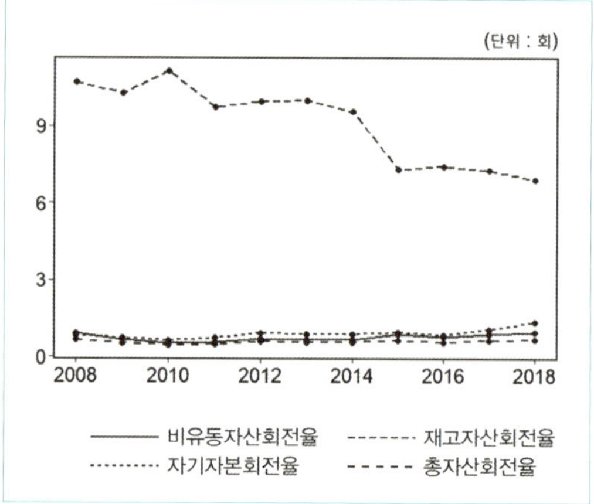

다. 그룹사 여부별

- 최근 10년간 그룹사 기업의 총자산회전율이 비그룹사 기업의 총자산회전율보다 높은 것으로 나타났으며 비그룹사의 경우 지속적으로 감소하고 있다.
  - ○ 이는 그룹사 식품기업이 비그룹사보다 적은 자산으로 많은 매출을 달성하고 있다는 것을 의미한다.
- 자기자본회전율의 경우 그룹사 기업이 비그룹사보다 높은 수준을 나타냈다. 비그룹사 기업은 최근 10년간 하락하는 추세를 보였다.
- 비유동자산회전율의 경우 비그룹사는 지속적으로 하락하고 그룹사는 2010년부터 상승하여

2012년에는 그룹사가 비그룹사보다 높게 나타났다.

- 재고자산회전율은 그룹사와 비그룹사 모두 2014년까지 큰 변화를 보이지 않았으나 2015년에 그룹사의 재고자산회전율이 큰 폭으로 상승하였다.

[표 3-15] 식품기업의 활동성 비율 : 그룹사 여부

(단위 : 회)

비율	2008	2009	2010	2011	2012	2013	2014	2015	2016	2017	2018
그룹사											
총자산회전율	1.23	1.11	1.11	1.12	1.18	1.21	1.19	1.16	1.17	1.08	1.04
자기자본회전율	2.88	2.33	2.09	2.23	2.51	2.46	2.39	2.46	2.52	2.15	2.02
비유동자산회전율	2.07	1.84	1.77	1.84	2.14	2.10	2.09	1.99	1.93	1.71	1.62
재고자산회전율	15.91	11.98	12.52	12.17	11.15	11.85	11.77	449.86	131.74	93.92	72.76
비그룹사											
총자산회전율	1.08	1.06	1.02	1	0.98	0.97	0.93	0.9	0.84	0.84	0.82
자기자본회전율	2.01	2.06	1.89	1.91	1.96	1.84	1.72	1.64	1.45	1.49	1.4
비유동자산회전율	2.13	2.19	2.18	2.15	2.03	1.89	1.8	1.74	1.73	1.61	1.64
재고자산회전율	9.7	10.45	11.01	10.7	11.98	12.18	12.25	11.3	15.82	18.36	17.16

[그림 3-111] 총자산회전율 : 그룹사 여부

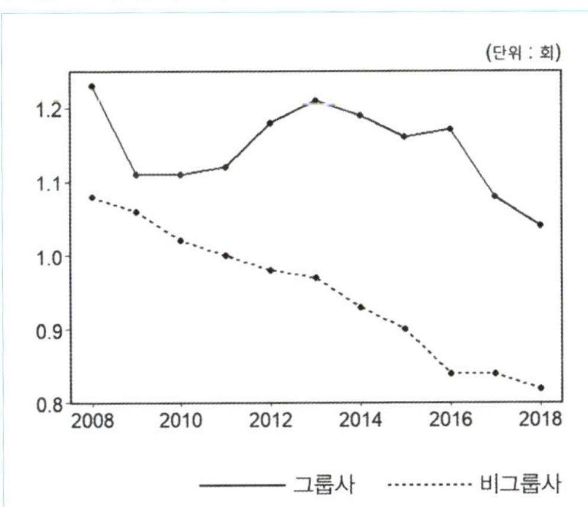

[그림 3-112] 자기자본회전율 : 그룹사 여부

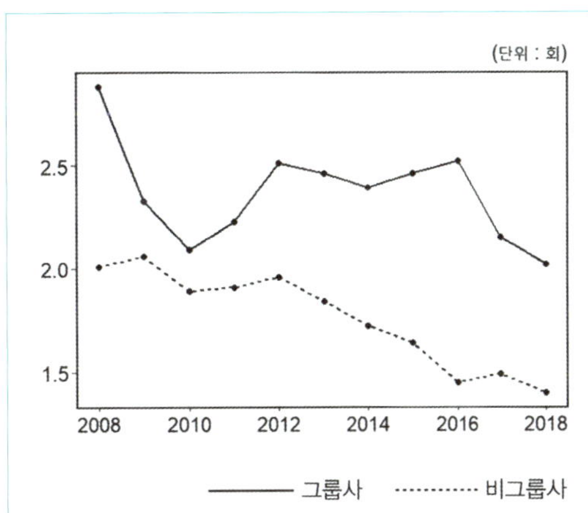

[그림 3-113] 비유동자산회전율 : 그룹사 여부

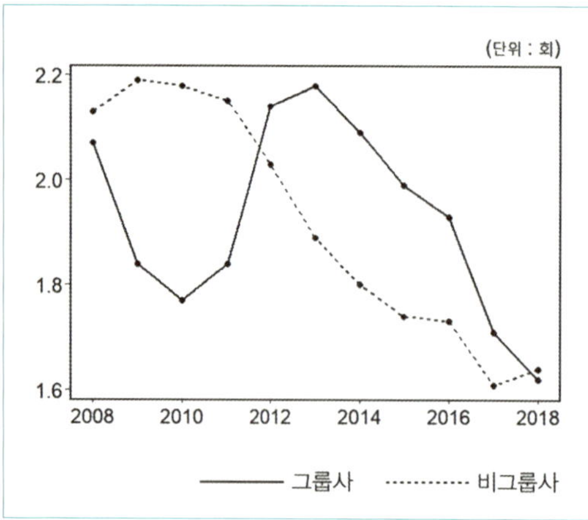

[그림 3-114] 재고자산회전율 : 그룹사 여부

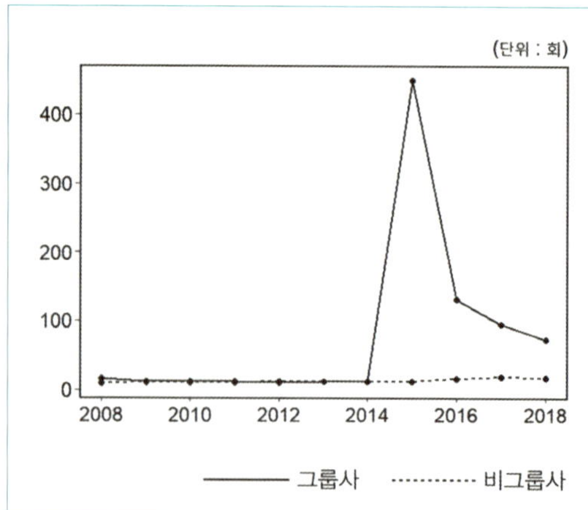

7. 생산성 비율

가. 식품기업 전체

- 생산성 비율은 기업 경영활동에 투입되는 노동, 자본 등 여러 생산요소가 달성하는 경영능률과 성과배분의 합리성을 평가하는 비율이다.
- 생산성Productivity은 기본적으로 생산요소 투입 대비 생산산출의 비율을 의미한다. 보통 가능한 적은 생산요소 투입을 통해서 많은 산출을 올리면 생산성이 높은 것으로 평가된다.
- [표3-16]과 [그림 3-115], [그림3-116]은 식품기업 평균에 대한 연도별 자본집약도, 총자본투자효율, 설비투자효율을 계산한 것이다.
- 총자본투자효율은 기업에 투하된 자본 한 단위가 1년 동안 얼마만큼 부가가치액을 창출했는가를 나타내는 비율로서, 이 비율이 높을수록 총자본이 효율적으로 운영되었음을 알 수 있다.
  - ○ 식품기업의 지난 10년간 총자본투자효율은 2009년 상승하였고 2011년 다시 감소한 이후 증감을 반복하나 상승 추세를 나타내고 있다.
- 설비투자효율은 설비자산의 한 단위가 어느 정도의 부가가치를 창출하였는가를 나타내는 비율이다.
  - ○ 식품기업의 설비투자효율은 2014년까지 비슷한 수준을 보이다 2015년부터 지속적으로 상승하여 2018년에 정점을 기록하였다.

[표 3-16] 식품기업의 생산성 비율 (단위 : %)

비율	2008	2009	2010	2011	2012	2013	2014	2015	2016	2017	2018
식품기업 평균											
총자본투자효율	12.41	15.97	15.85	12.03	12.57	13.29	12.4	12.71	13.71	13.35	13.32
설비투자효율	42.02	46.03	47.33	45.1	45.48	45.95	41.86	46.96	53.91	66.71	76.6

[그림 3-115] 총자본투자효율 : 식품기업 전체

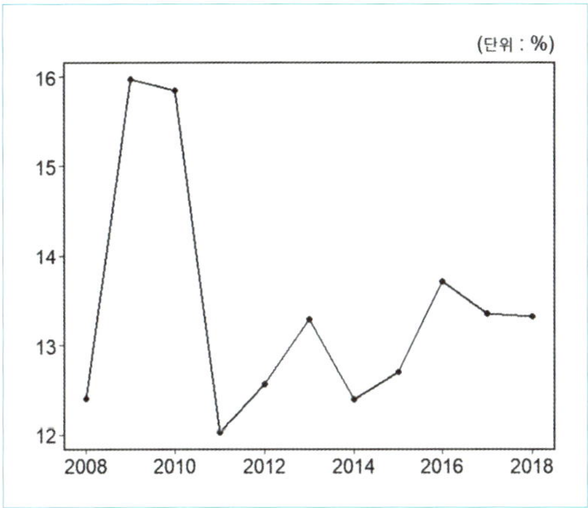

[그림 3-116] 설비투자효율 : 식품기업 전체

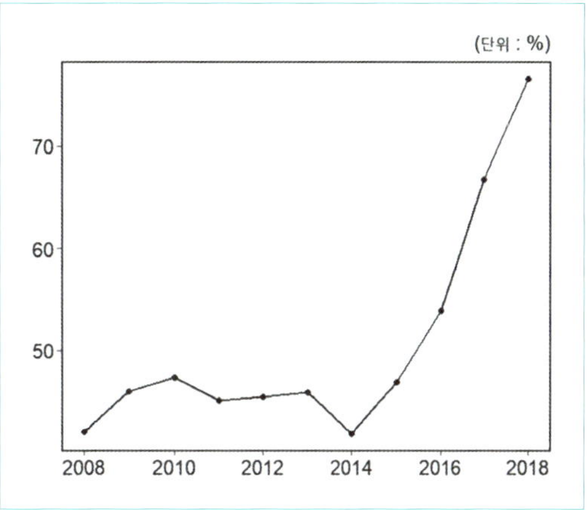

나. 세부 업종별

- 지난 10년간 업종별로 생산성을 살펴본 결과 기타 식료품 제조업의 설비투자효율이 2010년을 제외하고 다른 업종에 비해 크게 상회하는 것으로 나타났다. 과실, 채소 가공 및 저장처리업, 곡물 가공품 제조업, 설탕제조업의 설비투자효율은 비교적 낮게 나타났다.
- 업종별로 생산성 지표가 명확한 추세를 보이지는 않으며, 해마다 증감을 반복하는 것으로 조사됐다.

[표 3-17] 식품기업의 생산성 비율 : 세부 업종별

(단위 : %)

비율	2008	2009	2010	2011	2012	2013	2014	2015	2016	2017	2018
도축업											
총자본투자효율	21.96	29.06	25.18	13.55	8.22	15	8	10.04	11.84	18.23	10.28
설비투자효율	76.75	122.88	139.58	87.25	35.94	60.24	33.8	50.72	47.53	72.33	56.31
육류 가공 및 저장처리업											
총자본투자효율	6.08	12.15	11.21	7.52	9.77	11.11	6.39	5.93	10.6	8.24	5.59
설비투자효율	13.66	32.3	29.64	30.37	59.22	63.48	35.47	34.58	49.89	49.46	31.21
수산동물 가공 및 저장처리업											
총자본투자효율	17.25	17.34	18.64	13.86	11.11	12.01	9.43	14.95	10.99	13.03	10.85
설비투자효율	45.36	40.37	46.18	48.35	37.94	40.38	27.2	49.32	35.89	45.5	37.72
과실, 채소 가공 및 저장처리업											
총자본투자효율	10.12	9.12	9.58	10.31	8.78	8.37	8.28	7.02	8.88	7.74	8.19
설비투자효율	21.62	19.96	21.62	24.43	21.72	21.44	20.95	17.93	22.62	19.92	36.66
동물성 및 식물성 유지 제조업											
총자본투자효율	16.9	20.17	21.63	15.4	17.16	18.81	18.45	19.15	21.46	3.1	2.76
설비투자효율	53.79	55.71	57.13	42.55	50.67	61.24	68.26	72.97	89.08	8319.33	2695.65
낙농제품 및 식용빙과류 제조업											
총자본투자효율	16.53	24.3	20.19	17.07	17.77	14.75	15.13	14.31	14.83	15.83	18.08
설비투자효율	36.03	71.03	65.23	59.35	59.7	37.26	39.4	42.88	46.55	45.78	53.84
곡물 가공품 제조업											
총자본투자효율	-8.76	13.46	10.41	4.21	9.02	5.75	-4.01	1.21	9.23	8.55	6.66
설비투자효율	-26.58	39.15	31.18	17.57	40.17	20.22	-13.63	4.03	25.23	19.44	14.81
전분제품 및 당류 제조업											
총자본투자효율	8.31	15.62	16.42	12.11	15.05	14.07	14.69	13.05	12.03	12.56	16.22
설비투자효율	19.16	45.64	48.7	37.41	51.91	50.48	55.49	48.45	50.3	49.83	72.56
떡, 빵 및 과자류 제조업											
총자본투자효율	7.49	5.85	22.34	11.39	15.09	16.05	16.66	17.28	18.03	16.29	18.15
설비투자효율	12.36	9.46	70.52	21.97	30.77	32.02	34.72	35.59	44.53	40.93	35.67
설탕 제조업											
총자본투자효율	5.87	8.49	6.75	5.43	8.12	8.47	7.19	7.49	10.62	6.43	7.1
설비투자효율	17.1	25.46	21.16	29.4	29.67	28.23	26.17	24.07	41.97	24.28	26.26
면류, 마카로니 및 유사식품 제조업											
총자본투자효율	22.53	23.84	20.21	15.96	14.59	16.27	15.93	15.24	19.19	17.27	18.46
설비투자효율	46.32	51.78	45.4	35.91	30.81	37.67	36.42	36.97	49.47	43.12	46.18
조미료 및 식품 첨가물 제조업											
총자본투자효율	2.07	12.79	11.87	11.48	12.3	12.66	11.41	10.93	13.27	18.93	19.18
설비투자효율	-2.87	40.67	35.64	38.88	29.4	28.97	28.02	28.75	36.19	44.69	53.3
기타 식료품 제조업											
총자본투자효율	17.47	8.87	10.65	13.02	10.07	15.36	19.42	12.93	15.76	10.78	8.98

비율	2008	2009	2010	2011	2012	2013	2014	2015	2016	2017	2018
설비투자효율	282.13	21.99	-72.57	497.42	277.99	191.63	432.51	117.99	128.63	120.71	109.98
발효주 제조업											
총자본투자효율	10.04	13.17	17.77	11.18	9.96	7.92	7.68	2.76	3.81	2.32	4.44
설비투자효율	36.9	51.1	50.98	28.73	27.34	22.77	24.85	9.25	13.58	9.81	16.9
증류주 및 합성주 제조업											
총자본투자효율	15.29	16.98	14.15	9.57	15.75	15.12	17.04	16.96	15.34	14.81	10.46
설비투자효율	75.73	76.36	64.56	41.45	51.78	48.26	65.05	72.47	67.52	71.95	56.49
비알코올 음료 및 얼음 제조업											
총자본투자효율	17.64	9.26	10.41	11.34	13.69	13.23	11.28	15.5	13.48	17.82	14.28
설비투사효율	48.47	21.22	24.97	28.45	37.07	37.92	28.99	41.12	30.63	32.12	29.3

[그림 3-117] 생산성 : 도축업

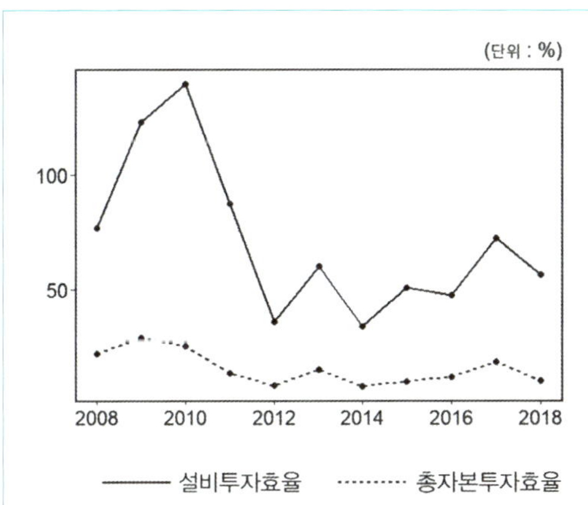

[그림 3-118] 생산성 : 육류 가공 및 저장처리업

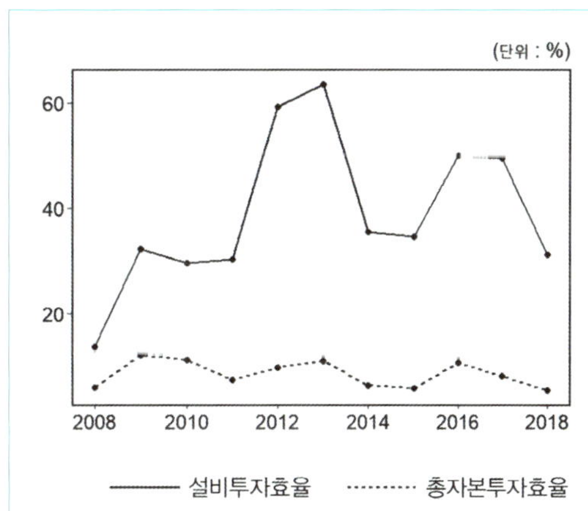

[그림 3-119] 생산성 : 수산동물 가공 및 저장처리업

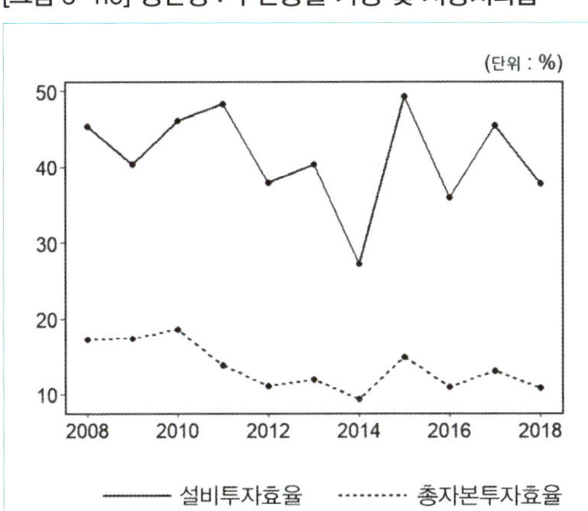

[그림 3-120] 생산성 : 과실, 채소 가공 및 저장처리업

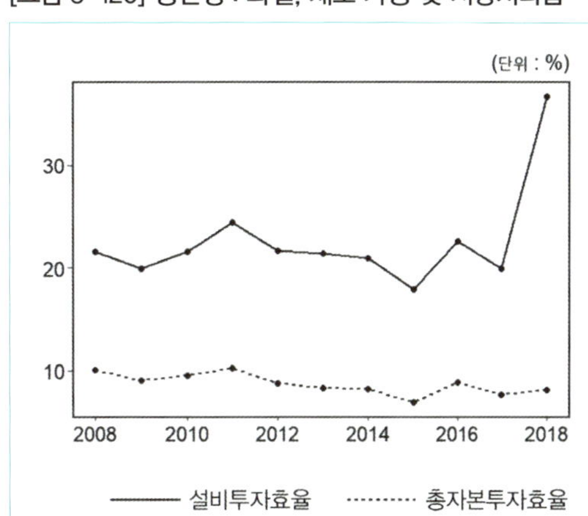

[그림 3-121] 생산성 : 동물성 및 식물성 유지 제조업

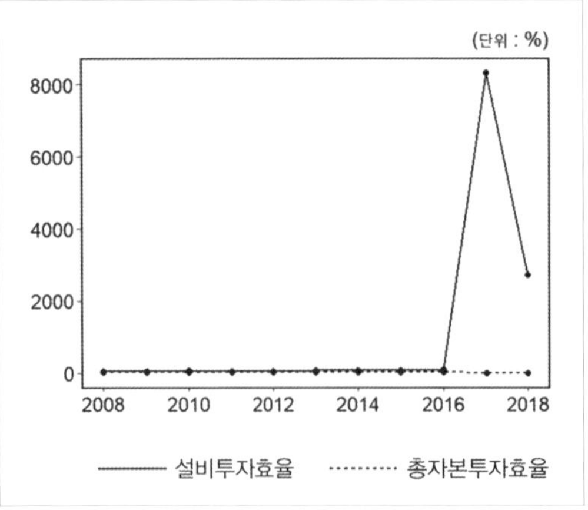

[그림 3-122] 생산성 : 낙농제품 및 식용빙과류 제조업

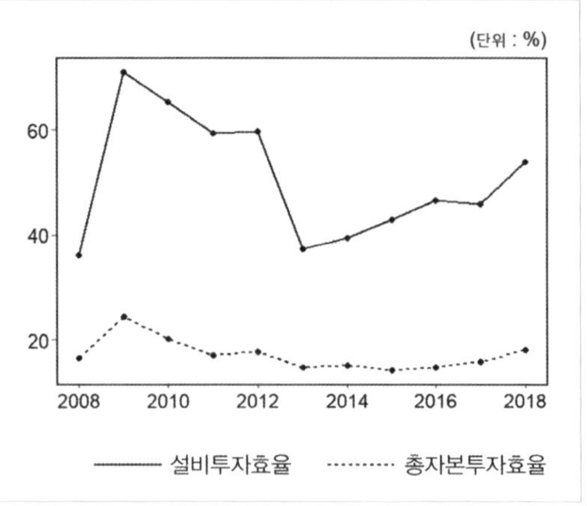

[그림 3-123] 생산성 : 곡물 가공품 제조업

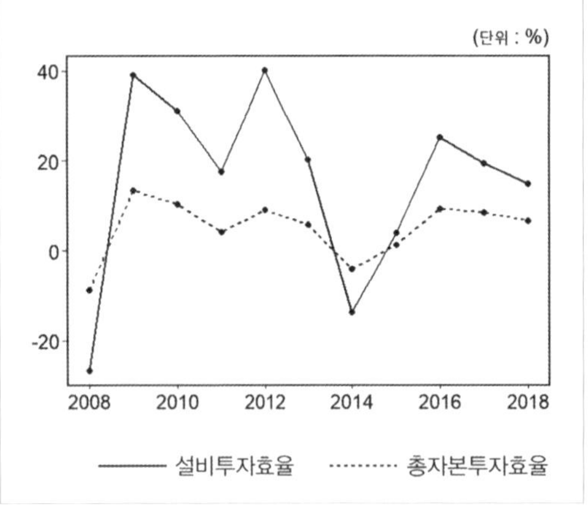

[그림 3-124] 생산성 : 전분제품 및 당류 제조업

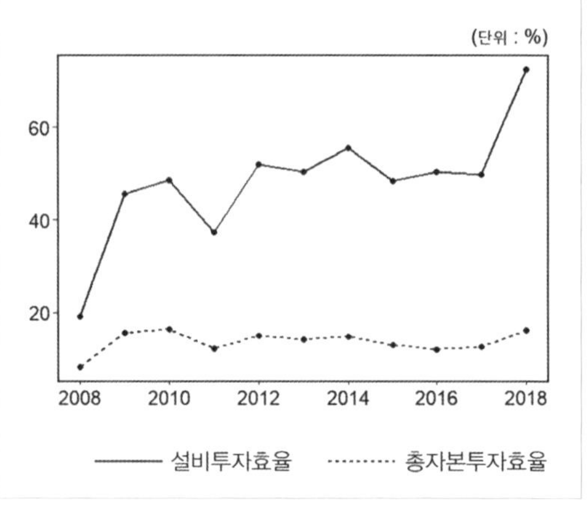

[그림 3-125] 생산성 : 떡, 빵 및 과자류 제조업

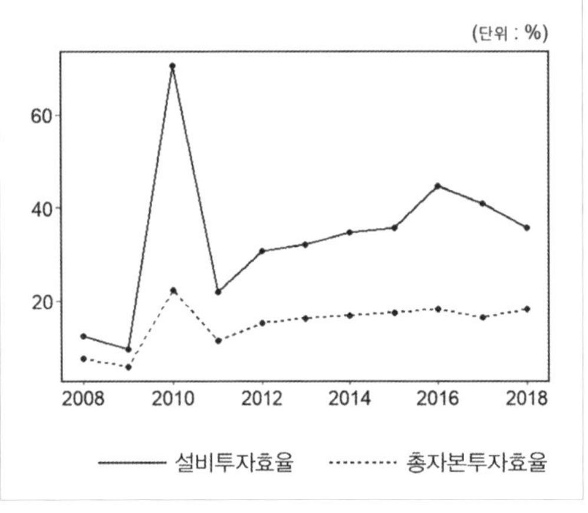

[그림 3-126] 생산성 : 설탕 제조업

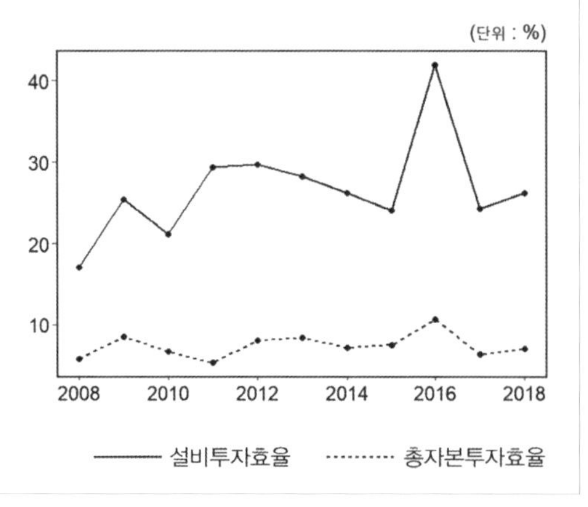

[그림 3-127] 생산성 : 면류, 마카로니 및 유사식품 제조업

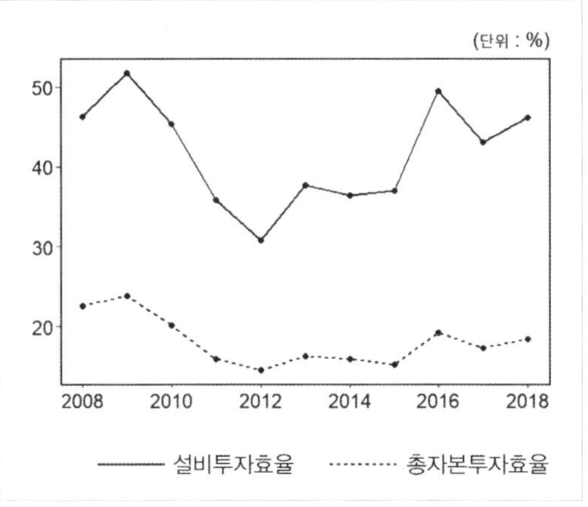

[그림 3-128] 생산성 : 조미료 및 식품 첨가물 제조업

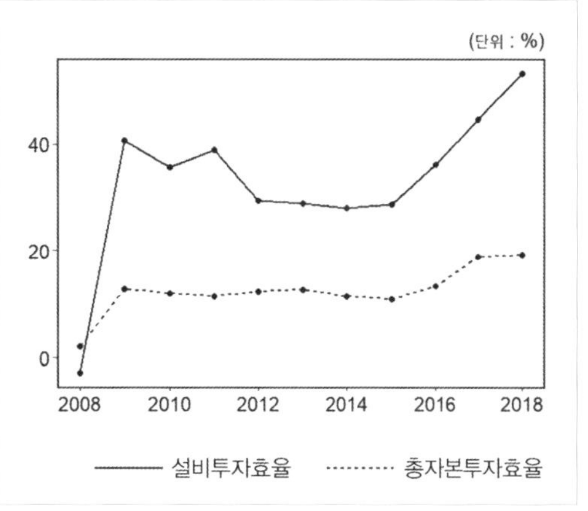

[그림 3-129] 생산성 : 기타 식료품 제조업

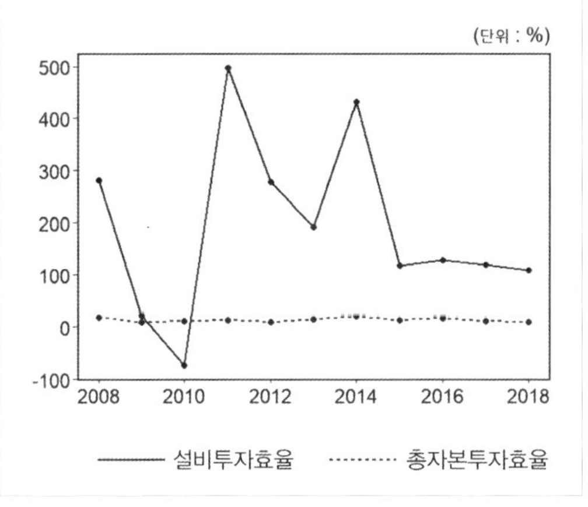

[그림 3-130] 생산성 : 발효주 제조업

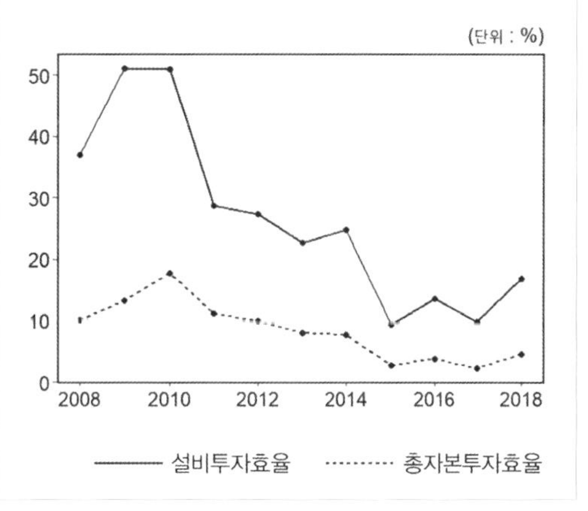

[그림 3-131] 생산성 : 증류주 및 합성주 제조업

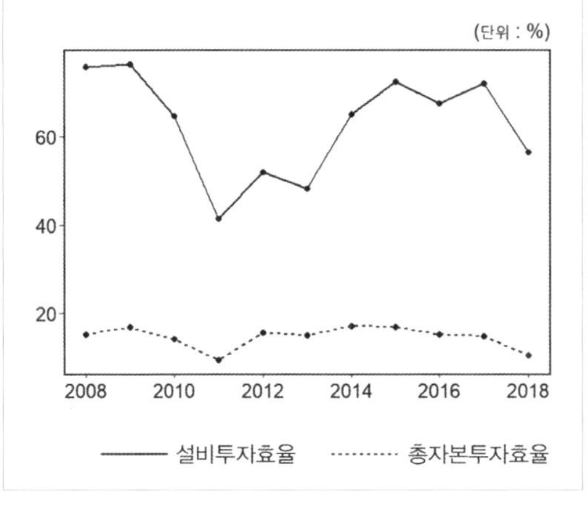

[그림 3-132] 생산성 : 비알코올음료 및 얼음 제조업

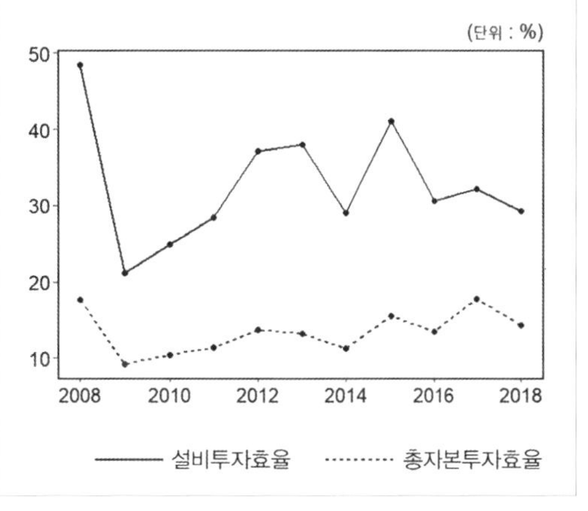

다. 그룹사 여부별

- 지난 10년간 전반적으로 그룹사 기업의 총자본투자효율이 비그룹사 기업보다 높은 것으로 나타났다. 이를 통해 그룹사 기업의 총자본이 비그룹사 기업의 총자본보다 효율적으로 운영되었음을 알 수 있다.
  - ○ 단, 2009년은 예외적으로 비그룹사의 총자본투자효율이 높은 것으로 조사되었다.
- 2011년부터 최근 8년간 설비투자효율 역시 그룹사 기업이 비그룹사 기업보다 높게 나타났다. 그룹사 기업의 설비투자 역시 비그룹사 기업에 비해 효과적으로 이루어졌음을 알 수 있다.

[표 3-18] 식품기업의 생산성 비율 : 그룹사 여부 (단위 : %)

비율	2008	2009	2010	2011	2012	2013	2014	2015	2016	2017	2018
그룹사											
총자본투자효율	16.38	15.97	15.94	12.78	12.77	13.88	12.77	13.18	14.27	14.21	14.63
설비투자효율	60.84	36.14	30.19	72.33	54.99	56.56	67.29	53.99	54.79	257.36	125.31
비그룹사											
총자본투자효율	8.86	16.27	16.03	11.23	12.56	12.56	11.98	12.32	13.27	12.54	11.79
설비투자효율	28.2	57.04	59.65	43.15	43.51	41.96	42.15	46.21	55.86	53.32	57.24

[그림 3-133] 총자본투자효율 : 그룹사 여부

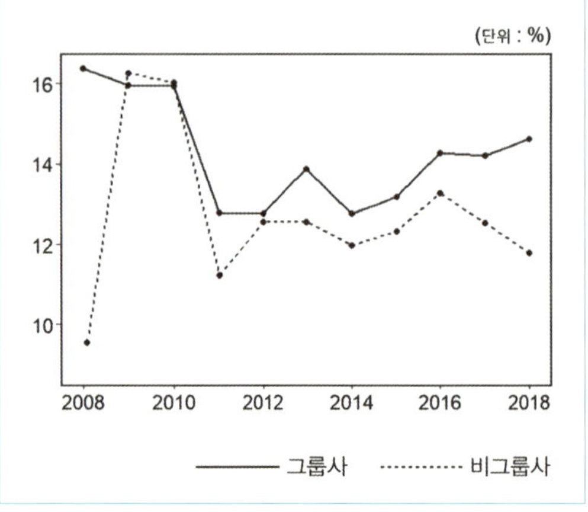

[그림 3-134] 설비투자효율 : 그룹사 여부

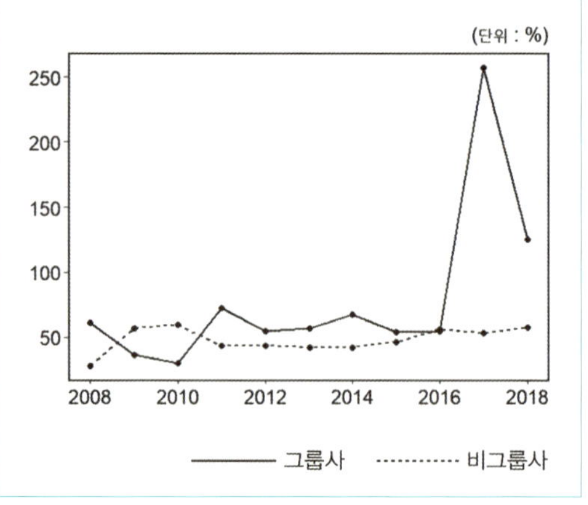

8. 부가가치의 구성

가. 식품기업 전체

- 제품이 만들어져서 최종소비자에게 전달되는 데는 보통 여러 생산단계를 거친다. 부가가치 value added란 특정 생산단계에서 새로이 창출된 가치이다.
  - ○ 회계항목을 이용하여 부가가치를 구하면 다음과 같다.

  > • 부가가치 = 순이익+인건비+임차료+이자비용+세금과 공과+감가상각비

  - ○ 순이익은 영업잉여로, 이자비용은 금융비용으로 표현한다.
- [표3–19]를 살펴보면, 식품기업의 평균 인건비와 감가상각비는 2012년에 급격하게 상승한 것으로 나타났으며 최근까지도 높은 수준에서 유지되고 있다. 최근 수익성이 악화되었다고 해석할 수 있다.
- 영업잉여와 금융비용은 2009년 급격하게 상승한 뒤 증감을 반복하였으나 최근 크게 하락하여 낮게 유지되고 있다.

[표 3–19] 식품기업의 부가가치의 구성 (단위 : 십억 원)

비율	2008	2009	2010	2011	2012	2013	2014	2015	2016	2017	2018
식품기업 평균											
영업잉여	23.98	29.74	30.27	27.11	30.66	30.73	27.62	30.75	31.38	25.12	25.14
인건비	29.60	30.95	33.06	35.58	38.80	39.10	39.89	38.59	38.10	37.72	39.14
금융비용	0.54	2.75	1.89	2.26	2.69	2.48	3.30	2.49	1.48	1.91	1.51
감가상각비	15.55	16.18	16.22	15.79	18.92	19.23	19.86	19.33	18.68	19.54	19.74

[그림 3-135] 영업잉여 : 전체

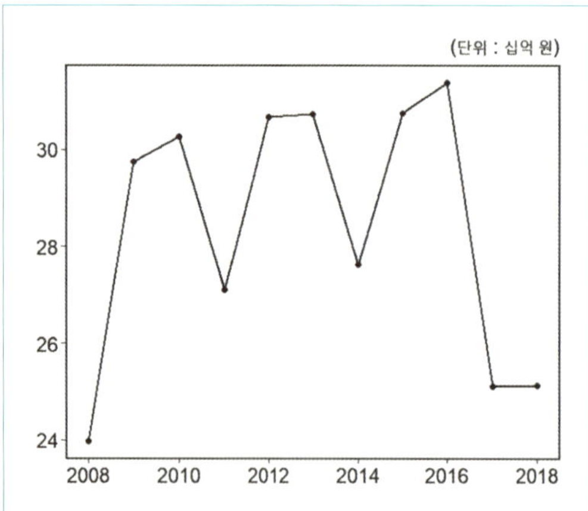

[그림 3-136] 인건비 : 전체

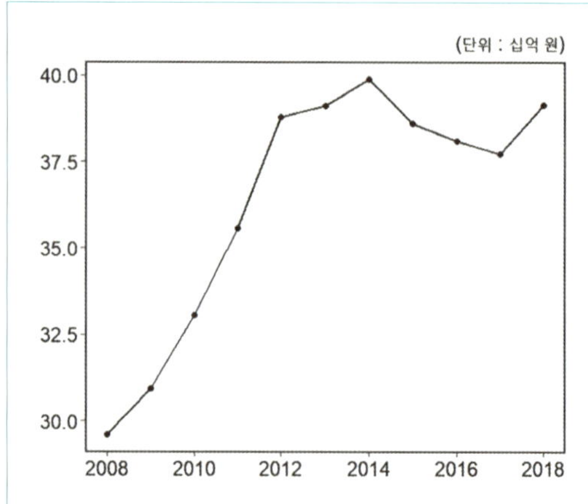

[그림 3-137] 금융비용 : 전체

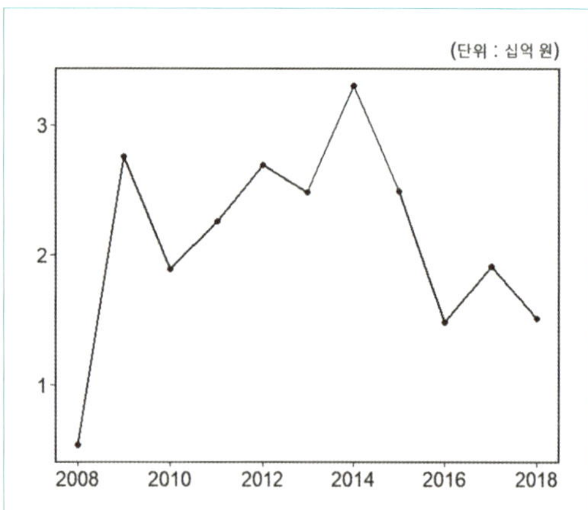

[그림 3-138] 감가상각비 : 전체

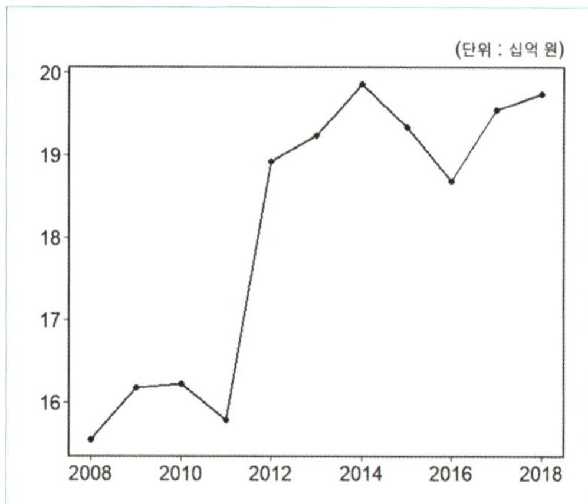

나. 세부 업종별

- 낙농제품 및 식용빙과류 제조업, 전분제품 및 당류 제조업, 면류, 마카로니 및 유사식품 제조업, 기타 식료품 제조업, 비알코올음료 및 얼음 제조업의 경우 영업잉여가 다른 업종에 비해 높게 나타났으나 비용 측면인 인건비, 감가상각비 또한 높게 나타났다.
  - ㅇ 도축업의 경우 영업잉여가 2011년 큰 폭으로 하락하였으나 비용 측면인 인건비, 감가상각비는 꾸준히 상승하여 수익성이 악화되었고 최근 영업잉여가 회복되었다.
  - ㅇ 동물성 및 식물성 유지제조업의 경우 영업잉여가 큰 폭으로 하락하였으나 비용 측면인 인건비와 감가상각비 또한 큰 폭으로 하락하였다.

○ 전분제품 및 당류 제조업과 떡, 빵 및 과자류 제조업의 영업잉여는 다른 업종에 비해 높은 편이나 최근 2년간 인건비가 큰 폭으로 상승하여 수익성이 악화되었음을 알 수 있다.

○ 비알코올음료 및 얼음 제조업의 경우 영업잉여가 최근 2년간 큰 폭으로 하락하였으나 인건비, 감가상각비 또한 큰 폭으로 하락하였다.

[표 3-20] 식품기업의 부가가치의 구성 : 세부 업종별 (단위 : 십억 원)

비율	2008	2009	2010	2011	2012	2013	2014	2015	2016	2017	2018
도축업											
영업잉여	13.44	23.12	27.44	-15.49	-9.55	8.97	-0.14	3.54	8.30	12.13	5.01
인건비	2.25	2.40	3.02	3.16	14.89	15.98	16.30	17.74	10.20	9.60	9.65
금융비용	-1.19	-1.94	-2.25	0.21	2.66	3.10	2.52	1.53	1.23	1.24	1.30
감가상각비	3.20	3.42	2.56	2.43	8.70	11.23	11.66	11.85	6.54	10.06	10.14
육류 가공 및 저장처리업											
영업잉여	3.25	8.05	12.19	14.14	12.30	12.80	18.15	22.07	23.75	19.50	17.77
인건비	7.49	7.30	8.82	11.58	12.98	14.10	15.29	15.37	14.84	15.35	16.29
금융비용	3.13	4.08	2.91	1.20	-0.36	-1.60	-1.35	-2.31	-0.52	0.56	1.32
감가상각비	5.13	3.80	4.32	3.92	3.34	3.57	3.91	4.62	4.97	5.80	6.53
수산동물 가공 및 저장처리업											
영업잉여	6.41	14.23	16.55	15.48	9.43	8.35	10.49	12.05	15.40	16.88	15.29
인건비	18.32	18.20	18.64	19.81	17.76	19.00	20.89	21.25	22.25	23.00	24.00
금융비용	2.19	1.89	0.29	0.89	2.46	1.84	2.01	1.87	1.92	1.89	2.94
감가상각비	4.71	4.99	5.37	5.74	5.62	5.50	6.15	6.92	7.69	8.46	9.03
과실, 채소 가공 및 저장처리업											
영업잉여	1.82	1.55	2.23	2.55	1.93	1.51	0.33	0.78	1.47	2.54	1.21
인건비	2.77	2.57	2.49	2.47	2.40	2.45	2.59	2.38	2.44	2.32	2.49
금융비용	0.68	0.57	0.62	0.80	0.72	0.59	0.80	0.48	0.18	0.01	-0.03
감가상각비	2.04	1.84	1.95	2.21	2.22	2.20	2.15	2.08	2.34	2.44	2.53
동물성 및 식물성 유지 제조업											
영업잉여	16.39	23.68	15.13	11.28	26.32	29.37	28.00	38.20	68.77	-0.85	1.34
인건비	36.41	38.70	47.56	45.38	47.52	58.25	56.00	65.08	66.64	4.21	5.32
금융비용	3.06	3.38	4.11	4.22	4.01	1.87	2.33	1.69	0.65	0.00	0.00
감가상각비	25.16	27.63	32.42	31.53	30.60	29.64	28.50	26.93	25.62	8.51	0.50
낙농제품 및 식용빙과류 제조업											
영업잉여	46.68	48.98	58.71	54.62	67.19	41.75	32.34	42.16	53.05	40.45	48.41
인건비	36.78	42.06	40.64	41.87	46.23	46.16	51.06	51.34	53.26	54.65	60.13
금융비용	-6.74	-3.04	-4.13	-3.57	-8.41	-5.72	-3.66	-3.33	-3.45	-3.52	-1.10
감가상각비	24.48	26.58	25.51	22.87	26.55	30.46	37.15	38.22	37.23	36.03	33.96

다음 페이지에 계속

비율	2008	2009	2010	2011	2012	2013	2014	2015	2016	2017	2018
곡물 가공품 제조업											
영업잉여	-2.71	10.54	9.22	-0.77	4.05	-3.52	-0.54	0.38	6.82	7.42	5.03
인건비	5.38	7.73	8.99	9.01	11.12	11.28	10.33	9.31	6.90	5.78	5.86
금융비용	5.89	8.49	6.19	5.15	6.50	7.05	6.46	6.30	7.52	6.65	7.21
감가상각비	2.63	4.96	5.24	4.21	4.29	4.73	5.52	4.98	4.62	5.26	6.86
전분제품 및 당류 제조업											
영업잉여	17.03	42.06	51.96	39.06	57.49	63.28	80.55	75.48	60.60	57.01	60.90
인건비	44.61	47.10	53.47	61.52	67.91	68.20	75.90	75.75	81.37	102.35	105.87
금융비용	7.07	8.19	4.61	4.96	5.03	3.45	0.83	1.59	3.80	4.35	4.39
감가상각비	31.53	29.53	29.36	27.05	26.80	25.69	24.44	25.93	29.69	32.50	32.78
떡, 빵 및 과자류 제조업											
영업잉여	4.68	2.21	1.24	2.73	6.92	10.63	10.79	13.58	19.40	21.97	34.42
인건비	6.05	6.09	6.89	10.92	12.62	12.69	14.66	14.78	36.03	35.60	72.02
금융비용	-0.19	-0.04	0.07	0.89	1.57	1.87	1.85	1.15	4.07	0.65	6.49
감가상각비	5.58	5.98	5.91	7.97	9.13	10.14	10.81	11.34	16.20	16.64	29.03
설탕 제조업											
영업잉여	31.15	29.49	5.14	5.42	23.08	25.64	33.74	32.55	68.79	26.93	37.45
인건비	21.51	21.80	23.75	22.87	25.68	26.54	29.06	28.36	35.14	33.92	38.12
금융비용	11.55	13.88	10.94	12.04	6.11	5.36	5.51	4.94	3.10	3.61	4.98
감가상각비	9.18	8.99	8.14	8.32	10.95	11.83	13.35	14.40	20.54	20.07	21.26
면류, 마카로니 및 유사식품 제조업											
영업잉여	74.02	74.07	65.96	69.98	76.11	71.38	68.01	82.55	77.29	87.13	91.95
인건비	63.20	66.99	71.57	71.93	73.88	77.76	79.93	84.98	90.49	91.76	93.90
금융비용	-7.83	-8.54	-8.14	-6.39	-6.01	-5.40	-5.33	-3.95	-4.93	-5.26	-7.89
감가상각비	32.36	34.26	35.06	28.56	30.53	32.16	32.12	33.66	34.72	35.57	37.74
조미료 및 식품 첨가물 제조업											
영업잉여	-0.55	3.85	3.92	6.66	5.06	5.43	6.89	7.10	10.92	15.90	12.04
인건비	3.69	3.14	3.38	3.46	3.52	3.64	3.62	3.70	4.31	9.92	8.48
금융비용	1.16	0.64	0.42	0.80	0.90	0.62	0.56	0.52	0.64	0.67	0.57
감가상각비	3.47	3.21	3.30	3.21	3.76	4.19	3.98	3.92	4.27	6.60	5.34
기타 식료품 제조업											
영업잉여	113.69	109.69	107.30	93.70	117.04	75.24	90.35	57.03	42.50	30.61	37.19
인건비	106.83	103.57	123.67	119.05	130.24	85.82	80.31	49.65	38.48	43.54	31.46
금융비용	28.18	27.85	10.74	9.41	14.59	25.35	23.61	10.72	2.75	8.15	-5.38
감가상각비	47.26	49.9	53.11	57.45	68.88	46.78	50.38	30.02	22.78	26.91	17.46
발효주 제조업											
영업잉여	4.88	6.47	16.11	7.39	8.05	2.21	1.77	-6.41	-3.03	16.22	18.08
인건비	6.26	6.34	7.26	9.44	9.65	9.65	9.18	9.90	9.60	8.85	7.75
금융비용	-3.25	-2.13	-1.95	-1.72	-1.25	-1.03	-0.89	-1.89	-2.43	-19.46	-20.83
감가상각비	6.18	5.50	7.09	5.75	5.45	4.47	3.95	3.29	2.89	2.82	2.54

비율	2008	2009	2010	2011	2012	2013	2014	2015	2016	2017	2018
증류주 및 합성주 제조업											
영업잉여	9.61	25.82	22.22	23.75	29.13	34.46	25.62	30.15	28.58	19.40	13.04
인건비	5.24	16.29	17.29	19.60	31.30	31.39	26.01	27.55	29.10	32.03	27.32
금융비용	−0.29	2.77	2.36	3.26	6.08	5.06	5.86	5.19	2.07	4.22	4.51
감가상각비	4.43	8.68	9.31	13.07	21.49	22.43	20.01	20.43	20.89	21.47	21.99
비알코올음료 및 얼음 제조업											
영업잉여	84.36	67.92	73.83	112.86	135.38	153.69	81.64	74.19	70.87	31.52	32.33
인건비	162.62	160.10	176.60	191.44	225.34	231.20	240.56	128.29	136.41	136.91	142.26
금융비용	−20.86	4.13	13.16	18.68	20.70	11.28	16.29	4.95	5.23	8.28	14.89
감가상각비	70.42	68.11	69.06	64.68	96.06	98.14	109.25	59.62	62.10	70.55	75.74

[그림 3-139] 부가가치 : 도축업

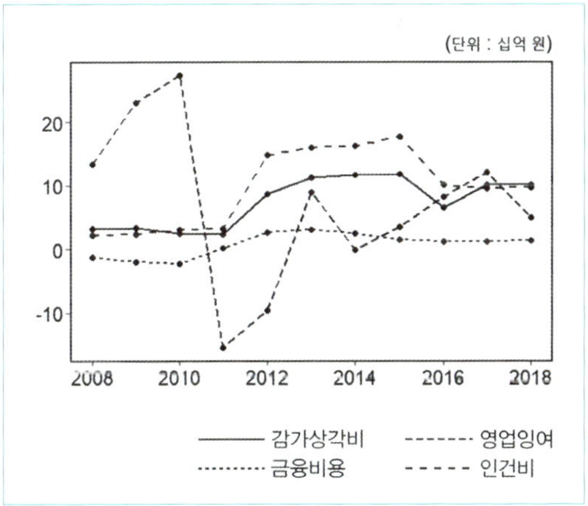

[그림 3-140] 부가가치 : 육류 가공 및 저장처리업

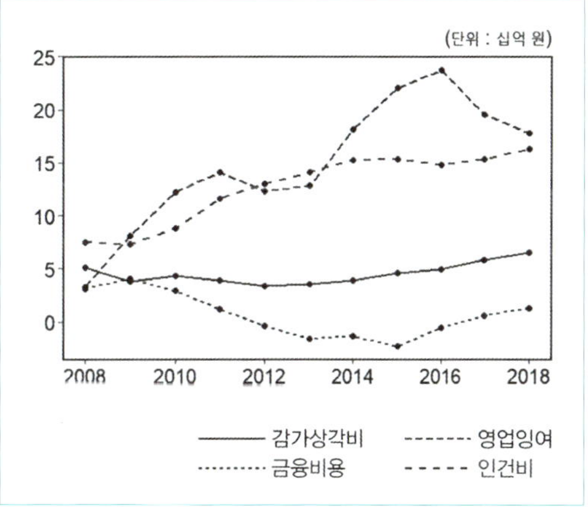

[그림 3-141] 부가가치 : 수산동물 가공 및 저장처리업

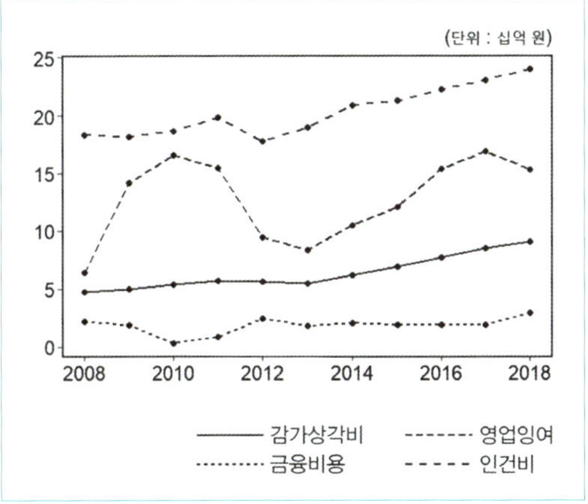

[그림 3-142] 부가가치 : 과실, 채소 가공 및 저장처리업

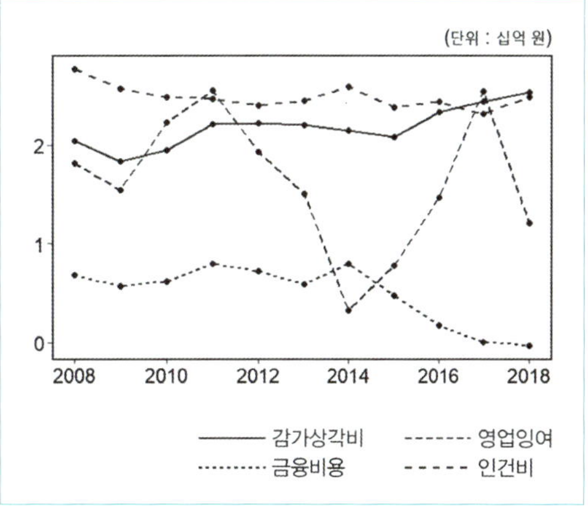

[그림 3-143] 부가가치 : 동물성 및 식물성 유지 제조업

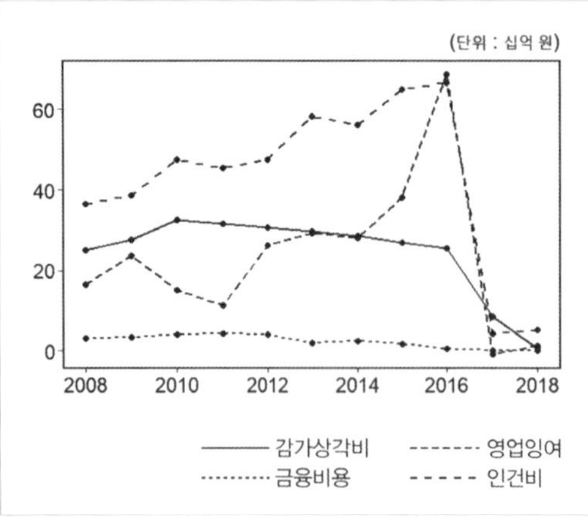

[그림 3-144] 부가가치 : 낙농제품 및 식용빙과류 제조업

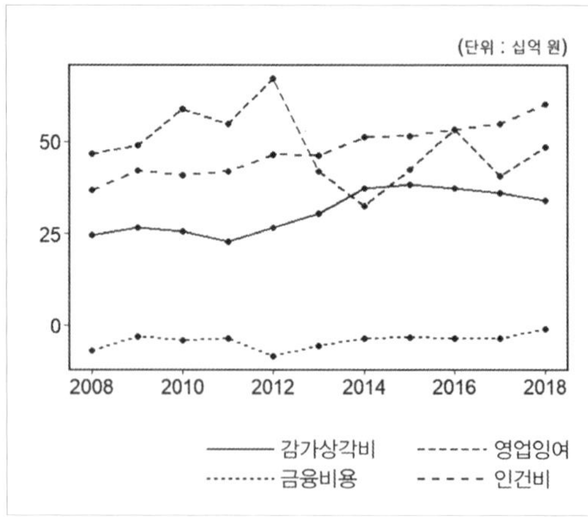

[그림 3-145] 부가가치 : 곡물 가공품 제조업

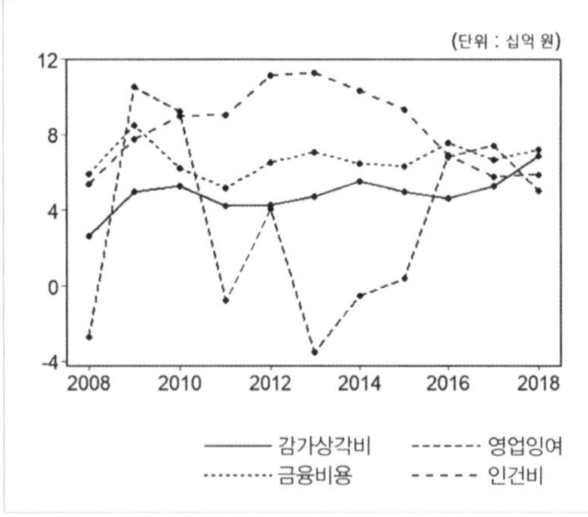

[그림 3-146] 부가가치 : 전분제품 및 당류 제조업

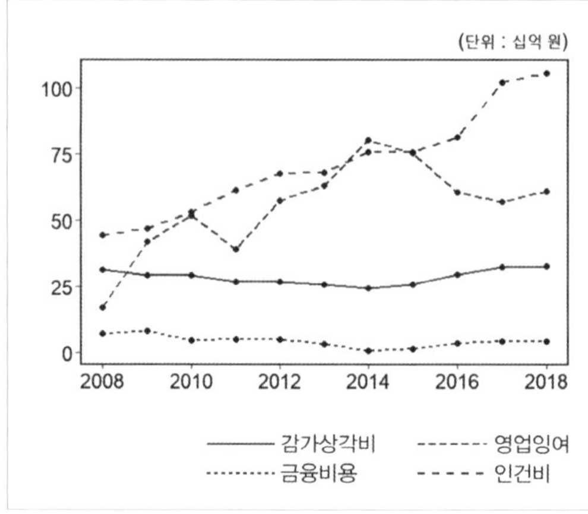

[그림 3-147] 부가가치 : 떡, 빵 및 과자류 제조업

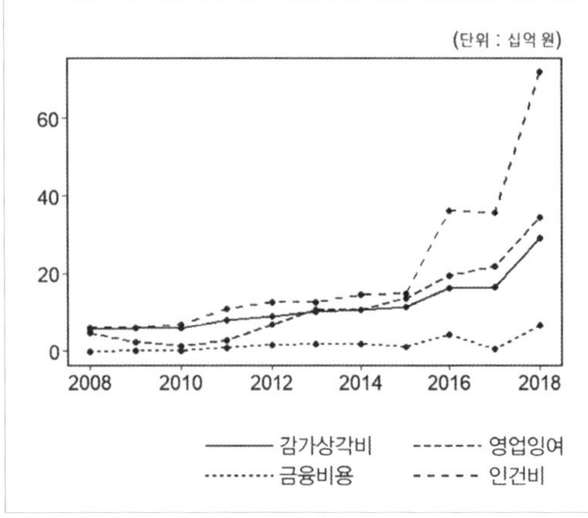

[그림 3-148] 부가가치 : 설탕 제조업

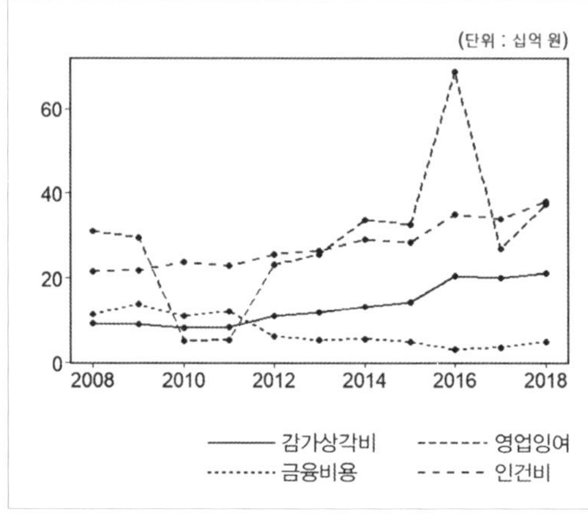

[그림 3-149] 부가가치 : 면류, 마카로니 및 유사식품 제조업

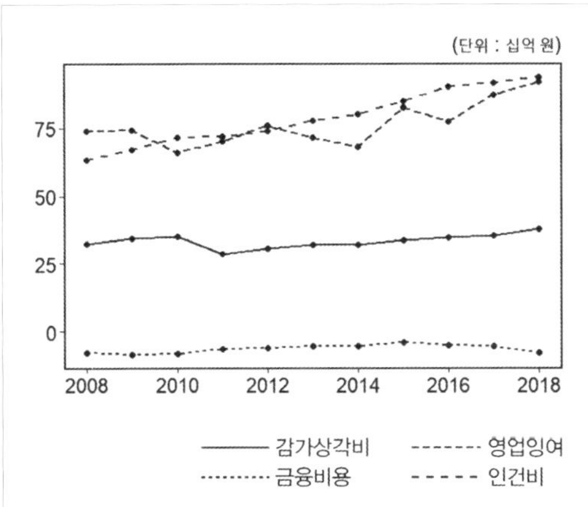

[그림 3-150] 부가가치 : 조미료 및 식품 첨가물 제조업

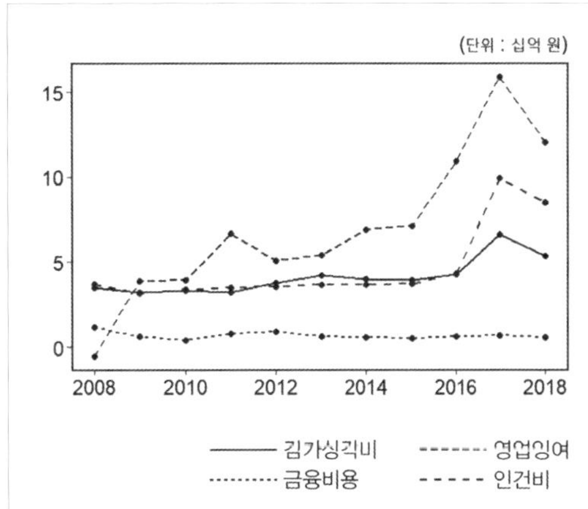

[그림 3-151] 부가가치 : 기타 식료품 제조업

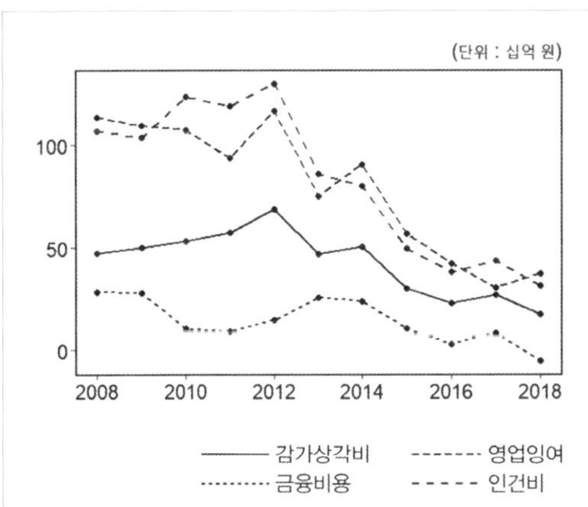

[그림 3-152] 부가가치 : 발효주 제조업

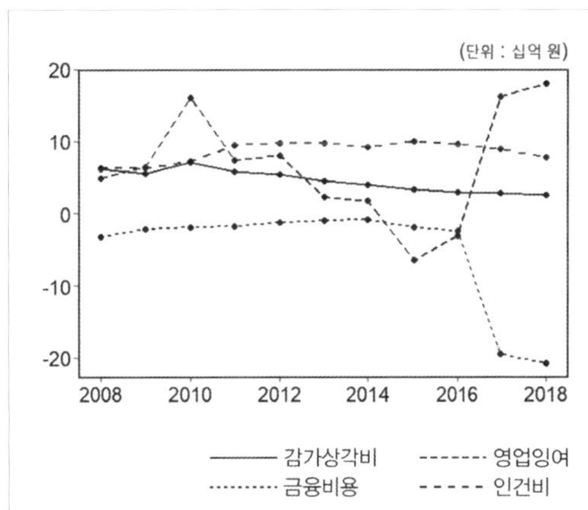

[그림 3-153] 부가가치 : 증류주 및 합성주 제조업

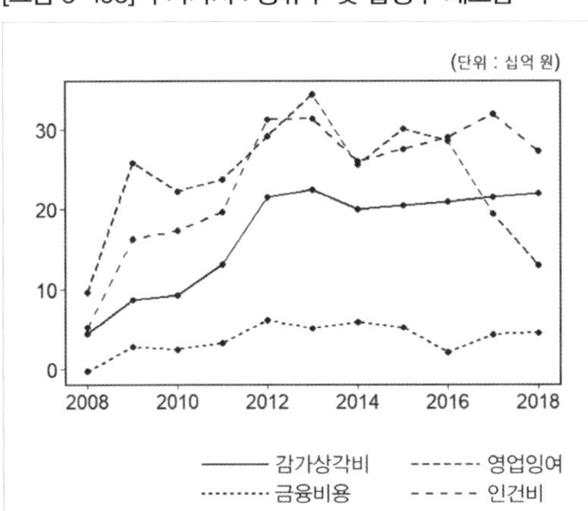

[그림 3-154] 부가가치 : 비알코올음료 및 얼음 제조업

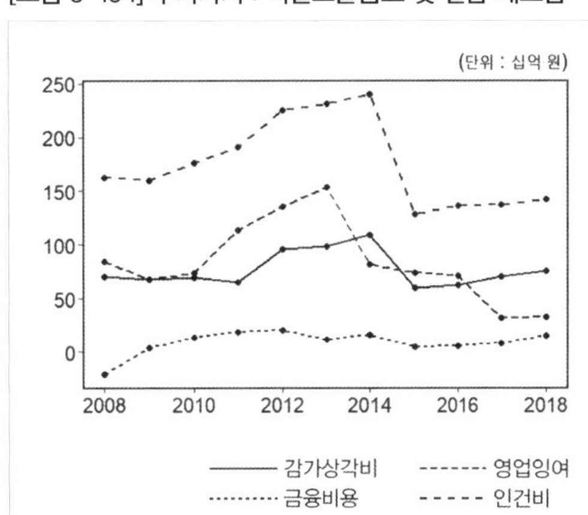

다. 그룹사 여부별

- 지난 10년간 그룹사 기업의 영업잉여가 비그룹사 기업의 영업잉여보다 꾸준히 크게 나타나고 있다.
  - ○ 2018년 그룹사와 비그룹사의 영업잉여 차이는 43.19십억 원이다.
- 비용 측면인 인건비와 감가상각비, 금융비용 역시 그룹사가 높게 나타났으며, 이는 그룹사 기업이 영업잉여액도, 비용도 크다는 것을 의미한다. 따라서 그룹사의 수익성이 비그룹사의 수익성보다 크다고 판단할 수는 없다.

[표 3-21] 식품기업의 부가가치의 구성 : 그룹사 여부

(단위 : 십억 원)

비율	2008	2009	2010	2011	2012	2013	2014	2015	2016	2017	2018
그룹사											
영업잉여	42.57	49.27	47.21	41.00	49.09	52.31	46.76	55.64	58.07	43.85	52.10
인건비	54.05	54.97	61.61	66.01	65.43	68.37	70.22	73.33	78.22	77.16	82.87
금융비용	3.36	6.42	4.52	5.31	5.49	6.31	7.62	6.62	4.36	5.87	4.08
감가상각비	27.06	27.63	28.50	28.98	31.35	32.68	34.18	35.41	36.80	37.54	40.42
비그룹사											
영업잉여	10.39	14.53	17.26	13.36	13.98	10.52	11.68	12.44	12.42	11.17	8.91
인건비	9.59	10.23	10.42	10.85	11.37	10.34	11.08	10.22	9.33	9.35	9.44
금융비용	−0.83	0.04	−0.51	−0.24	−0.10	−0.31	−0.31	−0.41	−0.39	−0.35	−0.18
감가상각비	6.25	6.06	6.30	5.82	6.34	6.48	6.86	6.50	5.97	6.25	5.75

[그림 3-155] 영업잉여 : 그룹사 여부

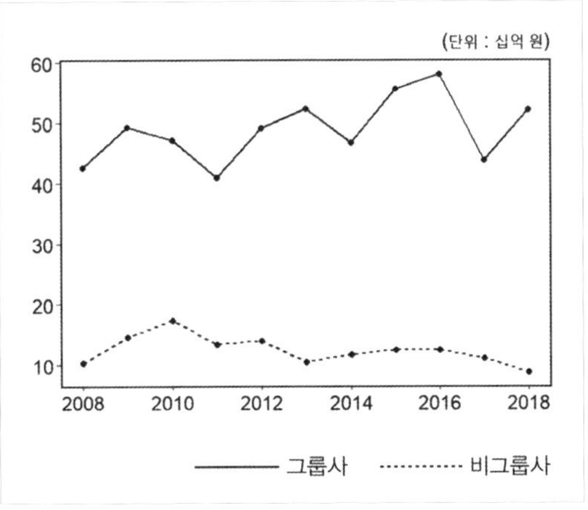

[그림 3-156] 인건비 : 그룹사 여부

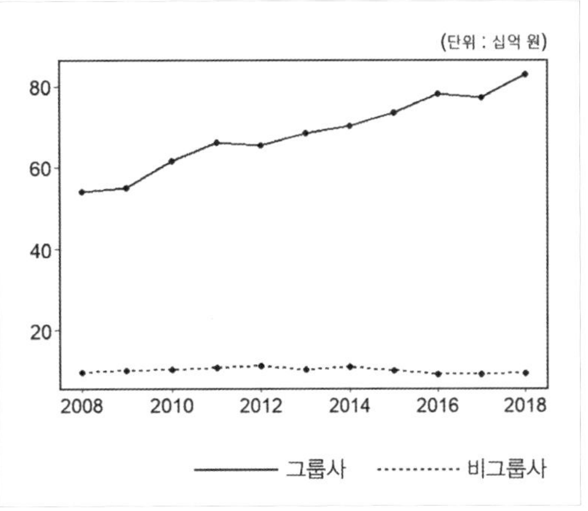

[그림 3-157] 금융비용 : 그룹사 여부

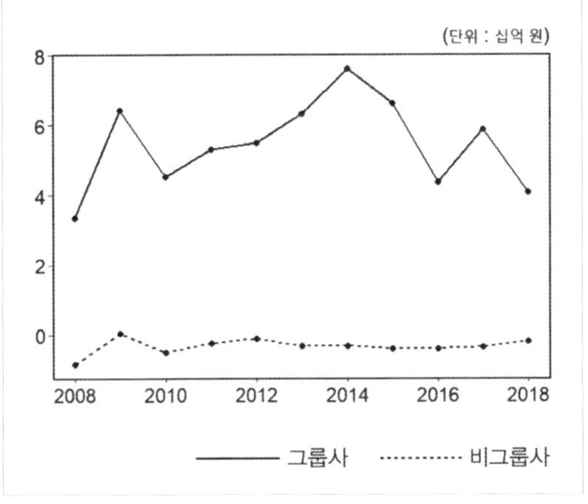

[그림 3-158] 감가상각비 : 그룹사 여부

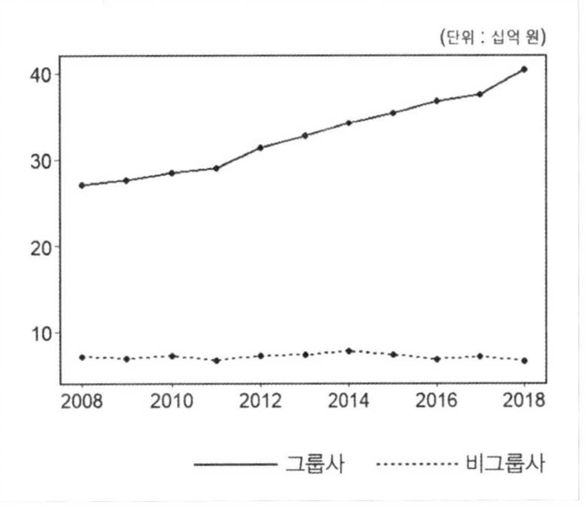

IV. 식품기업 ROI 변동원인 분석

1. 총자산순이익률 변동원인

- 수익성관계비율 ROI는 기업의 총괄적인 경영성과를 분석하는 지표인데, ROI의 변동원인을 분석하여 사업부의 업적을 평가하고 내부통제에 활용할 수 있다.
- 본 장에서는 듀퐁시스템[Du Pont System]을 적용해 ROI변동원인을 분석한다.

A. 총자산순이익률 변동원인 분석

- 듀퐁시스템의 기본 분석체계는 총자산순이익률을 곱의 형태로 분해하여 제품의 순마진을 나타내는 매출액순이익률과 총자산의 효율적 이용도를 나타내는 총자산회전율의 곱의 관계로 분석한다.

> · 총자산순이익률 = 순이익/총자산
> = 순이익/매출액 × 매출액/총자산
> = (매출액순이익률) × (총자산회전율)

가. 식품기업 전체

[표 4-1] 총자산순이익률 변동원인 (단위 : %, 회)

비율	2008	2009	2010	2011	2012	2013	2014	2015	2016	2017	2018
식품기업 평균											
총자산순이익률	1.70	5.96	6.36	3.56	3.60	4.16	3.47	4.05	4.98	5.13	3.66
매출액순이익률	4.57	7.25	7.91	6.39	5.84	6.63	6.54	7.18	7.94	6.47	6.11
총자산회전율	1.16	1.09	1.06	1.05	1.09	1.09	1.05	1.01	0.97	0.94	0.91

[그림 4-1] ROA 변동원인 : 총자산순이익률

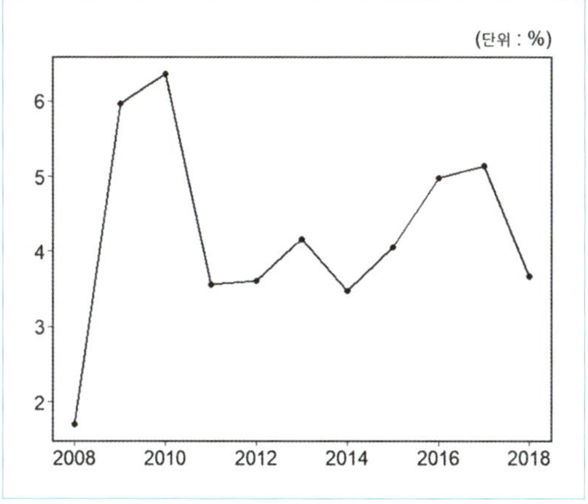

[그림 4-2] ROA 변동원인 : 매출액순이익률

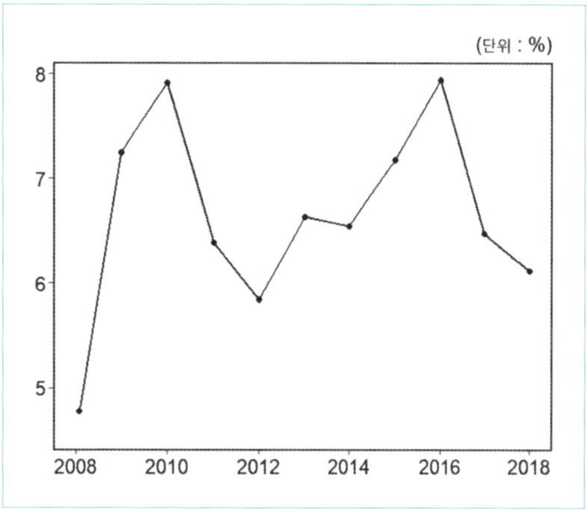

[그림 4-3] ROA 변동원인 : 총자산회전율

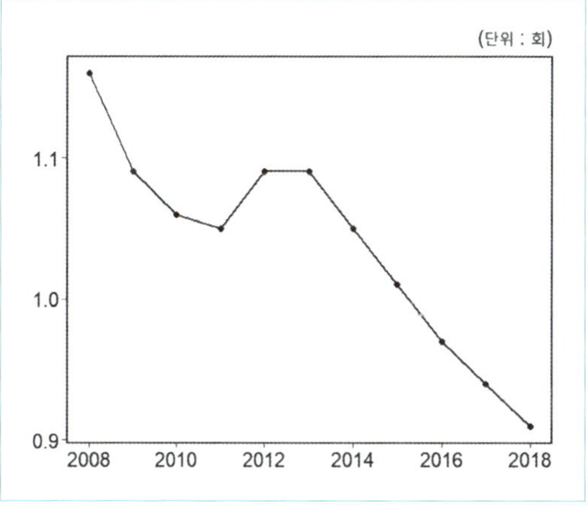

나. 세부 업종별

[표 4-2] 총자산순이익률 변동원인 : 세부 업종별

(단위 : %, 회)

비율	2008	2009	2010	2011	2012	2013	2014	2015	2016	2017	2018
도축업											
총자산순이익률	13.90	21.19	19.63	7.24	1.28	4.99	-0.28	2.14	2.84	9.18	3.46
매출액순이익률	7.85	11.19	12.33	4.05	-1.15	3.21	1.37	1.49	4.42	8.03	4.87
총자산회전율	1.93	2.07	1.85	1.71	1.44	1.60	1.46	1.46	1.14	1.29	1.07
육류 가공 및 저장처리업											
총자산순이익률	-1.72	5.63	4.22	1.45	3.24	4.42	0.79	0.41	3.63	1.58	-0.37
매출액순이익률	1.55	3.08	3.56	2.82	1.47	1.86	1.55	1.91	2.44	2.34	2.21

비율	2008	2009	2010	2011	2012	2013	2014	2015	2016	2017	2018
총자산회전율	1.66	1.63	1.46	1.31	1.36	1.48	1.48	1.35	1.28	1.34	1.23
수산동물 가공 및 저장처리업											
총자산순이익률	3.66	5.96	7.88	4.51	2.51	2.78	0.95	5.03	2.62	4.30	2.15
매출액순이익률	1.13	5.75	6.13	4.74	4.16	2.46	1.72	3.19	3.91	4.00	3.20
총자산회전율	1.73	1.54	1.59	1.55	1.43	1.36	1.37	1.39	1.39	1.33	1.23
과실,채소 가공 및 저장처리업											
총자산순이익률	1.19	1.06	2.14	2.54	1.57	0.96	0.63	0.22	2.46	1.39	1.70
매출액순이익률	4.48	3.85	4.62	5.28	3.78	3.24	1.90	2.05	2.39	3.49	1.81
총자산회전율	0.81	0.79	0.86	0.82	0.86	0.79	0.74	0.77	0.83	0.85	0.76
동물성 및 식물성 유지 제조업											
총자산순이익률	2.28	3.83	4.24	0.80	2.68	3.28	4.09	4.55	6.85	33.71	1.02
매출액순이익률	2.36	3.24	2.10	1.63	2.84	2.70	2.39	3.18	5.21	−23.27	10.75
총자산회전율	1.64	1.74	1.79	1.67	1.75	1.84	1.88	1.85	1.84	0.01	0.03
낙농제품 및 식용빙과류 제조업											
총자산순이익률	4.56	11.28	9.03	6.30	7.53	4.65	4.04	3.58	4.07	4.12	4.78
매출액순이익률	6.50	7.19	7.51	6.21	6.01	3.14	2.36	3.16	3.97	2.53	3.65
총자산회전율	1.25	1.27	1.21	1.23	1.35	1.41	1.34	1.32	1.28	1.30	1.48
곡물 가공품 제조업											
총자산순이익률	−12.11	4.42	2.50	−1.22	2.15	−1.24	−9.46	−5.27	1.42	2.00	0.08
매출액순이익률	1.80	8.36	6.28	1.32	4.53	0.50	−4.17	1.62	5.49	3.98	3.20
총자산회전율	0.78	0.88	0.80	0.79	0.77	0.74	0.68	0.76	0.78	0.78	0.74
전분제품 및 당류 제조업											
총자산순이익률	−1.01	4.24	5.32	2.58	4.65	4.26	4.36	3.91	3.48	2.44	4.55
매출액순이익률	2.54	8.82	8.84	2.90	6.16	5.81	9.52	8.58	7.42	5.76	5.71
총자산회전율	0.82	0.83	0.85	0.88	0.90	0.86	0.84	0.79	0.74	0.78	0.82
떡, 빵 및 과자류 제조업											
총자산순이익률	−2.73	−3.77	11.42	−0.30	2.78	2.95	2.77	3.36	3.11	2.63	2.94
매출액순이익률	−1.18	−4.25	−4.62	−0.11	3.56	3.36	2.98	3.40	2.91	2.27	4.97
총자산회전율	0.94	0.92	1.02	1.45	1.47	1.63	1.67	1.68	1.44	1.36	1.03
설탕 제조업											
총자산순이익률	0.63	2.37	1.44	0.65	2.61	1.70	1.64	1.36	4.82	1.14	1.31
매출액순이익률	3.30	3.54	1.25	2.07	1.99	2.24	2.37	2.95	4.84	1.86	2.97
총자산회전율	1.58	1.23	1.26	1.27	1.48	1.42	1.27	1.12	1.16	1.06	1.07
면류, 마카로니 및 유사식품 제조업											
총자산순이익률	7.61	8.65	6.07	5.05	2.88	4.69	4.55	3.75	7.97	6.34	7.15
매출액순이익률	6.88	6.28	4.62	5.03	4.55	4.76	4.35	4.88	5.53	6.45	7.02
총자산회전율	1.53	1.54	1.39	1.29	1.26	1.21	1.17	1.12	1.18	1.21	1.13
조미료 및 식품 첨가물 제조업											
총자산순이익률	−8.39	5.00	6.07	4.97	4.54	3.64	4.30	3.76	5.48	6.60	4.23

비율	2008	2009	2010	2011	2012	2013	2014	2015	2016	2017	2018
매출액순이익률	-2.56	6.78	5.59	7.19	5.45	5.36	6.17	6.12	9.37	8.44	9.90
총자산회전율	0.87	0.82	0.86	0.94	0.86	0.96	0.98	0.93	0.92	1.13	1.02
기타 식료품 제조업											
총자산순이익률	3.63	2.27	4.31	5.80	2.62	8.87	11.88	6.48	9.14	4.24	3.81
매출액순이익률	8.54	6.76	26.59	28.22	18.69	24.86	29.05	16.20	18.63	12.12	-5.99
총자산회전율	0.87	0.57	0.55	0.52	0.46	0.53	0.49	0.62	0.66	0.53	0.68
발효주 제조업											
총자산순이익률	2.41	5.23	8.73	3.06	2.58	1.15	0.98	-2.37	-1.10	4.82	7.06
매출액순이익률	2.91	7.93	13.65	4.56	5.90	1.24	0.99	-11.08	-7.97	-5.97	-5.22
총자산회전율	0.35	0.36	0.63	0.67	0.58	0.47	0.44	0.37	0.34	0.29	0.24
증류주 및 합성주 제조업											
총자산순이익률	6.04	8.02	4.88	2.97	5.70	6.01	8.33	8.05	7.75	7.44	2.74
매출액순이익률	15.11	15.01	14.85	13.30	12.43	16.35	15.47	17.01	15.97	14.19	9.70
총자산회전율	0.64	0.58	0.57	0.53	0.56	0.61	0.65	0.62	0.56	0.52	0.48
비알코올음료 및 얼음 제조업											
총자산순이익률	3.23	0.38	1.20	1.57	2.45	2.43	0.68	7.20	1.99	3.56	1.25
매출액순이익률	5.09	5.45	6.57	8.32	7.65	8.04	4.59	13.06	6.83	4.74	6.06
총자산회전율	0.65	0.52	0.43	0.47	0.56	0.54	0.54	0.61	0.54	0.61	0.64

[그림 4-4] 총자산순이익률 변동원인 : 도축업

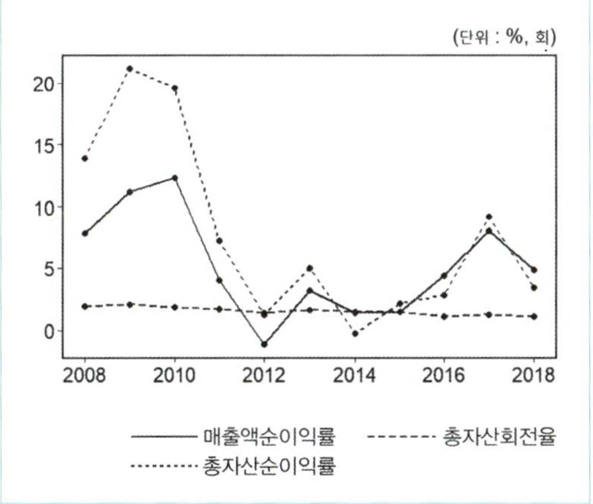

[그림 4-5] 총자산순이익률 변동원인 : 육류 가공 및 저장처리업

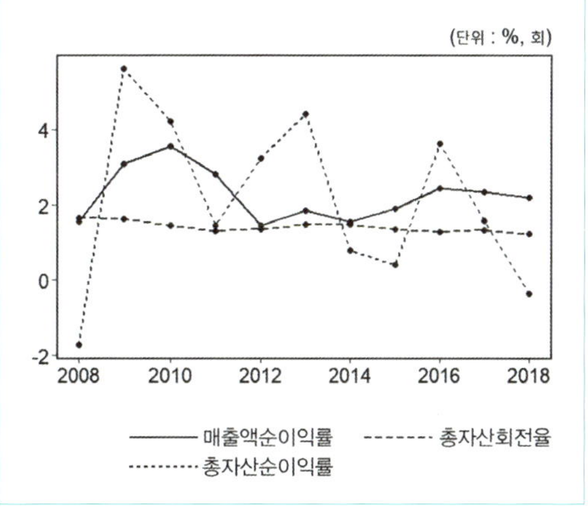

[그림 4-6] 총자산순이익률 변동원인 : 수산동물 가공 및 저장처리업

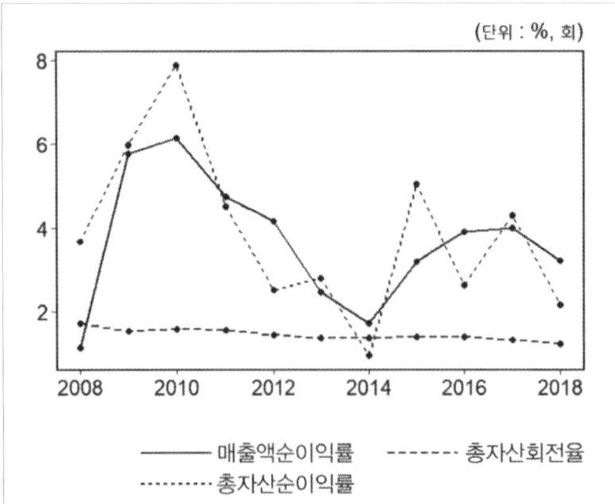

[그림 4-7] 총자산순이익률 변동원인 : 과실, 채소 가공 및 저장처리업

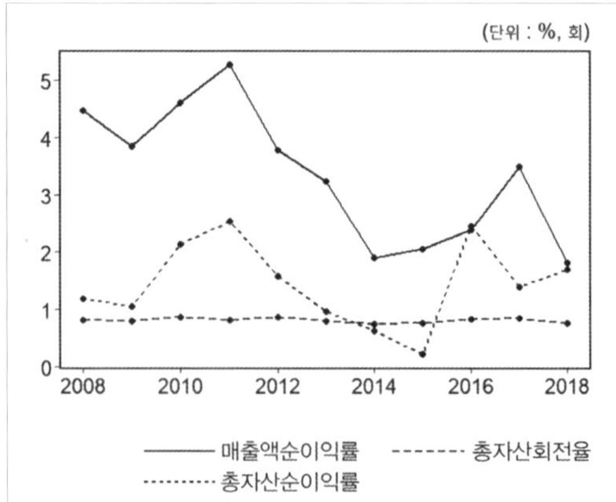

[그림 4-8] 총자산순이익률 변동원인 : 동물성 및 식물성 유지 제조업

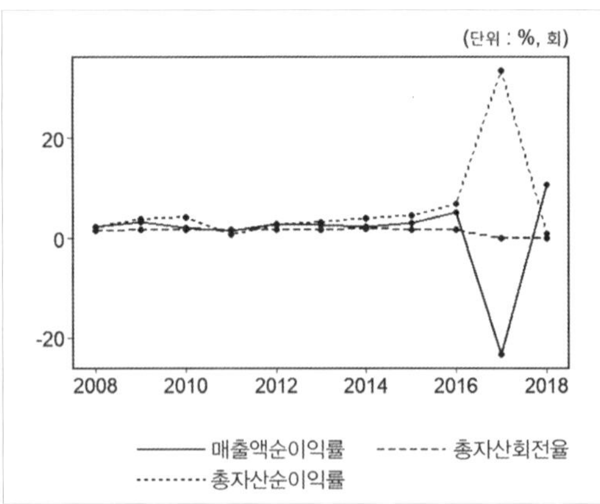

[그림 4-9] 총자산순이익률 변동원인 : 낙농제품 및 식용빙과류 제조업

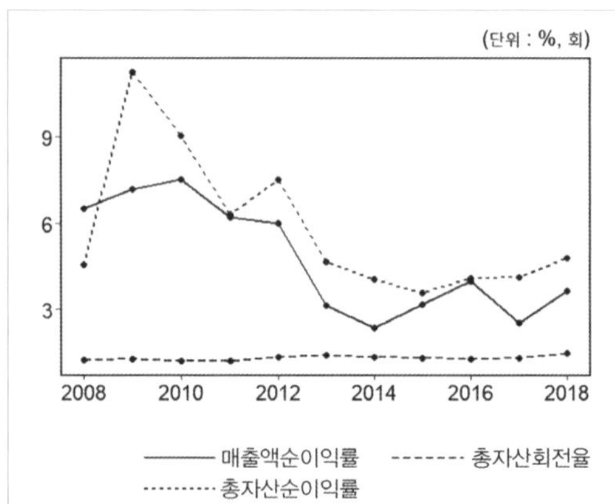

[그림 4-10] 총자산순이익률 변동원인 : 곡물 가공품 제조업

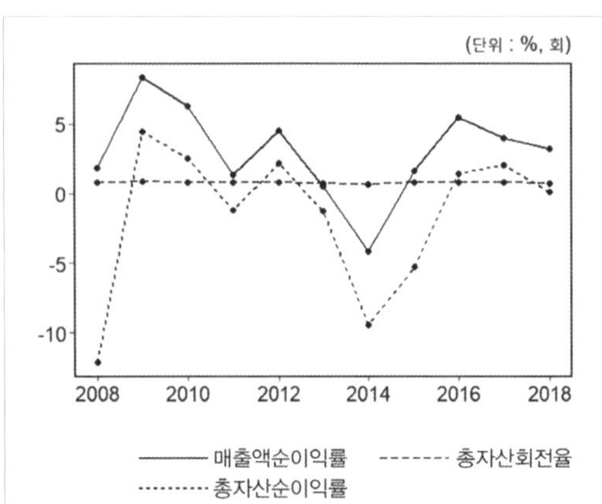

[그림 4-11] 총자산순이익률 변동원인 : 전분제품 및 당류 제조업

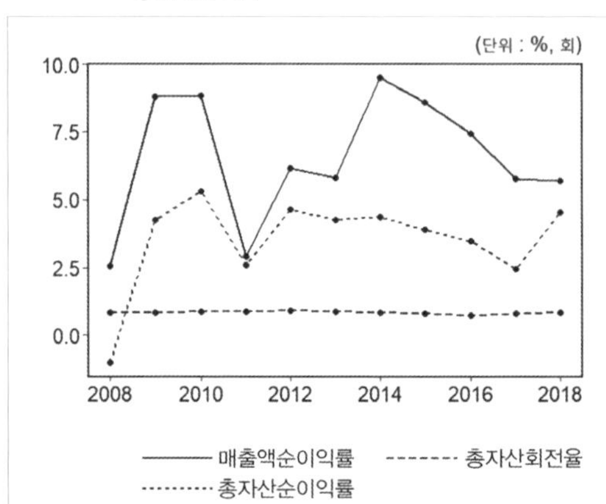

[그림 4-12] 총자산순이익률 변동원인 : 떡, 빵 및 과자류 제조업

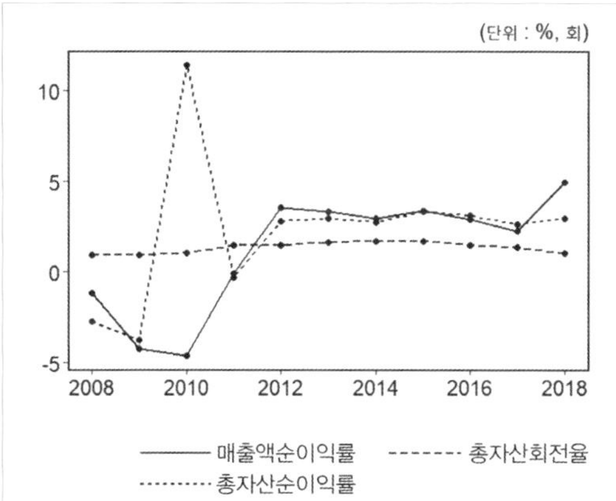

[그림 4-13] 총자산순이익률 변동원인 : 설탕 제조업

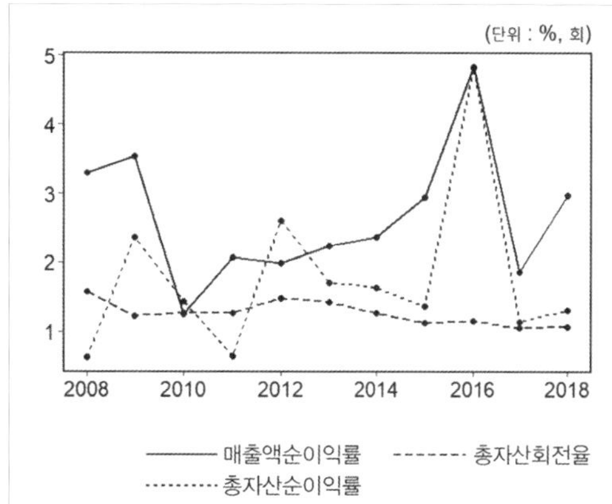

[그림 4-14] 총자산순이익률 변동원인 : 면류, 마카로니 및 유사식품 제조업

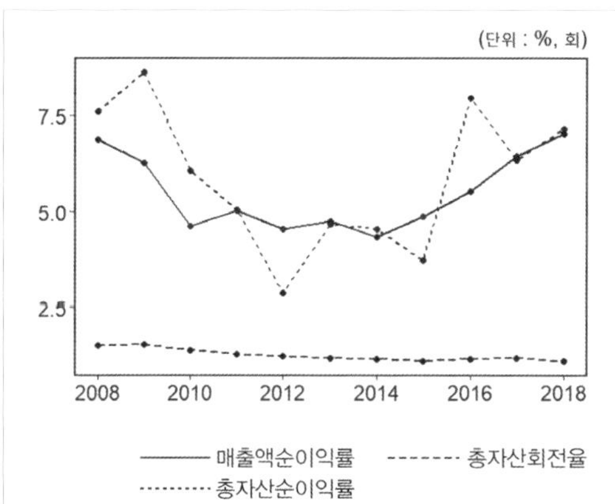

[그림 4-15] 총자산순이익률 변동원인 : 조미료 및 식품 첨가물 제조업

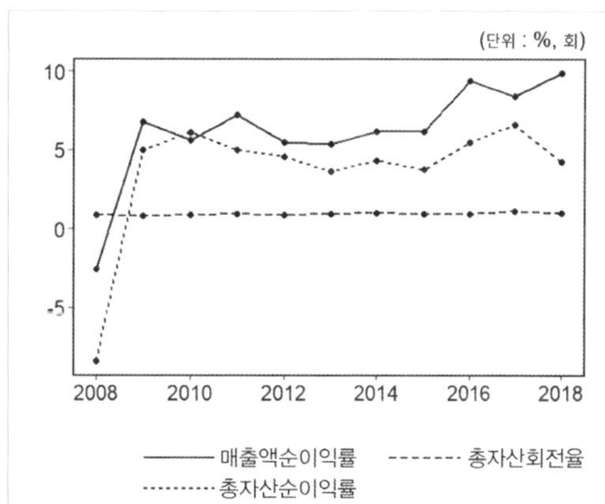

[그림 4-16] 총자산순이익률 변동원인 : 기타 식료품 제조업

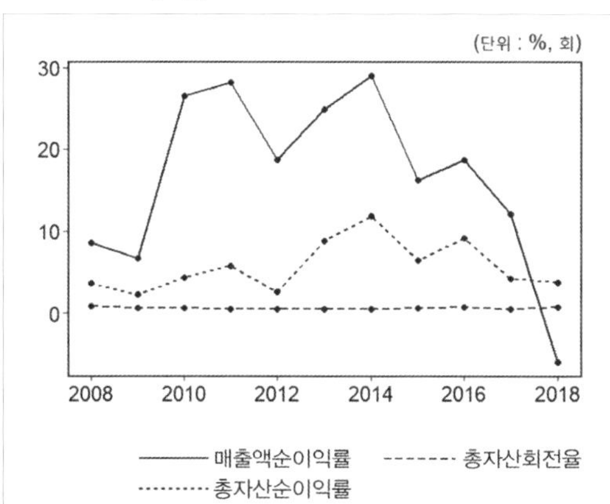

[그림 4-17] 총자산순이익률 변동원인 : 발효주 제조업

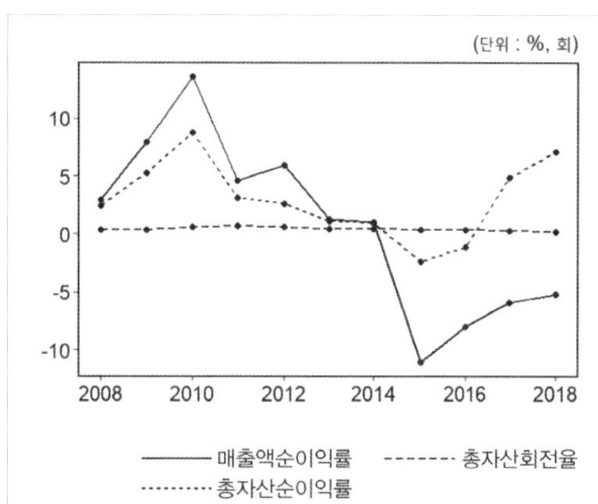

[그림 4-18] 총자산순이익률 변동원인 : 증류주 및 합성주 제조업

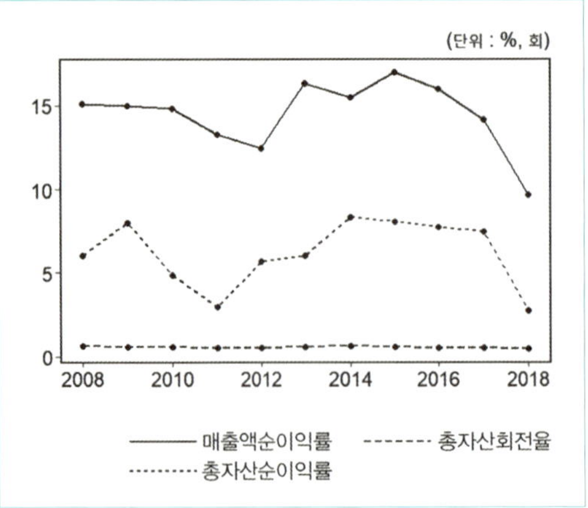

[그림 4-19] 총자산순이익률 변동원인 : 비알코올음료 및 얼음 제조업

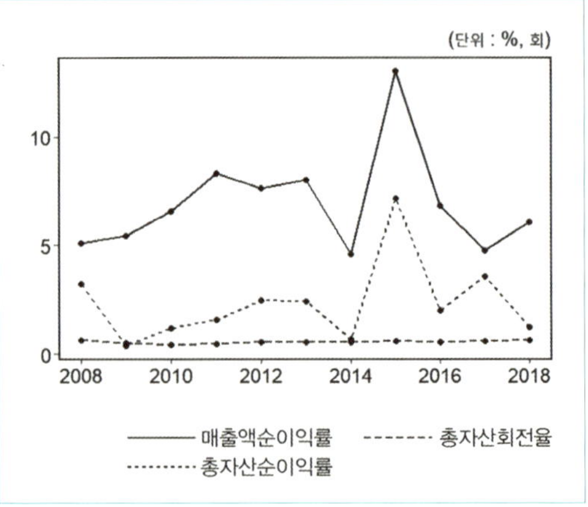

다. 그룹사 여부별

[표 4-3] 총자산순이익률 변동원인 : 그룹사 여부

(단위 : %, 회)

비율	2008	2009	2010	2011	2012	2013	2014	2015	2016	2017	2018
그룹사											
총자산순이익률	3.33	4.79	5.11	3.46	3.11	3.70	2.87	3.21	4.09	5.04	3.81
매출액순이익률	4.57	6.21	7.54	6.84	5.19	4.82	4.14	5.09	5.85	4.34	5.78
총자산회전율	1.23	1.11	1.11	1.12	1.18	1.21	1.19	1.16	1.17	1.08	1.04
비그룹사											
총자산순이익률	0.02	7.01	7.53	3.43	4.05	4.53	3.95	4.68	5.64	5.22	3.21
매출액순이익률	4.70	7.78	8.48	6.31	6.31	8.05	8.21	8.66	9.21	7.89	5.14
총자산회전율	1.08	1.06	1.02	1.00	0.98	0.97	0.93	0.90	0.84	0.84	0.82

[그림 4-20] ROA 변동원인 : 총자산순이익률

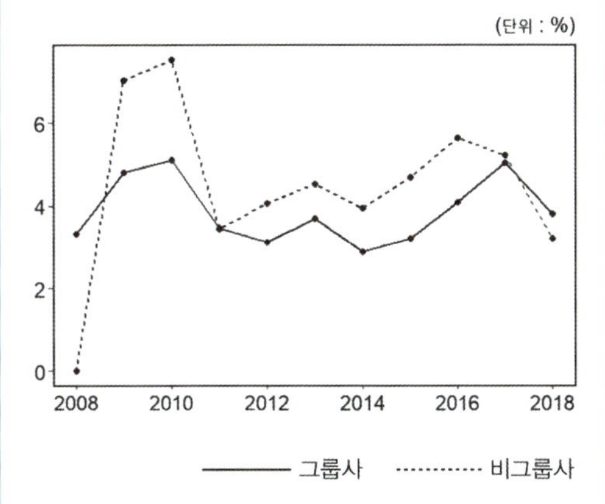

[그림 4-21] ROA 변동원인 : 매출액순이익률

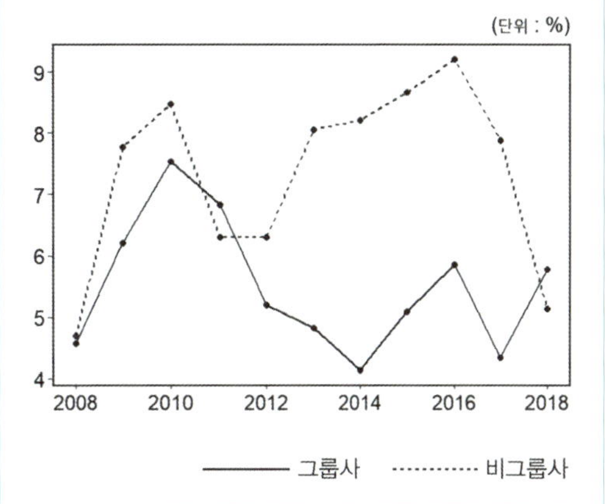

[그림 4-22] ROA 변동원인 : 총자산회전율

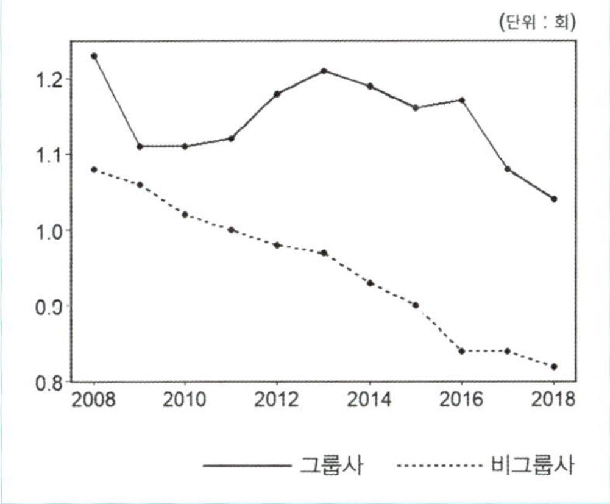

2. 자기자본순이익률 변동원인

- 듀퐁시스템은 자기자본순이익률의 변동원인 분석에도 확장·적용할 수 있다. 자기자본순이익률을 곱의 형태로 분해하면 제품의 순마진을 나타내는 매출액순이익률, 총자산의 효율적 이용도를 나타내는 총자산회전율, 부채의존도를 나타내는 부채레버리지 비율의 관계로 나타낼 수 있다.

- 자기자본순이익률 = 순이익/자기자본
  = 순이익/매출액 × 매출액/총자산 × 총자산/자기자본
  = 순이익/매출액 × 매출액/총자산 × (자기자본+부채/자기자본)
  = 순이익/매출액 × 매출액/총자산 × (1+부채/자기자본)
  = (매출액순이익률) × (총자산회전율) × (자본승수)

가. 식품기업 전체

[표 4-4] 자기자본순이익률 변동원인 (단위 : %, 회)

비율	2008	2009	2010	2011	2012	2013	2014	2015	2016	2017	2018
식품기업 평균											
자기자본순이익률	1.42	10.42	9.98	5.99	6.40	6.81	4.73	6.29	7.91	8.65	5.30
매출액순이익률	4.57	7.25	7.91	6.39	5.84	6.63	6.54	7.18	7.94	6.47	6.11
총자산회전율	1.16	1.09	1.06	1.05	1.09	1.09	1.05	1.01	0.97	0.94	0.91
자본승수	2.01	1.90	1.88	2.08	2.02	1.92	1.92	1.85	1.81	1.80	1.77

[그림 4-23] ROE 변동원인 : 자기자본순이익률

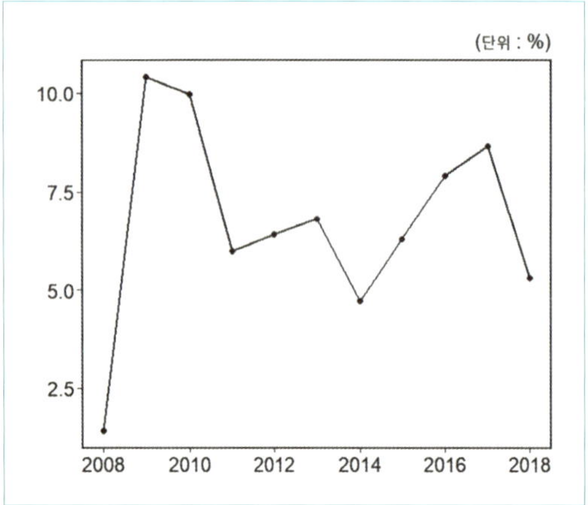

[그림 4-24] ROE 변동원인 : 매출액순이익률

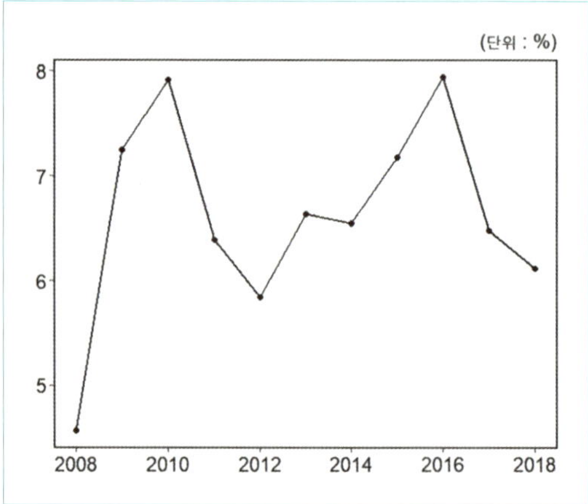

[그림 4-25] ROE 변동원인 : 총자산회전율

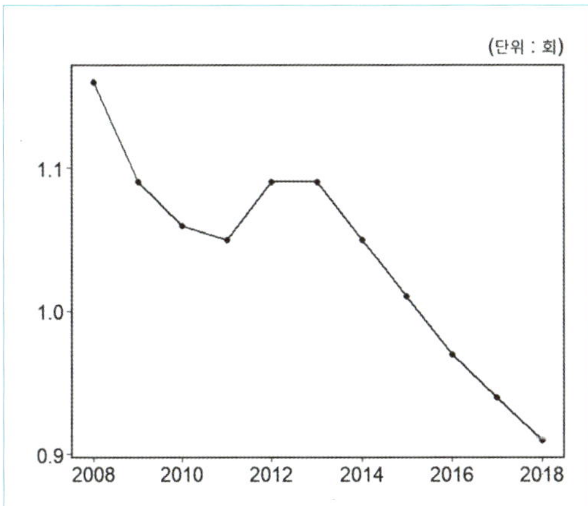

[그림 4-26] ROE 변동원인 : 자본승수

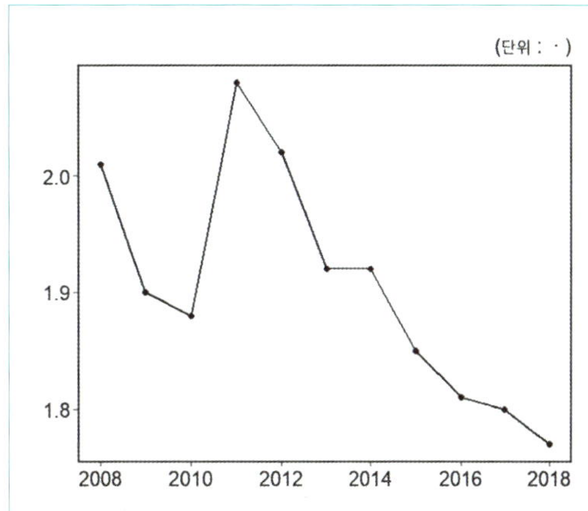

나. 세부 업종별

[표 4-5] 자기자본순이익률 변동원인 : 세부 업종별

(단위 : %, 회)

비율	2008	2009	2010	2011	2012	2013	2014	2015	2016	2017	2018
도축업											
자기자본순이익률	21.04	28.97	24.44	8.88	2.33	8.41	-1.37	1.99	4.53	16.12	4.52
매출액순이익률	7.85	11.19	12.33	4.05	-1.15	3.21	1.37	1.49	4.42	8.03	4.87
총자산회전율	1.93	2.07	1.85	1.71	1.44	1.60	1.46	1.46	1.14	1.29	1.07
자본승수	1.47	1.29	1.21	2.06	2.08	1.79	1.99	2.12	1.68	1.62	1.88
육류 가공 및 저장처리업											
자기자본순이익률	-3.61	13.59	10.18	3.63	6.49	9.64	0.55	0.51	8.09	2.34	-0.97
매출액순이익률	1.55	3.08	3.56	2.82	1.47	1.86	1.55	1.91	2.44	2.34	2.21
총자산회전율	1.66	1.63	1.46	1.31	1.36	1.48	1.48	1.35	1.28	1.34	1.23
자본승수	2.25	2.46	2.35	2.70	2.53	2.33	2.46	2.45	2.03	2.00	2.12
수산동물 가공 및 저장처리업											
자기자본순이익률	2.64	13.29	15.94	9.76	5.49	5.72	0.04	9.87	5.13	8.72	3.67
매출액순이익률	1.13	5.75	6.13	4.74	4.16	2.46	1.72	3.19	3.91	4.00	3.20
총자산회전율	1.73	1.54	1.59	1.55	1.43	1.36	1.37	1.39	1.39	1.33	1.23
자본승수	2.97	2.30	2.05	2.23	2.19	2.09	2.23	2.16	2.32	2.20	2.21
과실, 채소 가공 및 저장처리업											
자기자본순이익률	2.02	1.79	3.65	4.69	3.07	1.87	1.20	0.42	4.90	2.80	3.42
매출액순이익률	4.48	3.85	4.62	5.28	3.78	3.24	1.90	2.05	2.39	3.49	1.81
총자산회전율	0.81	0.79	0.86	0.82	0.86	0.79	0.74	0.77	0.83	0.85	0.76
자본승수	1.69	1.67	1.73	1.96	1.95	1.93	1.88	1.95	2.02	2.01	2.02

다음 페이지에 계속

비율	2008	2009	2010	2011	2012	2013	2014	2015	2016	2017	2018
동물성 및 식물성 유지 제조업											
자기자본순이익률	4.46	7.66	8.37	1.66	5.64	6.57	8.01	8.88	13.00	49.85	1.04
매출액순이익률	2.36	3.24	2.10	1.63	2.84	2.70	2.39	3.18	5.21	-23.27	10.75
총자산회전율	1.64	1.74	1.79	1.67	1.75	1.84	1.88	1.85	1.84	0.01	0.03
자본승수	2.04	1.95	2.00	2.16	2.05	1.95	1.96	1.94	1.86	1.02	1.03
낙농제품 및 식용빙과류 제조업											
자기자본순이익률	6.72	14.84	11.77	8.35	10.02	6.61	5.31	4.58	5.17	5.86	7.60
매출액순이익률	6.50	7.19	7.51	6.21	6.01	3.14	2.36	3.16	3.97	2.53	3.65
총자산회전율	1.25	1.27	1.21	1.23	1.35	1.41	1.34	1.32	1.28	1.30	1.48
자본승수	1.38	1.31	1.31	1.34	1.30	1.28	1.26	1.26	1.26	1.56	1.48
곡물 가공품 제조업											
자기자본순이익률	-32.16	12.02	6.26	-3.34	6.23	-3.52	-35.30	-30.46	7.48	6.80	0.29
매출액순이익률	1.80	8.36	6.28	1.32	4.53	0.50	-4.17	1.62	5.49	3.98	3.20
총자산회전율	0.78	0.88	0.80	0.79	0.77	0.74	0.68	0.76	0.78	0.78	0.74
자본승수	3.07	2.71	2.56	2.84	2.96	2.83	4.23	4.90	3.85	2.65	2.73
전분제품 및 당류 제조업											
자기자본순이익률	-1.24	5.17	8.22	5.83	8.81	8.13	7.40	6.68	6.14	4.34	7.07
매출액순이익률	2.54	8.82	8.84	2.90	6.16	5.81	9.52	8.58	7.42	5.76	5.71
총자산회전율	0.82	0.83	0.85	0.88	0.90	0.86	0.84	0.79	0.74	0.78	0.82
자본승수	2.02	1.76	1.74	1.81	1.70	1.64	1.58	1.64	1.70	1.66	1.54
떡, 빵 및 과자류 제조업											
자기자본순이익률	-4.47	-6.91	21.04	-0.77	6.09	6.52	6.01	6.96	7.80	5.89	6.25
매출액순이익률	-1.18	-4.25	-4.62	-0.11	3.56	3.36	2.98	3.40	2.91	2.27	4.97
총자산회전율	0.94	0.92	1.02	1.45	1.47	1.63	1.67	1.68	1.44	1.36	1.03
자본승수	1.46	1.62	1.70	2.17	2.21	2.13	2.09	2.06	2.35	2.45	2.27
설탕 제조업											
자기자본순이익률	1.45	5.19	3.14	1.52	5.64	3.31	2.98	2.08	8.97	2.03	2.25
매출액순이익률	3.30	3.54	1.25	2.07	1.99	2.24	2.37	2.95	4.84	1.86	2.97
총자산회전율	1.58	1.23	1.26	1.27	1.48	1.42	1.27	1.12	1.16	1.06	1.07
자본승수	2.22	2.16	2.21	2.36	2.13	2.01	2.08	2.04	1.92	1.87	1.86
면류, 마카로니 및 유사식품 제조업											
자기자본순이익률	17.41	16.92	10.52	8.86	5.05	7.47	7.28	5.48	12.22	10.25	11.43
매출액순이익률	6.88	6.28	4.62	5.03	4.55	4.76	4.35	4.88	5.53	6.45	7.02
총자산회전율	1.53	1.54	1.39	1.29	1.26	1.21	1.17	1.12	1.18	1.21	1.13
자본승수	2.06	1.83	1.82	1.74	1.64	1.61	1.59	1.59	1.56	1.56	1.51
조미료 및 식품 첨가물 제조업											
자기자본순이익률	-8.16	7.07	8.96	9.22	9.03	7.41	8.61	6.87	10.84	11.60	7.35
매출액순이익률	-2.56	6.78	5.59	7.19	5.45	5.36	6.17	6.12	9.37	8.44	9.90
총자산회전율	0.87	0.82	0.86	0.94	0.86	0.96	0.98	0.93	0.92	1.13	1.02

[그림 4-35] 자기자본순이익률 변동원인 : 떡, 빵 및 과자류 제조업

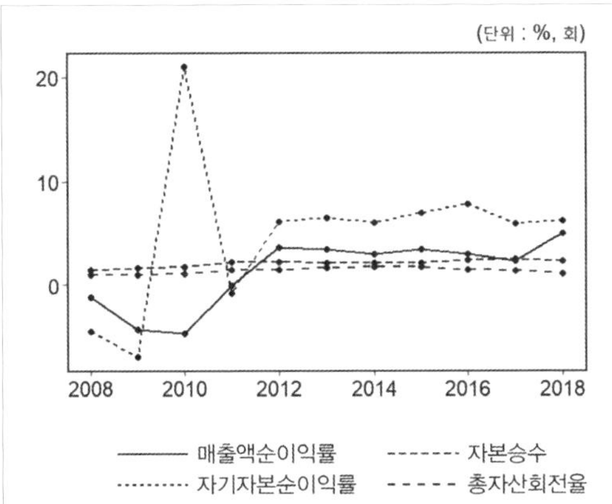

[그림 4-36] 자기자본순이익률 변동원인 : 설탕 제조업

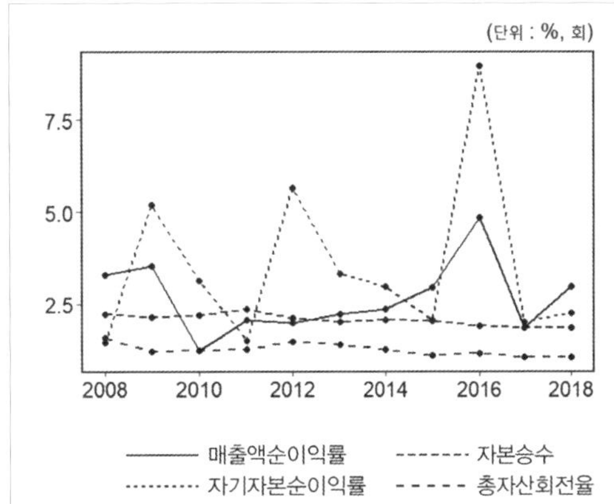

[그림 4-37] 자기자본순이익률 변동원인 : 면류, 마카로니 및 유사식품 제조업

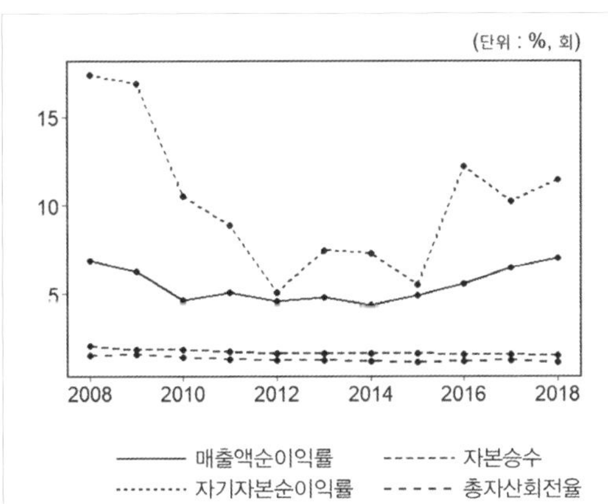

[그림 4-38] 자기자본순이익률 변동원인 : 조미료 및 식품 첨가물 제조업

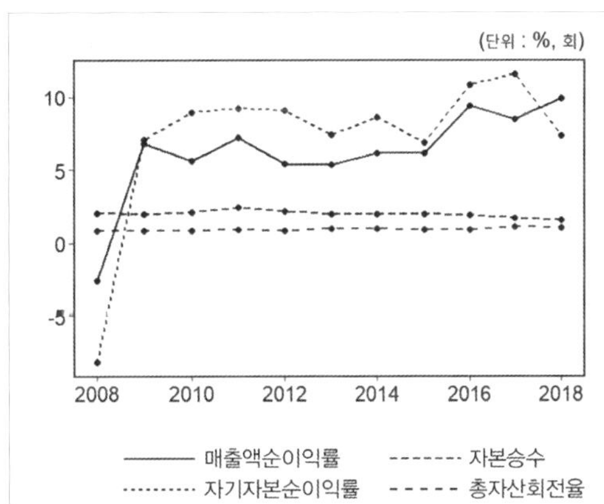

[그림 4-39] 자기자본순이익률 변동원인 : 기타 식료품 제조업

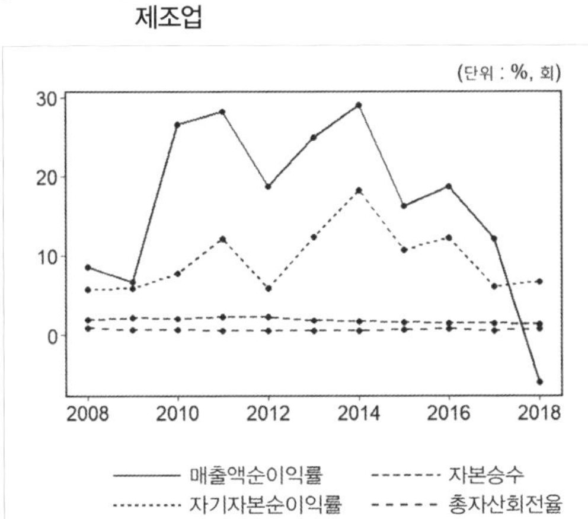

[그림 4-40] 자기자본순이익률 변동원인 : 발효주 제조업

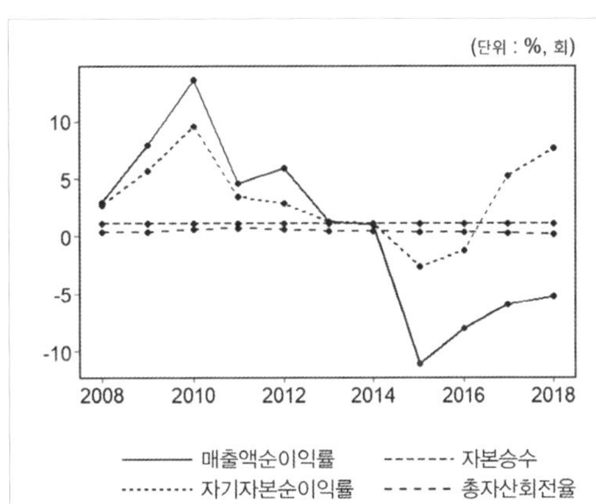

[그림 4-41] 자기자본순이익률 변동원인 : 증류주 및 합성주 제조업

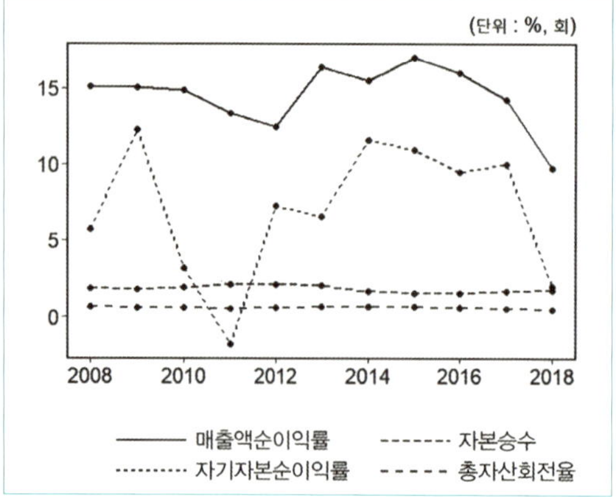

[그림 4-42] 자기자본순이익률 변동원인 : 비알코올음료 및 얼음 제조업

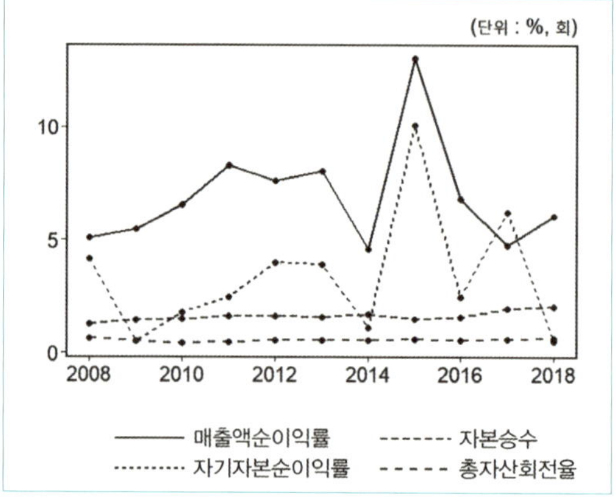

다. 그룹사 여부별

[표 4-6] 자기자본순이익률 변동원인 : 그룹사 여부

(단위 : %, 회)

비율	2008	2009	2010	2011	2012	2013	2014	2015	2016	2017	2018
그룹사											
자기자본순이익률	4.62	9.53	9.55	6.60	6.43	6.97	4.32	4.67	8.23	9.42	6.76
매출액순이익률	4.57	6.21	7.54	6.84	5.19	4.82	4.14	5.09	5.85	4.34	5.78
총자산회전율	1.23	1.11	1.11	1.12	1.18	1.21	1.19	1.16	1.17	1.08	1.04
자본승수	2.22	1.98	1.92	2.20	2.11	1.99	2.06	2.08	2.03	1.97	1.92
비그룹사											
자기자본순이익률	-0.73	11.00	10.53	4.05	5.99	6.17	4.30	7.03	7.68	7.95	3.45
매출액순이익률	4.70	7.78	8.48	6.31	6.31	8.05	8.21	8.66	9.21	7.89	5.14
총자산회전율	1.08	1.06	1.02	1.00	0.98	0.97	0.93	0.90	0.84	0.84	0.82
자본승수	1.83	1.84	1.84	1.98	1.95	1.84	1.77	1.68	1.61	1.66	1.67

[그림 4-43] ROE 변동원인 : 자기자본순이익률

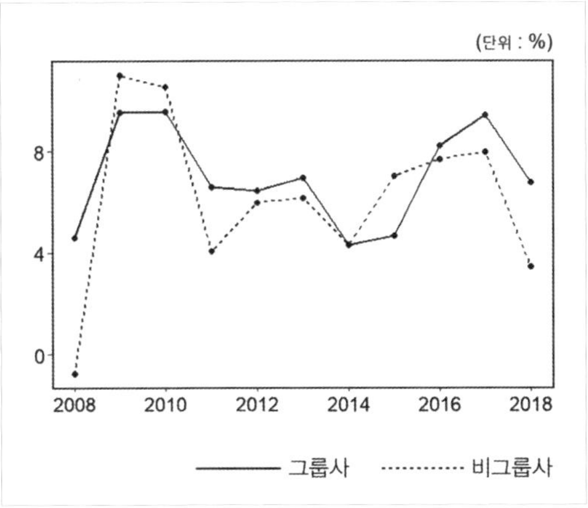

[그림 4-44] ROE 변동원인 : 매출액순이익률

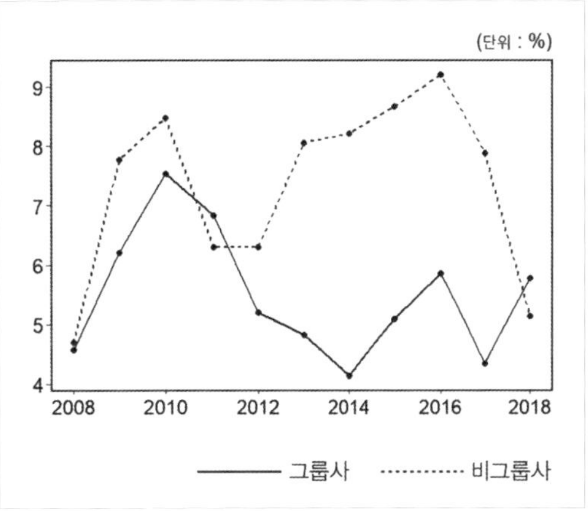

[그림 4-45] ROE 변동원인 : 총자산회전율

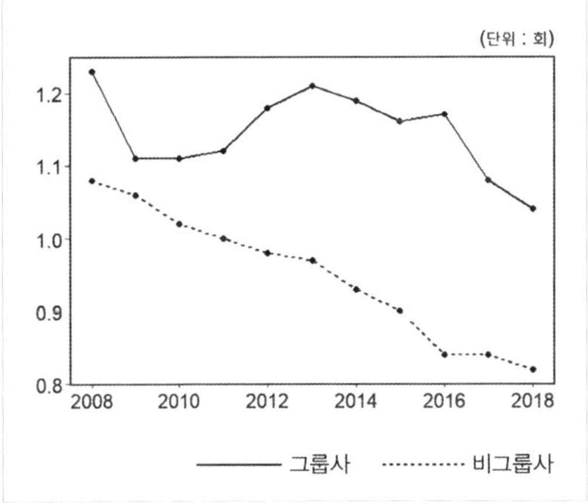

[그림 4-46] ROE 변동원인 : 자본승수

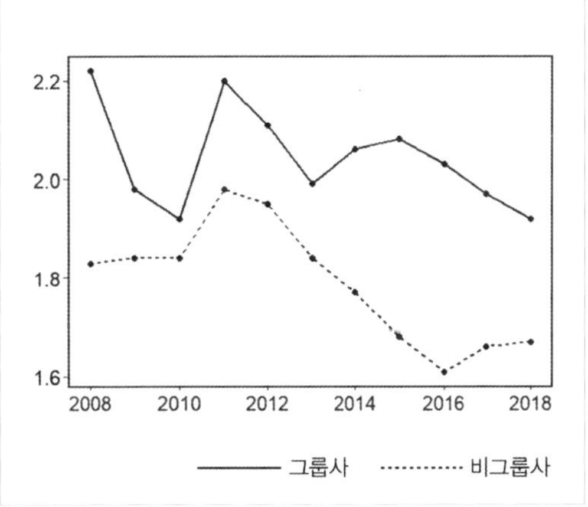

V. 식품기업 현금흐름 분석

가. 식품기업 전체

- 현금흐름분석cash flow analysis은 현금의 조달과 사용에 관하여 포괄적인 현금흐름의 내용과 변동 원인, 현금창출능력에 대한 분석을 중심으로 기업의 재무건전도를 평가하는 분석체계다.
- 채권자 입장에서 볼 때 대출기업의 채무불이행의 가능성은 그 기업의 현금창출능력에 달려 있고, 많은 기업들이 겪게 되는 부도위기도 현금흐름의 악화에 상당 부분 기인하기 때문에 철저하게 현금흐름을 분석하는 것이 매우 중요하다.
- 현금흐름분석에서는 현금의 유입과 유출의 현금순환과정cash flow cycle을 영업활동 현금흐름, 투자활동 현금흐름, 재무활동 현금흐름으로 구분하고 있다.
  - ○ 영업활동으로 인한 현금흐름은 기업의 정상적인 영업활동생산, 판매, 관리활동 과정에서 발생하는 현금의 유출입을 의미한다.
  - ○ 투자활동으로 인한 현금흐름은 고정자산을 취득, 매각할 때 발생하는 현금 유출입을 의미한다.
  - ○ 재무활동으로 인한 현금흐름은 외부로부터 자금차입이나 주식발행, 차입금 상환 등과 관련된 현금유출입을 의미한다.
- 기업의 정상적인 영업활동과 관련한 현금유입에서 현금유출을 뺀 영업활동 순현금흐름을 살펴보면, 식품기업의 영업활동을 통한 현금창출능력은 지난 몇 년간 계속 감소하고 있음을 파악할 수 있다.
- 2018년도 투자활동 순현금흐름은 순유출 상태이다. 식품기업군에서 벌어들인 영업활동 현금흐름을 초과하는 금액을 유무형자산이나 금융상품 등에 공격적으로 투자하였음을 알 수 있다.
- 재무활동 순현금흐름은 2011년, 2013년 각각 고점과 저점을 돌파한 후로 큰 변동을 보이지 않고 있다. 이는 금융기관 자금조달을 통한 순유출입이 거의 일정함을 의미한다.

[표 5-1] 식품기업 현금흐름

(단위 : 십억 원)

비율	2008	2009	2010	2011	2012	2013	2014	2015	2016	2017	2018
식품기업 평균											
영업활동 순현금흐름	8.93	47.86	26.57	20.20	24.44	47.30	37.02	48.89	42.07	35.62	30.13
투자활동 순현금흐름	-22.55	-46.79	-23.87	-33.45	-31.04	-26.23	-36.75	-45.13	-36.45	-39.51	-31.06
재무활동 순현금흐름	17.39	0.57	-4.97	17.69	-3.26	-22.53	0.97	2.96	-0.81	-2.20	2.67

[그림 5-1] 영업활동 순현금흐름 : 식품기업 전체

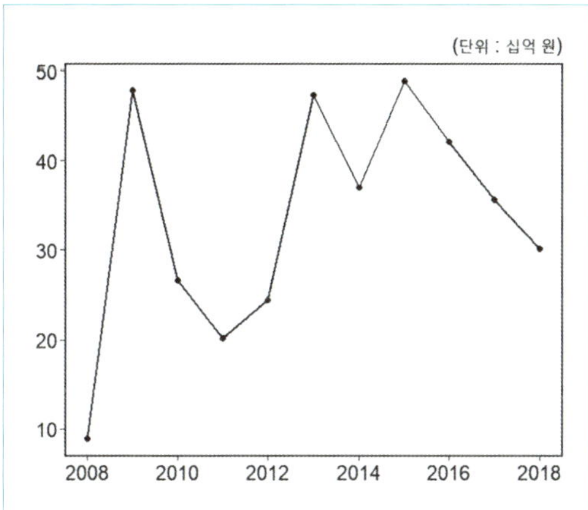

[그림 5-2] 투자활동 순현금흐름 : 식품기업 전체

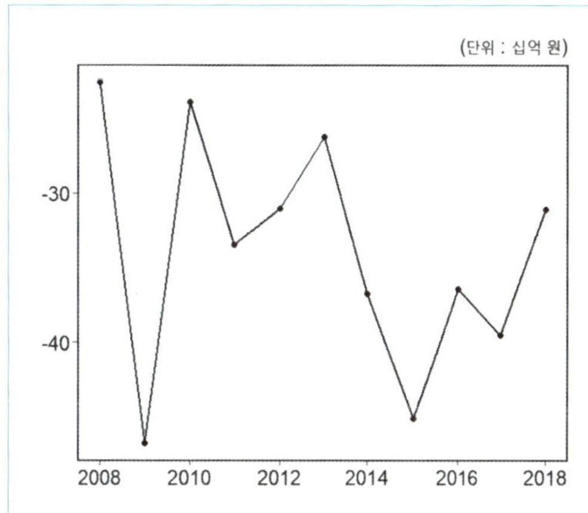

[그림 5-3] 재무활동 순현금흐름 : 식품기업 전체

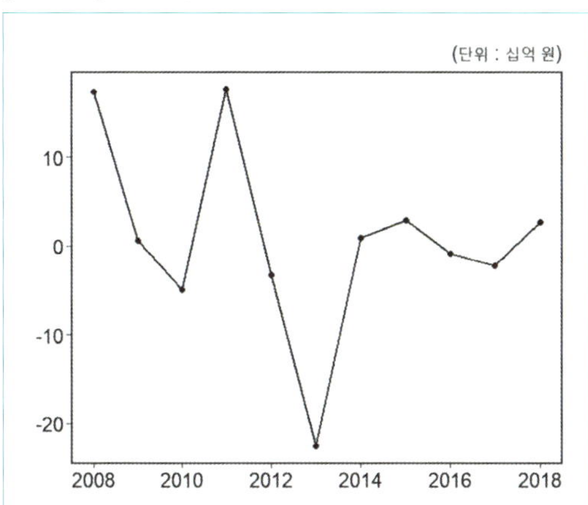

나. 세부 업종별

- 2018년도 영업활동 순현금흐름이 평균에 비해 높은 업종은 낙농제품 및 식용빙과류 제조업, 전분제품 및 당류 제조업, 떡, 빵 및 과자류 제조업, 면류, 마카로니 및 유사식품 제조업, 기타 식료품 제조업, 비알코올음료 및 얼음 제조업이다.
  - ○ 특히 낙농제품 및 식용빙과류 제조업과 떡, 빵 및 과자류 제조업 그리고 면류, 마카로니 및 유사식품 제조업의 영업활동순현금흐름은 전년도 대비 큰 폭으로 상승하였으며 이는 영업활동을 통한 현금창출능력이 개선된 것으로 판단된다.
  - ○ 전분제품 및 당류 제조업과 비알코올음료 및 얼음 제조업은 2013년에 영업활동 순현금흐름의 고점을 찍은 후 점차 감소하고 있다.
- 과실, 채소 가공 및 저장처리업, 동물성 및 식물성 유지 제조업, 전분제품 및 당류 제조업은 투자활동 순현금흐름에서 순유입을 나타냈다.
- 이는 위의 업종들이 고정자산 투자에 소극적이며, 기존의 고정자산 중 일부를 매각했다고 예측해볼 수 있다.
- 영업활동 순현금흐름 대비 공격적인 투자활동을 한 업종으로는 도축업, 육류 가공 및 저장처리업, 기타 식료품 제조업, 발효주 제조업, 비알코올음료 및 얼음 제조업이 있다.
  - ○ 특히 도축업, 육류 가공 및 저장처리업은 재무활동을 통한 순유입이 평균을 크게 상회했다.

[표 5-2] 식품기업 현금흐름 : 세부 업종별 (단위 : 십억 원)

비율	2008	2009	2010	2011	2012	2013	2014	2015	2016	2017	2018
도축업											
영업활동 순현금흐름	5.72	17.58	18.41	13.79	-11.96	37.78	0.64	5.81	24.60	15.26	4.24
투자활동 순현금흐름	-6.16	-22.04	-18.07	-55.60	2.34	-3.32	-24.88	-19.39	6.72	-38.10	-48.94
재무활동 순현금흐름	2.10	-1.42	0.39	63.12	3.25	-39.09	29.89	18.79	-33.45	25.60	44.01
육류 가공 및 저장처리업											
영업활동 순현금흐름	-14.23	19.74	8.22	27.35	-16.56	21.19	13.84	24.30	18.50	35.57	-11.21
투자활동 순현금흐름	11.92	-55.90	-26.97	-26.69	-18.58	-27.27	-26.27	-70.07	15.61	-48.93	-63.95
재무활동 순현금흐름	13.26	50.32	-1.64	27.90	12.68	-26.10	67.11	14.84	-61.61	18.91	97.23
수산동물 가공 및 저장처리업											
영업활동 순현금흐름	-8.51	32.08	7.15	-8.02	6.36	17.93	14.65	18.87	21.08	10.92	7.38
투자활동 순현금흐름	-1.62	-12.25	-16.49	-13.32	-13.79	-1.37	-5.76	-14.22	-19.70	-27.62	-8.07
재무활동 순현금흐름	9.18	-9.87	-1.94	21.83	16.72	-18.81	-13.77	-4.35	3.36	15.21	-2.88
과실, 채소 가공 및 저장처리업											
영업활동 순현금흐름	6.71	1.14	5.75	2.05	1.57	1.58	4.13	2.30	4.09	3.88	5.27

비율	2008	2009	2010	2011	2012	2013	2014	2015	2016	2017	2018
투자활동 순현금흐름	-5.66	1.58	-9.41	-5.25	-0.55	1.20	1.28	-1.33	-8.08	-1.86	5.56
재무활동 순현금흐름	-0.42	-0.68	1.81	2.45	-0.55	-3.29	-2.63	-0.21	3.57	-2.49	-8.72
동물성 및 식물성 유지 제조업											
영업활동 순현금흐름	25.30	76.04	20.38	15.41	61.84	41.62	32.05	77.83	58.99	-15.89	3.18
투자활동 순현금흐름	-45.34	-49.57	-35.12	-39.24	-26.27	-23.37	-27.61	-35.37	-62.72	-33.46	2.10
재무활동 순현금흐름	22.24	-8.95	-2.94	30.64	-23.24	-3.38	9.75	-10.85	-7.81	-27.63	-2.46
낙농제품 및 식용빙과류 제조업											
영업활동 순현금흐름	35.97	74.29	56.34	19.83	50.81	57.60	22.69	88.21	88.90	59.75	66.11
투자활동 순현금흐름	0.67	-37.85	-7.89	-25.30	-42.19	-61.36	-40.55	-61.57	-79.30	-48.41	-33.27
재무활동 순현금흐름	-9.62	-18.61	9.90	13.58	-20.84	-35.69	-0.52	8.25	-21.92	-8.22	-32.78
곡물 가공품 제조업											
영업활동 순현금흐름	-32.66	27.76	12.79	-15.77	-2.86	15.10	-2.98	3.47	30.98	17.35	12.21
투자활동 순현금흐름	-11.76	-11.12	-15.72	-20.59	-20.25	-5.18	-21.81	37.24	9.99	12.36	-2.88
재무활동 순현금흐름	51.09	-25.37	0.70	39.52	26.18	-15.50	24.63	-41.45	-41.15	-28.14	-5.87
전분제품 및 당류 제조업											
영업활동 순현금흐름	-5.81	82.44	56.64	29.96	79.08	83.92	80.24	60.84	50.38	71.17	65.86
투자활동 순현금흐름	-23.01	-48.14	-27.19	-18.19	-61.00	-94.72	-83.98	-99.40	-84.41	-39.52	15.44
재무활동 순현금흐름	61.95	-39.91	-8.55	36.02	-16.26	7.44	-32.74	50.11	32.31	-50.13	-67.02
떡, 빵 및 과자류 제조업											
영업활동 순현금흐름	11.23	1.78	11.46	24.11	7.75	17.93	10.50	17.85	20.96	42.26	70.36
투자활동 순현금흐름	-10.54	-4.95	-14.86	-34.99	-17.09	-23.41	-8.21	-12.58	-33.50	-43.90	-38.95
재무활동 순현금흐름	0.14	1.43	2.42	12.26	9.16	5.78	-1.25	-6.12	9.62	-2.21	-12.52
설탕 제조업											
영업활동 순현금흐름	-37.42	72.20	23.48	-4.14	6.88	22.29	5.71	14.28	73.92	-48.07	20.37
투자활동 순현금흐름	8.02	-20.70	-91.30	-5.69	-20.13	0.72	-35.04	-26.34	26.53	-113.25	-12.45
재무활동 순현금흐름	95.42	-22.61	13.62	20.32	-19.08	-6.88	46.72	-6.25	-28.23	77.72	-20.95
면류, 마카로니 및 유사식품 제조업											
영업활동 순현금흐름	69.24	114.83	98.66	74.93	31.43	90.21	67.88	102.43	123.56	72.51	101.42
투자활동 순현금흐름	-71.77	-51.40	-101.13	-74.10	-14.93	-38.88	-79.49	-63.32	-95.25	-55.73	-95.99
재무활동 순현금흐름	-8.98	-19.09	6.90	-9.16	-17.30	-26.41	-4.59	-11.15	-36.32	-30.28	-2.51
조미료 및 식품 첨가물 제조업											
영업활동 순현금흐름	2.30	11.90	4.77	3.48	10.73	15.43	0.57	6.38	14.23	16.56	12.49
투자활동 순현금흐름	4.44	-18.11	-3.42	-10.70	-12.42	-3.78	-4.46	-1.96	-12.95	-10.69	-11.05
재무활동 순현금흐름	-1.10	1.62	4.69	12.18	-9.21	-11.07	5.00	2.51	-0.21	-9.42	0.77
기타 식료품 제조업											
영업활동 순현금흐름	-25.84	208.59	-38.00	-55.84	288.76	173.33	119.61	85.96	32.47	52.19	34.94
투자활동 순현금흐름	-141.64	-218.84	238.04	-673.15	-171.34	-31.64	-68.47	-108.10	-74.83	-70.83	-48.97
재무활동 순현금흐름	160.78	79.17	-200.53	678.55	-105.30	-109.49	-47.03	14.91	53.42	-5.41	13.49

다음 페이지에 계속

비율	2008	2009	2010	2011	2012	2013	2014	2015	2016	2017	2018
발효주 제조업											
영업활동 순현금흐름	−4.35	9.40	24.21	7.23	8.48	6.88	5.75	−5.22	2.45	18.08	15.82
투자활동 순현금흐름	4.04	15.84	−19.37	−10.57	−10.81	−7.20	−3.80	−0.35	−11.01	−3.91	−23.42
재무활동 순현금흐름	−3.82	−1.73	−1.06	−4.25	7.11	−1.54	−0.77	3.98	−0.88	−0.88	−3.00
증류주 및 합성주 제조업											
영업활동 순현금흐름	10.86	16.70	31.19	49.92	26.88	54.35	61.21	60.01	36.32	53.80	20.82
투자활동 순현금흐름	−15.26	−6.87	−16.77	−23.99	−16.05	−21.22	−30.44	−25.88	−30.55	−28.12	−15.12
재무활동 순현금흐름	4.11	−26.63	−17.93	−27.59	−22.49	−31.39	−29.93	−20.62	−6.84	−10.71	−9.25
비알코올음료 및 얼음 제조업											
영업활동 순현금흐름	123.56	108.02	81.21	113.70	124.87	206.79	144.20	139.26	89.76	68.65	42.91
투자활동 순현금흐름	−98.71	−517.47	−143.70	−99.50	−212.61	−167.88	−413.30	−167.56	−159.69	−75.86	−75.50
재무활동 순현금흐름	−3.40	379.41	58.60	−19.72	74.20	−3.97	241.94	89.50	127.96	−62.88	4.80

[그림 5-4] 식품기업 현금흐름 : 도축업

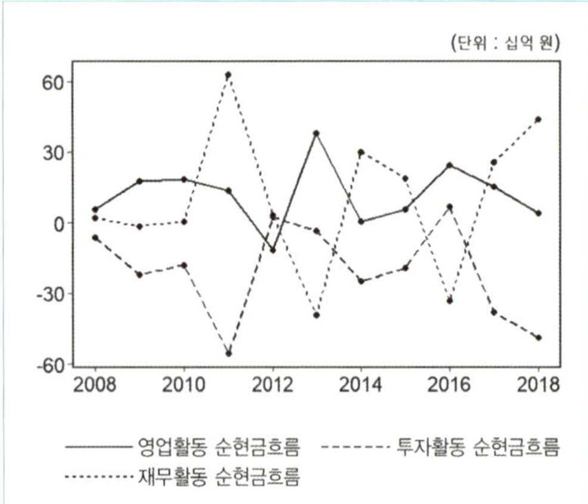

[그림 5-5] 식품기업 현금흐름 : 육류 가공 및 저장처리업

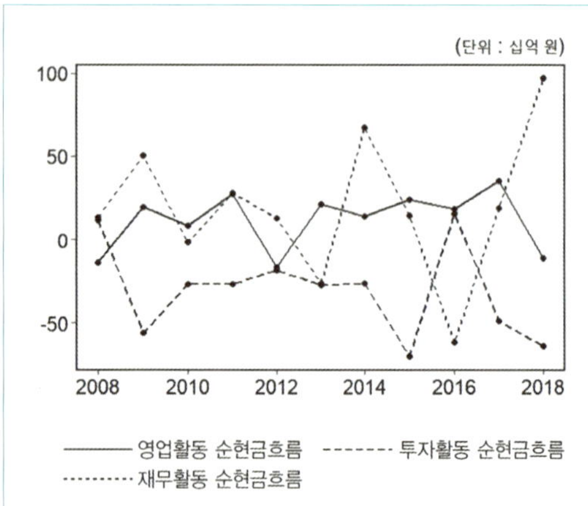

[그림 5-6] 식품기업 현금흐름 : 수산동물 가공 및 저장처리업

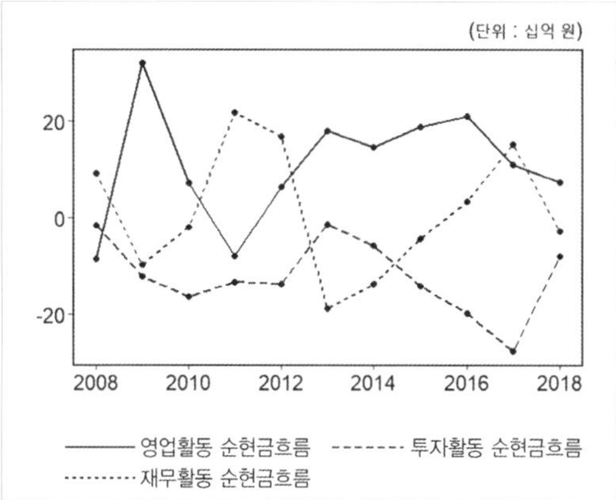

[그림 5-7] 식품기업 현금흐름 : 과실, 채소 가공 및 저장처리업

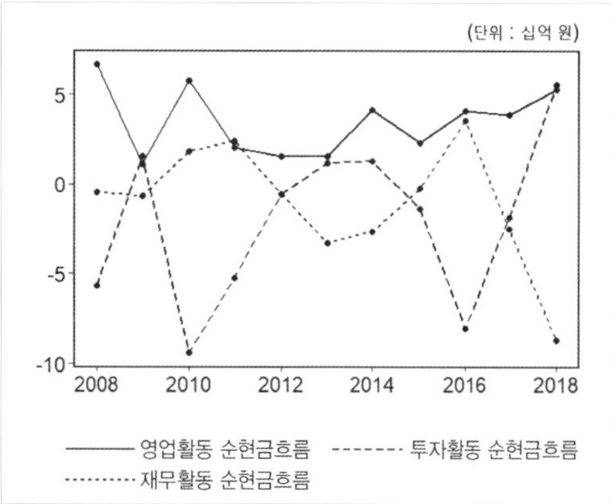

[그림 5-8] 식품기업 현금흐름 : 동물성 및 식물성 유지 제조업

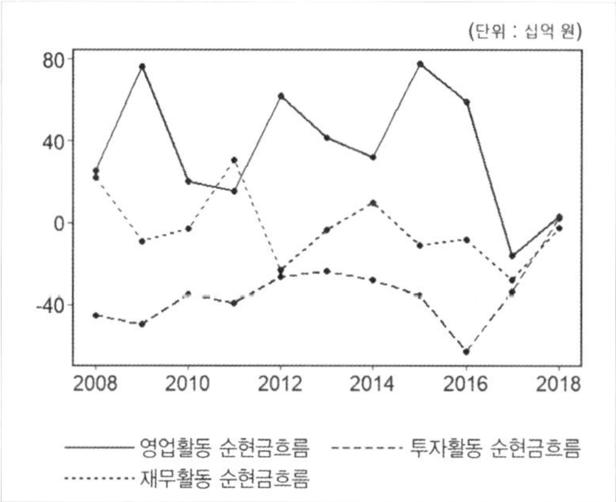

[그림 5-9] 식품기업 현금흐름 : 낙농제품 및 식용빙과류 제조업

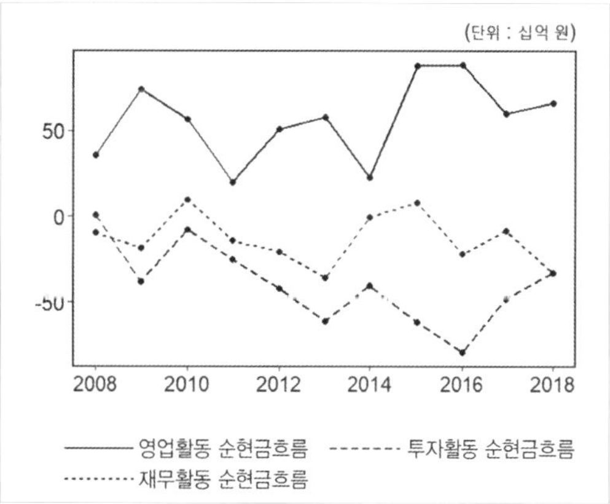

[그림 5-10] 식품기업 현금흐름 : 곡물 가공품 제조업

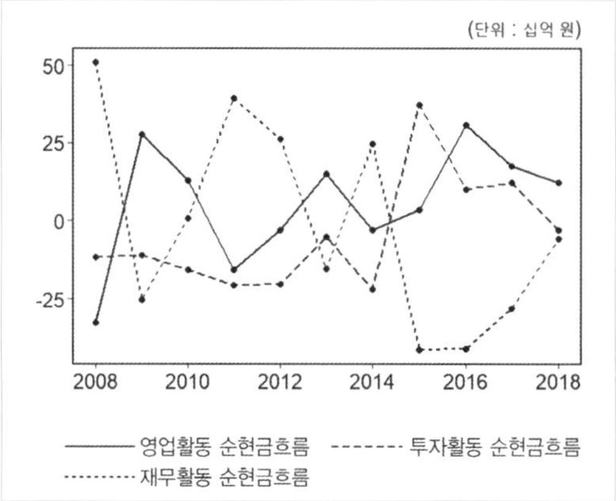

[그림 5-11] 식품기업 현금흐름 : 전분제품 및 당류 제조업

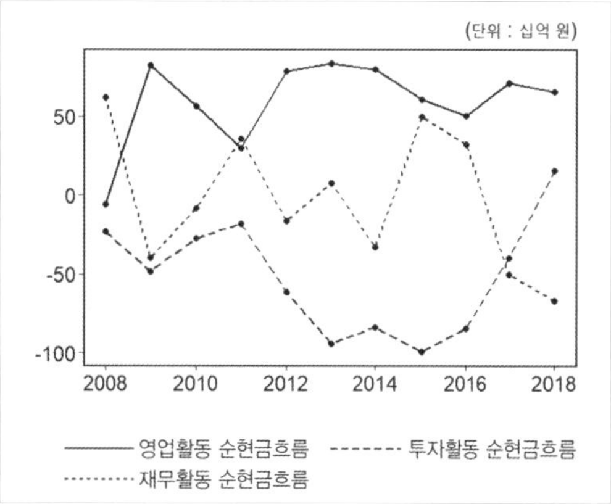

[그림 5-12] 식품기업 현금흐름 : 떡, 빵 및 과자류 제조업

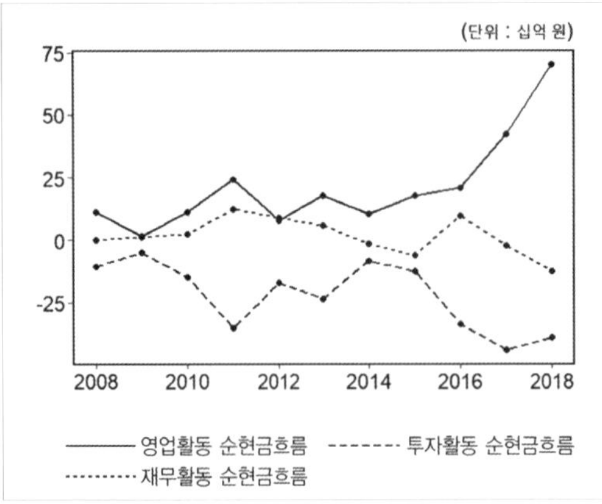

[그림 5-13] 식품기업 현금흐름 : 설탕 제조업

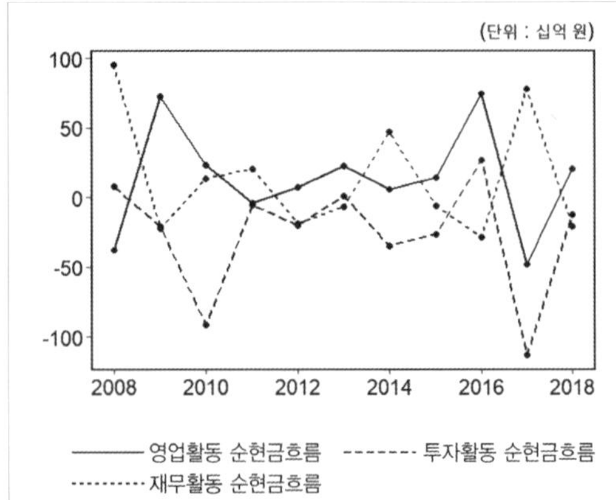

[그림 5-14] 식품기업 현금흐름 : 면류, 마카로니 및 유사식품 제조업

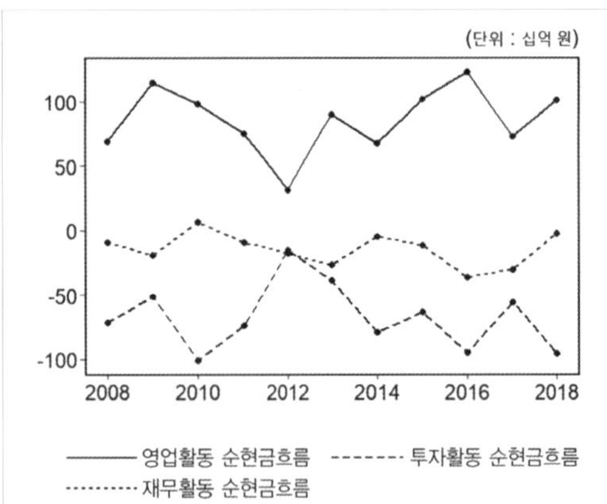

[그림 5-15] 식품기업 현금흐름 : 조미료 및 식품 첨가물 제조업

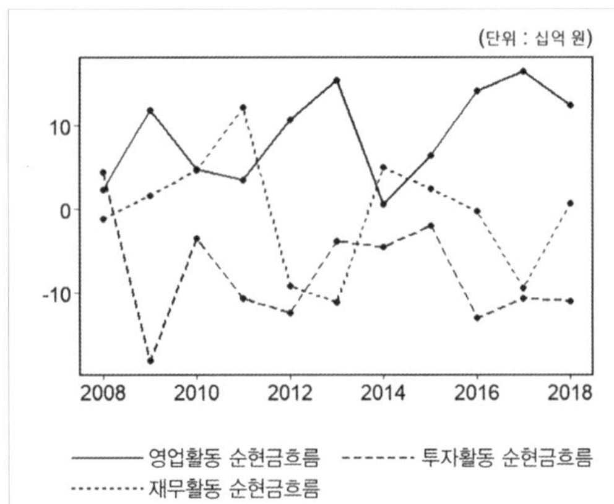

[그림 5-16] 식품기업 현금흐름 : 기타 식료품 제조업

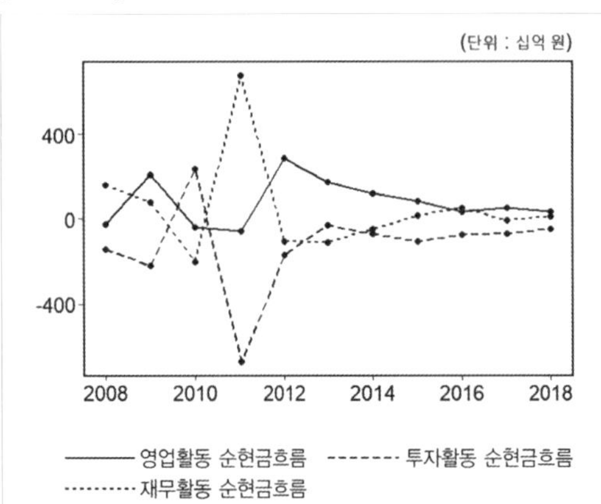

[그림 5-17] 식품기업 현금흐름 : 발효주 제조업

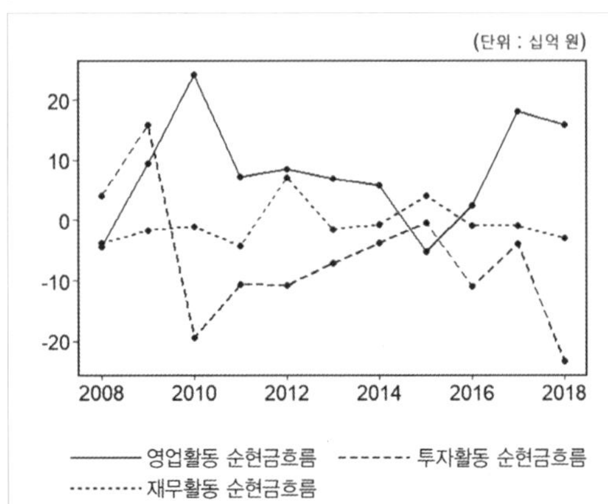

[그림 5-18] 식품기업 현금흐름 : 증류주 및 합성주 제조업

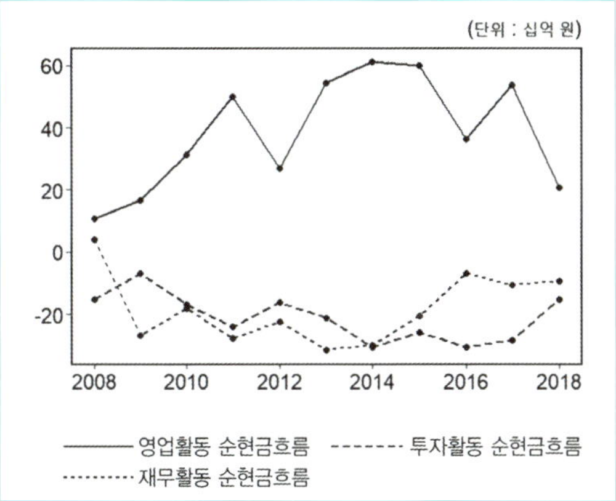

[그림 5-19] 식품기업 현금흐름 : 비알코올음료 및 얼음 제조업

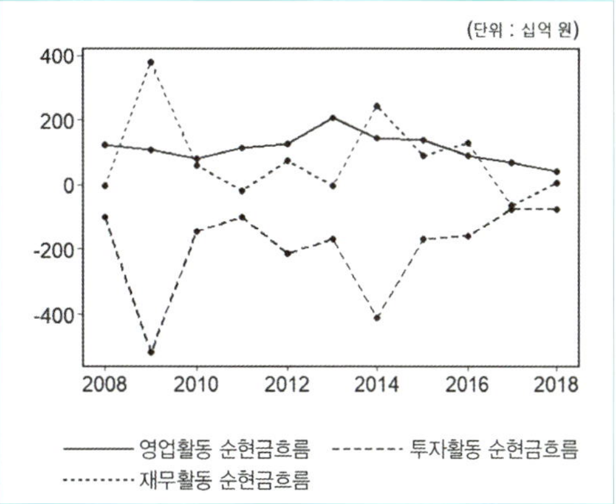

다. 그룹사 여부별

- 식품기업의 그룹사 여부에 따른 현금흐름 분석 결과, 그룹사의 영업활동 순현금흐름이 비그룹사 영업활동 순현금흐름보다 항상 큰 것으로 나타났다. 그룹사의 영업활동을 통한 현금유입이 더 크다는 것을 알 수 있다.

○ 2018년 기준 그룹사와 비그룹사의 영업활동 순현금흐름 차이는 약 54십억 원으로, 그룹사와 비그룹사의 영업활동 순현금흐름 차이 평균보다 소폭 높다.

- 2018년도 투자활동 순현금흐름은 그룹사와 비그룹사 모두 순유출 상태이나, 비그룹사에 비해 그룹사가 영업활동 현금흐름을 초과하는 금액을 유무형자산 또는 금융상품에 투자했음을 알 수 있다.
- 한편 비그룹사의 재무활동 순현금흐름은 그룹사에 비해 큰데, 비그룹사의 금융기관 자금조달을 통한 순유입이 더 많았다는 것을 의미한다.

[표 5-3] 식품기업 현금흐름 : 그룹사 여부

(단위 : 십억 원)

비율	2008	2009	2010	2011	2012	2013	2014	2015	2016	2017	2018
그룹사											
영업활동 순현금흐름	15.17	83.01	37.11	30.63	50.12	88.38	63.99	87.13	77.55	67.44	62.49
투자활동 순현금흐름	-50.64	-79.57	-31.10	-82.82	-46.21	-37.80	-66.26	-72.05	-75.15	-74.56	-60.41
재무활동 순현금흐름	38.88	3.50	-17.77	56.09	-8.67	-44.43	-2.35	2.68	11.03	-3.28	-2.50
비그룹사											
영업활동 순현금흐름	4.20	21.75	19.02	8.80	8.00	12.76	12.80	19.11	13.71	13.92	7.94
투자활동 순현금흐름	-0.41	-20.02	-11.16	-14.12	-15.57	-14.72	-11.70	-22.85	-11.98	-14.22	-11.23
재무활동 순현금흐름	3.64	1.06	-1.18	5.48	-0.54	-4.81	3.03	3.16	-3.75	-1.67	4.08

[그림 5-20] 영업활동 순현금흐름 : 그룹사 여부별

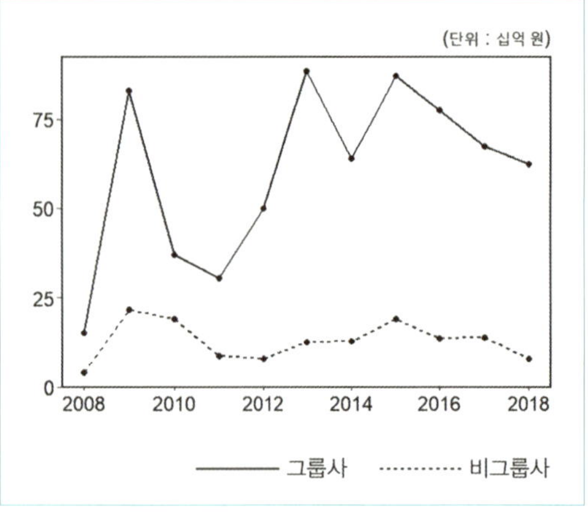

[그림 5-21] 투자활동 순현금흐름 : 그룹사 여부별

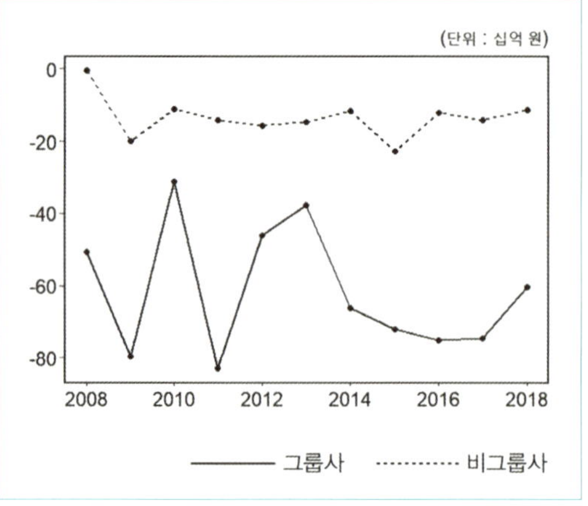

[그림 5-22] 재무활동 순현금흐름 : 그룹사 여부별

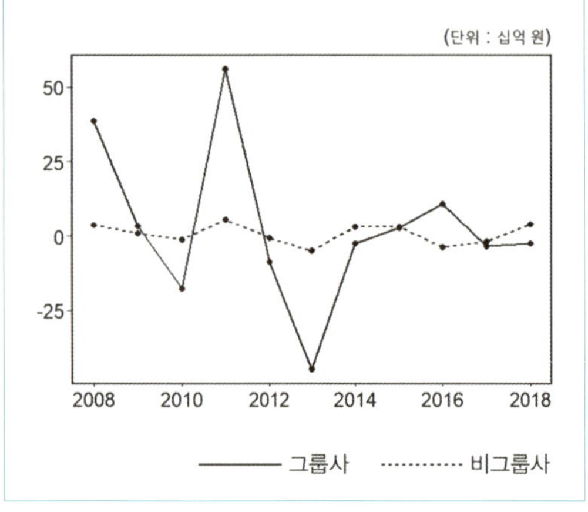

VI. 식품기업 레버리지 분석

- 레버리지 분석leverage analysis은 기업의 총비용 중에서 고정비가 차지하는 비중이 클수록 기업의 이익과 손실이 확대되는 원리를 분석하는 것이다. 고정비로 인해서 발생하는 손익확대 효과는 고정비가 지렛대 역할을 하여 나타나기 때문에 레버리지 효과leverage effect라고 한다.
  - ○ 손익확대 효과를 갖는 레버리지는 영업고정비의 존재로 손익이 확대되는 영업레버리지operating leverage와 재무고정비의 존재로 손익이 확대되는 재무레버리지financial leverage가 있다. 또한 이 두 가지 고정비영업고정비와 재무고정비 모두 때문에 손익이 확대되는 결합레버리지combined leverage가 있다.
  - ○ 매출액 변화에 대한 영업이익 변화의 크기, 즉 손익확대 효과의 정도는 영업레버리지도DOL : degree of operating leverage를 이용하여 측정하며, 재무고정비로 인하여 발생하는 손익확대 효과의 크기는 재무레버리지도DFL : degree of financial leverage로 측정한다. 두 효과를 합쳐서 평가하는 것을 결합레버리지도DCL : degree of combined leverage라고 하며, 결합레버리지도DCL는 영업레버리지도DOL와 재무레버리지도DFL의 곱으로 측정한다.

가. 식품기업 전체

- 영업레버리지도DOL는 매년 상승 및 하락을 반복하고 있다. 이는 식품기업의 영업비용 중 고정비가 차지하는 비율이 커 매출증가 시 영업이익이 크게 증가하지만, 매출감소 시에 더 큰 영업위험을 부담해야 한다는 것을 의미한다.
- 재무레버리지도DFL는 지난 10년 평균 정도의 수준을 지속적으로 유지하고 있으며, 식품기업의 손익이 재무고정비의 영향을 크게 받지 않는다는 것을 파악할 수 있다.
- 결합레버리지도DCL는 지난 2014년 고점을 찍은 후 일정한 범위 내에서 상승과 하락을 반복하고 있다. 매출액 대비 영업이익의 증감폭이 지난 5년 동안 점차 안정화되었음을 알 수 있다.

[표 6-1] 식품기업 레버리지

(단위 : %)

비율	2008	2009	2010	2011	2012	2013	2014	2015	2016	2017	2018
식품기업 평균											
결합레버리지도	10.37	4.73	4.77	5.86	10.34	7.64	11.67	4.68	8.30	9.54	5.52
영업레버리지도	6.89	4.14	4.47	4.02	4.69	4.30	5.13	5.60	4.03	9.50	5.81
재무레버리지도	2.12	1.55	0.99	0.93	2.67	1.30	1.48	1.18	1.60	1.30	1.29

[그림 6-1] 결합레버리지도 : 식품기업 전체

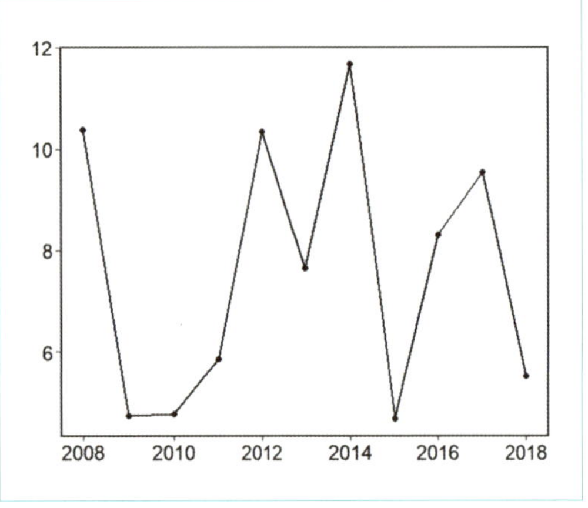

[그림 6-2] 영업레버리지도 : 식품기업 전체

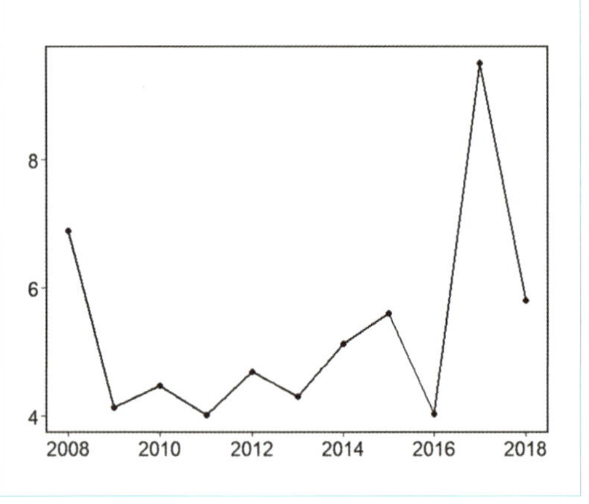

[그림 6-3] 재무레버리지도 : 식품기업 전체

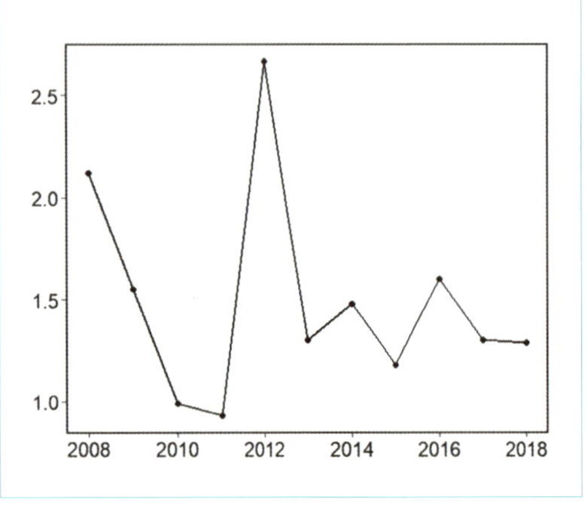

나. 세부 업종별

- 2018년 영업레버리지도가 높은 업종은 육류 가공 및 저장처리업, 수산동물 가공 및 저장처리업, 낙농제품 및 식용빙과류 제조업, 곡물 가공품 제조업 등이 있으며, 도축업, 증류주 및 합성주 제조업의 영업레버리지도가 상대적으로 낮은 것으로 나타났다.
- 2018년 업종별 재무레버리지도 평균은 약 1.05%이며, 평균과 업종별 재무레버리지도 차이는 2% 내외로 업종별 격차가 크지 않다.
- 2018년 낙농제품 및 식용빙과류 제조업, 떡, 빵 및 과자류 제조업, 설탕 제조업의 결합레버리지도가 상대적으로 높은 것으로 나타났는데, 특히 떡, 빵 및 과자류 제조업, 설탕 제조업의 결합레버리지도가 22.53로 매우 두드러졌다. 한편 도축업, 조미료 및 식품 첨가물 제조업, 비알코올음료 및 얼음 제조업의 결합레버리지도는 (–)의 값으로 나타나 레버리지 효과가 낮으며 변동성 위험이 상대적으로 적은 것으로 판단된다.

[표 6–2] 식품기업 레버리지 : 세부 업종별

(단위 : %)

비율	2008	2009	2010	2011	2012	2013	2014	2015	2016	2017	2018
도축업											
결합레버리지도	1.91	1.54	1.64	3.66	12.98	5.38	–0.94	–11.97	1.15	2.87	–2.30
영업레버리지도	1.76	1.41	1.41	0.34	–8.86	6.62	–31.09	17.20	3.99	3.54	–25.60
재무레버리지도	1.09	1.09	1.16	–1.01	–1.59	0.96	2.06	–0.07	0.40	0.93	0.79
육류 가공 및 저장처리업											
결합레버리지도	5.94	3.13	3.90	0.10	1.81	10.16	3.04	3.80	5.40	1.91	5.22
영업레버리지도	35.92	3.35	3.23	4.96	2.39	0.88	2.03	1.91	1.28	55.83	15.81
재무레버리지도	–0.50	1.09	1.25	0.42	0.78	0.01	1.10	1.44	0.05	0.57	1.31
수산동물 가공 및 저장처리업											
결합레버리지도	17.01	7.02	5.94	7.11	7.81	16.84	8.19	8.62	–139.10	8.96	4.12
영업레버리지도	4.42	3.87	4.50	5.10	13.37	8.49	11.31	8.35	6.07	5.62	11.76
재무레버리지도	3.34	2.08	1.31	1.49	3.95	1.69	1.46	1.47	–20.74	1.40	1.40
과실, 채소 가공 및 저장처리업											
결합레버리지도	10.98	10.81	5.82	4.80	6.78	10.35	13.79	39.85	3.83	7.50	5.21
영업레버리지도	3.60	3.80	3.14	2.82	3.28	3.90	6.20	5.58	4.74	3.51	6.44
재무레버리지도	3.05	2.85	1.85	1.70	2.07	2.66	2.22	7.15	0.81	2.13	0.81
동물성 및 식물성 유지 제조업											
결합레버리지도	20.00	12.57	11.52	57.20	17.67	15.16	12.38	11.59	8.42	0.04	3.07
영업레버리지도	11.78	8.54	12.96	16.84	9.56	9.99	11.28	8.95	6.03	–4.30	9.30
재무레버리지도	1.70	1.47	0.89	3.40	1.85	1.52	1.10	1.30	1.40	–0.01	0.33
낙농제품 및 식용빙과류 제조업											
결합레버리지도	–0.39	3.10	3.72	5.28	5.04	0.76	59.05	9.81	8.33	20.21	11.85
영업레버리지도	4.61	4.88	4.05	4.80	5.05	–1.43	0.03	10.44	6.89	64.32	13.48

비율	2008	2009	2010	2011	2012	2013	2014	2015	2016	2017	2018
재무레버리지도	0.42	0.84	0.99	1.18	1.04	0.82	-4.18	1.12	1.24	0.88	1.17
곡물 가공품 제조업											
결합레버리지도	-0.70	7.40	11.52	-14.93	5.94	-9.63	-1.21	-3.80	10.78	7.88	0.48
영업레버리지도	6.06	2.32	2.91	9.32	4.03	-5.87	-2.95	9.34	2.93	13.11	15.46
재무레버리지도	-0.12	3.02	4.05	-1.56	1.52	-0.83	0.42	-0.53	3.48	1.23	0.70
전분제품 및 당류 제조업											
결합레버리지도	102.80	-26.62	6.56	10.91	4.50	4.80	5.13	5.23	5.30	7.96	4.71
영업레버리지도	21.38	3.86	3.63	-4.67	3.73	3.88	3.07	3.23	3.81	4.60	4.16
재무레버리지도	15.50	-4.19	1.51	0.30	1.16	1.23	1.68	1.60	1.39	1.64	1.00
떡, 빵 및 과자류 제조업											
결합레버리지도	3.41	4.79	6.73	11.11	13.29	11.87	12.82	11.06	18.31	30.47	22.53
영업레버리지도	1.70	3.36	5.96	5.30	10.86	7.87	7.86	7.43	10.56	10.89	8.23
재무레버리지도	1.24	1.17	0.25	0.76	1.40	1.57	1.76	1.46	1.64	2.41	2.45
설탕 제조업											
결합레버리지도	27.18	6.12	7.85	13.91	6.39	13.00	52.90	-2.52	3.71	11.72	13.05
영업레버리지도	3.29	3.34	7.16	-0.04	7.93	5.91	5.64	6.05	3.33	9.18	4.55
재무레버리지도	8.25	1.83	1.10	0.94	1.08	2.73	9.12	0.08	1.12	1.47	2.99
면류, 마카로니 및 유사식품 제조업											
결합레버리지도	5.10	4.28	5.74	5.96	805.91	7.03	7.01	-0.20	3.79	5.21	4.34
영업레버리지도	3.79	4.13	5.28	4.59	5.62	5.05	6.04	6.00	5.03	4.57	4.26
재무레버리지도	1.36	1.08	1.07	1.30	156.32	1.39	1.17	0.37	0.89	1.23	1.11
조미료 및 식품 첨가물 제조업											
결합레버리지도	7.15	6.15	4.69	4.32	3.95	4.29	3.77	5.09	5.51	5.32	-0.36
영업레버리지도	1.94	2.95	3.39	2.75	3.24	2.92	2.66	2.71	4.49	3.47	3.49
재무레버리지도	1.79	1.73	1.12	1.44	1.09	1.40	1.40	1.70	1.40	1.43	0.17
기타 식료품 제조업											
결합레버리지도	24.75	-1.00	-0.74	5.16	7.43	5.66	4.36	3.97	4.43	4.18	6.67
영업레버리지도	4.57	9.63	3.87	4.48	4.28	3.16	2.63	2.91	2.94	2.94	3.31
재무레버리지도	5.75	0.28	-0.61	1.26	1.88	1.69	1.41	1.31	1.45	1.21	1.43
발효주 제조업											
결합레버리지도	7.88	3.44	3.72	9.44	10.06	17.28	17.50	-5.42	-12.40	2.35	1.35
영업레버리지도	18.48	6.26	3.77	9.39	7.59	34.14	39.64	-3.17	-5.03	-6.46	-7.46
재무레버리지도	0.43	0.55	0.99	1.00	1.33	0.51	0.44	1.71	2.47	-0.36	-0.18
증류주 및 합성주 제조업											
결합레버리지도	2.49	4.22	-0.12	2.31	1.21	6.35	5.67	4.49	2.25	6.63	3.72
영업레버리지도	3.43	3.07	4.46	3.51	2.96	2.79	2.80	2.73	0.95	4.53	0.34
재무레버리지도	0.48	1.77	-0.17	1.13	0.92	1.49	1.66	1.57	1.29	1.51	1.35
비알코올음료 및 얼음 제조업											
결합레버리지도	7.49	52.05	14.09	12.01	9.30	9.21	32.56	6.54	55.05	6.21	-6.08
영업레버리지도	7.36	6.86	6.04	4.83	5.31	5.15	9.06	4.22	5.78	8.86	7.26
재무레버리지도	1.02	7.59	2.33	2.49	1.75	1.79	3.60	1.38	8.33	0.85	-0.21

[그림 6-4] 식품기업 레버리지 : 도축업

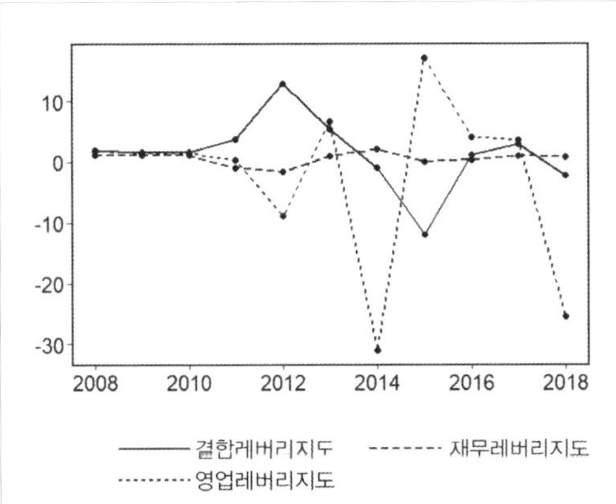

[그림 6-5] 식품기업 레버리지 : 육류 가공 및 저장처리업

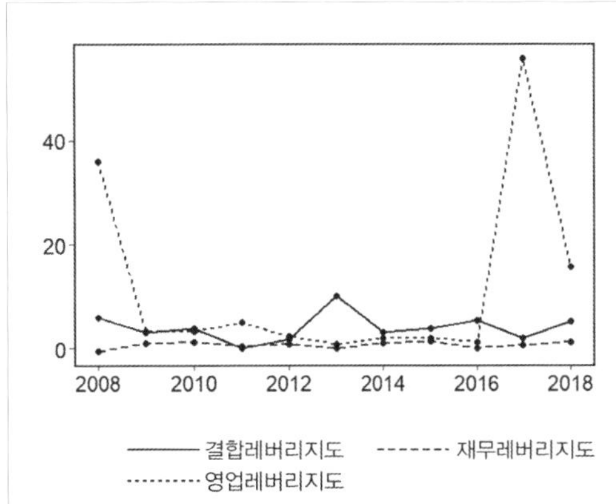

[그림 6-6] 식품기업 레버리지 : 수산동물 가공 및 저장처리업

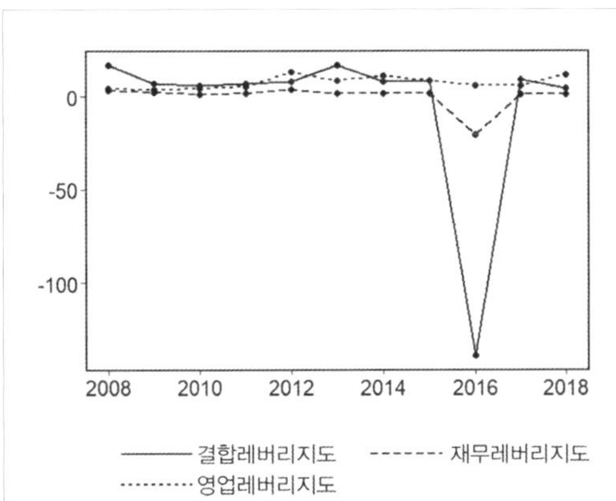

[그림 6-7] 식품기업 레버리지 : 과실, 채소 가공 및 저장처리업

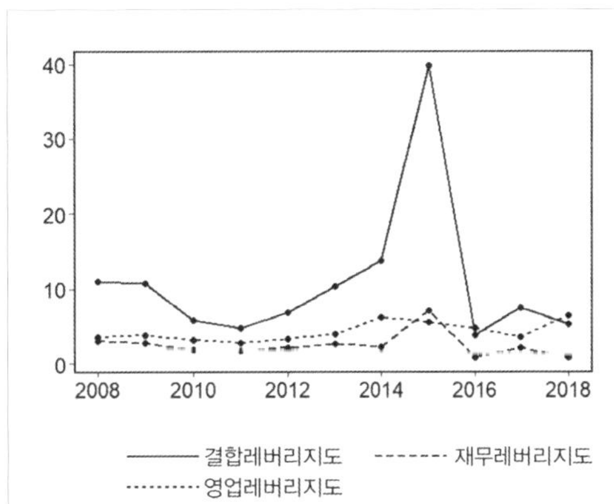

[그림 6-8] 식품기업 레버리지 : 동물성 및 식물성 유지 제조업

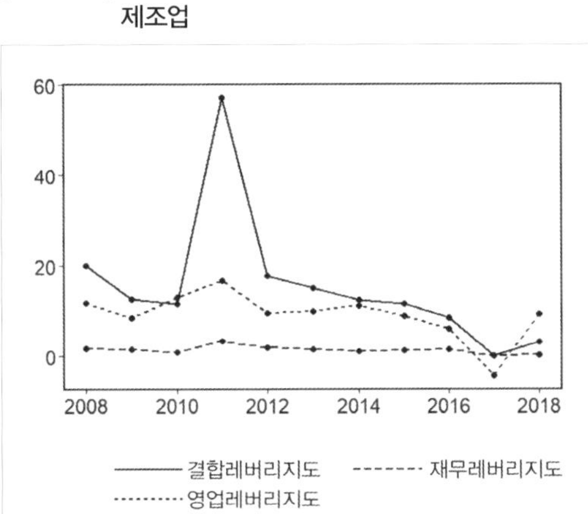

[그림 6-9] 식품기업 레버리지 : 낙농제품 및 식용빙과류 제조업

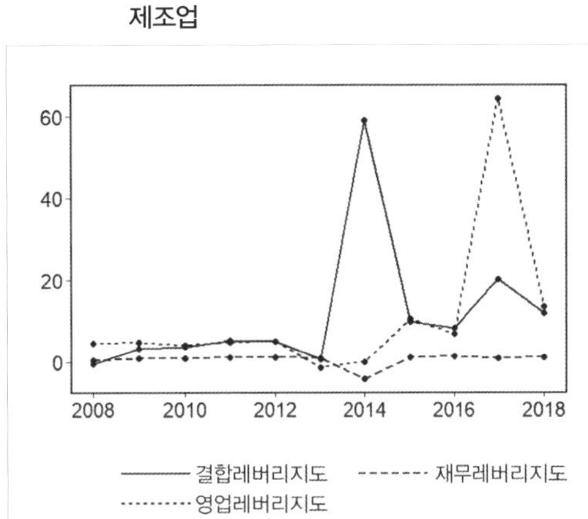

[그림 6-10] 식품기업 레버리지 : 곡물 가공품 제조업

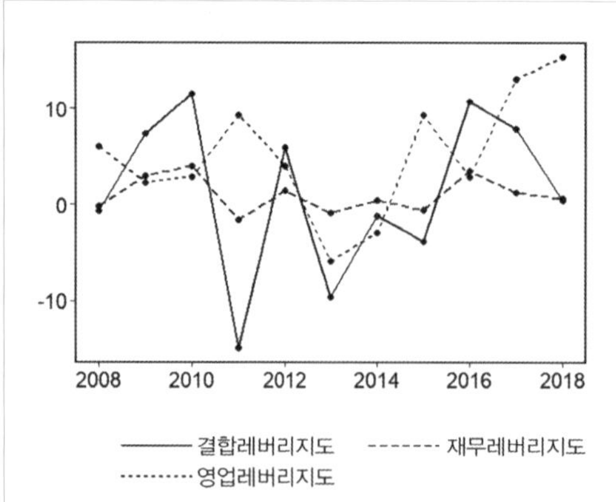

[그림 6-11] 식품기업 레버리지 : 전분제품 및 당류 제조업

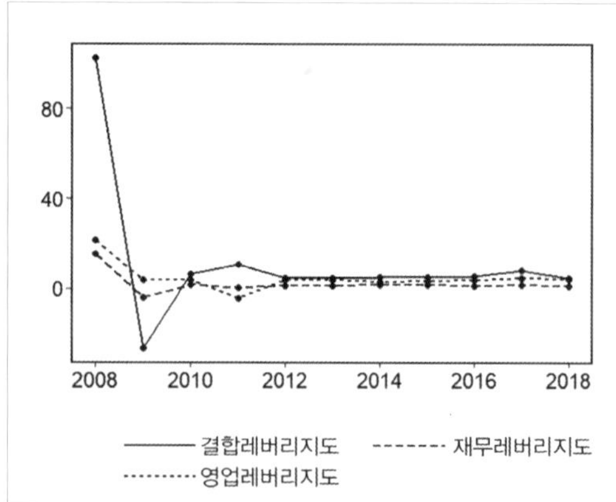

[그림 6-12] 식품기업 레버리지 : 떡, 빵 및 과자류 제조업

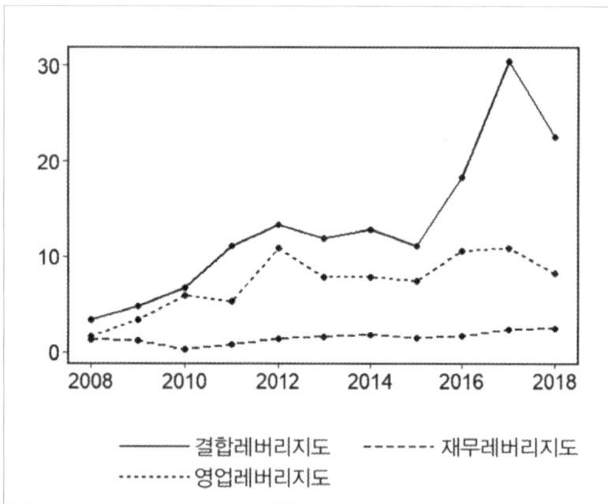

[그림 6-13] 식품기업 레버리지 : 설탕 제조업

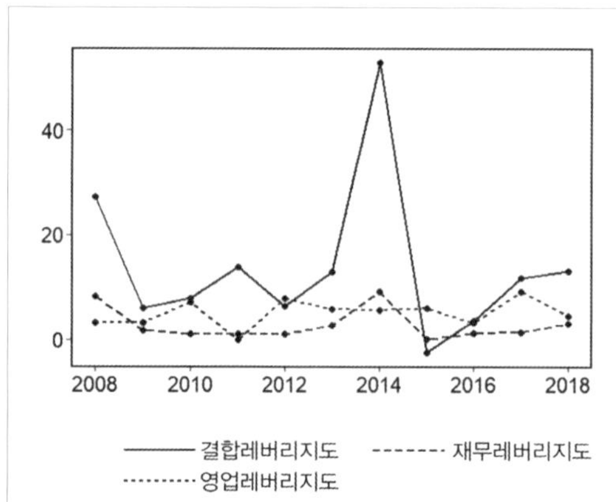

[그림 6-14] 식품기업 레버리지 : 면류, 마카로니 및 유사식품 제조업

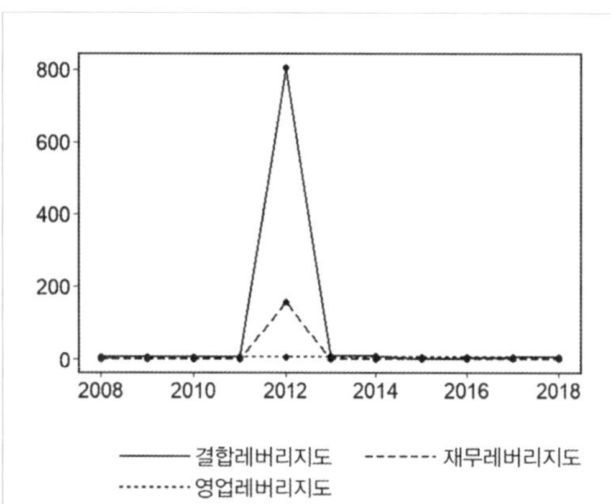

[그림 6-15] 식품기업 레버리지 : 조미료 및 식품 첨가물 제조업

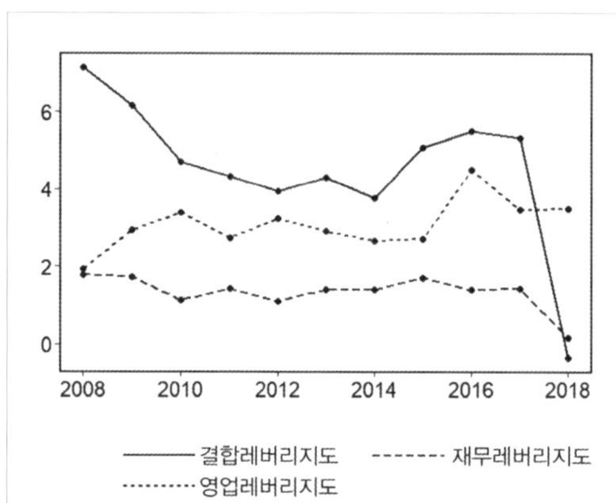

[그림 6-16] 식품기업 레버리지 : 기타 식료품 제조업

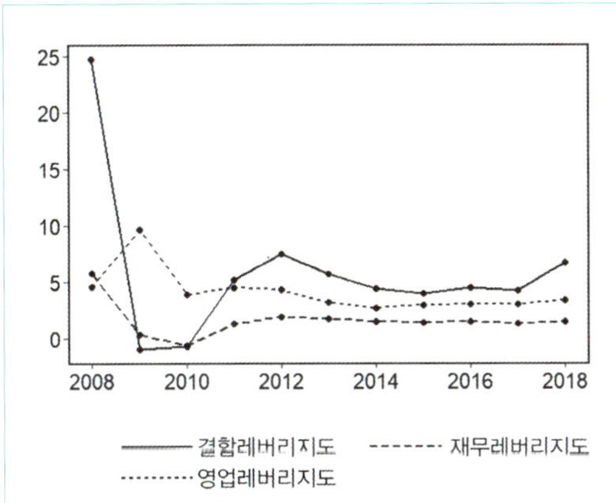

[그림 6-17] 식품기업 레버리지 : 발효주 제조업

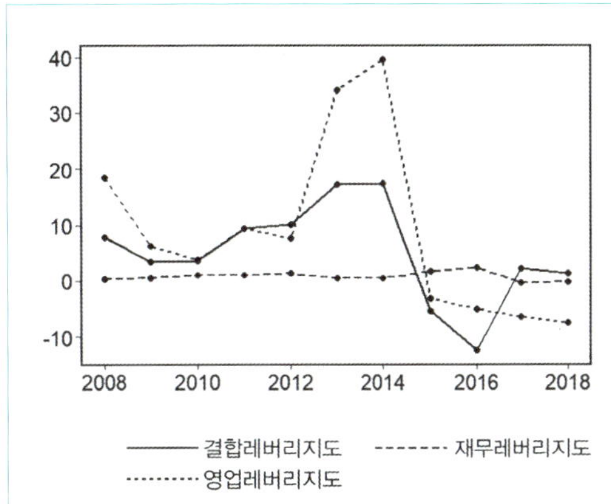

[그림 6-18] 식품기업 레버리지 : 증류주 및 합성주 제조업

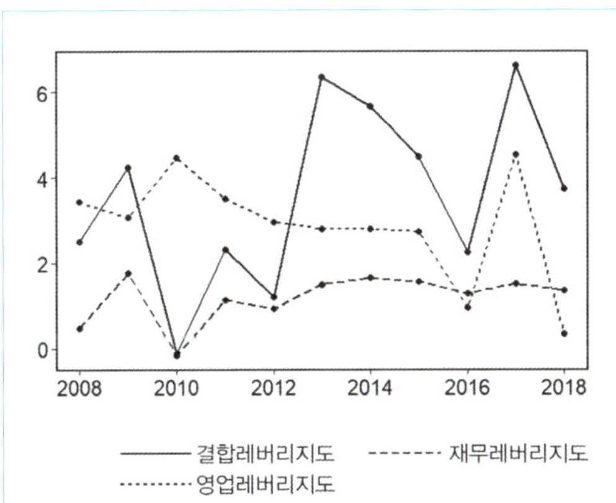

[그림 6-19] 식품기업 레버리지 : 비알코올음료 및 얼음 제조업

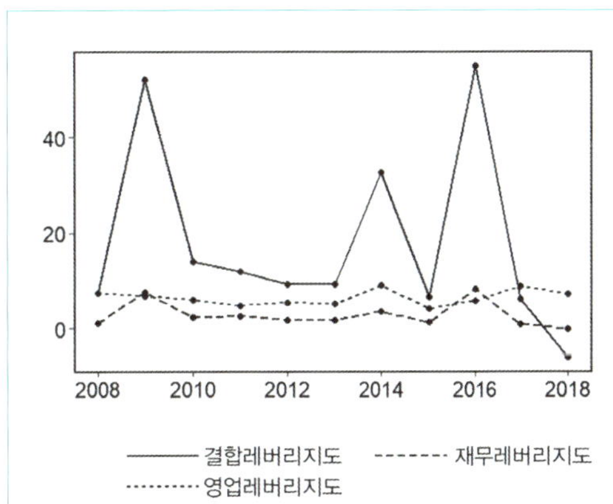

다. 그룹사 여부별

- 그룹사 여부별로 살펴보면, 비그룹사의 영업레버리지도가 그룹사의 영업레버리지보다 낮은 수준을 유지하다 2017년에 큰 폭으로 상승한 것을 볼 수 있다.
- 그룹사와 비그룹사의 재무레버리지도 모두 최근 5년간 일정한 범위 내에 분포하고 있다. 이는 식품기업의 영업이익이 재무고정비의 영향을 크게 받지 않는다는 것을 의미한다.
- 결합레버리지도는 일반적으로 그룹사가 비그룹사에 비해 상대적으로 높다. 그룹사의 레버리지 효과 또한 상대적으로 크다고 판단할 수 있다.

[표 6-3] 식품기업 레버리지 : 그룹사 여부

(단위 : %)

비율	2008	2009	2010	2011	2012	2013	2014	2015	2016	2017	2018
그룹사											
결합레버리지도	21.21	4.75	7.20	9.81	75.67	9.03	11.95	3.80	16.60	11.20	8.01
영업레버리지도	5.16	5.15	5.73	5.53	7.28	6.33	3.54	7.78	5.55	6.67	3.13
재무레버리지도	4.01	1.29	1.30	1.16	15.39	1.52	1.92	0.97	2.62	1.44	1.61
비그룹사											
결합레버리지도	4.45	4.47	2.82	2.28	4.25	6.75	9.59	5.46	-9.91	8.21	4.08
영업레버리지도	9.34	3.35	3.35	2.72	3.31	2.53	5.56	3.71	2.80	16.11	6.49
재무레버리지도	0.84	1.58	0.79	0.75	1.07	1.08	0.97	1.46	-0.91	1.16	1.04

[그림 6-20] 결합레버리지도 : 그룹사 여부

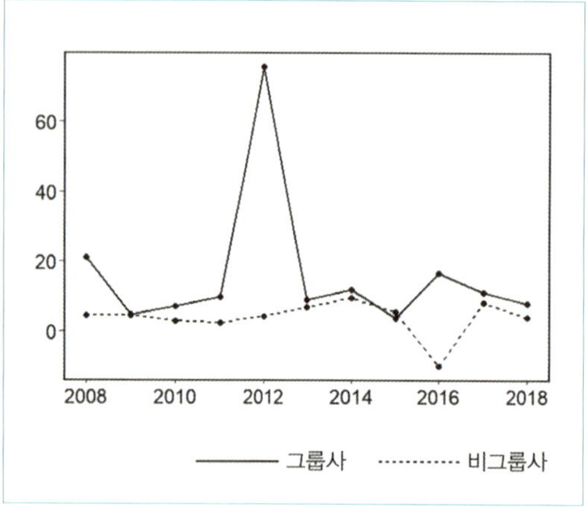

[그림 6-21] 영업레버리지도 : 그룹사 여부

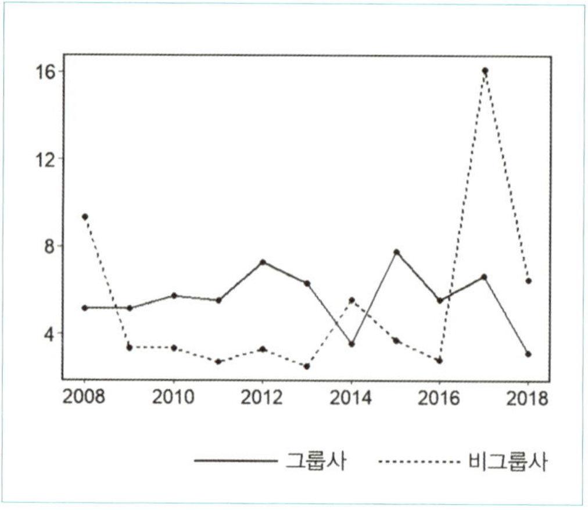

[그림 6-22] 재무레버리지도 : 그룹사 여부

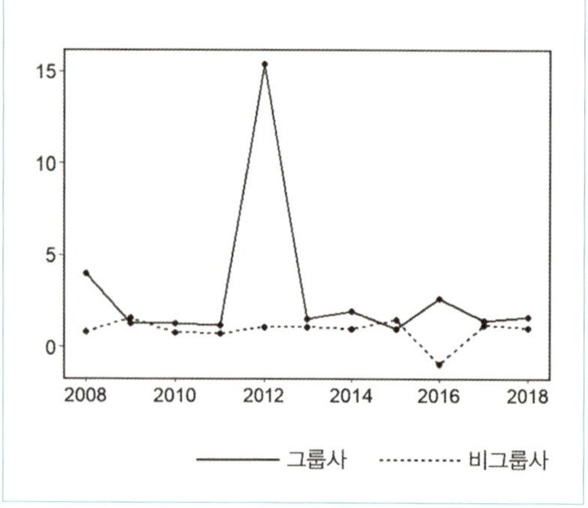

VII. 식품기업 상대적 운영효율성 분석

1. 식품기업 운영효율성 분석 방법

가. 기술효율성(TE) 및 규모효율성(SE)

- 효율성Efficeicny은 투입요소Input 대비 산출량Output으로 정의될 수 있는데, 효율적인 투입요소로 산출Output을 극대화하는 것이 중요하다. 식품기업 투입 대비 산출의 운영효율성은 비모수 기법인 자료포락분석DEA : Data Envelopment Analysis을 이용하였다. 재무비율 지표에서 생산성 지표가 있으나 이는 절대적 지표이고, 하나의 투입 대비 하나의 산출만을 고려한다는 점에서 전사적인 운영효율성을 설명하지는 못한다.
- 자료포락분석DEA은 비교하고자 하는 여러 개의 유사 의사결정단위DMU : Decision Making Unit들이 지니고 있는 다수의 투입요소 대비 다수의 산출요소 간 상대적인 효율성을 측정한다. 자료포락분석DEA은 비교 대상 간 투입요소 대비 산출의 효율성 및 비효율성을 상대적인 차원에서 결정하므로 어떤 비교 대상군이 있더라도 해당군에서 가장 효율적인 단위와 그렇지 않은 단위들 간 상대적 비교가 가능하다.
- 자료포락분석DEA은 투입 대비 산출의 규모 수익Returns to Scale에 대한 가정에 따라 모형이 나뉜다. 먼저, 투입 대비 산출의 발생이 규모에 상관없이 일정 비율로 발생한다는 불변규모수익CRS : Constant Returns to Scale을 가정한 모형이 CCR[2]모형이다. 반면, 투입 대비 산출의 발생이 규모에 따라 가변적으로 발생할 수 있다는 가변규모수익VRS : Variable Returns to Scale 모형이 BCC[3]모형이다. 또한, 두 모형 모두 투입을 최소화하여 효율성을 달성할 것인가, 산출을 극대화해서 효율성을 달성할 것인가에 따라 '투입지향Input-oriented' 모형과 '산출지향Output-oriented' 모형으로 구분할 수 있다.

2 Charnes, A., Cooper, W. W., & Rhodes, E. (1978). Measuring the efficiency of decision making units, *European Journal of Operational Research*, 2(6), 429-444.

3 Banker, R. D., Charnes, A., & Cooper, W. W. (1984). Some models for estimating technical and scale inefficiencies in Data Envelopment Analysis, *Management Science*, 30(9), 1078-1092.

- 일반적으로 투입지향 CCR 모형을 수리적으로 표현하면 다음과 같다.
- CCR 모형에서의 효율성을 θ^*_{CRS}라 하고, BCC 모형에서의 효율성을 θ^*_{VRS}라 했을 때, $\theta^*_{CRS}/\theta^*_{VRS}$를 해당 의사결정단위DMU의 규모 효율성SE : Scale Efficiency이라 정의할 수 있다. $\theta^*_{CRS}/\theta^*_{VRS}$가 1이면 해당 의사결정단위는 불변규모수익 상태로 규모로 인한 비효율이 존재하지 않는다. 반면 $\theta^*_{CRS}/\theta^*_{VRS}$가 1보다 작으면 규모의 경제성IRS : Increasing Returns to Scale 혹은 규모의 비경제성DRS : Decreasing Returns to Scale이 존재한다고 볼 수 있다. 따라서 규모효율성SE으로 의사결정 단위가 지닌 규모의 최적성 여부를 판단할 수 있다.
- 한편, 불변규모수익을 가정한 CCR 모형의 효율성 θ^*_{CRS}를 일반적으로 기술효율성TE : Technical Efficiency이라 하고, BCC 모형의 효율성 θ^*_{VRS}를 기술효율성TE과 달리 규모로 인한 비효율성을 배제했다는 의미에서 순수기술효율성PTE : Pure Technical Efficiency이라 한다.

나. 투입-산출 비효율성 측정

- 불변규모수익CRS을 가정한 CCR모형 및 가변규모수익VRS을 가정한 BCC 모형 모두 비효율적인 점들이 원점 방향으로 투사했을 때, 그 거리의 정도를 가지고 효율성을 측정하는 방사형 모형Radial model이다. 방사형 모형의 경우, 투입요소 혹은 산출요소의 여유분slack을 고려하지 않아 여유분slack이 존재함에도 평가 대상을 효율적이라고 산출한다.
- 반면, 여유분 기반 모형SBM : Slack Based Model은 단위 무관하게 투입 여유분input slack과 산출 여유분output slack을 고려해 효율성을 산출한다. 이러한 특성으로 인해 여유분 기반 모형SBM은 특정 평가 대상이 효율적으로 변하기 위해 반드시 원점 방향으로 이동할 필요가 없으며, 이러한 점에서 비방사형 모형Non-radial model으로 구분된다.
- 여유분 기반 모형SBM에서 도출한 효율성 값 CCR 및 BCC 모형과 마찬가지로 역시 상대적 관점에서 1에 가까울수록 효율적이고, 0에 가까울수록 비효율적이라 판단할 수 있다. 단, 여유분 기반 모형SBM에서 도출된 효율성 척도가 현실적으로 의미하는 바는 명확하지 않아 일반적으로 효율성은 상대적 순위비교를 목적으로 활용된다. 여유분 기반 모형SBM을 통한 효율성은 현실적인 해석에 어려움이 있으나 여유분Slack의 비효율성을 기반으로 효율성을 측정했다는 점에서 투입 및 산출의 여유분Slack이 어느 정도인지, 효율적인 DMU가 되기 위해 얼마나 여유분Slack을 줄여야 하는지 개선 방향을 제공할 수 있다.

다. 식품기업 효율성 측정 투입요소 및 산출요소 정의

- 일반적으로 생산함수는 일정 기간 동안 기업이 투입한 노동과 자본 투입으로 발생한 최대 산출량의 기술적 관계를 표현한다. 생산함수에서 정의한 바와 같이 식품기업이 투입한 노동, 자본 대비 발생한 산출을 양Quanity의 개념으로 정의하여 분석하는 데 제한이 있다. 본 서에서는 이를 재무적으로 표현한 자본 및 비용의 투입과 매출액의 기술적 관계를 고려하여 투입요소와 산출요소를 정의하고자 한다. [표 7-1]과 같이 산출요소는 매출액Sales으로 정의하였으며, 투입요소로는 매출원가, 유형자산, 인건비 및 조정된 판매관리비를 선정하였다.

[표 7-1] 식품기업 투입요소 및 산출요소

구 분	변수명	정의
투입변수 (Input)	매출원가 (Cost of goods sold)	2018년 식품기업별 손익계산서상 매출원가
	유형자산 (Tangible asset)	2018년 식품기업별 재무상태표상 유형자산
	인건비 (Labor cost)	2018년 식품기업별 손익계산서상 급여 및 퇴직급여액
	조정된 판매관리비 (Adjusted selling and administrative expenses)	2018년 식품기업별 손익계산서상 판매관리비 – 인건비
산출변수 (Output)	매출액 (Sales)	2018년 식품기업별 손익계산서상 매출액

2. 기술효율성 및 규모효율성 분석

- 본 서에서는 이미 규모를 이룬 식품산업에서 산출을 더 극대화하는 것보다 투입을 조절해 효율성을 갖는 것이 타당하다고 판단했다. 식품기업의 산출을 고정했을 때, 투입을 얼마나 조절해야 되느냐로 효율성을 측정하고자 투입지향Input-oriented 모형으로 효율성을 측정하였다.
- 불변규모수익CRS을 가정한 기술효율성TE 기준으로 가장 효율적인 식품기업은 58개 가운데 12개로 나타났고, 가변규모수익VRS을 가정한 순수기술효율성PTE은 33개로 나타났다.
- 규모효율성 측면에서 불변규모수익 즉, 규모와 무관하게 투입 대비 산출을 창출하는 기업 수는 전체 11개 기업으로 나타났다. 규모의 비경제성DRS이 존재하는 기업은 37개, 규모의 경제성IRS이 존재하는 기업이 10개로 나타났다.

[표 7-2] 기술효율성(TE), 순수기술효율성(PTE), 규모효율성(SE) 분석결과

DMU	기업명	기술효율성 (TE)	순수기술효율성 (PTE)	규모효율성(SE)	벤치마크
D1	(주)농심	0.80	0.97	DRS	D15, D35, D56
D2	(주)동원에프앤비	0.86	1.00	DRS	D15, D33, D35, D56
D3	(주)마니커	0.91	0.93	DRS	D6, D55

DMU	기업명	기술효율성 (TE)	순수기술효율성 (PTE)	규모효율성(SE)	벤치마크
D4	(주)빙그레	0.85	0.99	DRS	D15, D33, D56
D5	(주)사조대림	1.00	1.00	CRS	D5
D6	(주)사조오양	1.00	1.00	CRS	D6
D7	(주)삼양사	0.85	1.00	DRS	D35, D55
D8	(주)선진	0.94	1.00	DRS	D5, D33, D35, D55
D9	(주)에스피씨삼립	0.86	1.00	DRS	D35, D55
D10	(주)오뚜기	0.84	1.00	DRS	D15, D33, D35, D56
D11	(주)오리온	0.94	1.00	DRS	D15, D34
D12	(주)조흥	0.99	0.99	IRS	D6, D55
D13	(주)크라운제과	0.80	0.94	DRS	D15, D34, D56
D14	(주)팜스코	0.94	1.00	DRS	D5, D33, D35, D55
D15	(주)풀무원	1.00	1.00	CRS	D15
D16	남양유업(주)	0.83	0.99	DRS	D33, D35, D55, D56
D17	대상(주)	0.84	1.00	DRS	D15, D33, D56
D18	대한제당(주)	0.94	1.00	DRS	D5, D23, D33, D55
D19	대한제분(주)	0.85	0.96	DRS	D15, D33, D35, D56
D20	롯데제과(주)	0.79	0.99	DRS	D15, D34, D56
D21	롯데푸드(주)	0.84	1.00	DRS	D33, D35, D55, D56
D22	사조동아원(주)	0.98	1.00	DRS	D6, D55
D23	사조씨푸드(주)	1.00	1.00	CRS	D23
D24	삼양식품(주)	0.88	1.00	DRS	D15, D34, D56
D25	샘표식품(주)	0.85	1.00	DRS	D15, D35, D56
D26	서울식품공업(주)	0.79	0.79	IRS	D15, D35, D56
D27	CJ씨푸드(주)	0.88	0.90	DRS	D6, D55
D28	CJ제일제당(주)	0.82	1.00	DRS	D15, D35, D56
D29	한성기업(주)	0.86	0.93	DRS	D15, D33, D56
D30	해태제과식품(주)	0.79	0.95	DRS	D15, D34, D56
D31	(주)노바렉스	0.91	0.92	DRS	D33, D55, D56
D32	(주)뉴트리	1.00	1.00	CRS	D32
D33	(주)동우팜투테이블	1.00	1.00	CRS	D33
D34	(주)비피도	1.00	1.00	CRS	D34
D35	(주)에이치엘사이언스	1.00	1.00	CRS	D35
D36	(주)엠에스씨	0.87	0.93	DRS	D15, D35, D56
D37	(주)인산가	0.98	1.00	IRS	D15, D34, D56
D38	(주)정다운	0.96	0.97	IRS	D33, D35, D55, D56
D39	(주)체리부로	0.87	0.91	DRS	D6, D23, D55
D40	(주)푸드웰	0.83	0.87	IRS	D15, D33, D35, D56
D41	(주)하림	0.79	0.94	DRS	D35, D55, D56
D42	(주)한탑	0.78	0.78	DRS	D15, D34, D56

DMU	기업명	기술효율성 (TE)	순수기술효율성 (PTE)	규모효율성(SE)	벤치마크
D43	(주)현성바이탈	0.30	1.00	IRS	D15, D32
D44	매일유업(주)	0.90	1.00	DRS	D15, D33, D35, D56
D45	아미코젠(주)	0.69	0.70	IRS	D15, D35, D56
D46	우리손에프앤지농업회사법인(주)	1.00	1.00	CRS	D46
D47	코스맥스엔비티(주)	0.96	1.00	DRS	D15, D34, D56
D48	한국맥널티(주)	0.78	0.79	IRS	D15, D35, D56
D49	(주)MH에탄올	1.00	0.99	IRS	D55, D56
D50	(주)무학	0.74	0.84	DRS	D15, D35, D56
D51	롯데칠성음료(주)	0.78	1.00	DRS	D15, D34, D56
D52	보해양소(주)	0.68	0.69	DRS	D15, D34
D53	하이트진로(주)	0.80	1.00	DRS	D15, D35, D56
D54	(주)국순당	0.72	0.73	DRS	D15, D34
D55	(주)진로발효	1.00	1.00	CRS	D55
D56	(주)창해에탄올	1.00	1.00	CRS	D56
D57	(주)흥국에프엔비	0.85	0.86	DRS	D15, D34, D56
D58	풍국주정공업(주)	0.99	1.00	IRS	D34, D56

3. 투입 및 산출의 비효율성 분석

- 가변규모수익VRS을 가정한 여유분 기반 모형SBM을 통해 도출한 효율성 및 비효율성을 살펴보면, 효율적인 기업은 총 32개 기업으로 나타났다. 여유분 기반 모형SBM은 CCR 및 BCC 모형과 달리 효율성 개선의 방향성을 갖고 있지 않아 투입의 비효율성 및 산출의 비효율성을 동시에 산출할 수 있다.
- 효율적이지 않은 기업 중 산출요소에 비효율성이 존재하는 기업은 8개로 나타났다. 투입요소의 비효율성 중 매출원가에 대한 비효율성이 존재하는 기업은 없는 것으로 나타났다. 투입요소 중 유형자산의 비효율성이 존재하는 기업이 상대적으로 많이 나타났는데, 특히 비효율성이 높은 기업들은 ㈜무학, 보해양조㈜, 국순당㈜ 등이 있다.
  - ○ 특히 ㈜무학의 경우, 현재 대비 91%에 가까운 유형자산의 감소가 있어야 동일한 산출에 대해 높은 효율을 달성할 수 있어서 유형자산의 비효율이 매우 큰 것으로 해석할 수 있다.

[표 7-3] SBM 효율성 및 비효율성 분석 결과

DMU	기업명	효율성	산출 비효율성		투입 비효율성								벤치마크
			매출액		매출원가		유형자산		인건비		조정된 판매관리비		
			비중	여유분 (백만 원)	비중	여유분 (백만 원)	비중	여유분 (백만 원)	비중	여유분 (백만 원)	비중	여유분 (백만 원)	
D1	(주)농심	0.86	0.00	0	0.00	0	0.29	230,765	0.28	39,567	0.00	0	D10, D17, D28, D44
D2	(주)동원에프앤비	1.00	0.00	0	0.00	0	0.00	0	0.00	0	0.00	0	D2
D3	(주)마니커	0.65	0.02	4,588	0.00	0	0.50	58,842	0.21	1,146	0.64	10,614	D23, D55
D4	(주)빙그레	0.89	0.00	0	0.00	0	0.11	22,789	0.35	22,956	0.00	0	D10, D33, D44, D56
D5	(주)사조대림	1.00	0.00	0	0.00	0	0.00	0	0.00	0	0.00	0	D5
D6	(주)사조오양	1.00	0.00	0	0.00	0	0.00	0	0.00	0	0.00	0	D6, D23, D55
D7	(주)삼양사	1.00	0.00	0	0.00	0	0.00	0	0.00	0	0.00	0	D7
D8	(주)선진	0.99	0.00	0	0.00	0	0.01	945	0.02	438	0.01	846	D5, D14, D33
D9	(주)에스피씨삼립	1.00	0.00	0	0.00	0	0.00	0	0.00	0	0.00	0	D9, D44
D10	(주)오뚜기	1.00	0.00	0	0.00	0	0.00	0	0.00	0	0.00	0	D10
D11	(주)오리온	1.00	0.00	0	0.00	0	0.00	0	0.00	0	0.00	0	D11, D15, D44
D12	(주)조흥	0.81	0.00	0	0.00	0	0.41	35,297	0.00	0	0.37	2,883	D6, D23, D46, D55
D13	(주)크라운제과	0.74	0.00	0	0.00	0	0.69	145,093	0.33	13,127	0.03	2,275	D15, D33, D44
D14	(주)팜스코	1.00	0.00	0	0.00	0	0.00	0	0.00	0	0.00	0	D14, D33
D15	(주)풀무원	1.00	0.00	0	0.00	0	0.00	0	0.00	0	0.00	0	D15
D16	남양유업(주)	0.90	0.00	0	0.00	0	0.17	46,442	0.00	0	0.22	46,358	D5, D9, D14, D44
D17	대상(주)	1.00	0.00	0	0.00	0	0.00	0	0.00	0	0.00	0	D10, D17, D44
D18	대한제당(주)	1.00	0.00	0	0.00	0	0.00	0	0.00	0	0.00	0	D18, D33
D19	대한제분(주)	0.81	0.00	0	0.00	0	0.48	44,249	0.26	3,736	0.00	0	D10, D33, D44, D56
D20	롯데제과(주)	0.96	0.00	0	0.00	0	0.02	22,085	0.11	17,989	0.02	5,242	D11, D44, D51
D21	롯데푸드(주)	1.00	0.00	0	0.00	0	0.00	0	0.00	0	0.00	0	D21
D22	사조동아원(주)	1.00	0.00	0	0.00	0	0.00	0	0.00	0	0.00	0	D5, D22, D56
D23	사조씨푸드(주)	1.00	0.00	0	0.00	0	0.00	0	0.00	0	0.00	0	D23
D24	삼양식품(주)	1.00	0.00	0	0.00	0	0.00	0	0.00	0	0.00	0	D24, D44, D56
D25	샘표식품(주)	1.00	0.00	0	0.00	0	0.00	0	0.00	0	0.00	0	D25
D26	서울식품공업(주)	0.47	0.06	4,298	0.00	0	0.56	27,781	0.58	2,462	0.87	6,713	D34, D55
D27	CJ씨푸드(주)	0.61	0.03	3,915	0.00	0	0.50	36,578	0.25	916	0.74	7,693	D23, D55
D28	CJ제일제당(주)	1.00	0.00	0	0.00	0	0.00	0	0.00	0	0.00	0	D28, D44
D29	한성기업(주)	0.64	0.00	0	0.00	0	0.54	33,439	0.58	10,478	0.32	7,276	D14, D33, D44
D30	해태제과식품(주)	0.80	0.00	0	0.00	0	0.41	130,621	0.31	22,720	0.08	12,029	D11, D15, D44
D31	(주)노바렉스	0.70	0.00	0	0.00	0	0.18	5,467	0.50	2,291	0.51	1,868	D23, D33, D55
D32	(주)뉴트리	1.00	0.00	0	0.00	0	0.00	0	0.00	0	0.00	0	D32
D33	(주)동우팜투테이블	1.00	0.00	0	0.00	0	0.00	0	0.00	0	0.00	0	D33
D34	(주)비피도	1.00	0.00	0	0.00	0	0.00	0	0.00	0	0.00	0	D34
D35	(주)에이치엘사이언스	1.00	0.00	0	0.00	0	0.00	0	0.00	0	0.00	0	D35

DMU	기업명	효율성	산출 비효율성		투입 비효율성								벤치마크
			매출액		매출원가		유형자산		인건비		조정된 판매관리비		
			비중	여유분 (백만 원)	비중	여유분 (백만 원)	비중	여유분 (백만 원)	비중	여유분 (백만 원)	비중	여유분 (백만 원)	
D36	(주)엠에스씨	0.70	0.00	0	0.00	0	0.48	25,649	0.33	2,171	0.39	4,279	D33, D44, D56
D37	(주)인산가	1.00	0.00	0	0.00	0	0.00	0	0.00	0	0.00	0	D37
D38	(주)정다운	0.87	0.00	0	0.00	0	0.00	0	0.21	618	0.30	2,077	D33, D35, D55, D56
D39	(주)체리부로	0.66	0.02	5,768	0.00	0	0.30	23,670	0.31	1,876	0.69	12,375	D23, D55
D40	(주)푸드웰	0.74	0.12	7,965	0.00	0	0.00	0	0.21	517	0.45	1,778	D33, D34, D55
D41	(주)하림	0.70	0.00	0	0.00	0	0.68	279,810	0.30	10,543	0.23	21,683	D14, D33, D44
D42	(주)한탑	0.49	0.11	8,276	0.00	0	0.41	16,410	0.55	2,274	0.85	5,025	D34, D55
D43	(주)현성바이탈	1.00	0.00	0	0.00	0	0.00	0	0.00	0	0.00	0	D43
D44	매일유업(주)	1.00	0.00	0	0.00	0	0.00	0	0.00	0	0.00	0	D5, D44
D45	아미코젠(주)	0.56	0.07	1,586	0.00	0	0.38	8,658	0.53	1,467	0.71	4,509	D34, D55
D46	우리손에프앤지농업회사법인(주)	1.00	0.00	0	0.00	0	0.00	0	0.00	0	0.00	0	D46, D55
D47	코스맥스엔비티(주)	1.00	0.00	0	0.00	0	0.00	0	0.00	0	0.00	0	D47, D56
D48	한국맥널티(주)	0.61	0.02	705	0.00	0	0.31	6,815	0.50	1,362	0.70	4,020	D34, D55
D49	(주)MH에탄올	1.00	0.00	0	0.00	0	0.00	0	0.00	0	0.00	0	D49
D50	(주)무학	0.59	0.00	0	0.00	0	0.91	181,961	0.54	8,691	0.19	12,884	D5, D32, D44
D51	롯데칠성음료(주)	1.00	0.00	0	0.00	0	0.00	0	0.00	0	0.00	0	D51
D52	보해양조(주)	0.40	0.00	0	0.00	0	0.75	74,184	0.79	10,033	0.87	18,270	D34, D55, D56
D53	하이트진로(주)	1.00	0.00	0	0.00	0	0.00	0	0.00	0	0.00	0	D53
D54	(주)국순당	0.51	0.00	0	0.00	0	0.70	40,649	0.71	5,515	0.54	8,457	D34, D35, D56
D55	(주)진로발효	1.00	0.00	0	0.00	0	0.00	0	0.00	0	0.00	0	D55
D56	(주)창해에탄올	1.00	0.00	0	0.00	0	0.00	0	0.00	0	0.00	0	D56
D57	(주)흥국에프엔비	0.59	0.00	0	0.00	0	0.54	20,439	0.54	2,434	0.56	3,681	D15, D34, D56
D58	풍국주정공업(주)	1.00	0.00	0	0.00	0	0.00	0	0.00	0	0.00	0	D34, D55, D58

부록 I

식품기업별 경영분석

Business Analysis of Korean Food Manufacturing and Processing Company

■ 식품기업 목록

구분	기업명	구분	기업명
1	(주)농심	30	해태제과식품(주)
2	(주)동원에프앤비	31	(주)노바렉스
3	(주)마니커	32	(주)뉴트리
4	(주)빙그레	33	(주)동우팜투테이블
5	(주)사조대림	34	(주)비피도
6	(주)사조오양	35	(주)에이치엘사이언스
7	(주)삼양사	36	(주)엠에스씨
8	(주)선진	37	(주)인산가
9	(주)에스피씨삼립	38	(주)정다운
10	(주)오뚜기	39	(주)체리부로
11	(주)오리온	40	(주)푸드웰
12	(주)조흥	41	(주)하림
13	(주)크라운제과	42	(주)한탑
14	(주)팜스코	43	(주)현성바이탈
15	(주)풀무원	44	매일유업(주)
16	남양유업(주)	45	아미코젠(주)
17	대상(주)	46	우리손에프앤지농업회사법인(주)
18	대한제당(주)	47	코스맥스엔비티(주)
19	대한제분(주)	48	한국맥널티(주)
20	롯데제과(주)	49	(주)MH에탄올
21	롯데푸드(주)	50	(주)무학
22	사조동아원(주)	51	롯데칠성음료(주)
23	사조씨푸드(주)	52	보해양조(주)
24	삼양식품(주)	53	하이트진로(주)
25	샘표식품(주)	54	(주)국순당
26	서울식품공업(주)	55	(주)진로발효
27	CJ푸드(주)	56	(주)창해에탄올
28	CJ제일제당(주)	57	(주)흥국에프엔비
29	한성기업(주)	58	풍국주정공업(주)

1 (주)농심(004370)

코

설립일	1965.09.18	대표이사	신동원, 박준
업종	면류, 마카로니 및 유사식품 제조업	업종코드	1073
소재지	서울특별시 동작구 여의방대로	주요브랜드	농심

	2014	2015	2016	2017	2018
재무상태표					(단위 : 백만 원)
유동자산	732,236	839,094	869,642	790,610	877,680
당좌자산	593,217	705,190	745,159	665,616	728,920
재고자산	139,019	133,904	124,483	124,994	148,760
비유동자산	1,384,538	1,418,377	1,460,456	1,526,768	1,529,020
투자자산	498,164	570,120	635,781	672,543	676,025
유형자산	857,993	820,531	792,242	800,948	807,593
무형자산	15,328	15,244	20,065	19,927	19,943
자산총계	2,116,774	2,257,471	2,330,098	2,317,378	2,406,700
유동부채	483,876	541,129	463,490	410,759	456,701
비유동부채	91,338	86,876	75,003	59,443	55,648
자본	1,541,560	1,629,466	1,791,604	1,847,176	1,894,351
부채 및 자본합계	2,116,774	2,257,471	2,330,098	2,317,378	2,406,700
손익계산서					(단위 : 백만 원)
매출액	1,801,320	1,878,665	1,862,187	1,855,364	1,857,814
매출원가	1,304,621	1,330,952	1,318,589	1,285,155	1,362,002
매출총손익	496,699	547,714	543,598	570,209	495,812
판매비 및 관리비	425,766	442,414	474,501	494,147	428,869
영업손익	70,933	105,300	69,097	76,062	66,943
법인세비용차감전순손익	100,354	148,326	221,522	106,375	100,177
법인세비용	32,292	33,142	27,278	25,988	24,512
계속사업이익	68,062	115,183	194,244	80,387	75,665
중단사업손익	0	0	0	0	0
당기순손익	68,062	115,183	194,244	80,387	75,665
현금흐름표					(단위 : 백만 원)
영업활동순현금흐름	81,315	186,427	209,520	83,178	105,931
투자활동순현금흐름	-75,830	-103,623	-143,694	-57,163	-95,778
재무활동순현금흐름	-37,900	1,123	-73,463	-57,174	1,309
성장성비율					(단위 : %)
총자산증가율	-0.62	6.65	3.22	-0.55	3.85
매출액증가율	-3.71	4.29	-0.88	-0.37	0.13
수익성비율					(단위 : %)
총자산순이익률	3.21	5.27	8.47	3.46	3.20
자기자본순이익률	4.46	7.26	11.36	4.42	4.04
매출액영업이익률	3.94	5.61	3.71	4.10	3.60
매출액순이익률	3.78	6.13	10.43	4.33	4.07
레버리지비율					(단위 : %)
부채비율	37.31	38.54	30.06	25.46	27.05
이자보상비율	47.65	75.03	44.21	73.91	55
비유동비율	89.81	87.05	81.52	82.65	80.71
비유동장기적합률	84.79	82.64	78.24	80.08	78.41
유동성비율					(단위 : %)
유동비율	151.33	155.06	187.63	192.48	192.18
당좌비율	122.60	130.32	160.77	162.05	159.61
현금비율	5.66	14.94	13.54	10.95	11.17
활동성비율					(단위 : 회)
총자산회전율	0.85	0.86	0.81	0.80	0.79
자기자본회전율	1.18	1.18	1.09	1.02	0.99
비유동자산회전율	1.32	1.34	1.29	1.24	1.22
재고자산회전율	13.42	13.77	14.41	14.87	13.57
생산성비율					(단위 : %)
총자본투자효율	13.65	15.27	18.51	13.73	13
설비투자효율	33.75	42.71	54.71	39.99	40.79
부가가치의 구성					(단위 : 백만 원)
영업잉여	81,453	113,199	77,367	85,160	77,612
인건비	112,411.58	119,344.24	133,681.51	136,988.84	139,539.03
금융비용	-10,519.81	-7,898.78	-8,269.96	-9,097.86	-10,668.26
감가상각비	67,157.71	64,343.90	62,637.14	61,056.84	60,231.60

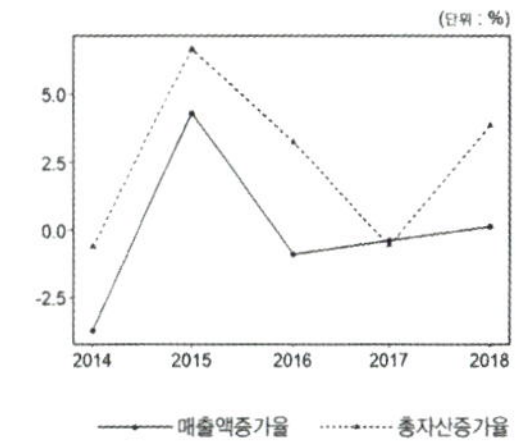

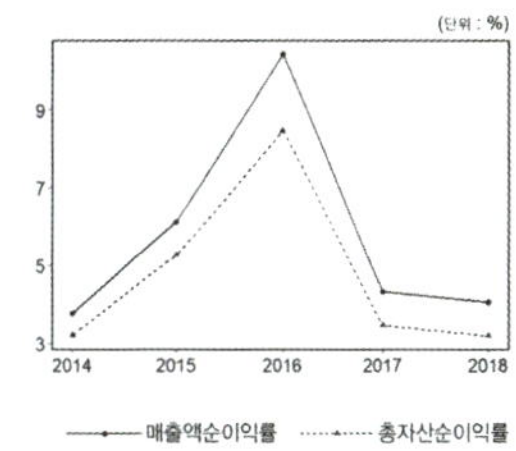

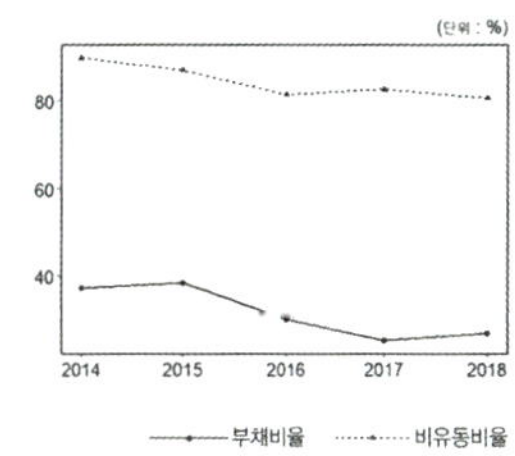

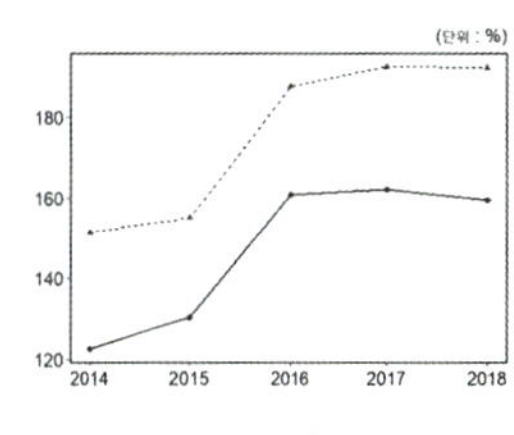

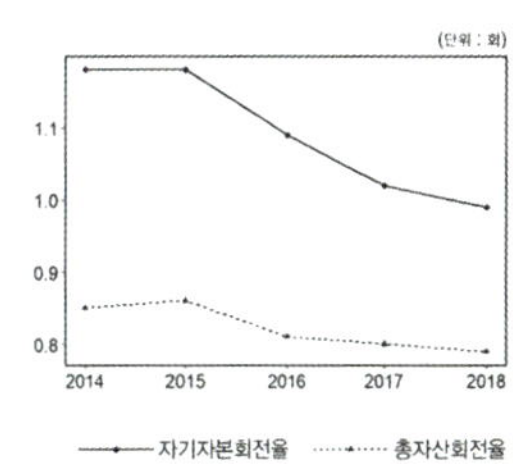

Dongwon
동원F&B

2 ㈜동원에프앤비(049770) 코

설립일	2000.11.01	대표이사	김재옥
업종	수산동물 가공 및 저장처리업	업종코드	1021
소재지	서울특별시 서초구 마방로	주요브랜드	동원, 양반, 소와나무

	2014	2015	2016	2017	2018
재무상태표					(단위 : 백만 원)
유동자산	363,286	345,240	429,409	451,254	413,900
당좌자산	174,624	138,907	209,158	210,314	166,457
재고자산	188,662	206,333	220,251	240,940	247,442
비유동자산	396,137	453,365	450,074	603,930	615,399
투자자산	98,467	151,031	145,629	283,710	262,156
유형자산	281,234	286,946	288,420	304,775	335,331
무형자산	6,049	5,331	6,821	6,335	11,043
자산총계	759,423	798,605	879,483	1,055,184	1,029,299
유동부채	147,092	166,426	336,116	229,771	177,477
비유동부채	163,826	156,198	46,377	304,227	305,002
자본	448,505	475,980	496,990	521,186	546,820
부채 및 자본합계	759,423	798,605	879,483	1,055,184	1,029,299
손익계산서					(단위 : 백만 원)
매출액	1,338,174	1,374,937	1,464,992	1,569,205	1,632,632
매출원가	925,503	945,329	1,016,530	1,100,618	1,166,560
매출총손익	412,671	429,607	448,461	468,587	466,071
판매비 및 관리비	351,828	377,084	403,978	424,702	404,495
영업손익	60,843	52,523	44,483	43,885	61,577
법인세비용차감전순손익	58,751	50,566	42,023	41,548	53,300
법인세비용	14,951	11,079	8,736	9,492	12,295
계속사업이익	43,800	39,487	33,287	32,055	41,006
중단사업손익	0	0	0	0	0
당기순손익	43,800	39,487	33,287	32,055	41,006
현금흐름표					(단위 : 백만 원)
영업활동순현금흐름	77,725	53,544	88,074	12,136	47,682
투자활동순현금흐름	-7,256	-48,761	-21,511	-175,282	-44,820
재무활동순현금흐름	-64,085	-3,959	-29,600	149,811	-39,437
성장성비율					(단위 : %)
총자산증가율	6.80	5.16	10.13	19.98	-2.45
매출액증가율	7.35	2.75	6.55	7.11	4.04
수익성비율					(단위 : %)
총자산순이익률	5.96	5.07	3.97	3.31	3.93
자기자본순이익률	10.29	8.54	6.84	6.30	7.68
매출액영업이익률	4.55	3.82	3.04	2.80	3.77
매출액순이익률	3.27	2.87	2.27	2.04	2.51
레버리지비율					(단위 : %)
부채비율	69.32	67.78	76.96	102.46	88.23
이자보상비율	10.19	12.66	9.15	6.47	7.15
비유동비율	88.32	95.25	90.56	115.88	112.54
비유동장기적합률	64.69	71.71	82.83	73.17	72.25
유동성비율					(단위 : %)
유동비율	246.98	207.44	127.76	196.39	233.21
당좌비율	118.72	83.46	62.23	91.53	93.79
현금비율	6.28	6.84	14.11	10.47	2.58
활동성비율					(단위 : 회)
총자산회전율	1.82	1.76	1.75	1.62	1.57
자기자본회전율	3.14	2.97	3.01	3.08	3.06
비유동자산회전율	3.63	3.24	3.24	2.98	2.68
재고자산회전율	7.17	6.96	6.87	6.81	6.69
생산성비율					(단위 : %)
총자본투자효율	25.06	23.40	21.07	18.09	21.04
설비투자효율	68.76	66.07	65.68	64.16	65.58
부가가치의 구성					(단위 : 백만 원)
영업잉여	57,178	49,368	40,409	39,644	53,423
인건비	98,533.15	100,037.84	104,833.05	107,189.11	113,352.79
금융비용	3,664.26	3,154.96	4,073.73	4,241.09	8,302.90
감가상각비	23,327.73	25,034.82	26,041.21	28,947.19	31,311.35

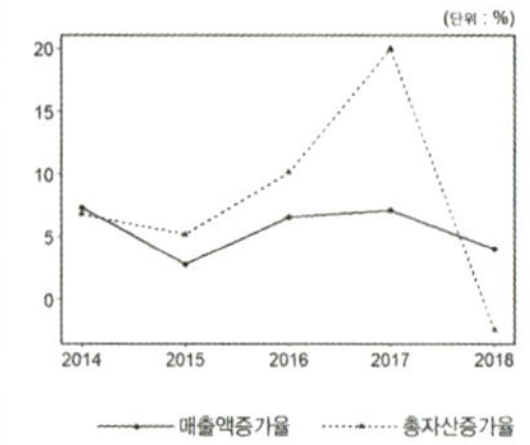

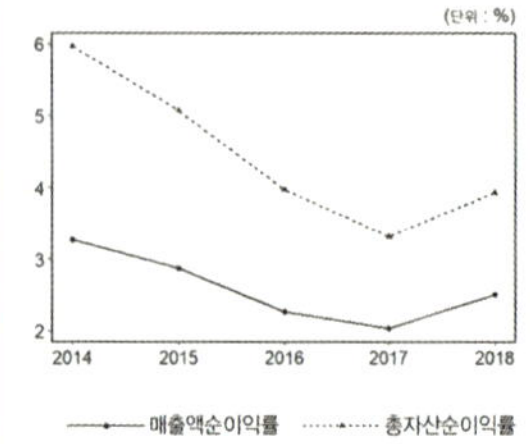

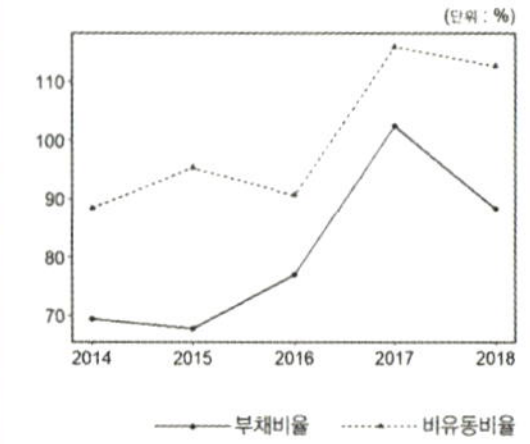

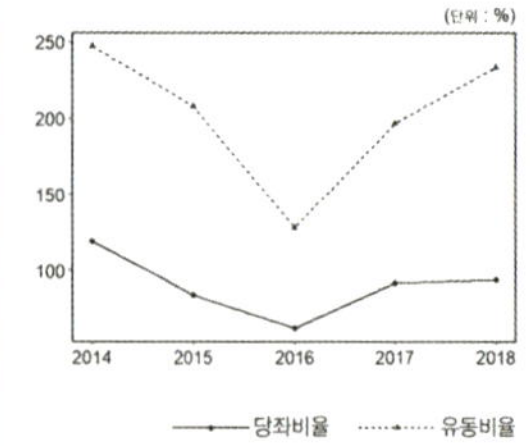

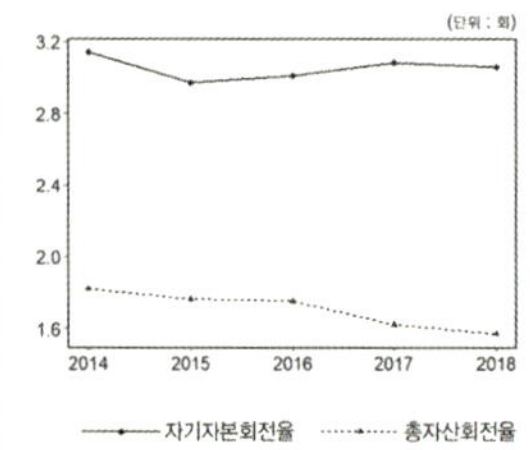

3 ㈜마니커(027740) 코

설립일	1985.09.27	대표이사	최상웅
업종	육류 가공 및 저장처리업	업종코드	1012
소재지	경기도 용인시 기흥구 용구대로	주요브랜드	마니커

	2014	2015	2016	2017	2018
재무상태표					(단위 : 백만 원)
유동자산	70,206	69,734	41,728	41,230	38,141
당좌자산	58,985	64,622	38,671	37,989	33,732
재고자산	11,221	5,112	3,057	3,241	4,409
비유동자산	128,384	124,884	135,964	180,583	153,190
투자자산	62,045	53,543	52,829	52,008	34,049
유형자산	60,587	67,155	72,584	117,655	116,989
무형자산	1,191	870	10,338	10,206	1,455
자산총계	198,590	194,618	177,692	221,813	191,332
유동부채	100,678	103,331	73,152	99,495	79,234
비유동부채	20,814	15,898	13,089	31,242	9,264
자본	77,097	75,389	91,450	91,075	102,834
부채 및 자본합계	198,590	194,618	177,692	221,813	191,332
손익계산서					(단위 : 백만 원)
매출액	285,891	276,990	216,301	237,729	269,906
매출원가	271,999	264,004	201,625	218,176	247,114
매출총손익	13,892	12,986	14,676	19,553	22,792
판매비 및 관리비	24,463	22,722	19,417	19,436	22,226
영업손익	-10,571	-9,736	-4,741	117	566
법인세비용차감전순손익	-17,806	-13,611	1,965	-14,439	-11,699
법인세비용	-563	-1,216	103	238	67
계속사업이익	-17,243	-12,395	1,862	-14,677	-11,766
중단사업손익	0	0	0	0	0
당기순손익	-17,243	-12,395	1,862	-14,677	-11,766
현금흐름표					(단위 : 백만 원)
영업활동순현금흐름	-32,676	9,019	3,527	12,071	2,924
투자활동순현금흐름	26,938	-2,760	5,437	-20,082	11,632
재무활동순현금흐름	-3,194	8,888	-24,989	7,954	-13,948
성장성비율					(단위 : %)
총자산증가율	-11.12	-2	-8.70	24.83	-13.74
매출액증가율	2.82	-3.11	-21.91	9.91	13.54
수익성비율					(단위 : %)
총자산순이익률	-8.17	-6.30	1	-7.35	-5.70
자기자본순이익률	-21.85	-16.26	2.23	-16.08	-12.14
매출액영업이익률	-3.70	-3.51	-2.19	0.05	0.21
매출액순이익률	-6.03	-4.48	0.86	-6.17	-4.36
레버리지비율					(단위 : %)
부채비율	157.58	158.15	94.30	143.55	86.06
이자보상비율	-1.51	-1.73	-1.08	0.03	0.12
비유동비율	166.52	165.65	148.68	198.28	148.97
비유동장기적합률	131.12	136.80	130.06	147.63	136.66
유동성비율					(단위 : %)
유동비율	69.73	67.49	57.04	41.44	48.14
당좌비율	58.59	62.54	52.86	38.18	42.57
현금비율	3.72	25.47	4.16	4.07	5.99
활동성비율					(단위 : 회)
총자산회전율	1.35	1.41	1.16	1.19	1.31
자기자본회전율	3.62	3.63	2.59	2.60	2.78
비유동자산회전율	2.22	2.19	1.66	1.50	1.62
재고자산회전율	31.81	33.92	52.96	75.50	70.57
생산성비율					(단위 : %)
총자본투자효율	-0.80	0.63	8.79	0.54	3.77
설비투자효율	-2.75	1.86	21.83	1.09	6.44
부가가치의 구성					(단위 : 백만 원)
영업잉여	-14,174	-13,282	-8,224	-3,825	-4,419
인건비	5,596.21	4,923.51	3,545.90	4,135.78	5,571.08
금융비용	4,927.54	3,835.68	3,763.39	3,996.27	4,447.42
감가상각비	4,853.29	5,069.02	5,735.48	6,886.61	8,031.79

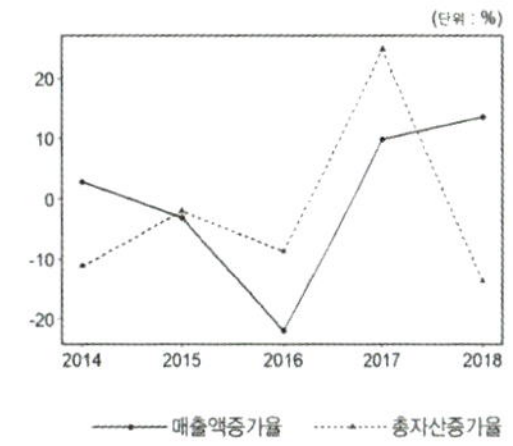

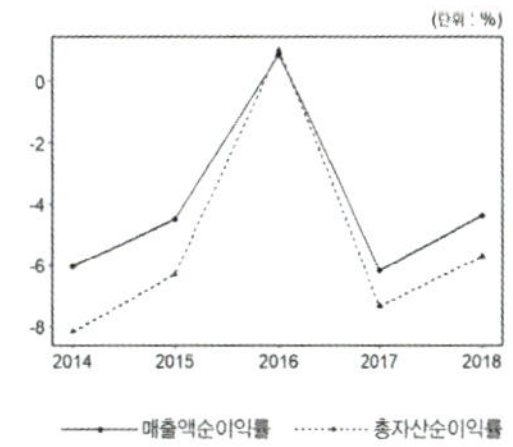

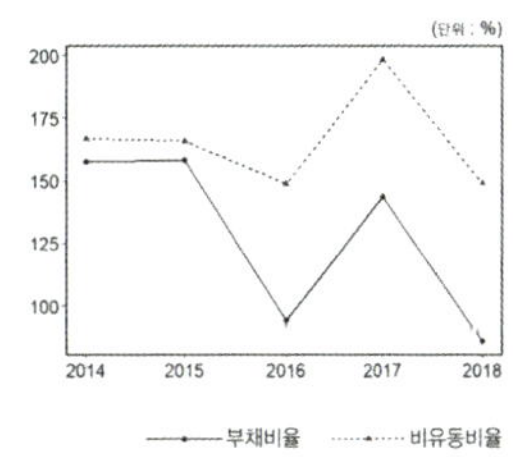

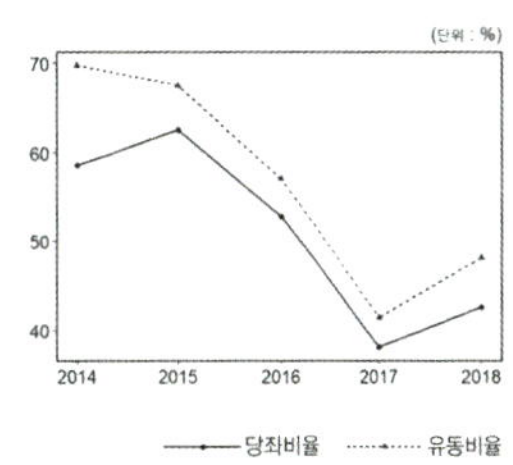

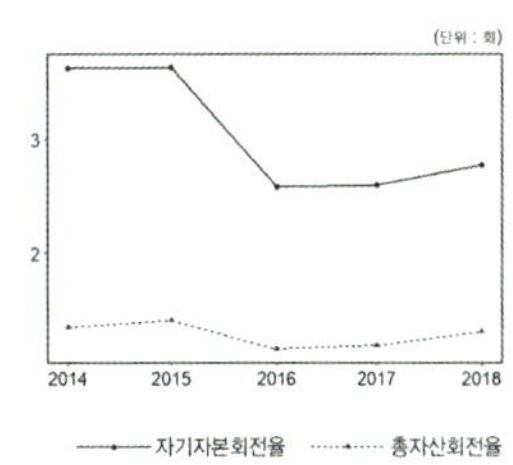

4 ㈜빙그레(005180) 코

설립일	1967.09.13	대표이사	전창원
업종	낙농제품 및 식용빙과류 제조업	업종코드	1050
소재지	경기도 남양주시 다산순환로	주요브랜드	빙그레

	2014	2015	2016	2017	2018
재무상태표					(단위 : 백만 원)
유동자산	308,987	318,003	340,885	355,057	377,205
당좌자산	254,827	279,049	307,309	316,973	339,022
재고자산	54,159	38,954	33,575	38,084	38,184
비유동자산	269,510	298,348	281,233	277,172	271,260
투자자산	20,300	47,800	31,041	28,919	25,418
유형자산	228,658	227,656	226,285	220,686	213,502
무형자산	2,147	2,508	2,643	5,385	7,343
자산총계	578,497	616,352	622,118	632,229	648,466
유동부채	72,059	72,334	82,981	93,175	95,370
비유동부채	22,399	27,122	18,910	12,953	12,944
자본	484,038	516,896	520,227	526,101	540,151
부채 및 자본합계	578,497	616,352	622,118	632,229	648,466
손익계산서					(단위 : 백만 원)
매출액	819,872	795,438	804,140	841,320	838,159
매출원가	585,634	573,402	561,290	603,633	626,251
매출총손익	234,239	222,037	242,850	237,687	211,908
판매비 및 관리비	192,436	191,109	207,233	206,737	176,604
영업손익	41,803	30,928	35,617	30,951	35,305
법인세비용차감전순손익	48,673	31,669	35,568	44,878	41,075
법인세비용	10,997	7,354	8,028	17,005	8,943
계속사업이익	37,676	24,315	27,540	27,873	32,131
중단사업손익	0	0	0	0	0
당기순손익	37,676	24,315	27,540	27,873	32,131
현금흐름표					(단위 : 백만 원)
영업활동순현금흐름	44,786	63,677	64,665	40,376	69,408
투자활동순현금흐름	-48,934	-41,561	-52,034	-27,766	-50,913
재무활동순현금흐름	-12,217	-13,804	-11,191	-11,052	-11,069
성장성비율					(단위 : %)
총자산증가율	3.05	6.54	0.94	1.63	2.57
매출액증가율	1.84	-2.98	1.09	4.62	-0.38
수익성비율					(단위 : %)
총자산순이익률	6.61	4.07	4.45	4.44	5.02
자기자본순이익률	7.94	4.86	5.31	5.33	6.03
매출액영업이익률	5.10	3.89	4.43	3.68	4.21
매출액순이익률	4.60	3.06	3.42	3.31	3.83
레버리지비율					(단위 : %)
부채비율	19.51	19.24	19.59	20.17	20.05
이자보상비율	394.37	736.38	•	•	2,206.55
비유동비율	55.68	57.72	54.06	52.68	50.22
비유동장기적합률	53.22	54.84	52.16	51.42	49.04
유동성비율					(단위 : %)
유동비율	428.79	439.63	410.80	381.07	395.52
당좌비율	353.63	385.78	370.34	340.19	355.48
현금비율	1.97	4.52	4.64	4.88	6.57
활동성비율					(단위 : 회)
총자산회전율	1.44	1.33	1.30	1.34	1.31
자기자본회전율	1.73	1.59	1.55	1.61	1.57
비유동자산회전율	3.05	2.80	2.77	3.01	3.06
재고자산회전율	16.68	17.09	22.17	23.48	21.98
생산성비율					(단위 : %)
총자본투자효율	21.31	17.43	18.59	19.84	20.25
설비투자효율	54.41	48.48	54.60	58.26	62.21
부가가치의 구성					(단위 : 백만 원)
영업잉여	46,793	34,492	39,975	35,914	42,104
인건비	51,535	49,046	54,277	55,572	65,611.62
금융비용	-4,749	-3,314	-4,135.38	-4,568	-6,477.62
감가상각비	24,298	25,907	25,569	25,087.25	26,448

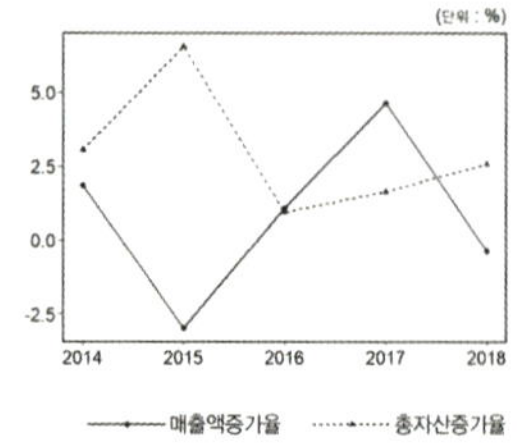

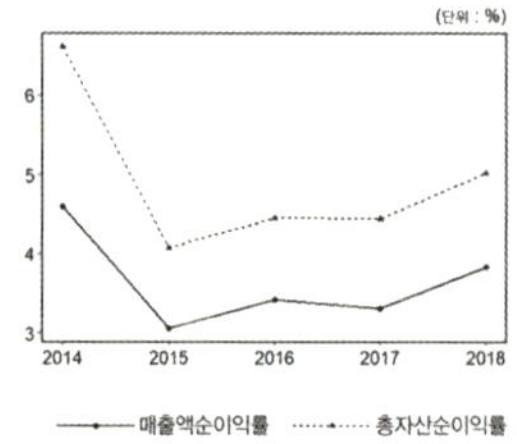

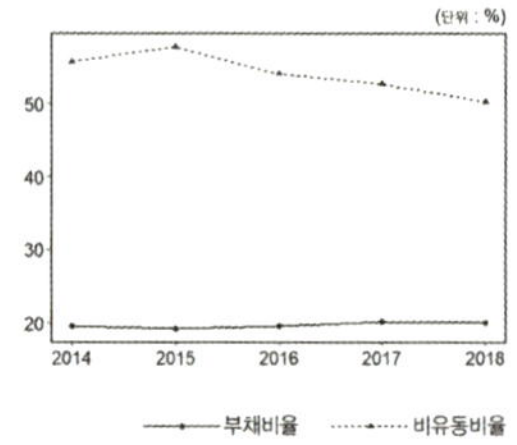

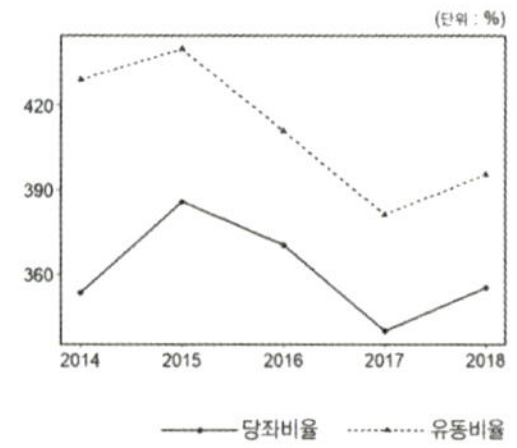

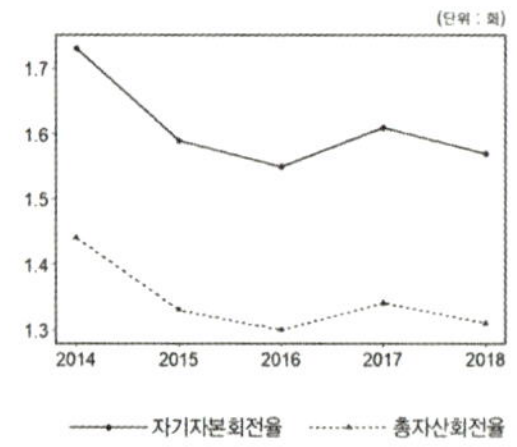

5 ㈜사조대림(003960)

코

설립일	1964.05.01	대표이사	김상훈
업종	수산동물 가공 및 저장처리업	업종코드	1021
소재지	서울특별시 서초구 남부순환로	주요브랜드	사조

	2014	2015	2016	2017	2018
재무상태표					(단위 : 백만 원)
유동자산	121,022	120,501	93,856	104,052	123,031
당좌자산	89,719	87,540	66,490	65,651	66,550
재고자산	31,303	32,961	27,366	38,401	56,481
비유동자산	148,614	190,674	238,703	240,856	224,682
투자자산	65,041	117,334	170,089	172,428	156,053
유형자산	63,755	56,735	55,238	54,277	55,552
무형자산	1,159	2,367	3,536	5,349	4,770
자산총계	269,636	311,176	332,559	344,908	347,713
유동부채	113,684	94,813	111,903	122,461	118,970
비유동부채	20,623	37,479	40,579	29,364	28,937
자본	135,329	178,884	180,077	193,083	199,805
부채 및 자본합계	269,636	311,176	332,559	344,908	347,713
손익계산서					(단위 : 백만 원)
매출액	405,812	429,808	460,627	471,852	431,028
매출원가	324,914	343,736	362,424	366,681	346,199
매출총손익	80,898	86,073	98,203	105,171	84,830
판매비 및 관리비	76,327	82,337	88,137	88,575	69,299
영업손익	4,571	3,736	10,066	16,596	15,531
법인세비용차감전순손익	3,754	60,585	7,322	17,051	10,596
법인세비용	1,197	13,488	6,536	4,156	3,411
계속사업이익	2,557	47,098	785	12,895	7,186
중단사업손익	0	0	0	0	0
당기순손익	2,557	47,098	785	12,895	7,186
현금흐름표					(단위 : 백만 원)
영업활동순현금흐름	6,986	13,248	24,554	4,657	-6,816
투자활동순현금흐름	-8,664	5,128	-28,503	-396	9,220
재무활동순현금흐름	-820	-18,874	5,247	-2,966	6,237
성장성비율					(단위 : %)
총자산증가율	1.22	15.41	6.87	3.71	0.81
매출액증가율	1.60	5.91	7.17	2.44	-8.65
수익성비율					(단위 : %)
총자산순이익률	0.95	16.22	0.24	3.81	2.07
자기자본순이익률	1.91	29.98	0.44	6.91	3.66
매출액영업이익률	1.13	0.87	2.19	3.52	3.60
매출액순이익률	0.63	10.96	0.17	2.73	1.67
레버리지비율					(단위 : %)
부채비율	99.25	73.95	84.68	78.63	74.03
이자보상비율	1.71	2.22	4.61	11.08	10.50
비유동비율	109.82	106.59	132.56	124.74	112.45
비유동장기적합률	95.29	88.13	108.18	108.28	98.22
유동성비율					(단위 : %)
유동비율	106.45	127.09	83.87	84.97	103.41
당좌비율	78.92	92.33	59.42	53.61	55.94
현금비율	0.82	0.41	1.92	2.97	9.54
활동성비율					(단위 : 회)
총자산회전율	1.51	1.48	1.43	1.39	1.24
자기자본회전율	3.02	2.74	2.57	2.53	2.19
비유동자산회전율	2.74	2.53	2.15	1.97	1.85
재고자산회전율	14.64	13.38	15.27	14.35	9.09
생산성비율					(단위 : %)
총자본투자효율	7.09	23.90	6.57	8.86	7.05
설비투자효율	30	131.07	39.55	56.32	44.16
부가가치의 구성					(단위 : 백만 원)
영업잉여	3,490	3,291	9,093	16,588	16,413
인건비	10,421.17	9,634.91	10,118.30	10,076.53	10,050.43
금융비용	1,081.25	444.92	972.85	7.92	199.64
감가상각비	3,344.41	3,146.77	2,878.37	2,873.87	3,147.30

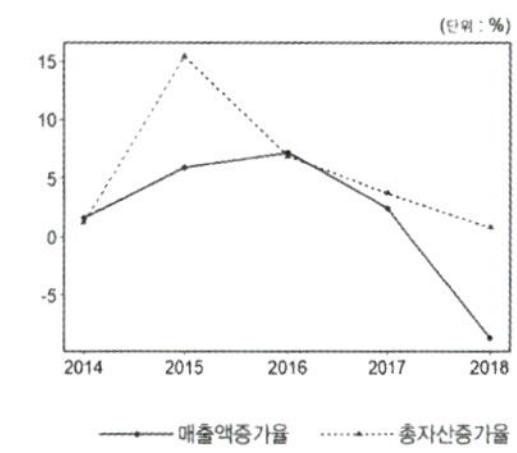

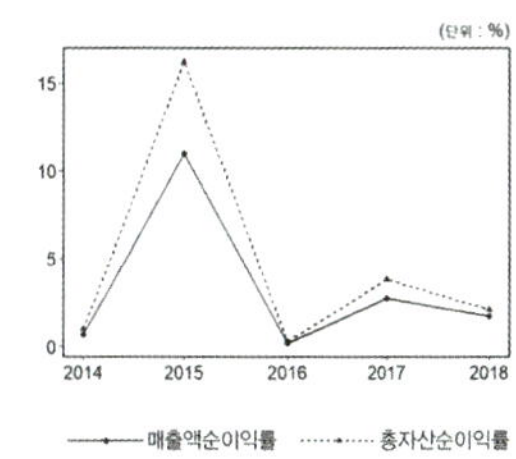

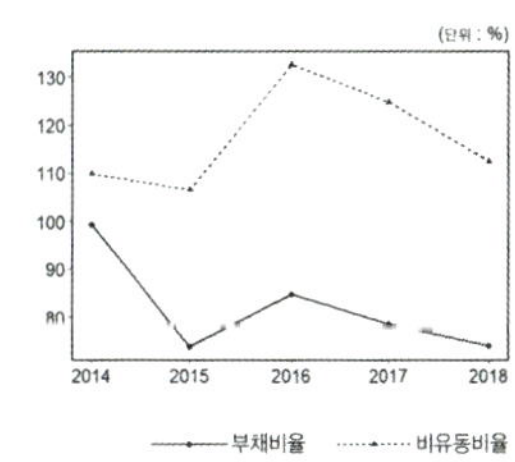

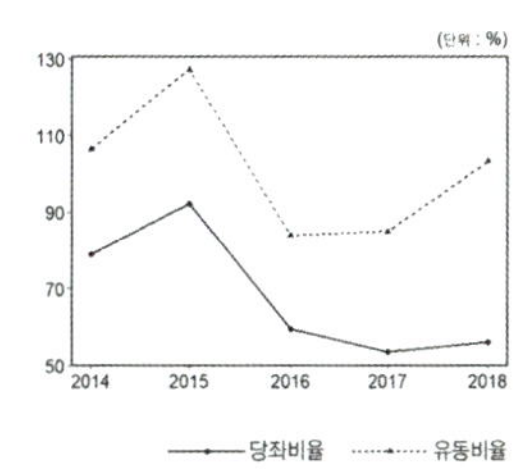

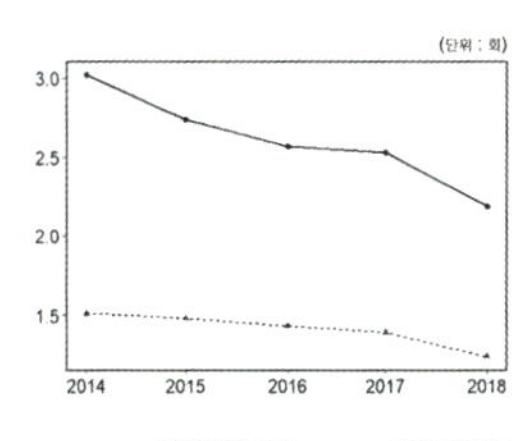

6 ㈜사조오양(006090) 코

SAJO 사조오양

설립일	1969.06.09	대표이사	정태식
업종	수산동물 가공 및 저장처리업	업종코드	1021
소재지	서울특별시 서초구 남부순환로	주요브랜드	사조

	2014	2015	2016	2017	2018
재무상태표					(단위 : 백만 원)
유동자산	42,477	68,209	84,610	86,098	91,120
당좌자산	22,364	33,899	50,128	51,213	38,235
재고자산	20,112	34,310	34,482	34,885	52,885
비유동자산	130,845	214,301	207,791	216,302	217,170
투자자산	60,520	78,574	73,340	81,451	85,368
유형자산	56,876	109,963	112,017	113,271	111,363
무형자산	300	11,869	11,855	13,728	13,333
자산총계	173,322	282,510	292,401	302,400	308,290
유동부채	68,391	122,872	129,780	119,510	124,273
비유동부채	31,018	42,411	34,321	34,205	28,313
자본	73,912	117,227	128,299	148,685	155,704
부채 및 자본합계	173,322	282,510	292,401	302,400	308,290
손익계산서					(단위 : 백만 원)
매출액	111,844	194,925	279,105	310,187	296,146
매출원가	113,518	173,588	239,363	266,054	263,861
매출총손익	-1,674	21,337	39,742	44,133	32,284
판매비 및 관리비	4,133	10,479	17,380	19,960	19,799
영업손익	-5,808	10,858	22,363	24,173	12,485
법인세비용차감전순손익	-4,130	11,719	15,178	30,284	10,008
법인세비용	-1,148	2,274	3,834	6,296	2,049
계속사업이익	-2,982	9,445	11,345	23,987	7,958
중단사업손익	0	0	0	0	0
당기순손익	-2,982	9,445	11,345	23,987	7,958
현금흐름표					(단위 : 백만 원)
영업활동순현금흐름	2,905	18,176	27,068	25,979	8,054
투자활동순현금흐름	-6,035	-9,431	-6,053	-14,934	-4,406
재무활동순현금흐름	3,328	-7,363	-20,327	-11,700	-4,422
성장성비율					(단위 : %)
총자산증가율	0.44	63	3.50	3.42	1.95
매출액증가율	1.87	74.28	43.19	11.14	-4.53
수익성비율					(단위 : %)
총자산순이익률	-1.72	4.14	3.95	8.07	2.61
자기자본순이익률	-3.98	9.88	9.24	17.32	5.23
매출액영업이익률	-5.19	5.57	8.01	7.79	4.22
매출액순이익률	-2.67	4.85	4.06	7.73	2.69
레버리지비율					(단위 : %)
부채비율	134.50	140.99	127.91	103.38	98
이자보상비율	-1.68	2.89	5.93	7.13	4.03
비유동비율	177.03	182.81	161.96	145.48	139.48
비유동장기적합률	124.70	134.24	127.78	118.27	118.02
유동성비율					(단위 : %)
유동비율	62.11	55.51	65.19	72.04	73.32
당좌비율	32.70	27.59	38.63	42.85	30.77
현금비율	0.81	2.53	2.86	2.05	1.08
활동성비율					(단위 : 회)
총자산회전율	0.65	0.86	0.97	1.04	0.97
자기자본회전율	1.49	2.04	2.27	2.24	1.95
비유동자산회전율	0.90	1.13	1.32	1.46	1.37
재고자산회전율	4.88	7.16	8.11	8.94	6.75
생산성비율					(단위 : %)
총자본투자효율	1.76	8.30	9.84	14.97	8.94
설비투자효율	5.46	21.47	26.30	40.01	24.90
부가가치의 구성					(단위 : 백만 원)
영업잉여	-8,468	7,384	21,485	23,306	10,045
인건비	1,096.18	2,413.01	4,019.39	4,296.69	4,612.70
금융비용	2,670.72	3,533.94	945.52	934.77	2,631.75
감가상각비	2,987.55	5,284.35	7,953.78	8,994.29	9,565.68

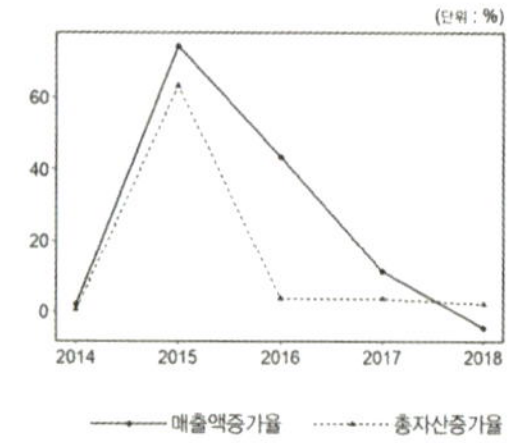

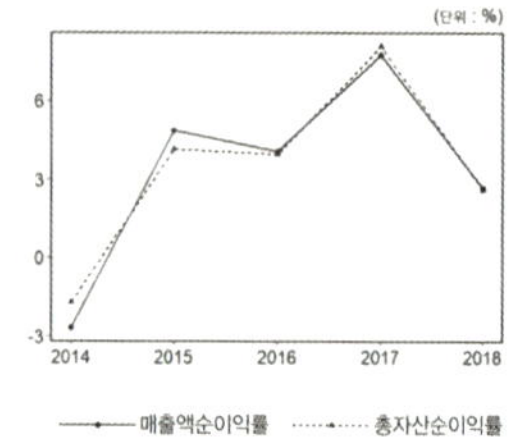

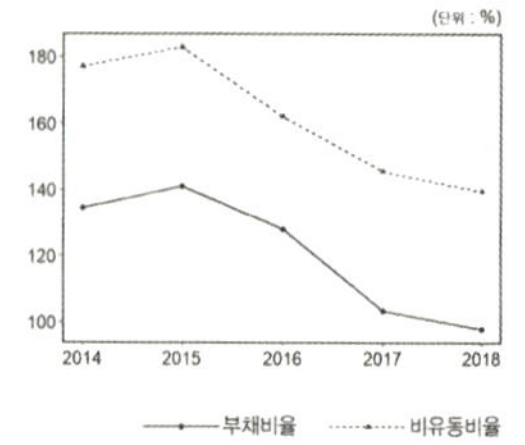

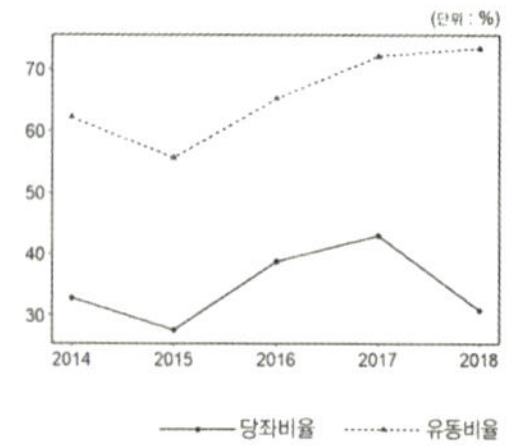

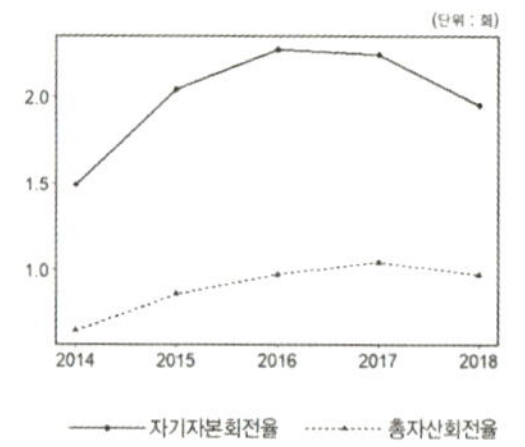

7 ㈜삼양사(145990) 코

설립일	2011.11.03	대표이사	박순철, 송자량
업종	설탕 제조업	업종코드	1072
소재지	서울특별시 종로구 종로길	주요브랜드	큐원

	2014	2015	2016	2017	2018
재무상태표					(단위 : 백만 원)
유동자산	438,853	365,903	741,575	578,321	484,075
당좌자산	280,526	229,390	541,098	383,584	249,216
재고자산	158,327	136,513	200,476	194,736	234,859
비유동자산	617,865	657,209	897,016	1,077,899	1,157,044
투자자산	182,997	182,589	248,945	404,903	446,665
유형자산	422,395	456,159	621,991	649,098	685,103
무형자산	7,019	6,472	10,559	8,773	8,723
자산총계	1,056,718	1,023,112	1,638,591	1,656,219	1,641,119
유동부채	370,853	307,890	477,385	312,972	380,949
비유동부채	108,958	112,087	117,204	285,383	202,224
자본	576,907	603,135	1,044,002	1,057,864	1,057,946
부채 및 자본합계	1,056,718	1,023,112	1,638,591	1,656,219	1,641,119
손익계산서					(단위 : 백만 원)
매출액	1,264,340	1,169,694	1,583,353	1,624,180	1,666,024
매출원가	1,075,745	965,621	1,263,775	1,351,234	1,381,650
매출총손익	188,595	204,074	319,578	272,946	284,374
판매비 및 관리비	154,024	149,011	212,798	222,826	227,469
영업손익	34,571	55,063	106,780	50,120	56,905
법인세비용차감전순손익	38,489	52,267	109,456	35,526	42,683
법인세비용	9,954	12,413	25,573	9,947	10,528
계속사업이익	28,534	39,854	83,883	25,579	32,155
중단사업손익	0	0	0	0	0
당기순손익	28,534	39,854	83,883	25,579	32,155
현금흐름표					(단위 : 백만 원)
영업활동순현금흐름	56,229	-243	117,516	-98,553	28,537
투자활동순현금흐름	-49,883	-41,893	-6,302	-208,443	-5,607
재무활동순현금흐름	45,487	-8,970	-13,479	166,676	-24,682
성장성비율					(단위 : %)
총자산증가율	38.74	-3.18	60.16	1.08	-0.91
매출액증가율	-1.44	-7.49	35.36	2.58	2.58
수익성비율					(단위 : %)
총자산순이익률	3.14	3.83	6.30	1.55	1.95
자기자본순이익률	5.65	6.75	10.19	2.43	3.04
매출액영업이익률	2.73	4.71	6.74	3.09	3.42
매출액순이익률	2.26	3.41	5.30	1.57	1.93
레버리지비율					(단위 : %)
부채비율	83.17	69.63	56.95	56.56	55.12
이자보상비율	30.78	20.01	25.71	6.70	6.76
비유동비율	107.10	108.97	85.92	101.89	109.37
비유동장기적합률	90.09	91.89	77.25	80.25	91.82
유동성비율					
유동비율	118.34	118.84	155.34	184.78	127.07
당좌비율	75.64	74.50	113.35	122.56	65.42
현금비율	26.31	17.60	22.25	4.19	4.71
활동성비율					(단위 : 회)
총자산회전율	1.39	1.12	1.19	0.99	1.01
자기자본회전율	2.50	1.98	1.92	1.55	1.57
비유동자산회전율	2.42	1.83	2.04	1.64	1.49
재고자산회전율	10.01	7.93	9.40	8.22	7.76
생산성비율					(단위 : %)
총자본투자효율	8.79	10.91	11.87	7.23	8.34
설비투자효율	23.32	27.02	32.75	19.48	22.10
부가가치의 구성					(단위 : 백만 원)
영업잉여	35,246	53,831	110,579	52,677	55,231
인건비	31,250	31,252	44,248	43,141	50,502
금융비용	-763	1,228	-284	1,033	1,801
감가상각비	17,489	19,818	32,350	31,341	33,104

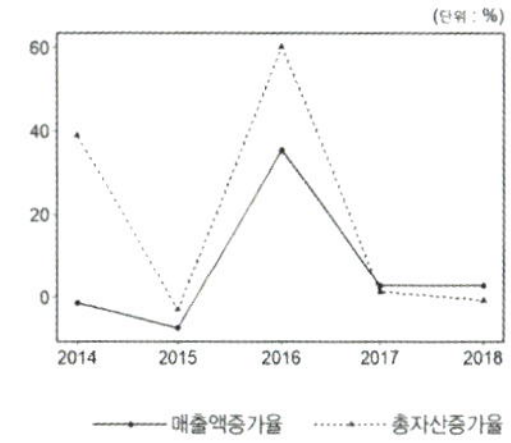

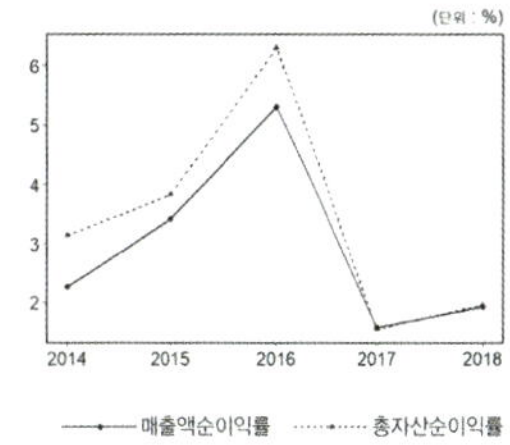

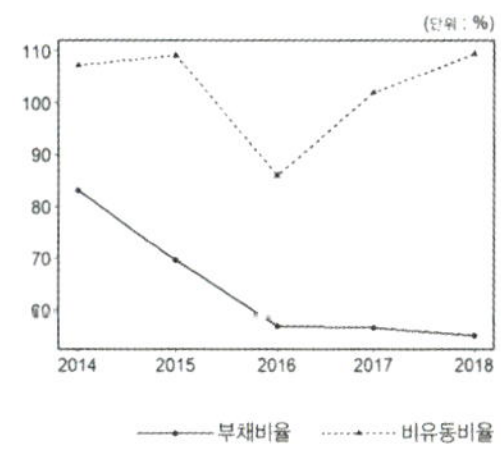

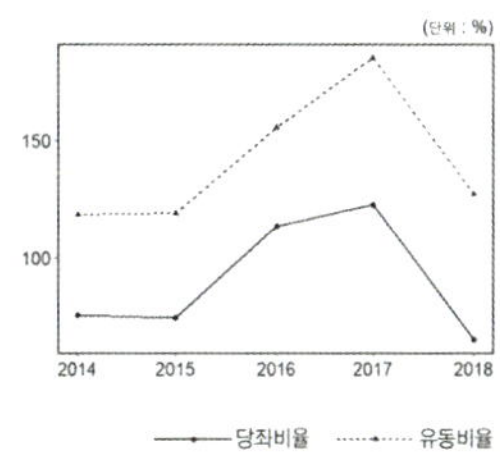

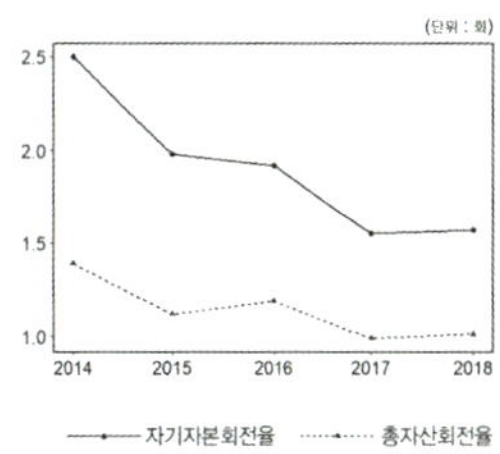

8 ㈜선진(136490) 코

설립일	2011.01.04	대표이사	이범권
업종	육류 가공 및 저장처리업	업종코드	1012
소재지	경기도 이천시 대월면 사동로	주요브랜드	선진

	2014	2015	2016	2017	2018
재무상태표					(단위 : 백만 원)
유동자산	246,158	246,650	186,203	178,569	298,599
당좌자산	197,304	202,554	142,227	138,952	219,701
재고자산	48,854	44,096	43,976	39,617	78,898
비유동자산	138,184	192,170	302,224	399,173	481,446
투자자산	54,855	45,429	210,703	283,251	357,753
유형자산	77,647	80,895	83,953	107,533	115,293
무형자산	3,176	3,534	5,027	5,633	6,234
자산총계	384,342	438,821	488,427	577,742	780,045
유동부채	198,921	236,416	255,196	217,889	344,691
비유동부채	16,632	10,170	18,227	21,196	86,242
자본	168,788	192,235	215,004	338,658	349,112
부채 및 자본합계	384,342	438,821	488,427	577,742	780,045
손익계산서					(단위 : 백만 원)
매출액	594,896	594,264	615,165	694,135	746,427
매출원가	507,635	505,039	515,794	593,621	638,081
매출총손익	87,261	89,225	99,370	100,514	108,346
판매비 및 관리비	60,040	61,281	67,781	74,954	85,041
영업손익	27,221	27,944	31,589	25,560	23,305
법인세비용차감전순손익	32,377	28,317	36,380	48,511	26,421
법인세비용	8,014	7,950	9,951	13,749	7,037
계속사업이익	24,362	20,367	26,429	34,762	19,384
중단사업손익	0	0	0	0	0
당기순손익	24,362	20,367	26,429	34,762	19,384
현금흐름표					(단위 : 백만 원)
영업활동순현금흐름	17,110	26,535	40,830	47,631	-22,085
투자활동순현금흐름	-54,932	-36,040	-106,562	-96,165	-105,311
재무활동순현금흐름	79,019	28,418	15,869	54,980	177,468
성장성비율					(단위 : %)
총자산증가율	35.79	14.17	11.30	18.29	35.02
매출액증가율	13.95	-0.11	3.52	12.84	7.53
수익성비율					(단위 : %)
총자산순이익률	7.30	4.95	5.70	6.52	2.86
자기자본순이익률	15.50	11.28	12.98	12.56	5.64
매출액영업이익률	4.58	4.70	5.14	3.68	3.12
매출액순이익률	4.10	3.43	4.30	5.01	2.60
레버리지비율					(단위 : %)
부채비율	127.71	128.27	127.17	70.60	123.44
이자보상비율	13.46	11.01	6.79	4.27	2.66
비유동비율	81.87	99.97	140.57	117.87	137.91
비유동장기적합률	74.52	94.94	129.58	110.93	110.59
유동성비율					(단위 : %)
유동비율	123.75	104.33	72.96	81.95	86.63
당좌비율	99.19	85.68	55.73	63.77	63.74
현금비율	17.88	25.51	7.02	10.93	23.30
활동성비율					(단위 : 회)
총자산회전율	1.78	1.44	1.33	1.30	1.10
자기자본회전율	3.79	3.29	3.02	2.51	2.17
비유동자산회전율	4.95	3.60	2.49	1.98	1.70
재고자산회전율	14.16	12.79	13.97	16.61	12.60
생산성비율					(단위 : %)
총자본투자효율	13.07	10.57	11.39	12.22	6.72
설비투자효율	65.13	58.12	66.65	82.59	46.20
부가가치의 구성					(단위 : 백만 원)
영업잉여	30,481	30,949	35,617	28,523	24,217
인건비	17,447.83	16,632.89	16,302.44	17,065.82	19,116.37
금융비용	-2,503.60	-2,876.56	-1,924.36	-907.04	-150.88
감가상각비	2,315.22	3,702.26	4,349.82	5,479.11	6,352.83

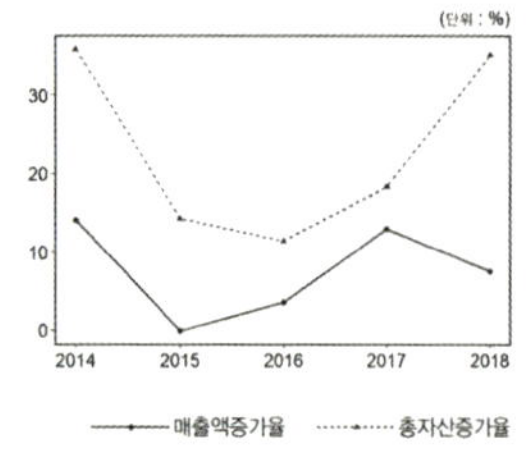

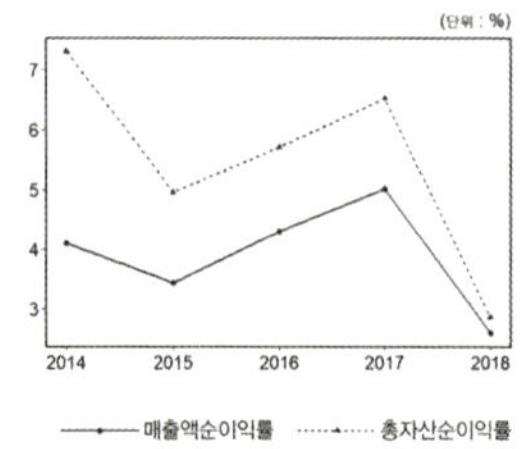

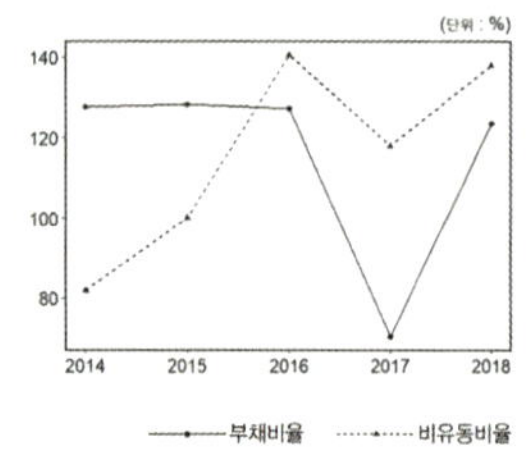

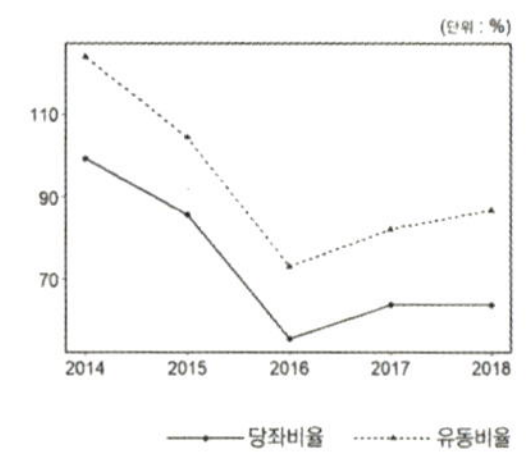

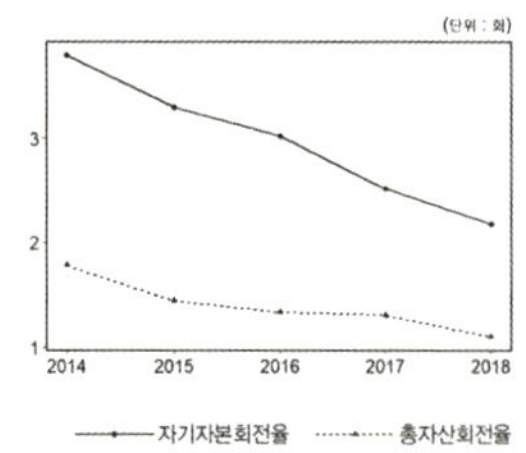

9 ㈜에스피씨삼립(005610)

SPC SAMLIP

코

설립일	1968.06.28	대표이사	이명구, 이석환
업종	떡, 빵 및 과자류 제조업	업종코드	1071
소재지	경기도 시흥시 공단대로	주요브랜드	삼립, 빚은

	2014	2015	2016	2017	2018
재무상태표					(단위 : 백만 원)
유동자산	139,099	117,472	133,575	144,939	179,416
당좌자산	126,826	108,917	124,291	134,260	122,229
재고자산	12,273	8,556	9,284	10,679	57,187
비유동자산	269,981	266,255	286,670	304,137	414,745
투자자산	74,085	82,329	94,334	123,859	68,816
유형자산	172,413	159,890	169,011	158,199	309,924
무형자산	4,573	3,260	2,735	2,179	12,186
자산총계	409,081	383,727	420,245	449,076	594,161
유동부채	193,709	168,856	187,263	215,731	277,212
비유동부채	26,565	16,274	22,498	42,000	24,598
자본	188,807	198,597	210,484	191,345	292,351
부채 및 자본합계	409,081	383,727	420,245	449,076	594,161
손익계산서					(단위 : 백만 원)
매출액	1,028,618	985,825	1,053,614	1,010,119	1,016,327
매출원가	812,311	749,470	789,415	743,638	770,963
매출총손익	216,307	236,355	264,199	266,481	245,364
판매비 및 관리비	194,591	211,610	235,115	237,804	203,646
영업손익	21,716	24,745	29,084	28,677	41,718
법인세비용차감전순손익	20,626	22,662	28,190	36,871	35,708
법인세비용	3,831	6,669	6,073	6,091	7,322
계속사업이익	16,795	15,994	22,118	30,780	28,385
중단사업손익	0	0	0	0	0
당기순손익	16,795	15,994	22,118	30,780	28,385
현금흐름표					(단위 : 백만 원)
영업활동순현금흐름	18,340	31,395	27,276	45,835	64,854
투자활동순현금흐름	-12,996	-17,989	-43,299	-49,015	-35,854
재무활동순현금흐름	-3,740	-15,299	14,001	3,717	-28,196
성장성비율					(단위 : %)
총자산증가율	-0.34	-6.20	9.52	6.86	32.31
매출액증가율	6.26	-4.16	6.88	-4.13	0.61
수익성비율					(단위 : %)
총자산순이익률	4.10	4.03	5.50	7.08	5.44
자기자본순이익률	9.18	8.26	10.81	15.32	11.74
매출액영업이익률	2.11	2.51	2.76	2.84	4.10
매출액순이익률	1.63	1.62	2.10	3.05	2.79
레버리지비율					(단위 : %)
부채비율	116.67	93.22	99.66	134.69	103.24
이자보상비율	7.30	13.15	19.59	11.39	11.48
비유동비율	142.99	134.07	136.20	158.95	141.87
비유동장기적합률	125.36	123.91	123.04	130.34	130.86
유동성비율					(단위 : %)
유동비율	71.81	69.57	71.33	67.18	64.72
당좌비율	65.47	64.50	66.37	62.23	44.09
현금비율	4.72	3.98	1.99	2.18	2.28
활동성비율					(단위 : 회)
총자산회전율	2.51	2.49	2.62	2.32	1.95
자기자본회전율	5.62	5.09	5.15	5.03	4.20
비유동자산회전율	3.91	3.68	3.81	3.42	2.83
재고자산회전율	48.84	94.66	118.12	101.20	29.95
생산성비율					(단위 : %)
총자본투자효율	20.74	21.13	21.40	20.47	19.14
설비투자효율	49.86	51.14	58.09	58.76	37.72
부가가치의 구성					(단위 : 백만 원)
영업잉여	18,752	23,090	27,755	36,444	38,380
인건비	26,068.83	26,051.60	27,015.66	28,298.87	34,884.92
금융비용	2,963.99	1,655.30	1,328.98	-7,767.15	3,338.29
감가상각비	20,134.98	20,986.66	21,731.04	21,890.64	27,315.69

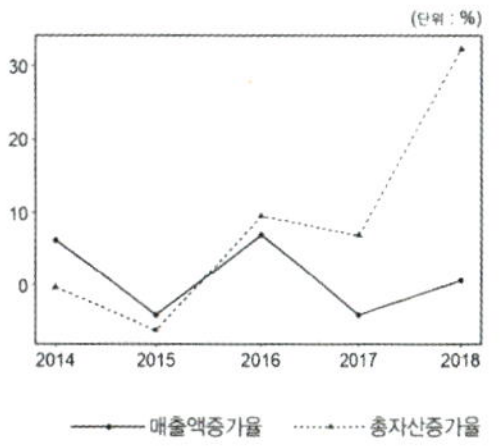

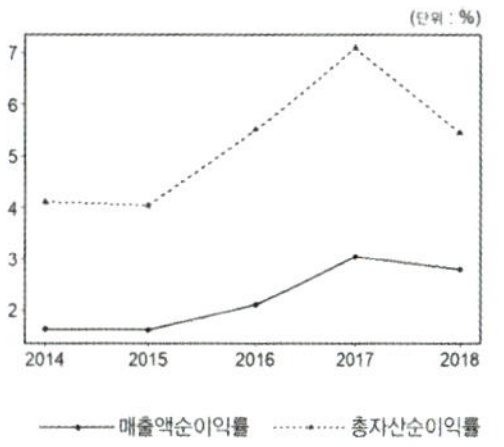

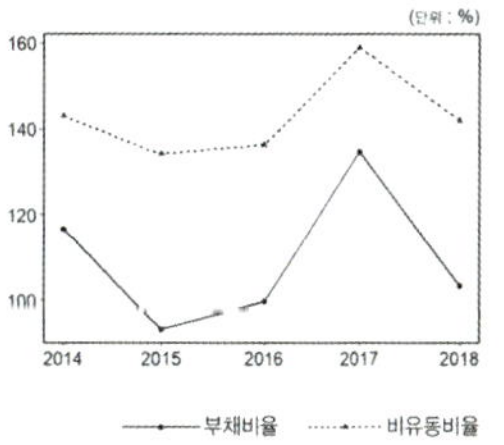

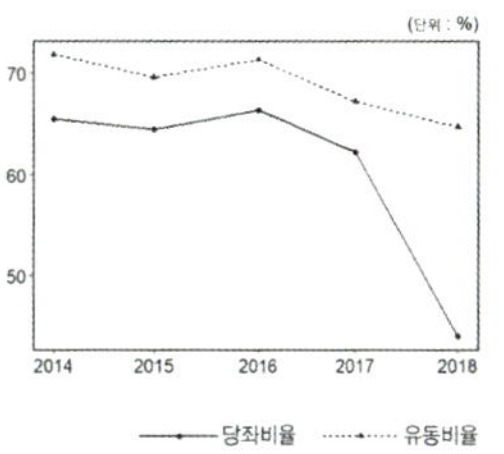

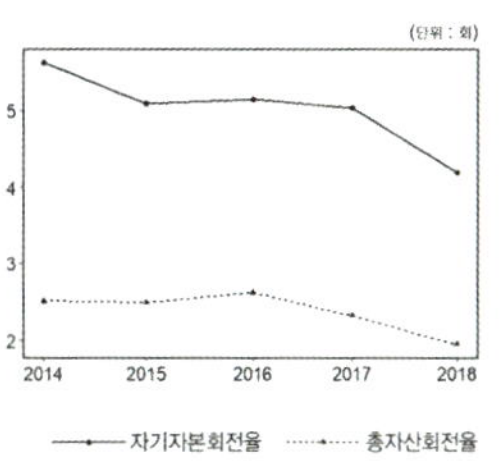

10 ㈜오뚜기(007310) 코

설립일	1971.06.03	대표이사	함영준, 이강훈
업종	면류, 마카로니 및 유사식품 제조업	업종코드	1073
소재지	경기도 안양시 동안구 흥안대로	주요브랜드	오뚜기

	2014	2015	2016	2017	2018
재무상태표					(단위 : 백만 원)
유동자산	510,969	535,545	593,486	595,973	656,668
당좌자산	402,951	418,371	462,064	463,537	521,501
재고자산	108,018	117,174	131,422	132,437	135,168
비유동자산	648,990	695,317	749,262	809,828	997,789
투자자산	148,957	160,615	181,134	200,521	321,191
유형자산	489,853	526,053	559,898	593,762	639,907
무형자산	9,015	7,916	7,553	9,191	18,927
자산총계	1,159,959	1,230,862	1,342,748	1,405,801	1,654,457
유동부채	365,483	333,841	368,916	397,324	406,246
비유동부채	88,807	117,459	105,334	43,089	149,130
자본	705,669	779,561	868,498	965,388	1,099,081
부채 및 자본합계	1,159,959	1,230,862	1,342,748	1,405,801	1,654,457
손익계산서					(단위 : 백만 원)
매출액	1,745,068	1,829,762	1,959,105	2,050,192	2,097,130
매출원가	1,352,635	1,399,214	1,502,211	1,580,550	1,657,087
매출총손익	392,432	430,549	456,894	469,642	440,043
판매비 및 관리비	286,860	311,877	331,035	340,169	303,745
영업손익	105,573	118,672	125,860	129,473	136,298
법인세비용차감전순손익	115,590	122,922	155,120	142,051	174,318
법인세비용	27,878	28,918	35,458	37,882	34,891
계속사업이익	87,711	94,004	119,662	104,168	139,427
중단사업손익	0	0	0	0	0
당기순손익	87,711	94,004	119,662	104,168	139,427
현금흐름표					(단위 : 백만 원)
영업활동순현금흐름	110,995	107,208	127,024	89,852	163,312
투자활동순현금흐름	-144,676	-77,433	-120,350	-67,177	-172,456
재무활동순현금흐름	26,165	-33,893	-34,427	-43,870	8,630
성장성비율					(단위 : %)
총자산증가율	13.09	6.11	9.09	4.70	17.69
매출액증가율	2.78	4.85	7.07	4.65	2.29
수익성비율					(단위 : %)
총자산순이익률	8.03	7.86	9.30	7.58	9.11
자기자본순이익률	13.09	12.66	14.52	11.36	13.51
매출액영업이익률	6.05	6.49	6.42	6.32	6.50
매출액순이익률	5.03	5.14	6.11	5.08	6.65
레버리지비율					(단위 : %)
부채비율	64.38	57.89	54.61	45.62	50.53
이자보상비율	34.91	40.04	51.23	51.12	53.06
비유동비율	91.97	89.19	86.27	83.89	90.78
비유동장기적합률	81.69	77.51	76.94	80.30	79.94
유동성비율					(단위 : %)
유동비율	139.81	160.42	160.87	150	161.64
당좌비율	110.25	125.32	125.25	116.66	128.37
현금비율	30.99	28.82	21.34	17.42	15.73
활동성비율					(단위 : 회)
총자산회전율	1.60	1.53	1.52	1.49	1.37
자기자본회전율	2.60	2.46	2.38	2.24	2.03
비유동자산회전율	2.88	2.72	2.71	2.63	2.32
재고자산회전율	16.50	16.25	15.76	15.54	15.67
생산성비율					(단위 : %)
총자본투자효율	20.89	21.68	22.57	20.66	19.74
설비투자효율	51.31	51.66	59.74	54.78	56.79
부가가치의 구성					(단위 : 백만 원)
영업잉여	111,991	123,325	132,679	136,308	146,279
인건비	101,700	110,135.88	111,594.64	108,729.30	109,915.53
금융비용	-6,390.35	-4,511.28	-6,819.13	-7,060.29	-9,681.41
감가상각비	24,989.87	31,441.54	36,033.84	39,167.30	43,748.73

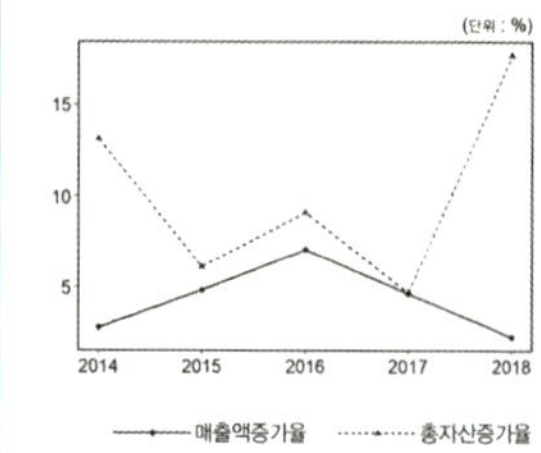

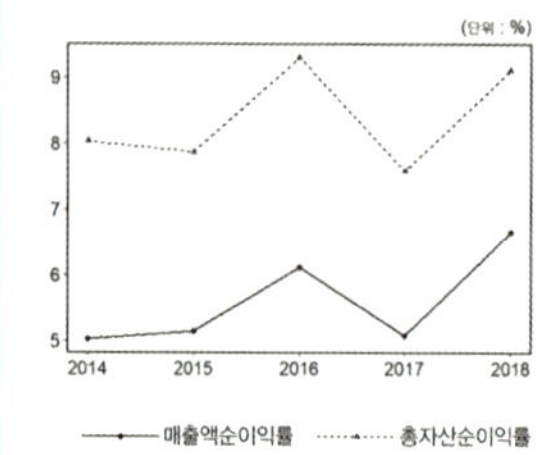

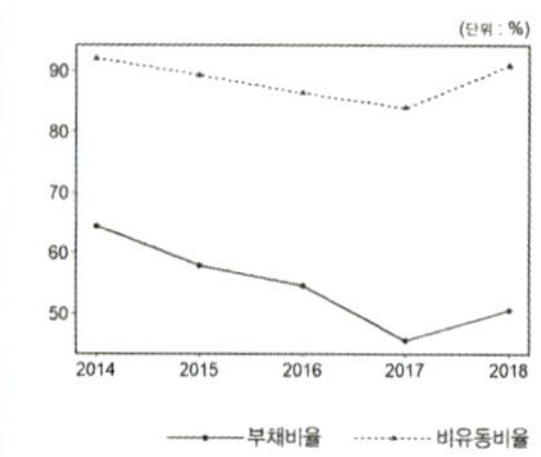

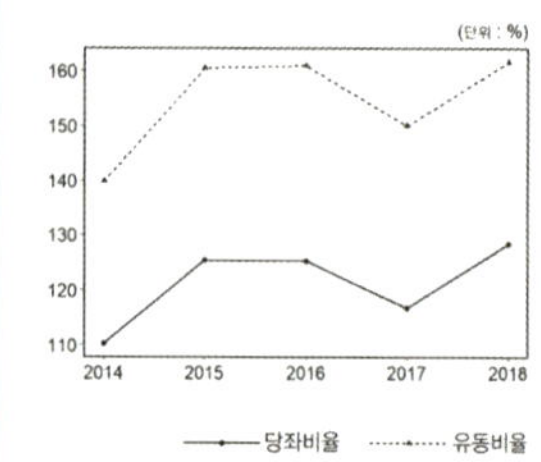

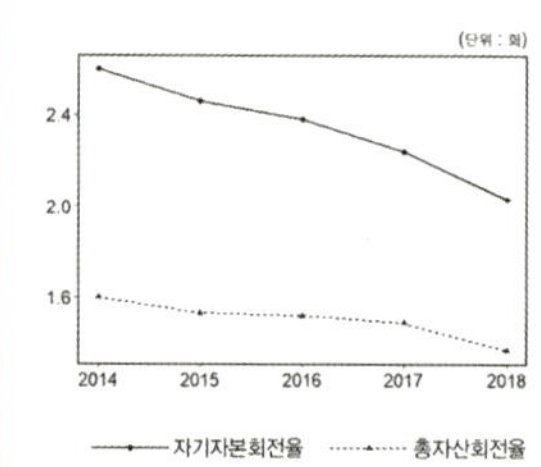

11 ㈜오리온(271560)

코

설립일	2017.06.01	대표이사	이경재
업종	떡, 빵 및 과자류 제조업	업종코드	1071
소재지	서울특별시 용산구 백범로	주요브랜드	오리온, 마켓오, 닥터유

	2014	2015	2016	2017	2018
재무상태표					(단위 : 백만 원)
유동자산	–	–	–	147,585	159,313
당좌자산	–	–	–	102,930	114,310
재고자산	–	–	–	44,655	45,003
비유동자산	–	–	–	990,871	1,004,360
투자자산	–	–	–	306,149	318,256
유형자산	–	–	–	648,463	649,642
무형자산	–	–	–	34,065	34,130
자산총계	–	–	–	1,138,455	1,163,673
유동부채	–	–	–	125,573	149,807
비유동부채	–	–	–	360,769	315,970
자본	–	–	–	652,114	697,896
부채 및 자본합계	–	–	–	1,138,455	1,163,673
손익계산서					(단위 : 백만 원)
매출액	–	–	–	399,270	711,902
매출원가	–	–	–	214,788	378,105
매출총손익	–	–	–	184,481	333,797
판매비 및 관리비	–	–	–	139,458	241,586
영업손익	–	–	–	45,023	92,211
법인세비용차감전순손익	–	–	–	45,477	92,812
법인세비용	–	–	–	11,212	22,048
계속사업이익	–	–	–	34,264	70,765
중단사업손익	–	–	–	0	0
당기순손익	–	–	–	34,264	70,765
현금흐름표					(단위 : 백만 원)
영업활동순현금흐름	–	–	–	77,930	122,829
투자활동순현금흐름	–	–	–	−40,222	−60,980
재무활동순현금흐름	–	–	–	−53,034	−45,208
성장성비율					(단위 : %)
총자산증가율	–	–	–	–	0
매출액증가율	–	–	–	–	0
수익성비율					(단위 : %)
총자산순이익률	–	–	–	–	6.08
자기자본순이익률	–	–	–	–	10.14
매출액영업이익률	–	–	–	–	12.95
매출액순이익률	–	–	–	–	9.94
레버리지비율					(단위 : %)
부채비율	–	–	–	–	66.74
이자보상비율	–	–	–	–	9.97
비유동비율	–	–	–	–	143.91
비유동장기적합률	–	–	–	–	99.06
유동성비율					(단위 : %)
유동비율	–	–	–	–	106.35
당좌비율	–	–	–	–	76.31
현금비율	–	–	–	–	22.16
활동성비율					(단위 : 회)
총자산회전율	–	–	–	–	0.61
자기자본회전율	–	–	–	–	1.02
비유동자산회전율	–	–	–	–	0.71
재고자산회전율	–	–	–	–	15.82
생산성비율					(단위 : %)
총자본투자효율	–	–	–	–	22.89
설비투자효율	–	–	–	–	41.26
부가가치의 구성					(단위 : 백만 원)
영업잉여	–	–	–	45,023	83,156
인건비	–	–	–	–	113,492.43
금융비용	–	–	–	–	9,048.97
감가상각비	–	–	–	–	38,958.11

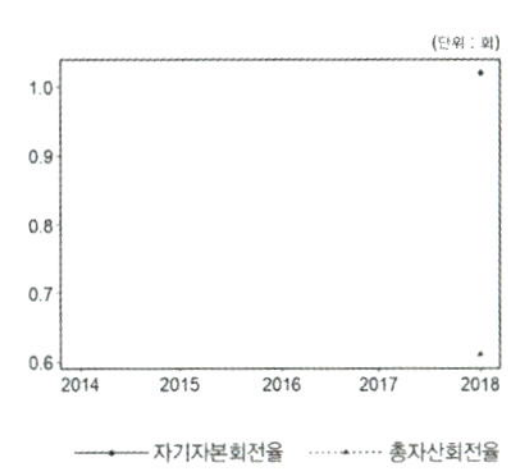

12 ㈜조흥(002600)

코

설립일	1959.02.11	대표이사	유익제
업종	조미료 및 식품 첨가물 제조업	업종코드	1074
소재지	경기도 안산시 단원구 시화로	주요브랜드	코다노

	2014	2015	2016	2017	2018
재무상태표					(단위 : 백만 원)
유동자산	73,100	95,221	102,761	97,883	105,523
당좌자산	46,920	63,160	69,566	60,585	68,409
재고자산	26,180	32,061	33,195	37,298	37,113
비유동자산	57,489	53,771	60,699	70,589	89,787
투자자산	6,244	1,719	1,620	1,598	1,575
유형자산	50,656	51,492	58,576	67,907	86,918
무형자산	554	554	410	456	551
자산총계	130,589	148,993	163,459	168,472	195,310
유동부채	27,442	40,488	42,824	33,100	55,554
비유동부채	1,489	1,738	7,468	14,980	14,239
자본	101,658	106,768	113,167	120,391	125,517
부채 및 자본합계	130,589	148,993	163,459	168,472	195,310
손익계산서					(단위 : 백만 원)
매출액	112,728	113,154	129,693	162,127	168,071
매출원가	100,144	99,520	107,231	136,417	145,928
매출총손익	12,584	13,635	22,462	25,710	22,143
판매비 및 관리비	5,423	7,053	10,935	11,635	10,774
영업손익	7,162	6,582	11,527	14,075	11,369
법인세비용차감전순손익	6,997	8,305	10,149	14,033	9,973
법인세비용	1,722	1,667	2,029	2,735	1,937
계속사업이익	5,275	6,638	8,120	11,298	8,036
중단사업손익	0	0	0	0	0
당기순손익	5,275	6,638	8,120	11,298	8,036
현금흐름표					(단위 : 백만 원)
영업활동순현금흐름	-871	3,574	7,135	9,043	13,202
투자활동순현금흐름	-1,959	3,638	-8,954	-12,216	-19,321
재무활동순현금흐름	4,242	7,834	4,866	-9,733	15,376
성장성비율					(단위 : %)
총자산증가율	10.63	14.09	9.71	3.07	15.93
매출액증가율	13.14	0.38	14.62	25.01	3.67
수익성비율					(단위 : %)
총자산순이익률	4.24	4.75	5.20	6.81	4.42
자기자본순이익률	5.30	6.37	7.38	9.67	6.54
매출액영업이익률	6.35	5.82	8.89	8.68	6.76
매출액순이익률	4.68	5.87	6.26	6.97	4.78
레버리지비율					(단위 : %)
부채비율	28.46	39.55	44.44	39.94	55.60
이자보상비율	14.81	14.80	22.02	19.26	10.39
비유동비율	56.55	50.36	53.64	58.63	71.53
비유동장기적합률	55.74	49.56	50.32	52.14	64.25
유동성비율					(단위 : %)
유동비율	266.38	235.19	239.96	295.71	189.95
당좌비율	170.98	156	162.44	183.03	123.14
현금비율	7.03	21.20	22.61	10.55	18.56
활동성비율					(단위 : 회)
총자산회전율	0.91	0.81	0.83	0.98	0.92
자기자본회전율	1.13	1.09	1.18	1.39	1.37
비유동자산회전율	1.96	2.03	2.27	2.47	2.10
재고자산회전율	5.36	3.89	3.97	4.60	4.52
생산성비율					(단위 : %)
총자본투자효율	8.77	8.58	9.47	12.16	8.77
설비투자효율	22.88	24.99	29.41	31.60	25.57
부가가치의 구성					(단위 : 백만 원)
영업잉여	7,621	6,869	13,274	14,591	10,940
인건비	2,197.54	2,209.23	2,567.13	2,873.17	2,894.12
금융비용	-464.92	-287.09	-27.46	186.29	429.71
감가상각비	2,625.31	2,477.70	2,720.52	3,304.07	3,713.42

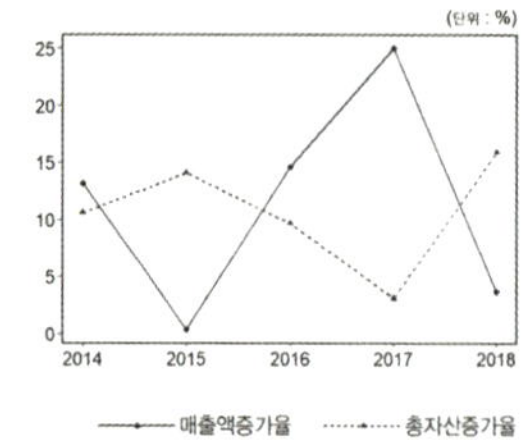

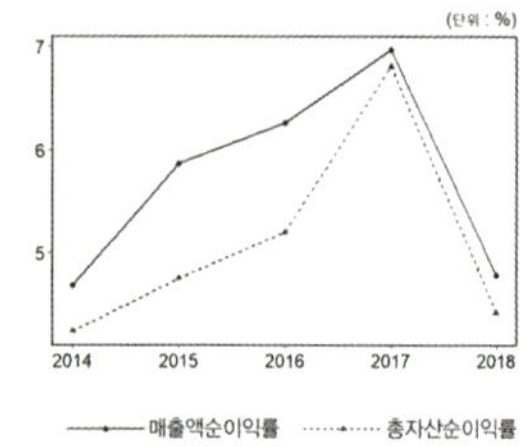

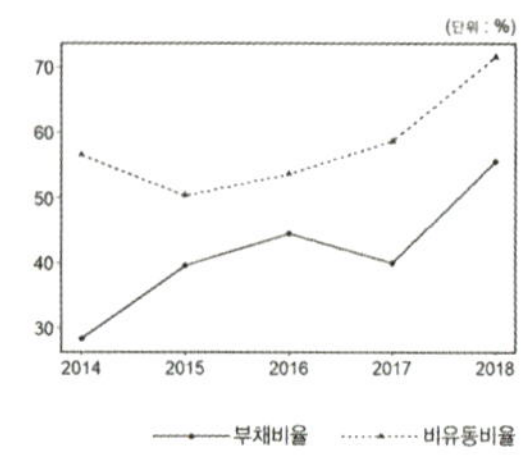

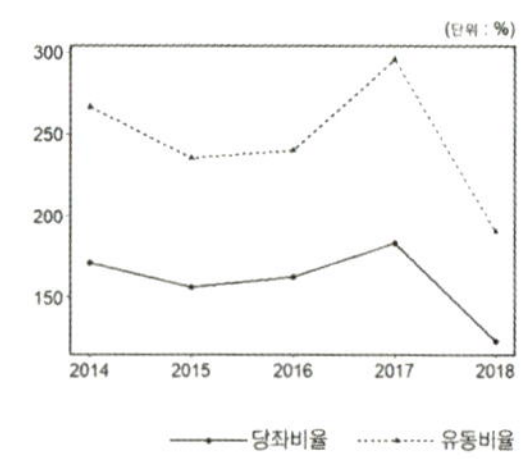

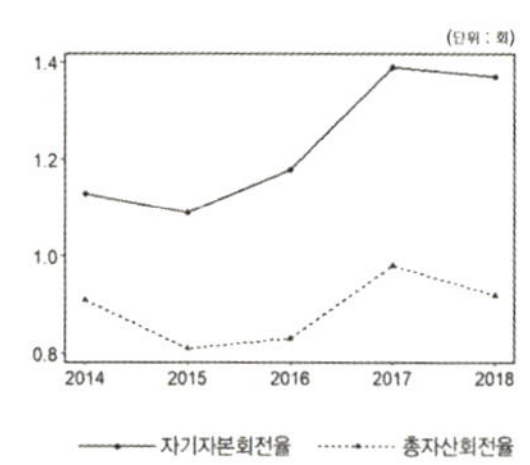

13 ㈜크라운제과(264900)

설립일	2017.03.02	대표이사	장완수
업종	떡, 빵 및 과자류 제조업	업종코드	1071
소재지	서울특별시 용산구 한강대로	주요브랜드	크라운

	2014	2015	2016	2017	2018
재무상태표					(단위 : 백만 원)
유동자산	–	–	–	105,653	103,699
당좌자산	–	–	–	77,348	77,020
재고자산	–	–	–	28,306	26,680
비유동자산	–	–	–	223,021	229,057
투자자산	–	–	–	12,748	12,653
유형자산	–	–	–	204,488	210,717
무형자산	–	–	–	843	793
자산총계	–	–	–	328,674	332,756
유동부채	–	–	–	120,612	128,529
비유동부채	–	–	–	87,276	76,046
자본	–	–	–	120,786	128,182
부채 및 자본합계	–	–	–	328,674	332,756
손익계산서					(단위 : 백만 원)
매출액	–	–	–	344,293	388,532
매출원가	–	–	–	203,590	246,479
매출총손익	–	–	–	140,703	142,053
판매비 및 관리비	–	–	–	119,567	121,797
영업손익	–	–	–	21,136	20,256
법인세비용차감전순손익	–	–	–	17,881	17,716
법인세비용	–	–	–	4,214	4,035
계속사업이익	–	–	–	13,667	13,681
중단사업손익	–	–	–	0	0
당기순손익	–	–	–	13,667	13,681
현금흐름표					(단위 : 백만 원)
영업활동순현금흐름	–	–	–	43,411	25,947
투자활동순현금흐름	–	–	–	−12,569	−16,305
재무활동순현금흐름	–	–	–	−32,462	5,914
성장성비율					(단위 : %)
총자산증가율	–	–	–	–	0
매출액증가율	–	–	–	–	0
수익성비율					(단위 : %)
총자산순이익률	–	–	–	–	4.11
자기자본순이익률	–	–	–	–	10.67
매출액영업이익률	–	–	–	–	5.21
매출액순이익률	–	–	–	–	3.52
레버리지비율					(단위 : %)
부채비율	–	–	–	–	159.60
이자보상비율	–	–	–	–	7.06
비유동비율	–	–	–	–	178.70
비유동장기적합률	–	–	–	–	112.16
유동성비율					(단위 : %)
유동비율	–	–	–	–	80.68
당좌비율	–	–	–	–	59.92
현금비율	–	–	–	–	17.19
활동성비율					(단위 : 회)
총자산회전율	–	–	–	–	1.17
자기자본회전율	–	–	–	–	3.03
비유동자산회전율	–	–	–	–	1.70
재고자산회전율	–	–	–	–	14.56
생산성비율					(단위 : %)
총자본투자효율	–	–	–	–	22.42
설비투자효율	–	–	–	–	38.02
부가가치의 구성					(단위 : 백만 원)
영업잉여	–	–	–	21,905	24,523
인건비	–	–	–	–	39,592.60
금융비용	–	–	–	–	2,784.51
감가상각비	–	–	–	–	9,877.27

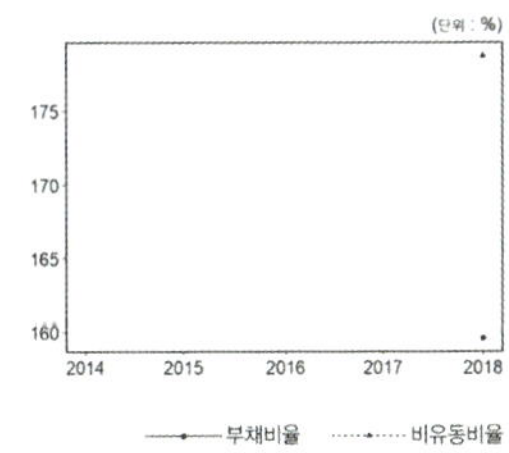

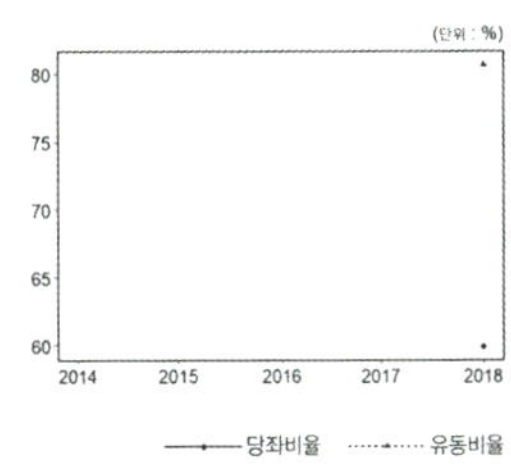

Farmsco

14 ㈜팜스코(036580)

코

설립일	1999.10.01	대표이사	정학상, 김홍국
업종	육류 가공 및 저장처리업	업종코드	1012
소재지	경기도 안성시 미양면 제2공단4길	주요브랜드	하이포크

	2014	2015	2016	2017	2018
재무상태표					(단위 : 백만 원)
유동자산	490,741	430,233	310,451	330,092	342,050
당좌자산	424,125	365,404	245,440	266,609	245,541
재고자산	66,616	64,829	65,011	63,484	96,509
비유동자산	216,869	332,945	318,112	330,992	455,603
투자자산	83,916	206,556	184,939	195,160	294,508
유형자산	120,075	117,201	121,179	128,986	149,138
무형자산	982	989	732	593	467
자산총계	707,611	763,178	628,563	661,084	797,653
유동부채	354,180	397,637	275,238	286,581	418,518
비유동부채	71,452	58,608	20,295	19,008	26,107
자본	281,979	306,933	333,031	355,496	353,028
부채 및 자본합계	707,611	763,178	628,563	661,084	797,653
손익계산서					(단위 : 백만 원)
매출액	839,533	875,142	926,709	987,089	933,107
매출원가	723,619	741,188	792,765	857,279	807,769
매출총손익	115,914	133,954	133,945	129,810	125,338
판매비 및 관리비	86,862	97,310	95,787	98,634	95,914
영업손익	29,051	36,645	38,158	31,176	29,424
법인세비용차감전순손익	24,783	24,936	43,181	43,982	17,051
법인세비용	6,340	8,090	14,591	11,592	6,574
계속사업이익	18,444	16,846	28,591	32,390	10,478
중단사업손익	0	-67	0	0	0
당기순손익	18,444	16,779	28,591	32,390	10,478
현금흐름표					(단위 : 백만 원)
영업활동순현금흐름	56,558	36,987	12,129	45,445	-14,019
투자활동순현금흐름	-47,462	-176,774	149,537	-33,062	-93,507
재무활동순현금흐름	123,619	8,164	-181,484	-4,482	123,960
성장성비율					(단위 : %)
총자산증가율	26.35	7.85	-17.64	5.17	20.66
매출액증가율	12.89	4.24	5.89	6.52	-5.47
수익성비율					(단위 : %)
총자산순이익률	2.91	2.28	4.11	5.02	1.44
자기자본순이익률	6.99	5.70	8.94	9.41	2.96
매출액영업이익률	3.46	4.19	4.12	3.16	3.15
매출액순이익률	2.20	1.92	3.09	3.28	1.12
레버리지비율					(단위 : %)
부채비율	150.94	148.65	88.74	85.96	125.95
이자보상비율	6.34	7.57	7.25	6.63	3.89
비유동비율	76.91	108.47	95.52	93.11	129.06
비유동장기적합률	61.36	91.08	90.03	88.38	120.17
유동성비율					(단위 : %)
유동비율	138.56	108.20	112.79	115.18	81.73
당좌비율	119.75	91.89	89.17	93.03	58.67
현금비율	36.31	10.83	8.62	10.50	14.94
활동성비율					(단위 : 회)
총자산회전율	1.32	1.19	1.33	1.53	1.28
자기자본회전율	3.18	2.97	2.90	2.87	2.63
비유동자산회전율	3.64	3.18	2.85	3.04	2.37
재고자산회전율	11.23	13.32	14.27	15.36	11.66
생산성비율					(단위 : %)
총자본투자효율	6.84	6.51	11.49	11.45	6.19
설비투자효율	42.86	42.52	59.65	62.61	39.67
부가가치의 구성					(단위 : 백만 원)
영업잉여	36,186	47,142	41,985	31,131	30,392
인건비	22,470.64	24,347.25	24,442.97	24,565.02	23,727.31
금융비용	-6,289.10	-7,795.54	-3,186.35	-1,187.52	-104.10
감가상각비	4,485.51	5,033.86	4,855.33	5,092.38	5,230.03

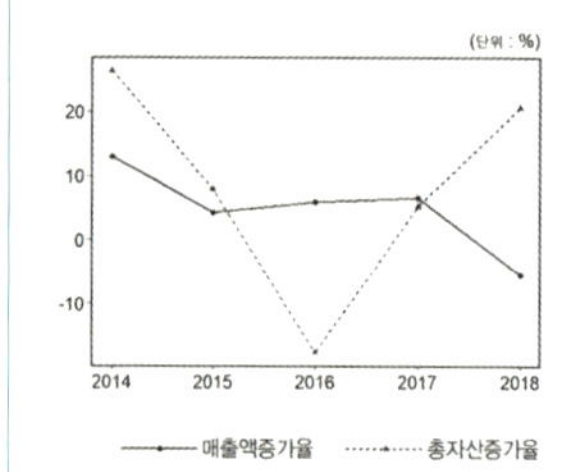

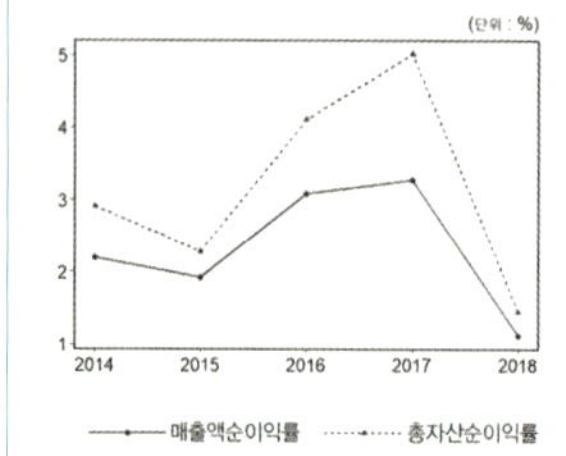

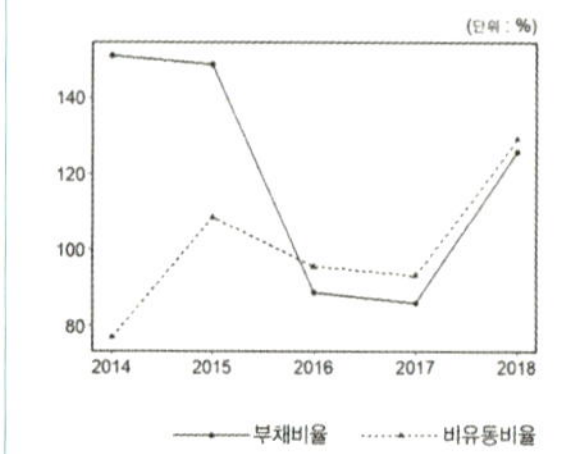

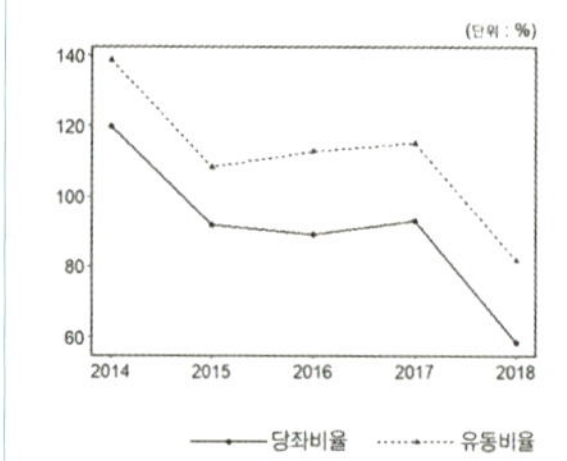

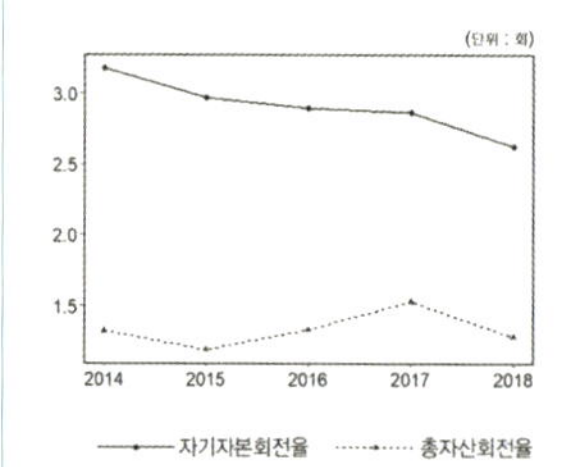

Pulmuone
풀무원

15 ㈜풀무원(017810) 코

설립일	1984.05.31	대표이사	이효율
업종	기타 식료품 제조업	업종코드	1079
소재지	충청북도 음성군 대소면 삼양로	주요브랜드	풀무원

	2014	2015	2016	2017	2018
재무상태표					(단위 : 백만 원)
유동자산	83,970	19,682	28,989	13,272	25,972
당좌자산	83,970	19,674	28,968	13,252	25,952
재고자산	0	8	21	20	20
비유동자산	305,446	376,246	376,681	393,043	453,006
투자자산	287,351	357,275	359,059	371,027	426,827
유형자산	7,484	8,260	6,787	8,326	13,409
무형자산	3,853	3,677	4,229	6,509	6,643
자산총계	389,415	395,929	405,671	406,315	478,978
유동부채	88,631	37,223	69,092	30,825	74,624
비유동부채	86,061	60,238	36,381	71,661	20,988
자본	214,724	298,467	300,197	303,828	383,365
부채 및 자본합계	389,415	395,929	405,671	406,315	478,978
손익계산서					(단위 : 백만 원)
매출액	74,000	64,501	68,773	73,165	77,181
매출원가	0	0	1,027	1,032	1,077
매출총손익	74,000	64,501	67,746	72,133	76,105
판매비 및 관리비	41,961	41,511	43,156	51,861	52,851
영업손익	32,038	22,990	24,590	20,272	23,253
법인세비용차감전순손익	70,172	20,269	8,835	14,390	16,107
법인세비용	8,248	1,296	714	2,211	278
계속사업이익	61,924	18,974	8,121	12,180	15,829
중단사업손익	0	0	0	0	0
당기순손익	61,924	18,974	8,121	12,180	15,829
현금흐름표					(단위 : 백만 원)
영업활동순현금흐름	21,111	59,414	27,525	12,902	22,852
투자활동순현금흐름	-3,326	-69,545	-17,160	-21,573	-76,817
재무활동순현금흐름	-7,116	-16	-687	-10,549	58,869
성장성비율					(단위 : %)
총자산증가율	19.31	1.67	2.46	0.16	17.88
매출액증가율	36.25	-12.84	6.62	6.39	5.49
수익성비율					(단위 : %)
총자산순이익률	17.30	4.83	2.03	3	3.58
자기자본순이익률	33.44	7.39	2.71	4.03	4.61
매출액영업이익률	43.30	35.64	35.76	27.71	30.13
매출액순이익률	83.68	29.42	11.81	16.65	20.51
레버리지비율					(단위 : %)
부채비율	81.36	32.65	35.13	33.73	24.94
이자보상비율	4.74	5.04	8.07	6.98	8.07
비유동비율	142.25	126.06	125.48	129.36	118.17
비유동장기적합률	101.55	104.89	111.91	104.67	112.03
유동성비율					(단위 : %)
유동비율	94.74	52.88	41.96	43.05	34.80
당좌비율	94.74	52.85	41.93	42.99	34.78
현금비율	25.79	58.47	73.09	14.82	26.45
활동성비율					(단위 : 회)
총자산회전율	0.21	0.16	0.17	0.18	0.17
자기자본회전율	0.40	0.25	0.23	0.24	0.22
비유동자산회전율	0.24	0.19	0.18	0.19	0.18
재고자산회전율	0	16,513.38	4,737.25	3,556.70	3,839.58
생산성비율					(단위 : %)
총자본투자효율	23.61	9.25	6.43	9.10	7.87
설비투자효율	1,243.47	444.27	400.80	543.71	686.47
부가가치의 구성					(단위 : 백만 원)
영업잉여	25,739	19,127	21,935	17,704	20,815
인건비	10,085.46	8,228.13	10,056.23	15,522.82	14,347.41
금융비용	6,299.89	3,862.97	2,655.17	2,568.32	2,437.79
감가상각비	3,107.62	3,494.08	3,831.13	3,754.73	4,158.12

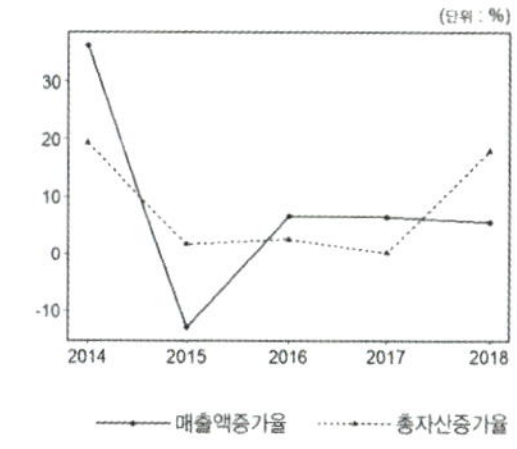

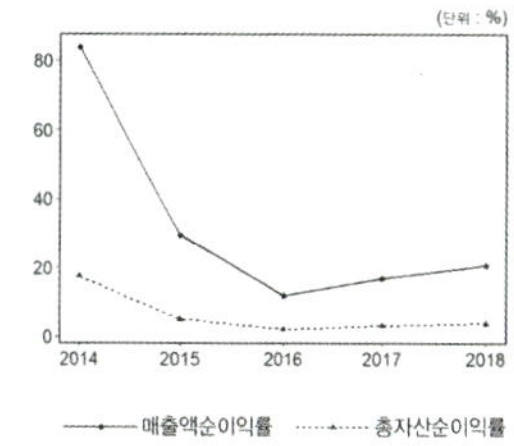

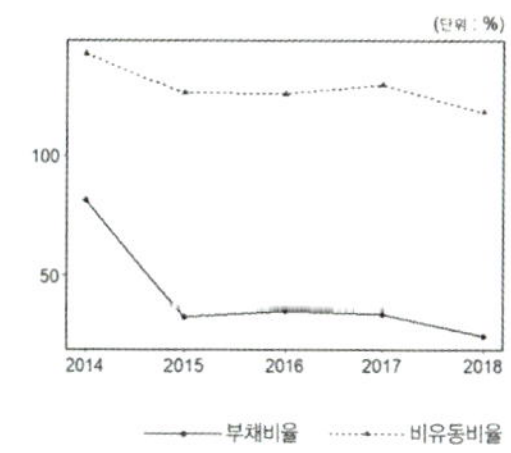

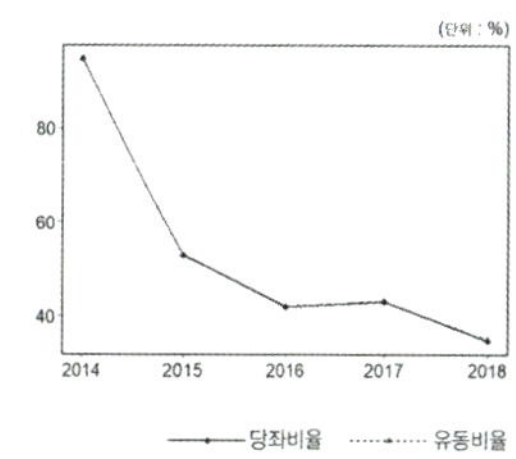

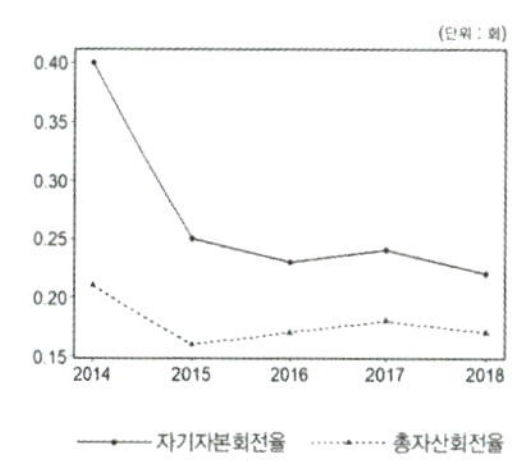

16 남양유업㈜(003920)

코

설립일	1964.03.13	대표이사	이광범
업종	낙농제품 및 식용빙과류 제조업	업종코드	1050
소재지	서울특별시 강남구 도산대로	주요브랜드	남양, 프렌치카페

	2014	2015	2016	2017	2018
재무상태표					(단위 : 백만 원)
유동자산	447,220	445,221	547,196	477,697	497,087
당좌자산	261,558	280,838	425,509	346,723	362,677
재고자산	185,662	164,384	121,687	130,974	134,410
비유동자산	510,078	543,440	482,420	546,560	548,457
투자자산	165,791	231,141	191,689	242,417	238,304
유형자산	309,843	281,669	263,001	268,359	274,255
무형자산	7,264	7,256	5,647	5,574	5,768
자산총계	957,298	988,662	1,029,616	1,024,257	1,045,543
유동부채	104,536	111,827	135,208	124,719	142,951
비유동부채	31,098	31,679	13,132	13,005	15,098
자본	821,663	845,156	881,277	886,534	887,495
부채 및 자본합계	957,298	988,662	1,029,616	1,024,257	1,045,543
손익계산서					(단위 : 백만 원)
매출액	1,126,347	1,204,321	1,216,822	1,157,334	1,070,693
매출원가	834,507	868,182	888,523	859,985	804,677
매출총손익	291,840	336,138	328,299	297,349	266,017
판매비 및 관리비	317,963	319,010	293,183	296,196	259,565
영업손익	-26,123	17,129	35,116	1,153	6,452
법인세비용차감전순손익	2,483	35,638	41,181	9,599	17,044
법인세비용	804	10,701	8,038	5,003	7,917
계속사업이익	1,678	24,937	33,143	4,595	9,126
중단사업손익	0	0	0	0	0
당기순손익	1,678	24,937	33,143	4,595	9,126
현금흐름표					(단위 : 백만 원)
영업활동순현금흐름	-13,327	77,978	112,129	8,446	38,842
투자활동순현금흐름	23,801	-104,059	-61,055	-50,993	-23,857
재무활동순현금흐름	-855	24,179	-15,801	-855	-855
성장성비율					(단위 : %)
총자산증가율	-1.28	3.28	4.14	-0.52	2.08
매출액증가율	-6.55	6.92	1.04	-4.89	-7.49
수익성비율					(단위 : %)
총자산순이익률	0.17	2.56	3.28	0.45	0.88
자기자본순이익률	0.20	2.99	3.84	0.52	1.03
매출액영업이익률	-2.32	1.42	2.89	0.10	0.60
매출액순이익률	0.15	2.07	2.72	0.40	0.85
레버리지비율					(단위 : %)
부채비율	16.51	16.98	16.83	15.54	17.81
이자보상비율	•	•	•	•	•
비유동비율	62.08	64.30	54.74	61.65	61.80
비유동장기적합률	59.81	61.98	53.94	60.76	60.76
유동성비율					(단위 : %)
유동비율	427.81	398.14	404.71	383.02	347.73
당좌비율	250.21	251.14	314.71	278	253.71
현금비율	9.73	9.38	14.08	7.03	9.60
활동성비율					(단위 : 회)
총자산회전율	1.17	1.24	1.21	1.13	1.03
자기자본회전율	1.37	1.45	1.41	1.31	1.21
비유동자산회전율	2.15	2.29	2.37	2.25	1.96
재고자산회전율	6.60	6.88	8.51	9.16	8.07
생산성비율					(단위 : %)
총자본투자효율	9.22	12.20	11.76	8.61	9.15
설비투자효율	28.80	43.67	47.51	35.09	38.58
부가가치의 구성					(단위 : 백만 원)
영업잉여	-20,405	22,025	39,617	7,389	10,104
인건비	50,679.23	49,363.43	47,450.07	49,380.77	45,239.85
금융비용	-5,717.17	-4,896.16	-4,500.25	-6,236.17	-3,652.46
감가상각비	40,783.82	40,559.04	36,954.52	35,435	37,011.96

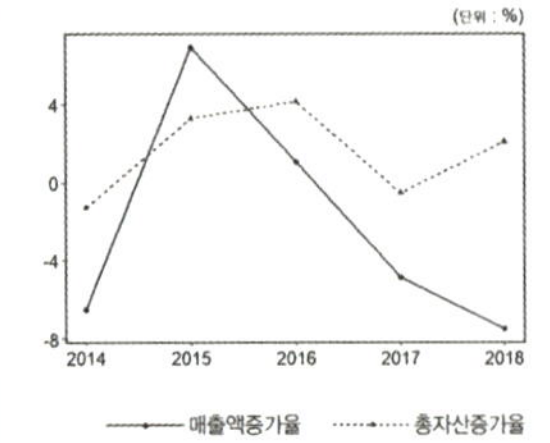

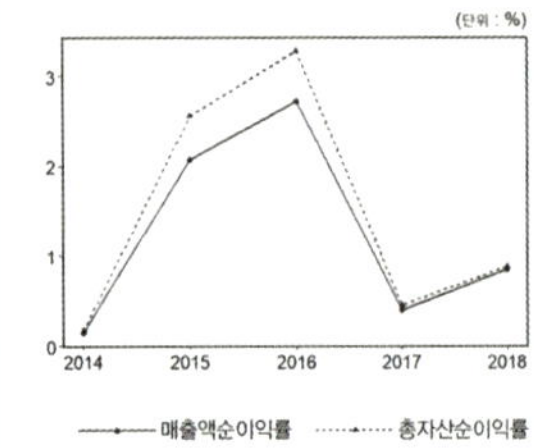

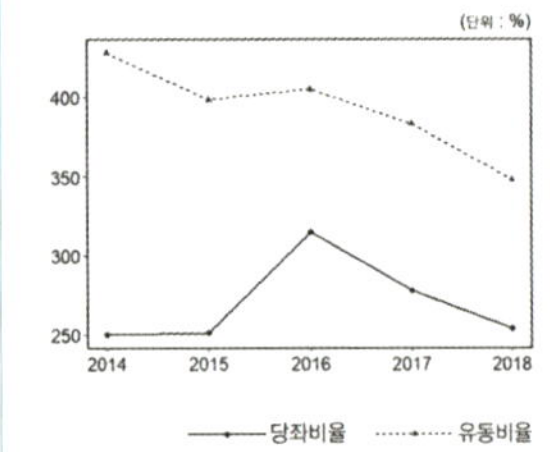

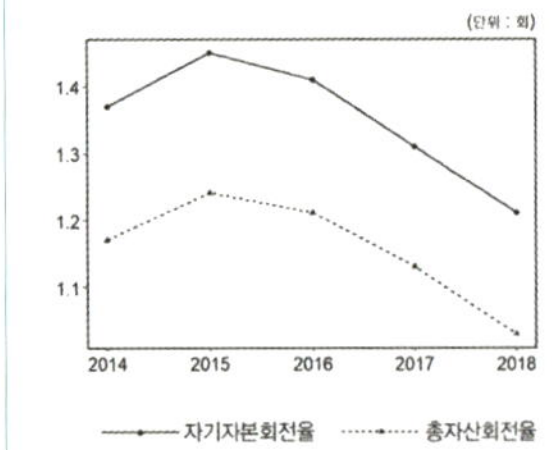

17 대상㈜(001680) 코

DAESANG
대상주식회사

설립일	1956.01.31	대표이사	임정배, 정홍언
업종	전분제품 및 당류 제조업	업종코드	1062
소재지	서울특별시 동대문구 천호대로	주요브랜드	청정원, 종가집, 미원

	2014	2015	2016	2017	2018
재무상태표					(단위 : 백만 원)
유동자산	543,895	549,397	763,839	707,206	660,798
당좌자산	391,325	367,074	568,619	495,796	439,317
재고자산	152,570	182,323	195,220	211,410	221,481
비유동자산	831,415	1,048,059	1,145,451	1,187,263	1,169,567
투자자산	319,152	416,994	430,724	402,217	380,573
유형자산	488,797	604,559	605,152	677,576	681,895
무형자산	14,080	14,089	68,930	68,114	66,053
자산총계	1,375,310	1,597,455	1,909,290	1,894,469	1,830,365
유동부채	371,876	429,648	534,194	504,961	484,915
비유동부채	288,096	394,168	536,440	526,645	425,605
자본	715,338	773,640	838,656	862,863	919,845
부채 및 자본합계	1,375,310	1,597,455	1,909,290	1,894,469	1,830,365
손익계산서					(단위 : 백만 원)
매출액	1,601,117	1,648,286	1,852,715	2,190,129	2,235,924
매출원가	1,097,161	1,136,074	1,330,454	1,545,714	1,632,852
매출총손익	503,956	512,213	522,260	644,415	603,072
판매비 및 관리비	383,083	391,877	421,954	541,274	492,488
영업손익	120,873	120,335	100,306	103,141	110,583
법인세비용차감전순손익	102,155	102,384	93,511	78,710	108,637
법인세비용	28,672	29,465	21,541	23,931	31,274
계속사업이익	73,483	72,919	71,969	54,780	77,363
중단사업손익	0	0	0	0	0
당기순손익	73,483	72,919	71,969	54,780	77,363
현금흐름표					(단위 : 백만 원)
영업활동순현금흐름	121,111	87,479	57,621	125,587	101,620
투자활동순현금흐름	-119,770	-166,717	-150,668	-65,321	11,222
재무활동순현금흐름	-73,160	121,004	110,237	-78,781	-119,037
성장성비율					(단위 : %)
총자산증가율	1.41	16.15	19.52	-0.78	-3.38
매출액증가율	1.96	2.95	12.40	18.21	2.09
수익성비율					(단위 : %)
총자산순이익률	5.38	4.91	4.10	2.88	4.15
자기자본순이익률	10.69	9.79	8.93	6.44	8.68
매출액영업이익률	7.55	7.30	5.41	4.71	4.95
매출액순이익률	4.59	4.42	3.88	2.50	3.46
레버리지비율					(단위 : %)
부채비율	92.26	106.49	127.66	119.56	98.99
이자보상비율	8.87	10.01	6.01	5.74	7.54
비유동비율	116.23	135.47	136.58	137.60	127.15
비유동장기적합률	82.86	89.75	83.30	85.44	86.93
유동성비율					(단위 : %)
유동비율	146.26	127.87	142.99	140.05	136.27
당좌비율	105.23	85.44	106.44	98.19	90.60
현금비율	10.50	18	15.21	13.33	13.37
활동성비율					(단위 : 회)
총자산회전율	1.17	1.11	1.06	1.15	1.20
자기자본회전율	2.33	2.21	2.30	2.57	2.51
비유동자산회전율	1.96	1.75	1.69	1.88	1.90
재고자산회전율	11.23	9.84	9.81	10.77	10.33
생산성비율					(단위 : %)
총자본투자효율	21.54	18.75	16.47	18.80	21.71
설비투자효율	61.79	50.44	53.42	53.72	59.33
부가가치의 구성					(단위 : 백만 원)
영업잉여	115,251	114,556	90,044	92,086	99,104
인건비	136,327.99	135,942.18	147,181.12	190,056.23	197,479.40
금융비용	5,385.98	6,000.31	10,252.28	11,031.67	11,699.91
감가상각비	37,703	41,043	49,286	55,636	57,705

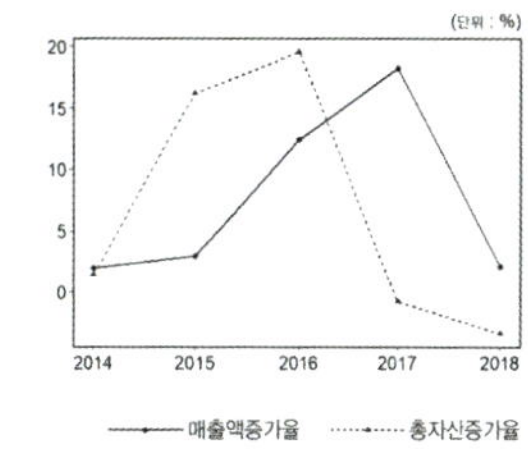

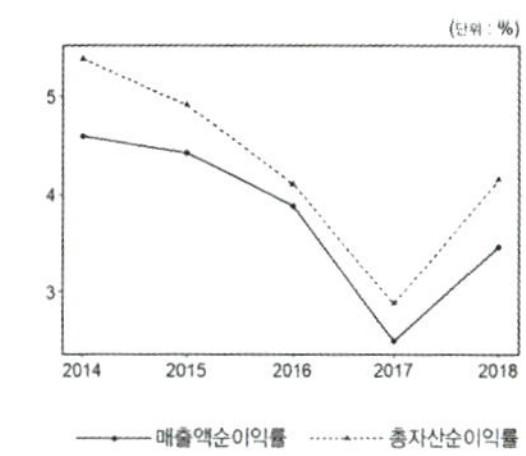

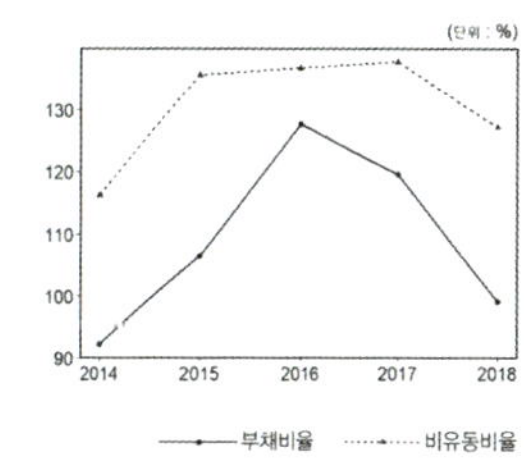

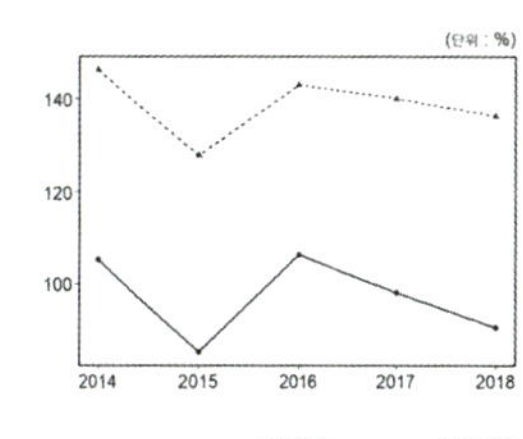

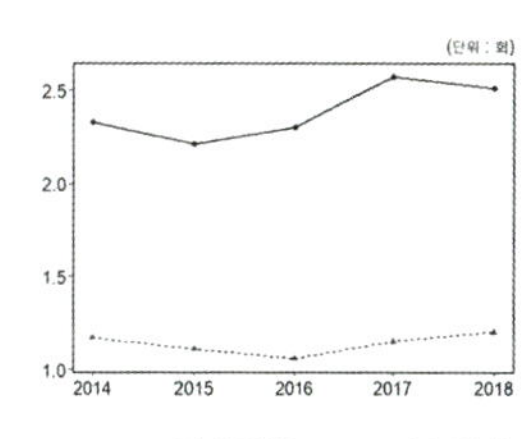

18 대한제당㈜(001790)

코

TS대한제당

설립일	1956.07.06	대표이사	김기영
업종	설탕 제조업	업종코드	1072
소재지	인천시 중구 월미로	주요브랜드	푸드림

	2014	2015	2016	2017	2018
재무상태표					(단위 : 백만 원)
유동자산	433,341	421,827	504,216	462,401	455,673
당좌자산	214,069	217,452	289,914	269,795	264,154
재고자산	219,272	204,375	214,302	192,605	191,519
비유동자산	579,653	581,205	531,193	532,397	527,604
투자자산	371,215	375,282	330,679	330,361	327,514
유형자산	198,267	194,156	190,663	192,939	190,290
무형자산	6,597	8,646	8,052	7,810	8,054
자산총계	1,012,994	1,003,032	1,035,409	994,798	983,278
유동부채	303,560	290,473	304,580	285,773	266,254
비유동부채	273,455	293,213	273,600	251,378	262,260
자본	435,979	419,346	457,229	457,647	454,763
부채 및 자본합계	1,012,994	1,003,032	1,035,409	994,798	983,278
손익계산서					(단위 : 백만 원)
매출액	1,158,583	1,127,441	1,144,287	1,153,583	1,105,428
매출원가	1,022,834	1,014,580	1,021,309	1,058,451	991,150
매출총손익	135,749	112,861	122,977	95,132	114,279
판매비 및 관리비	112,445	99,430	89,481	87,759	86,455
영업손익	23,304	13,431	33,496	7,373	27,824
법인세비용차감전순손익	4,032	-7,297	51,035	11,193	10,064
법인세비용	2,663	3,799	17,011	3,741	3,447
계속사업이익	1,369	-11,097	34,024	7,452	6,617
중단사업손익	0	0	0	0	0
당기순손익	1,369	-11,097	34,024	7,452	6,617
현금흐름표					(단위 : 백만 원)
영업활동순현금흐름	-44,807	28,804	30,319	2,409	12,205
투자활동순현금흐름	-20,191	-10,797	59,361	-18,073	-19,287
재무활동순현금흐름	47,946	-3,522	-42,975	-11,239	-17,224
성장성비율					(단위 : %)
총자산증가율	2.22	-0.98	3.23	-3.92	-1.16
매출액증가율	-2.70	-2.69	1.49	0.81	-4.17
수익성비율					(단위 : %)
총자산순이익률	0.14	-1.10	3.34	0.73	0.67
자기자본순이익률	0.31	-2.59	7.76	1.63	1.45
매출액영업이익률	2.01	1.19	2.93	0.64	2.52
매출액순이익률	0.12	-0.98	2.97	0.65	0.60
레버리지비율					(단위 : %)
부채비율	132.35	139.19	126.45	117.37	116.22
이자보상비율	1.44	0.87	2.58	0.65	2.28
비유동비율	132.95	138.60	116.18	116.33	116.02
비유동장기적합률	81.71	81.57	72.68	75.09	73.58
유동성비율					(단위 : %)
유동비율	142.75	145.22	165.54	161.81	171.14
당좌비율	70.52	74.86	95.18	94.41	99.21
현금비율	11.65	15.41	22.16	18.33	13.27
활동성비율					(단위 : 회)
총자산회전율	1.16	1.12	1.12	1.14	1.12
자기자본회전율	2.65	2.64	2.61	2.52	2.42
비유동자산회전율	2	1.94	2.06	2.17	2.09
재고자산회전율	5.82	5.32	5.47	5.67	5.76
생산성비율					(단위 : %)
총자본투자효율	5.58	4.06	9.38	5.63	5.86
설비투자효율	29.02	21.12	51.19	29.08	30.42
부가가치의 구성					(단위 : 백만 원)
영업잉여	32,155	11,274	27,009	1,192	19,659
인건비	26,867.54	25,476.70	26,026.71	24,708.72	25,743.16
금융비용	11,787.88	8,657.24	6,487.63	6,181.54	8,164.42
감가상각비	9,217.13	8,976.40	8,736.22	8,795.02	9,413.26

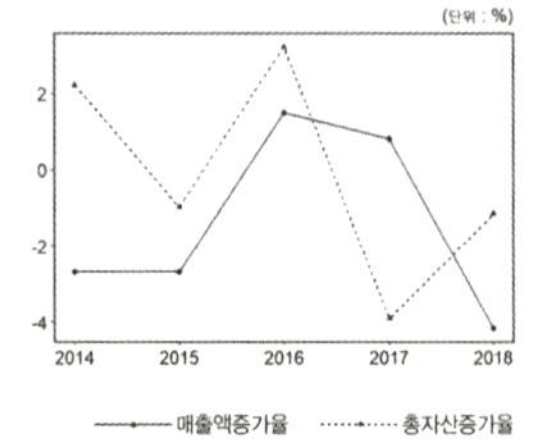

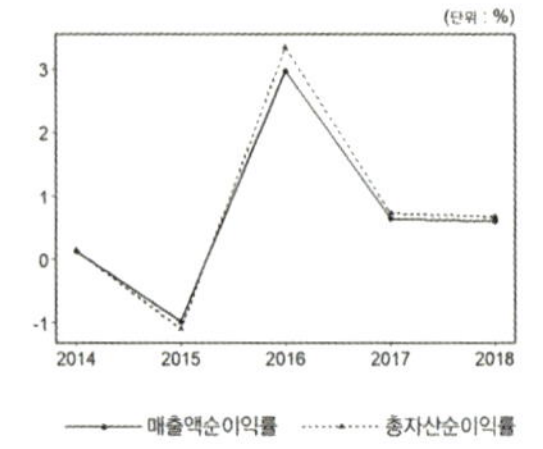

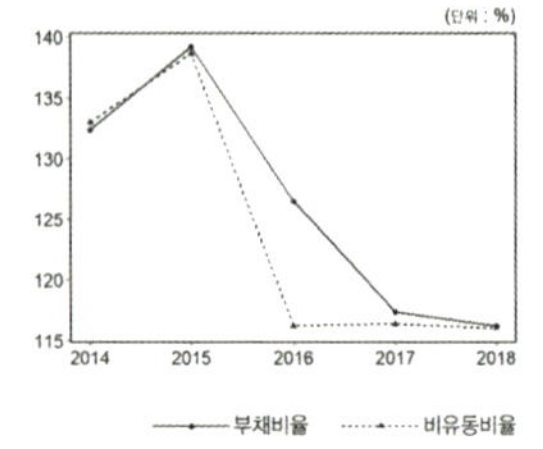

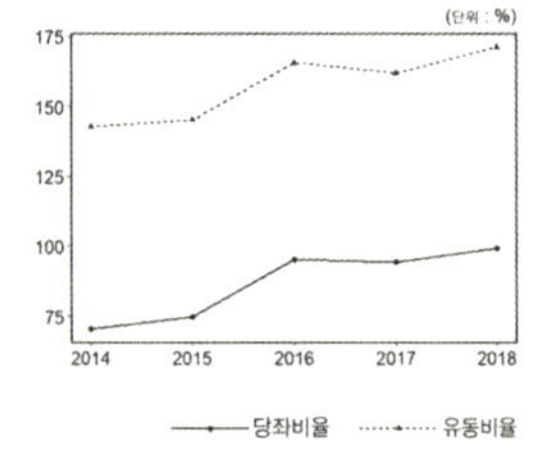

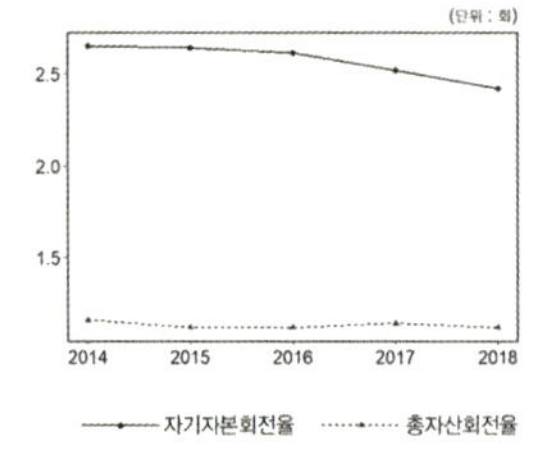

19 대한제분㈜(001130) 코

대한제분

설립일	1953.11.28	대표이사	이건영, 박현용
업종	전분 제품 및 당류 제조업	업종코드	1062
소재지	서울특별시 중구 세종대로	주요브랜드	곰표

	2014	2015	2016	2017	2018
재무상태표					(단위 : 백만 원)
유동자산	254,108	231,554	210,609	205,939	221,290
당좌자산	199,711	175,633	169,602	153,851	177,618
재고자산	54,397	55,922	41,007	52,088	43,671
비유동자산	481,124	505,363	476,841	483,655	486,104
투자자산	353,935	383,088	363,224	385,316	389,259
유형자산	124,072	119,019	110,791	94,978	91,354
무형자산	2,515	2,386	1,913	2,442	4,321
자산총계	735,232	736,917	687,450	689,594	707,394
유동부채	127,739	107,938	63,491	53,393	52,957
비유동부채	17,538	17,955	11,500	12,764	8,812
자본	589,955	611,023	612,459	623,437	645,625
부채 및 자본합계	735,232	736,917	687,450	689,594	707,394
손익계산서					(단위 : 백만 원)
매출액	364,204	340,671	302,368	286,387	305,133
매출원가	281,655	266,631	234,044	229,024	248,452
매출총손익	82,549	74,040	68,324	57,363	56,681
판매비 및 관리비	40,657	40,447	39,824	37,848	36,907
영업손익	41,892	33,594	28,500	19,515	19,774
법인세비용차감전순손익	33,301	28,932	27,148	19,981	55,140
법인세비용	9,090	7,407	6,685	6,167	20,463
계속사업이익	24,211	21,525	20,463	13,814	34,677
중단사업손익	0	0	0	0	0
당기순손익	24,211	21,525	20,463	13,814	34,677
현금흐름표					(단위 : 백만 원)
영업활동순현금흐름	39,375	34,197	43,127	16,765	30,096
투자활동순현금흐름	-48,190	-32,070	-18,146	-13,731	19,656
재무활동순현금흐름	7,669	-20,777	-45,620	-21,492	-15,004
성장성비율					(단위 : %)
총자산증가율	2.95	0.23	-6.71	0.31	2.58
매출액증가율	-0.78	-6.46	-11.24	-5.29	6.55
수익성비율					(단위 : %)
총자산순이익률	3.34	2.92	2.87	2.01	4.96
자기자본순이익률	4.12	3.58	3.35	2.24	5.46
매출액영업이익률	11.50	9.86	9.43	6.81	6.48
매출액순이익률	6.65	6.32	6.77	4.82	11.36
레버리지비율					(단위 : %)
부채비율	24.63	20.60	12.24	10.61	9.57
이자보상비율	75.64	48.58	41.67	44.51	73.23
비유동비율	81.55	82.71	77.86	77.58	75.29
비유동장기적합률	79.20	80.35	76.42	76.02	74.28
유동성비율					(단위 : %)
유동비율	198.93	214.52	331.71	385.70	417.87
당좌비율	156.34	162.72	267.13	288.15	335.40
현금비율	31.87	26.94	19.94	11.40	26.31
활동성비율					(단위 : 회)
총자산회전율	0.50	0.46	0.42	0.42	0.44
자기자본회전율	0.62	0.57	0.49	0.46	0.48
비유동자산회전율	0.74	0.69	0.62	0.60	0.63
재고자산회전율	7.36	6.18	6.24	6.15	6.37
생산성비율					(단위 : %)
총자본투자효율	7.85	7.36	7.59	6.32	10.72
설비투자효율	49.19	46.46	47.19	45.93	85.80
부가가치의 구성					(단위 : 백만 원)
영업잉여	45,621	36,411	31,150	21,916	22,651
인건비	15,467.15	15,564.07	15,558.90	14,639.64	14,254.91
금융비용	-3,728.91	-2,817.72	-2,649.65	-2,341.14	-2,919.34
감가상각비	11,169.05	10,807.34	10,094.86	9,373.44	7,848.56

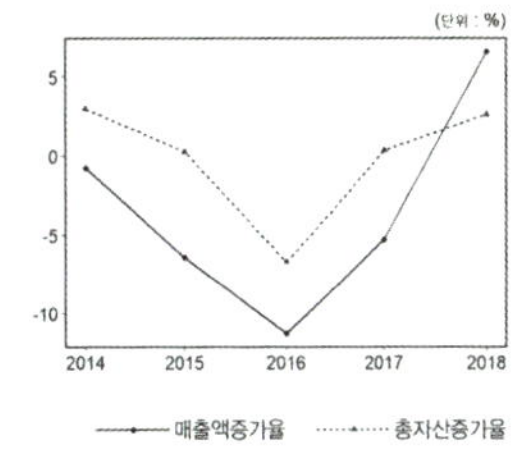

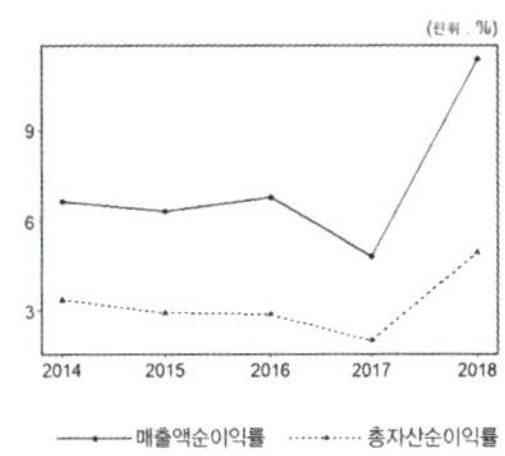

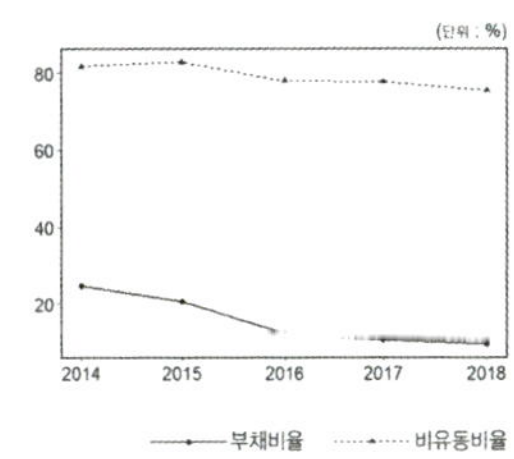

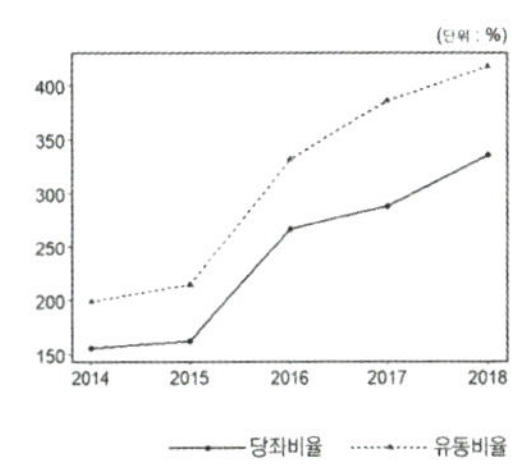

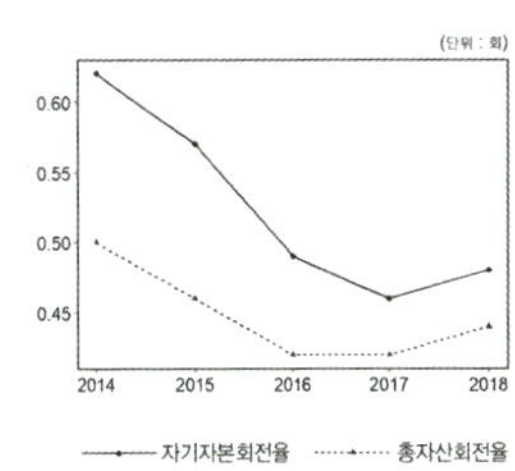

20 롯데제과㈜(280360)

코

롯데제과

설립일	2017.10.12	대표이사	신동빈, 민영기, 이영호
업종	떡, 빵 및 과자류 제조업	업종코드	1071
소재지	서울특별시 영등포구 양평로길	주요브랜드	롯데

	2014	2015	2016	2017	2018
재무상태표					(단위 : 백만 원)
유동자산	–	–	–	504,077	480,100
당좌자산	–	–	–	350,042	328,468
재고자산	–	–	–	154,035	151,632
비유동자산	–	–	–	1,347,402	1,759,684
투자자산	–	–	–	228,519	719,045
유형자산	–	–	–	1,091,814	990,725
무형자산	–	–	–	10,797	29,927
자산총계	–	–	–	1,851,480	2,239,784
유동부채	–	–	–	524,526	337,173
비유동부채	–	–	–	501,822	707,106
자본	–	–	–	825,131	1,195,505
부채 및 자본합계	–	–	–	1,851,480	2,239,784
손익계산서					(단위 : 백만 원)
매출액	–	–	–	403,486	1,586,113
매출원가	–	–	–	244,496	1,022,676
매출총손익	–	–	–	158,990	563,438
판매비 및 관리비	–	–	–	149,559	503,535
영업손익	–	–	–	9,431	59,902
법인세비용차감전순손익	–	–	–	4,313	26,743
법인세비용	–	–	–	1,321	9,928
계속사업이익	–	–	–	2,991	16,815
중단사업손익	–	–	–	0	0
당기순손익	–	–	–	2,991	16,815
현금흐름표					(단위 : 백만 원)
영업활동순현금흐름	–	–	–	31,001	160,224
투자활동순현금흐름	–	–	–	−140,264	−72,421
재무활동순현금흐름	–	–	–	96,008	−6,110
성장성비율					(단위 : %)
총자산증가율	–	–	–	–	0
매출액증가율	–	–	–	–	0
수익성비율					(단위 : %)
총자산순이익률	–	–	–	–	0.75
자기자본순이익률	–	–	–	–	1.41
매출액영업이익률	–	–	–	–	3.78
매출액순이익률	–	–	–	–	1.06
레버리지비율					(단위 : %)
부채비율	–	–	–	–	87.35
이자보상비율	–	–	–	–	3.72
비유동비율	–	–	–	–	147.19
비유동장기적합률	–	–	–	–	92.49
유동성비율					(단위 : %)
유동비율	–	–	–	–	142.39
당좌비율	–	–	–	–	97.42
현금비율	–	–	–	–	24.96
활동성비율					(단위 : 회)
총자산회전율	–	–	–	–	0.71
자기자본회전율	–	–	–	–	1.33
비유동자산회전율	–	–	–	–	0.90
재고자산회전율	–	–	–	–	10.46
생산성비율					(단위 : %)
총자본투자효율	–	–	–	–	13.59
설비투자효율	–	–	–	–	30.85
부가가치의 구성					(단위 : 백만 원)
영업잉여	–	–	–	11,513	46,627
인건비	–	–	–	–	169,353.25
금융비용	–	–	–	–	13,890.18
감가상각비	–	–	–	–	72,442.59

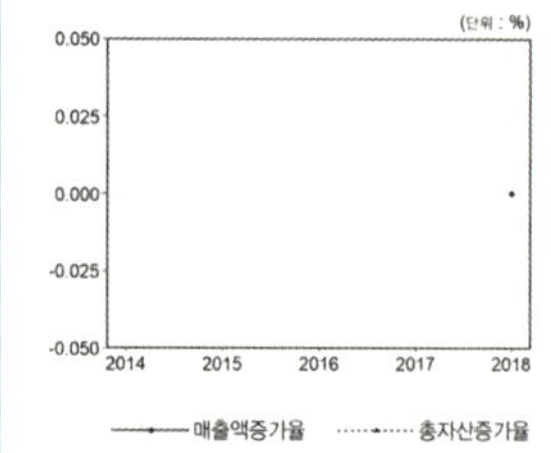

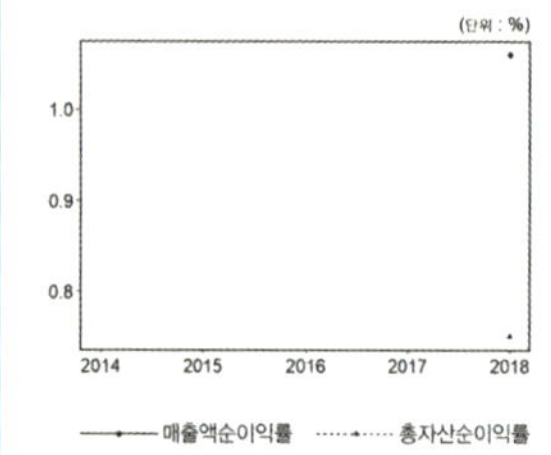

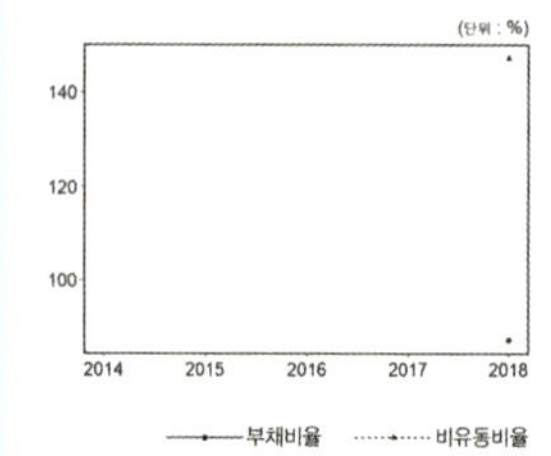

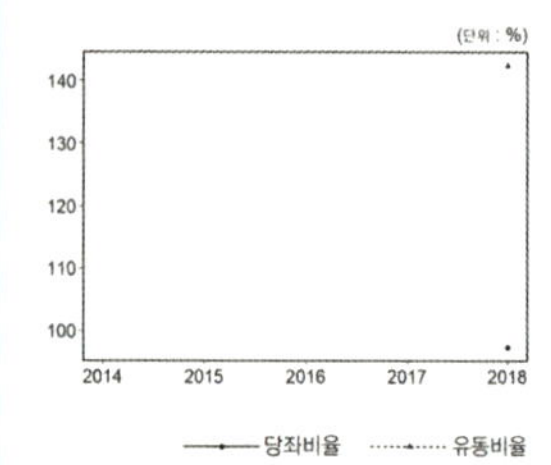

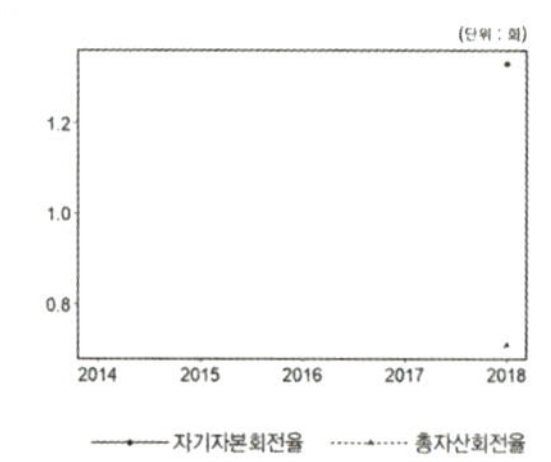

21 롯데푸드㈜(002270) 코

롯데푸드

설립일	1958.01.10	대표이사	조경수
업종	낙농제품 및 식용빙과류 제조업	업종코드	1050
소재지	서울특별시 영등포구 양평로길	주요브랜드	롯데, 파스퇴르

	2014	2015	2016	2017	2018
재무상태표					(단위 : 백만 원)
유동자산	404,948	493,659	463,317	515,212	450,210
당좌자산	218,415	335,881	295,549	336,440	257,868
재고자산	186,533	157,779	167,768	178,772	192,342
비유동자산	788,203	793,927	872,837	706,571	758,074
투자자산	204,955	222,691	247,554	103,646	143,763
유형자산	513,938	501,638	565,082	537,442	541,003
무형자산	59,520	56,548	52,592	50,390	47,081
자산총계	1,193,151	1,287,586	1,336,154	1,221,783	1,208,284
유동부채	191,292	229,306	282,631	330,118	180,977
비유동부채	169,878	165,674	110,892	226,231	344,832
자본	831,982	892,607	942,631	665,434	682,474
부채 및 자본합계	1,193,151	1,287,586	1,336,154	1,221,783	1,208,284
손익계산서					(단위 : 백만 원)
매출액	1,633,022	1,706,248	1,762,405	1,818,563	1,810,810
매출원가	1,311,533	1,357,645	1,402,363	1,492,648	1,502,970
매출총손익	321,490	348,603	360,042	325,915	307,840
판매비 및 관리비	255,545	279,376	280,212	259,685	240,266
영업손익	65,945	69,227	79,830	66,230	67,574
법인세비용차감전순손익	73,182	62,635	75,872	111,432	55,902
법인세비용	13,309	12,361	17,700	16,360	13,361
계속사업이익	59,873	50,274	58,173	95,072	42,540
중단사업손익	0	0	0	0	0
당기순손익	59,873	50,274	58,173	95,072	42,540
현금흐름표					(단위 : 백만 원)
영업활동순현금흐름	34,700	124,568	89,780	90,824	96,812
투자활동순현금흐름	−95,205	−42,156	−127,676	−55,777	−33,157
재무활동순현금흐름	11,563	13,541	−39,749	26,915	−119,119
성장성비율					(단위 : %)
총자산증가율	5.72	7.91	3.77	−8.56	−1.10
매출액증가율	4.13	4.48	3.29	3.19	−0.43
수익성비율					(단위 : %)
총자산순이익률	5.16	4.05	4.43	7.43	3.50
자기자본순이익률	7.46	5.83	6.34	11.82	6.31
매출액영업이익률	4.04	4.06	4.53	3.64	3.73
매출액순이익률	3.67	2.95	3.30	5.23	2.35
레버리지비율					(단위 : %)
부채비율	43.41	44.25	41.75	83.61	77.04
이자보상비율	14.94	19.53	35.37	17.04	11.95
비유동비율	94.74	88.94	92.60	106.18	111.08
비유동장기적합률	78.67	75.02	82.85	79.24	73.79
유동성비율					(단위 : %)
유동비율	211.69	215.28	163.93	156.07	248.77
당좌비율	114.18	146.48	104.57	101.92	142.49
현금비율	4.53	23.16	7.91	19.10	9.54
활동성비율					(단위 : 회)
총자산회전율	1.41	1.38	1.34	1.42	1.49
자기자본회전율	2.04	1.98	1.92	2.26	2.69
비유동자산회전율	2.16	2.16	2.11	2.30	2.47
재고자산회전율	10.12	9.91	10.83	10.50	9.76
생산성비율					(단위 : %)
총자본투자효율	14.91	13.44	14.23	18.60	14.65
설비투자효율	35.58	36.38	37.39	44.23	34.39
부가가치의 구성					(단위 : 백만 원)
영업잉여	68,336	70,815	81,573	66,283	63,302
인건비	50,969.32	55,933.99	57,895.73	58,849.69	60,642.73
금융비용	−326.70	−1,767.37	−1,593.31	405.46	4,776.59
감가상각비	45,801.51	47,821.65	49,202.04	47,668.25	45,936.50

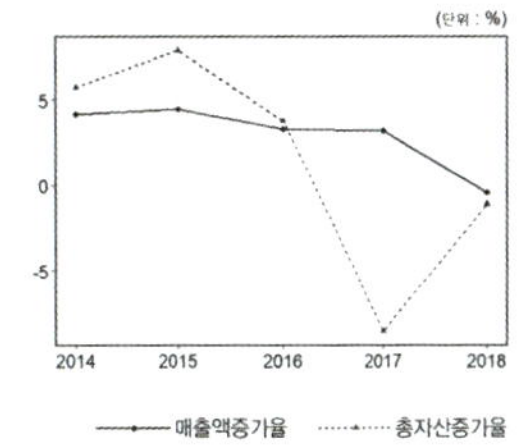

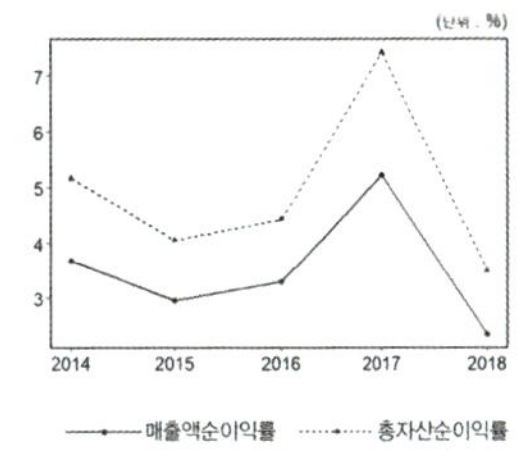

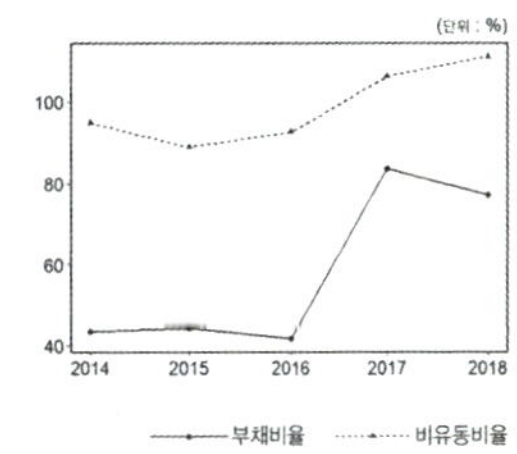

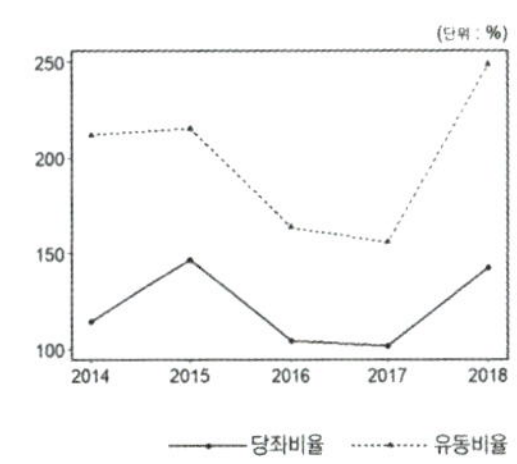

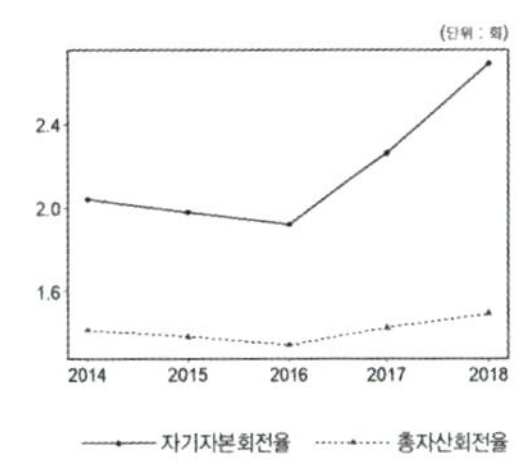

22 사조동아원㈜(008040)

코

사조동아원 SAJO

설립일	1972.07.26	대표이사	이인우, 노동환
업종	곡물 가공품 제조업	업종코드	1061
소재지	서울특별시 서초구 방배천로길	주요브랜드	사조

	2014	2015	2016	2017	2018
재무상태표					(단위 : 백만 원)
유동자산	222,244	160,650	129,403	152,422	186,065
당좌자산	142,867	106,574	93,866	86,860	117,056
재고자산	79,377	54,076	35,537	65,563	69,009
비유동자산	352,399	288,146	264,148	322,700	278,102
투자자산	140,589	92,262	74,141	13,132	6,371
유형자산	170,735	159,249	153,067	271,762	236,763
무형자산	31,359	29,273	28,750	29,825	29,414
자산총계	574,643	448,796	393,551	475,122	464,167
유동부채	401,548	375,471	261,817	301,418	274,027
비유동부채	72,850	10,425	56,517	8,815	8,021
자본	100,245	62,900	75,217	164,890	182,119
부채 및 자본합계	574,643	448,796	393,551	475,122	464,167
손익계산서					(단위 : 백만 원)
매출액	459,441	446,851	363,733	374,082	407,961
매출원가	394,165	386,712	309,303	318,201	351,013
매출총손익	65,277	60,139	54,430	55,881	56,948
판매비 및 관리비	87,332	55,150	29,287	28,175	32,839
영업손익	−22,055	4,989	25,142	27,706	24,109
법인세비용차감전순손익	−102,047	−45,635	9,805	15,967	16,469
법인세비용	−12,424	860	705	1,951	412
계속사업이익	−89,623	−46,495	9,101	14,017	16,057
중단사업손익	0	0	0	0	0
당기순손익	−89,623	−46,495	9,101	14,017	16,057
현금흐름표					(단위 : 백만 원)
영업활동순현금흐름	−3,804	5,407	52,260	30,609	31,069
투자활동순현금흐름	−42,506	73,124	21,653	27,706	−4,080
재무활동순현금흐름	44,734	−78,357	−74,870	−55,098	−29,349
성장성비율					(단위 : %)
총자산증가율	−2.15	−21.90	−12.31	20.73	−2.31
매출액증가율	−8.36	−2.74	−18.60	2.85	9.06
수익성비율					(단위 : %)
총자산순이익률	−15.43	−9.09	2.16	3.23	3.42
자기자본순이익률	−61.28	−57	13.18	11.68	9.25
매출액영업이익률	−4.80	1.12	6.91	7.41	5.91
매출액순이익률	−19.51	−10.41	2.50	3.75	3.94
레버리지비율					(단위 : %)
부채비율	473.24	613.50	423.22	188.15	154.87
이자보상비율	−1.55	0.37	1.95	2.42	1.95
비유동비율	351.54	458.10	351.18	195.71	152.70
비유동장기적합률	203.59	392.97	200.52	185.77	146.26
유동성비율					(단위 : %)
유동비율	55.35	42.79	49.43	50.57	67.90
당좌비율	35.58	28.38	35.85	28.82	42.72
현금비율	1.01	1.50	1.13	3.06	1.24
활동성비율					(단위 : 회)
총자산회전율	0.79	0.87	0.86	0.86	0.87
자기자본회전율	3.14	5.48	5.27	3.12	2.35
비유동자산회전율	1.27	1.40	1.32	1.27	1.36
재고자산회전율	7.51	6.70	8.12	7.40	6.06
생산성비율					(단위 : %)
총자본투자효율	−10.65	−1.63	10.74	9.59	10.74
설비투자효율	−35.92	−4.59	27.65	16.80	21.11
부가가치의 구성					(단위 : 백만 원)
영업잉여	3,538	618	12,496	15,060	11,350
인건비	17,171.61	15,269.20	10,381.99	8,058.29	7,599.39
금융비용	10,932.68	10,940.82	12,590.10	11,170.73	11,958.34
감가상각비	9,553.36	8,814.52	8,179.30	9,546.37	12,790.94

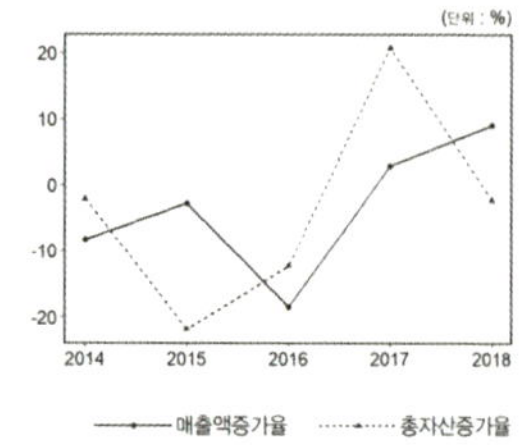

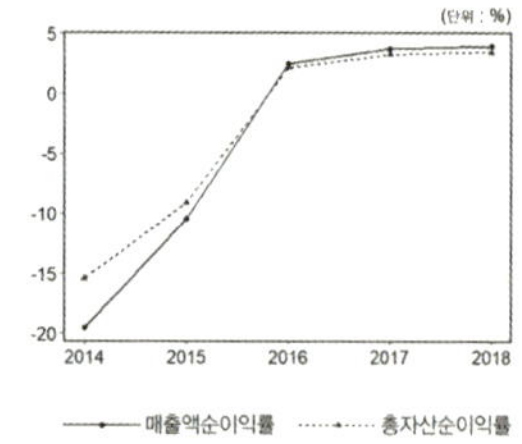

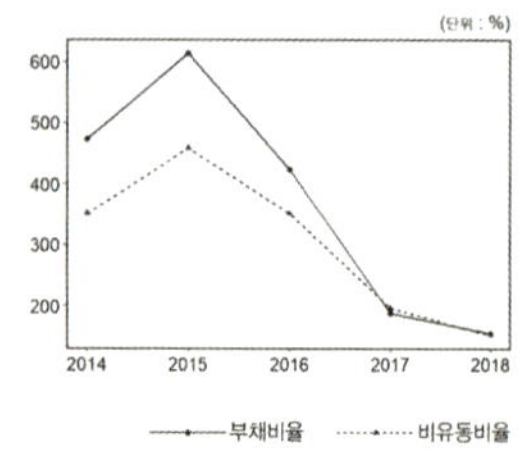

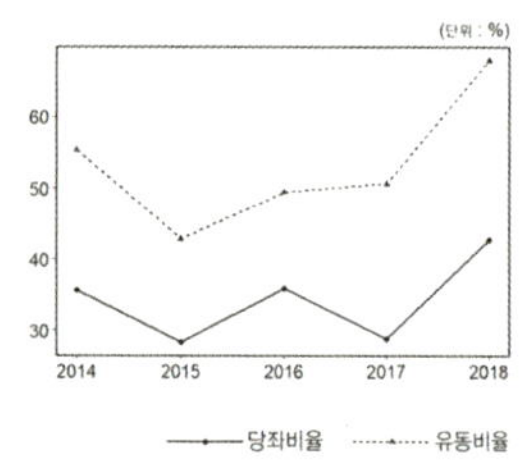

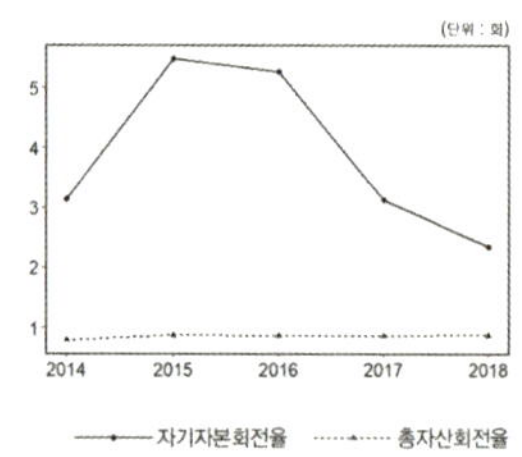

23 사조씨푸드㈜(014710)

코

사조씨푸드 SAJO

설립일	1980.03.27	대표이사	최창욱
업종	수산동물 가공 및 저장처리업	업종코드	1021
소재지	서울특별시 서대문구 통일로	주요브랜드	사조

	2014	2015	2016	2017	2018
재무상태표					(단위 : 백만 원)
유동자산	76,270	82,086	85,211	114,004	137,811
당좌자산	25,052	35,177	26,188	33,972	35,260
재고자산	51,218	46,910	59,023	80,032	102,551
비유동자산	166,016	170,454	237,700	245,358	242,458
투자자산	74,309	79,903	149,079	159,017	159,723
유형자산	88,865	87,820	85,716	83,581	80,374
무형자산	2,083	2,402	2,205	2,105	2,021
자산총계	242,286	252,540	322,910	359,362	380,269
유동부채	54,253	53,341	67,238	76,667	137,517
비유동부채	23,420	23,260	72,191	73,182	23,077
자본	164,612	175,939	183,482	209,513	219,676
부채 및 자본합계	242,286	252,540	322,910	359,362	380,269
손익계산서					(단위 : 백만 원)
매출액	263,244	280,822	323,397	378,217	397,127
매출원가	237,610	256,288	293,239	346,777	364,467
매출총손익	25,634	24,534	30,158	31,440	32,660
판매비 및 관리비	13,702	13,707	14,708	15,643	15,485
영업손익	11,932	10,827	15,450	15,796	17,175
법인세비용차감전순손익	9,700	9,155	11,376	24,901	17,435
법인세비용	2,015	3,620	3,818	5,541	4,812
계속사업이익	7,685	5,535	7,558	19,360	12,623
중단사업손익	0	0	0	0	0
당기순손익	7,685	5,535	7,558	19,360	12,623
현금흐름표					(단위 : 백만 원)
영업활동순현금흐름	15,554	10,318	2,228	-2,234	3,614
투자활동순현금흐름	-1,334	-13,028	-60,257	5,317	-2,027
재무활동순현금흐름	-43,554	486	58,021	-1,011	876
성장성비율					(단위 : %)
총자산증가율	-11.68	4.23	27.86	11.29	5.82
매출액증가율	3.76	6.68	15.16	16.95	5
수익성비율					(단위 : %)
총자산순이익률	2.98	2.24	2.63	5.68	3.41
자기자본순이익률	4.79	3.25	4.21	9.85	5.88
매출액영업이익률	4.53	3.86	4.78	4.18	4.32
매출액순이익률	2.92	1.97	2.34	5.12	3.18
레버리지비율					(단위 : %)
부채비율	47.19	43.54	75.99	71.52	73.10
이자보상비율	3.72	6.57	5.31	4.91	5.53
비유동비율	100.85	96.88	129.55	117.11	110.37
비유동장기적합률	88.29	85.57	92.97	86.79	99.88
유동성비율					(단위 : %)
유동비율	140.58	153.89	126.73	148.70	100.21
당좌비율	46.18	65.95	38.95	44.31	25.64
현금비율	3.61	0.64	0.60	2.27	3.66
활동성비율					(단위 : 회)
총자산회전율	1.02	1.14	1.12	1.11	1.07
자기자본회전율	1.64	1.65	1.80	1.92	1.85
비유동자산회전율	1.57	1.67	1.58	1.57	1.63
재고자산회전율	5.21	5.72	6.11	5.44	4.35
생산성비율					(단위 : %)
총자본투자효율	9.04	8.17	7.28	10.59	8.21
설비투자효율	24.64	23.49	27.42	45.52	38.83
부가가치의 구성					(단위 : 백만 원)
영업잉여	10,447	9,724	13,835	13,961	15,414
인건비	4,772.26	5,158.80	5,446.90	5,931.61	6,084.37
금융비용	2,206.97	1,110.60	1,696.05	1,915.55	2,319.14
감가상각비	4,083.14	3,975.15	3,741.70	3,937.14	3,955.03

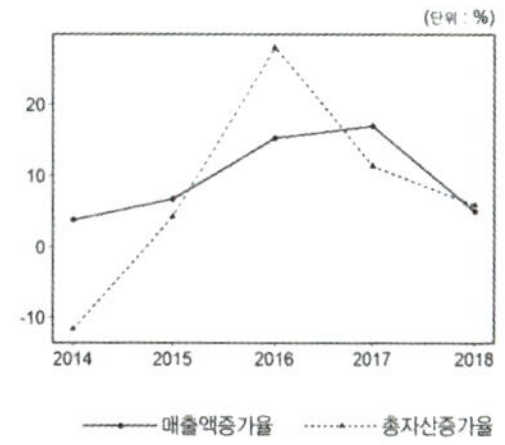

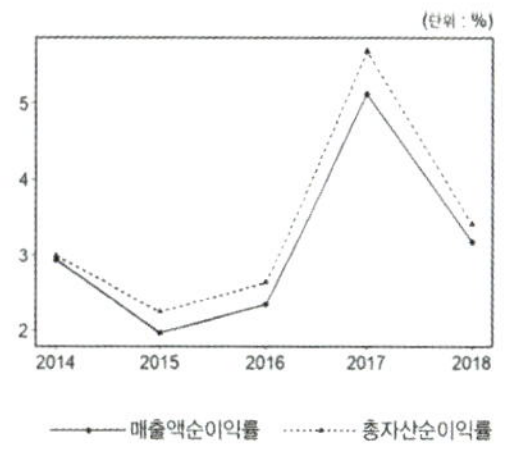

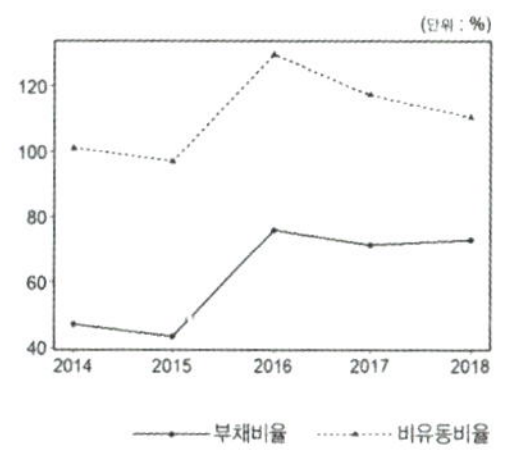

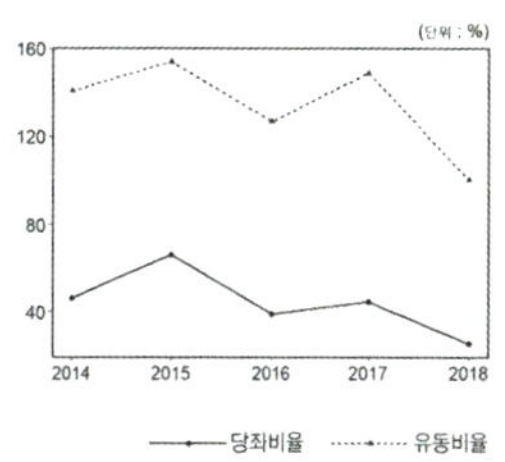

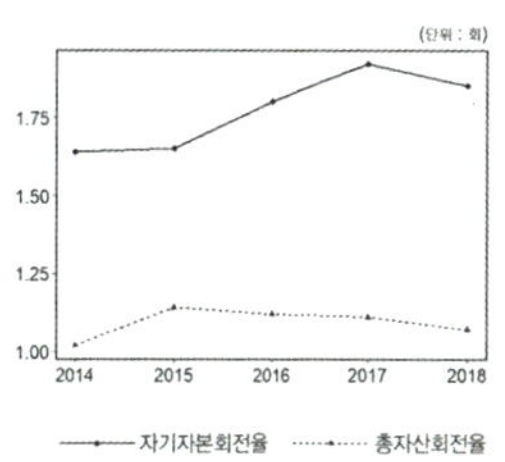

24 삼양식품㈜(003230)

설립일	1961.09.15	대표이사	김정수, 정태운
업종	면류, 마카로니 및 유사식품 제조업	업종코드	1073
소재지	서울특별시 성북구 오패산로길	주요브랜드	삼양

	2014	2015	2016	2017	2018
재무상태표					(단위 : 백만 원)
유동자산	63,123	61,623	84,715	111,696	114,170
당좌자산	49,035	48,384	69,059	91,713	93,178
재고자산	14,088	13,239	15,656	19,982	20,992
비유동자산	223,476	219,483	225,895	269,796	273,377
투자자산	51,914	46,523	40,555	39,101	49,692
유형자산	160,436	162,327	175,478	219,995	212,527
무형자산	3,792	3,400	2,669	2,343	2,822
자산총계	286,599	281,106	310,610	381,492	387,546
유동부채	100,504	103,673	119,874	169,017	137,817
비유동부채	23,148	20,701	19,854	19,527	26,485
자본	162,947	156,732	170,882	192,948	223,245
부채 및 자본합계	286,599	281,106	310,610	381,492	387,546
손익계산서					(단위 : 백만 원)
매출액	305,966	284,365	353,967	454,084	464,179
매출원가	236,765	220,004	269,088	342,706	346,363
매출총손익	69,201	64,360	84,879	111,377	117,817
판매비 및 관리비	59,644	57,434	62,454	70,682	66,636
영업손익	9,557	6,926	22,425	40,696	51,181
법인세비용차감전순손익	9,964	−3,403	22,431	32,428	51,429
법인세비용	2,455	2,617	4,537	5,477	17,266
계속사업이익	7,509	−6,021	17,894	26,950	34,163
중단사업손익	0	0	0	0	0
당기순손익	7,509	−6,021	17,894	26,950	34,163
현금흐름표					(단위 : 백만 원)
영업활동순현금흐름	9,213	12,885	33,588	42,811	34,315
투자활동순현금흐름	−18,548	−6,676	−17,738	−42,631	−19,766
재무활동순현금흐름	−2,387	−2,113	−1,383	12,345	−18,071
성장성비율					(단위 : %)
총자산증가율	0.93	−1.92	10.50	22.82	1.59
매출액증가율	4.45	−7.06	24.48	28.28	2.22
수익성비율					(단위 : %)
총자산순이익률	2.63	−2.12	6.05	7.79	8.88
자기자본순이익률	4.69	−3.77	10.92	14.81	16.42
매출액영업이익률	3.12	2.44	6.34	8.96	11.03
매출액순이익률	2.45	−2.12	5.06	5.94	7.36
레버리지비율					(단위 : %)
부채비율	75.88	79.35	81.77	97.72	73.60
이자보상비율	5.76	5.17	18.90	33.03	35.06
비유동비율	137.15	140.04	132.19	139.83	122.46
비유동장기적합률	120.09	123.70	118.43	126.98	109.47
유동성비율					(단위 : %)
유동비율	62.81	59.44	70.67	66.09	82.84
당좌비율	48.79	46.67	57.61	54.26	67.61
현금비율	24.19	31.64	40.69	40.88	36.88
활동성비율					(단위 : 회)
총자산회전율	1.07	1	1.20	1.31	1.21
자기자본회전율	1.91	1.78	2.16	2.50	2.23
비유동자산회전율	1.42	1.28	1.59	1.83	1.71
재고자산회전율	25.32	20.81	24.50	25.48	22.66
생산성비율					(단위 : %)
총자본투자효율	13.61	8.76	16.61	17.41	22.43
설비투자효율	24.61	15.63	33.12	35.08	41.67
부가가치의 구성					(단위 : 백만 원)
영업잉여	8,490	6,281	21,827	40,081	54,508
인건비	22,236.97	21,474.01	22,864.02	26,897.86	29,719.80
금융비용	1,084.97	636.97	610.67	675.63	−3,038.60
감가상각비	5,350.49	5,541.74	5,271.79	5,911.10	8,275.20

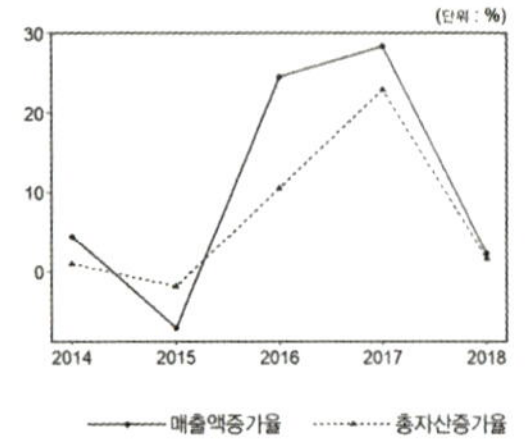

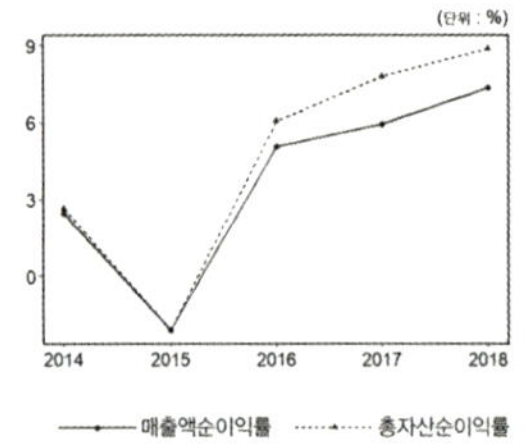

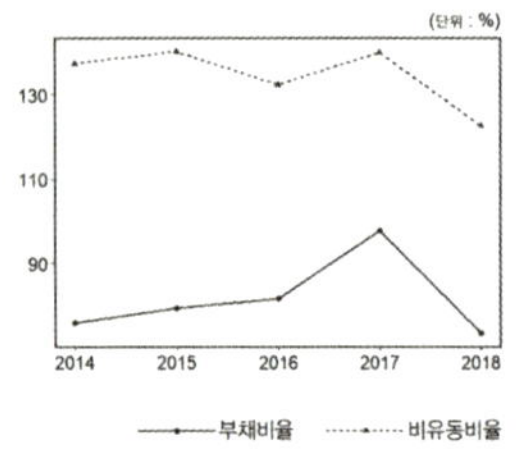

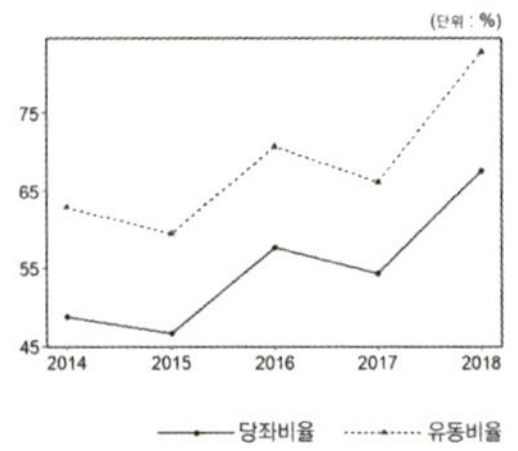

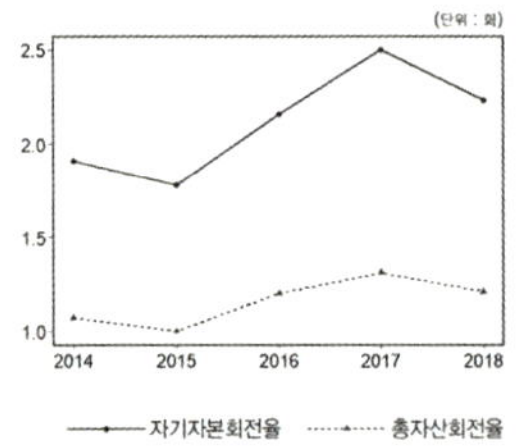

25 샘표식품㈜(248170) 코

설립일	2016.07.04	대표이사	박진선
업종	조미료 및 식품 첨가물 제조업	업종코드	1074
소재지	서울특별시 중구 충무로	주요브랜드	샘표

	2014	2015	2016	2017	2018
재무상태표					(단위 : 백만 원)
유동자산	–	–	80,586	84,720	85,619
당좌자산	–	–	48,648	52,450	54,205
재고자산	–	–	31,938	32,270	31,414
비유동자산	–	–	110,892	106,552	114,935
투자자산	–	–	4,996	220	59
유형자산	–	–	96,727	96,681	105,357
무형자산	–	–	1,332	1,210	992
자산총계	–	–	191,478	191,271	200,555
유동부채	–	–	61,311	72,224	52,085
비유동부채	–	–	26,231	3,995	16,765
자본	–	–	103,936	115,052	131,704
부채 및 자본합계	–	–	191,478	191,271	200,555
손익계산서					(단위 : 백만 원)
매출액	–	–	131,196	267,885	269,106
매출원가	–	–	74,042	145,148	146,839
매출총손익	–	–	57,155	122,737	122,267
판매비 및 관리비	–	–	51,140	103,254	101,094
영업손익	–	–	6,015	19,484	21,173
법인세비용차감전순손익	–	–	6,731	15,353	21,457
법인세비용	–	–	977	3,853	3,466
계속사업이익	–	–	5,754	11,500	17,992
중단사업손익	–	–	0	0	0
당기순손익	–	–	5,754	11,500	17,992
현금흐름표					(단위 : 백만 원)
영업활동순현금흐름	–	–	12,597	34,649	25,362
투자활동순현금흐름	–	–	-14,364	-11,251	-17,549
재무활동순현금흐름	–	–	-2,553	-16,319	-8,086
성장성비율					(단위 : %)
총자산증가율	–	–	–	0	4.85
매출액증가율	–	–	–	0	0.46
수익성비율					(단위 : %)
총자산순이익률	–	–	–	6.01	9.18
자기자본순이익률	–	–	–	10	14.58
매출액영업이익률	–	–	–	7.27	7.87
매출액순이익률	–	–	–	4.29	6.69
레버리지비율					(단위 : %)
부채비율	–	–	–	66.25	52.28
이자보상비율	–	–	–	21.20	28.71
비유동비율	–	–	–	92.61	87.27
비유동장기적합률	–	–	–	89.50	77.41
유동성비율					(단위 : %)
유동비율	–	–	–	117.30	164.38
당좌비율	–	–	–	72.62	104.07
현금비율	–	–	–	13.95	13.46
활동성비율					(단위 : 회)
총자산회전율	–	–	–	1.40	1.37
자기자본회전율	–	–	–	2.33	2.18
비유동자산회전율	–	–	–	2.51	2.43
재고자산회전율	–	–	–	8.30	8.45
생산성비율					(단위 : %)
총자본투자효율	–	–	–	27.66	29.02
설비투자효율	–	–	–	55.94	57.76
부가가치의 구성					(단위 : 백만 원)
영업잉여	–	–	6,015	21,136	20,734
인건비	–	–	–	21,302.17	20,120.61
금융비용	–	–	–	669.34	445.74
감가상각비	–	–	–	10,655.08	11,244.75

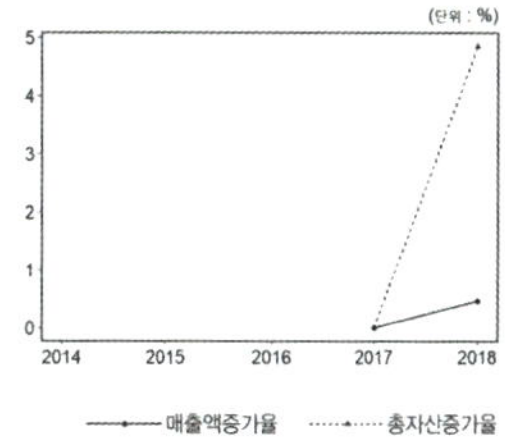

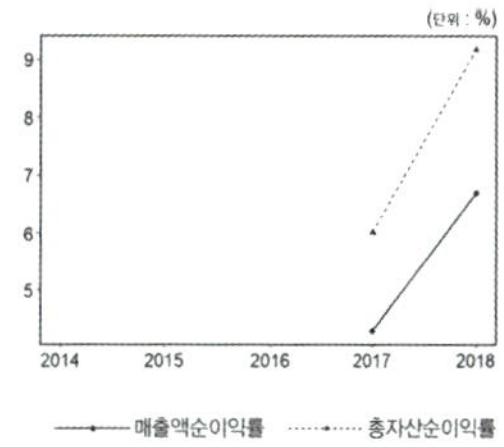

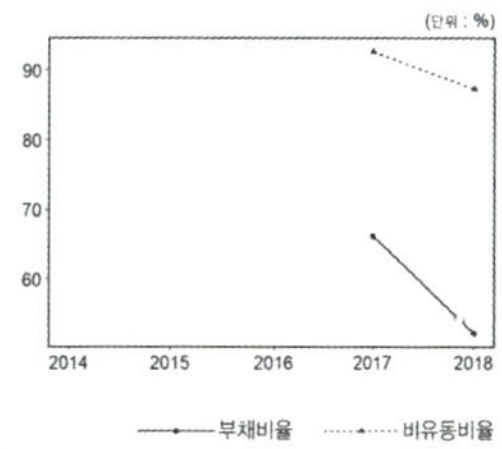

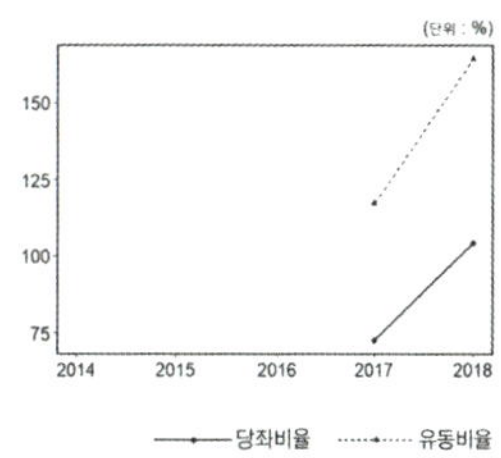

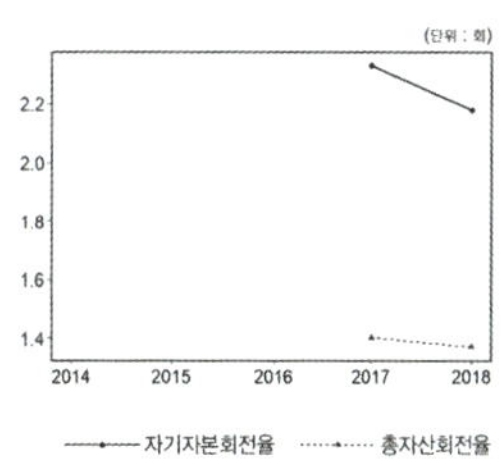

26 서울식품공업㈜(004410)

코

설립일	1965.12.11	대표이사	서성훈
업종	떡, 빵 및 과자류 제조업	업종코드	1071
소재지	충청북도 충주시 충원대로	주요브랜드	멘치트

	2014	2015	2016	2017	2018
재무상태표					(단위 : 백만 원)
유동자산	14,750	15,754	17,858	23,998	24,071
당좌자산	10,372	11,975	13,211	19,625	19,670
재고자산	4,378	3,779	4,647	4,373	4,400
비유동자산	36,704	41,113	44,765	52,893	53,332
투자자산	2,089	1,168	1,333	1,738	1,826
유형자산	33,430	38,904	42,333	49,445	49,991
무형자산	280	359	338	618	513
자산총계	51,453	56,866	62,623	76,890	77,403
유동부채	15,343	21,000	27,076	33,231	39,731
비유동부채	10,462	9,950	8,694	16,954	10,128
자본	25,648	25,915	26,852	26,705	27,544
부채 및 자본합계	51,453	56,866	62,623	76,890	77,403
손익계산서					(단위 : 백만 원)
매출액	41,669	47,001	43,898	56,483	70,764
매출원가	32,445	36,269	34,664	45,033	57,702
매출총손익	9,224	10,732	9,235	11,450	13,062
판매비 및 관리비	7,619	8,712	8,583	10,546	11,990
영업손익	1,605	2,020	651	905	1,073
법인세비용차감전순손익	723	1,459	255	190	644
법인세비용	0	0	0	0	20
계속사업이익	723	1,459	255	190	623
중단사업손익	0	0	37	0	0
당기순손익	723	1,459	291	190	623
현금흐름표					(단위 : 백만 원)
영업활동순현금흐름	2,673	4,307	1,107	3,679	5,778
투자활동순현금흐름	-3,425	-7,170	-6,963	-10,046	-6,090
재무활동순현금흐름	1,250	3,050	5,444	10,708	-849
성장성비율					(단위 : %)
총자산증가율	4.78	10.52	10.12	22.78	0.67
매출액증가율	0.68	12.80	-6.60	28.67	25.28
수익성비율					(단위 : %)
총자산순이익률	1.44	2.69	0.49	0.27	0.81
자기자본순이익률	2.85	5.66	1.10	0.71	2.30
매출액영업이익률	3.85	4.30	1.48	1.60	1.52
매출액순이익률	1.74	3.10	0.66	0.34	0.88
레버리지비율					(단위 : %)
부채비율	100.61	119.43	133.21	187.92	181.01
이자보상비율	2.07	3.05	1.01	1.08	0.72
비유동비율	143.10	158.64	166.71	198.06	193.63
비유동장기적합률	101.64	114.63	125.93	121.15	141.57
유동성비율					(단위 : %)
유동비율	96.13	75.02	65.95	72.21	60.58
당좌비율	67.60	57.02	48.79	59.06	49.51
현금비율	2.20	3.22	0.74	18.64	13.76
활동성비율					(단위 : 회)
총자산회전율	0.83	0.87	0.73	0.81	0.92
자기자본회전율	1.64	1.82	1.66	2.11	2.61
비유동자산회전율	1.15	1.21	1.02	1.16	1.33
재고자산회전율	9.88	11.53	10.42	12.52	16.13
생산성비율					(단위 : %)
총자본투자효율	12.58	13.43	11.52	11.07	13.45
설비투자효율	19.58	20.04	17.92	17.37	20.96
부가가치의 구성					(단위 : 백만 원)
영업잉여	1,069	1,792	60	343	15
인건비	3,253.44	3,516.68	3,785.05	4,280.61	4,233.70
금융비용	742.32	641.79	634.22	827.12	1,436.20
감가상각비	1,493.97	1,695.77	2,165.59	2,769.04	3,612.24

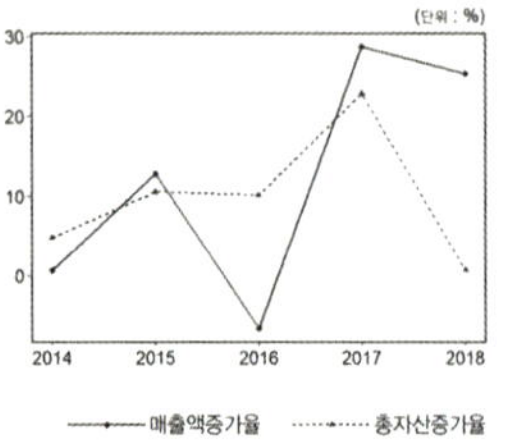

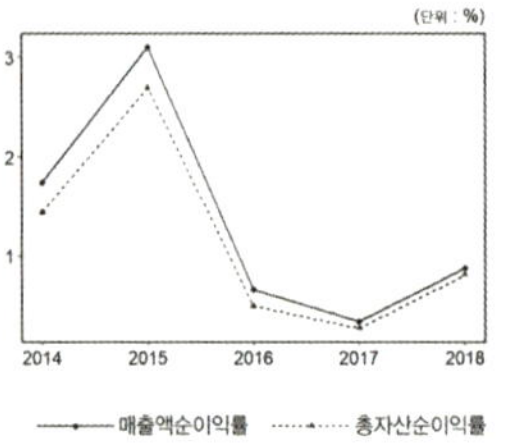

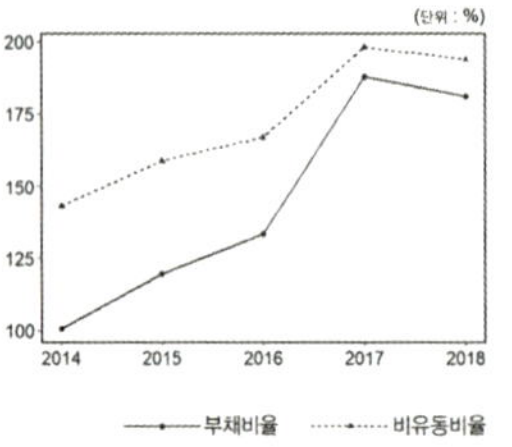

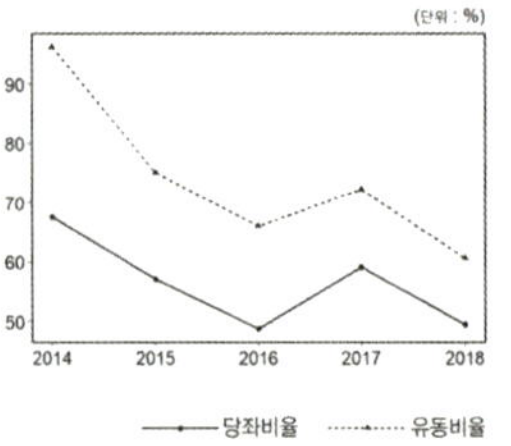

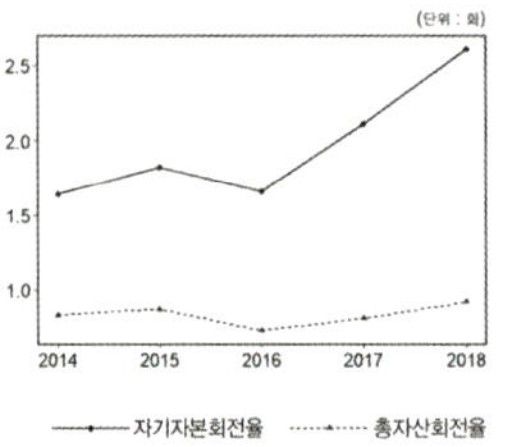

27 CJ씨푸드㈜(011150) 코

설립일	1976.03.15	대표이사	이인덕, 강연중
업종	수산동물 가공 및 저장처리업	업종코드	1021
소재지	경기도 성남시 중원구 둔촌대로	주요브랜드	CJ푸드, 비비고, 삼호

	2014	2015	2016	2017	2018
재무상태표					(단위 : 백만 원)
유동자산	48,940	19,832	41,526	35,171	41,144
당좌자산	26,836	5,459	19,157	17,607	18,891
재고자산	22,104	14,373	22,368	17,564	22,253
비유동자산	52,258	73,779	78,215	85,044	85,371
투자자산	8,620	8,901	10,187	10,482	11,971
유형자산	43,181	64,453	67,236	74,051	72,998
무형자산	324	318	725	458	359
자산총계	101,198	93,610	119,741	120,215	126,515
유동부채	48,407	37,550	58,602	54,425	58,922
비유동부채	5,458	6,041	5,854	5,737	5,826
자본	47,333	50,019	55,284	60,054	61,767
부채 및 자본합계	101,198	93,610	119,741	120,215	126,515
손익계산서					(단위 : 백만 원)
매출액	156,340	161,717	173,738	164,630	150,703
매출원가	123,137	128,862	138,331	131,484	132,400
매출총손익	33,203	32,854	35,406	33,146	18,303
판매비 및 관리비	26,747	27,209	29,548	26,587	14,169
영업손익	6,456	5,646	5,858	6,559	4,134
법인세비용차감전순손익	4,434	4,609	5,578	5,884	3,008
법인세비용	1,161	2,056	205	1,294	854
계속사업이익	3,273	2,552	5,373	4,590	2,155
중단사업손익	0	0	0	0	0
당기순손익	3,273	2,552	5,373	4,590	2,155
현금흐름표					(단위 : 백만 원)
영업활동순현금흐름	-8,423	31,200	-5,470	15,615	-1,045
투자활동순현금흐름	-3,436	-20,976	-8,422	-11,100	-6,903
재무활동순현금흐름	12,598	-9,946	13,092	-4,606	8,627
성장성비율					(단위 : %)
총자산증가율	24.53	-7.50	27.91	0.40	5.24
매출액증가율	1.31	3.44	7.43	-5.24	-8.46
수익성비율					(단위 : %)
총자산순이익률	3.59	2.62	5.04	3.83	1.75
자기자본순이익률	7.13	5.24	10.20	7.96	3.54
매출액영업이익률	4.13	3.49	3.37	3.98	2.74
매출액순이익률	2.09	1.58	3.09	2.79	1.43
레버리지비율					(단위 : %)
부채비율	113.80	87.15	116.59	100.18	104.83
이자보상비율	20.43	15.16	11.93	9.82	4.77
비유동비율	110.41	147.50	141.48	141.61	138.21
비유동장기적합률	98.99	131.60	127.93	129.26	126.30
유동성비율					(단위 : %)
유동비율	101.10	52.81	70.86	64.62	69.83
당좌비율	55.44	14.54	32.69	32.35	32.06
현금비율	2.07	6.50	1.18	1.13	2.62
활동성비율					(단위 : 회)
총자산회전율	1.71	1.66	1.63	1.37	1.22
자기자본회전율	3.40	3.32	3.30	2.85	2.47
비유동자산회전율	3.08	2.57	2.29	2.02	1.77
재고자산회전율	8.36	8.87	9.46	8.25	7.57
생산성비율					(단위 : %)
총자본투자효율	11.13	13.30	11.91	12.83	10.90
설비투자효율	26.71	20.70	22.45	20.96	18.91
부가가치의 구성					(단위 : 백만 원)
영업잉여	6,142	5,274	5,367	5,891	3,268
인건비	3,483.75	3,815.88	3,155.12	3,204.35	3,719.41
금융비용	313.95	371.88	490.81	667.84	865.89
감가상각비	2,805.24	3,441.96	4,787.61	5,430.10	5,928.81

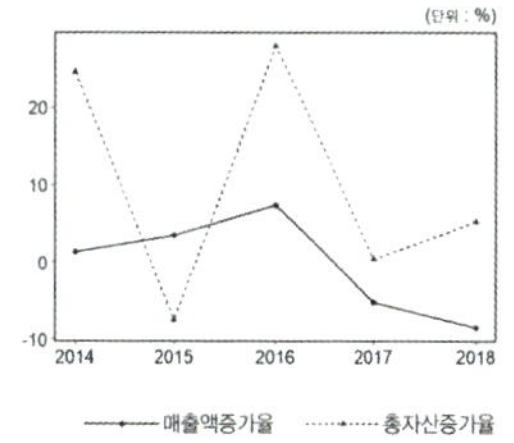

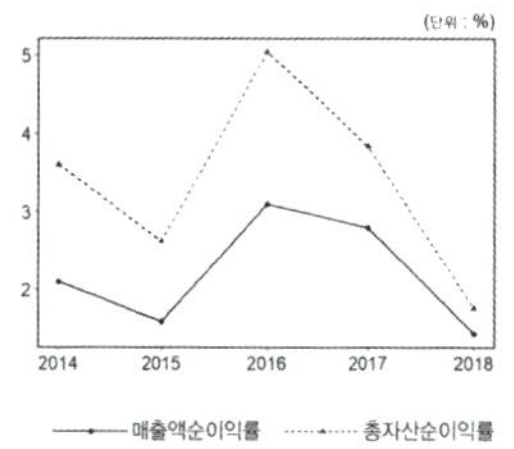

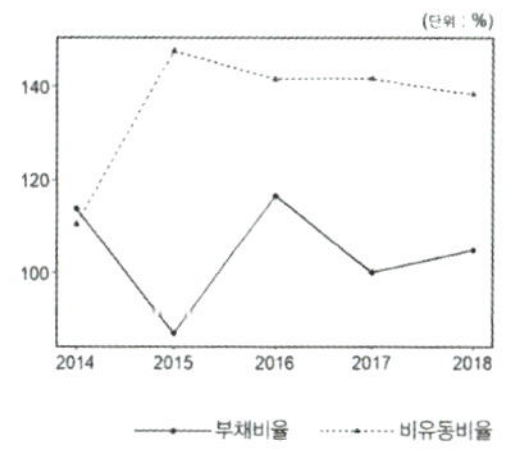

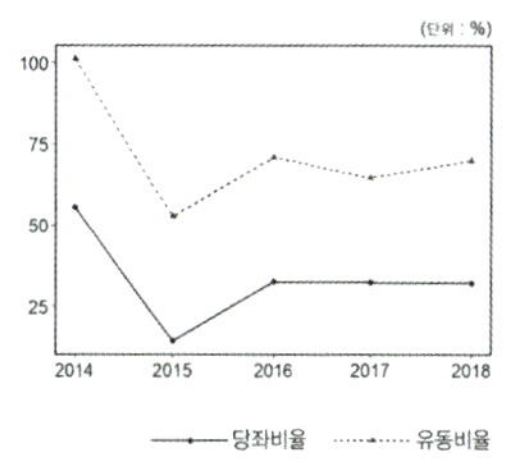

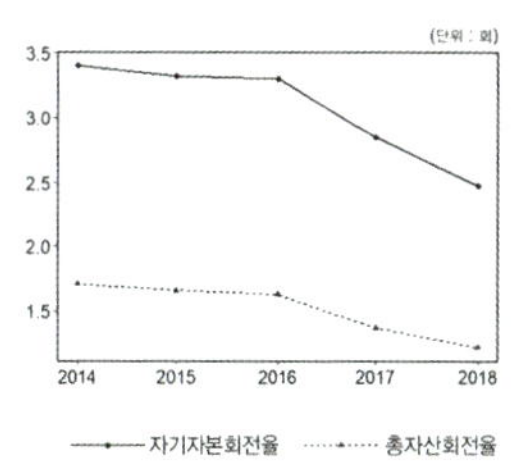

28 CJ제일제당㈜(097950)

코

CJ 제일제당

설립일	2007.09.01	대표이사	손경식, 강신호, 신현재
업종	기타 식료품 제조업	업종코드	1079
소재지	서울특별시 중구 동호로	주요브랜드	백설, 비비고, 햇반, 다시다

	2014	2015	2016	2017	2018
재무상태표					(단위 : 백만 원)
유동자산	1,206,536	1,194,804	1,422,643	1,246,208	1,456,195
당좌자산	728,099	720,194	909,755	703,414	775,933
재고자산	478,437	474,610	512,888	542,794	680,262
비유동자산	4,931,248	5,214,548	5,626,577	5,953,401	7,133,332
투자자산	2,473,526	2,464,664	2,804,933	2,795,015	3,422,691
유형자산	2,122,375	2,401,781	2,525,291	2,846,373	3,374,008
무형자산	247,770	258,570	268,210	265,695	294,069
자산총계	6,137,784	6,409,352	7,049,220	7,199,609	8,589,526
유동부채	1,752,534	1,737,016	1,860,495	1,956,758	2,221,443
비유동부채	1,459,797	1,630,201	1,981,619	1,982,638	1,606,759
자본	2,925,452	3,042,135	3,207,106	3,260,214	4,761,324
부채 및 자본합계	6,137,784	6,409,352	7,049,220	7,199,609	8,589,526
손익계산서					(단위 : 백만 원)
매출액	4,328,999	4,539,667	4,862,290	5,267,128	6,045,732
매출원가	3,017,121	3,106,799	3,349,790	3,661,990	4,375,563
매출총손익	1,311,878	1,432,868	1,512,501	1,605,138	1,670,169
판매비 및 관리비	998,703	1,103,956	1,223,976	1,352,011	1,375,876
영업손익	313,175	328,913	288,524	253,127	294,293
법인세비용차감전순손익	171,347	206,656	261,062	296,172	1,235,912
법인세비용	46,292	48,829	63,739	56,939	309,643
계속사업이익	125,055	157,827	197,322	239,234	926,269
중단사업손익	0	0	0	0	0
당기순손익	125,055	157,827	197,322	239,234	926,269
현금흐름표					(단위 : 백만 원)
영업활동순현금흐름	348,405	379,885	209,434	388,973	364,049
투자활동순현금흐름	-211,179	-423,780	-523,056	-470,378	-391,208
재무활동순현금흐름	-141,041	-13,583	380,912	-48,520	803
성장성비율					(단위 : %)
총자산증가율	-1.26	4.42	9.98	2.13	19.31
매출액증가율	-4.09	4.87	7.11	8.33	14.78
수익성비율					(단위 : %)
총자산순이익률	2.02	2.52	2.93	3.36	11.73
자기자본순이익률	4.37	5.29	6.32	7.40	23.09
매출액영업이익률	7.23	7.25	5.93	4.81	4.87
매출액순이익률	2.89	3.48	4.06	4.54	15.32
레버리지비율					(단위 : %)
부채비율	109.81	110.69	119.80	120.83	80.40
이자보상비율	4.21	5.23	4.30	3.48	4.98
비유동비율	168.56	171.41	175.44	182.61	149.82
비유동장기적합률	112.45	111.60	108.44	113.55	112.02
유동성비율					(단위 : %)
유동비율	68.85	68.78	76.47	63.69	65.55
당좌비율	41.55	41.46	48.90	35.95	34.93
현금비율	10.95	6.24	9.97	0.96	3.85
활동성비율					(단위 : 회)
총자산회전율	0.70	0.72	0.72	0.74	0.77
자기자본회전율	1.51	1.52	1.56	1.63	1.51
비유동자산회전율	0.88	0.89	0.90	0.91	0.92
재고자산회전율	8.55	9.53	9.85	9.98	9.89
생산성비율					(단위 : %)
총자본투자효율	11.10	11.29	11.17	12.61	20.65
설비투자효율	35.87	30.72	32.54	35.10	58.58
부가가치의 구성					(단위 : 백만 원)
영업잉여	245,586	274,754	269,036	189,105	363,530
인건비	240,077.33	256,771.44	283,662.94	316,081.84	344,637.36
금융비용	67,588.64	54,158.17	19,488.53	64,021.84	-69,002.25
감가상각비	154,271.61	156,378.63	173,801	174,303.17	201,208.23

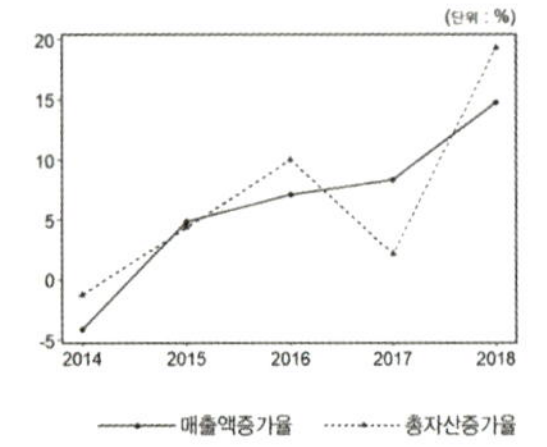

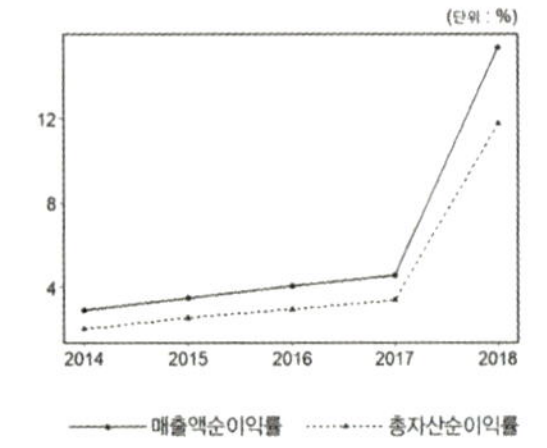

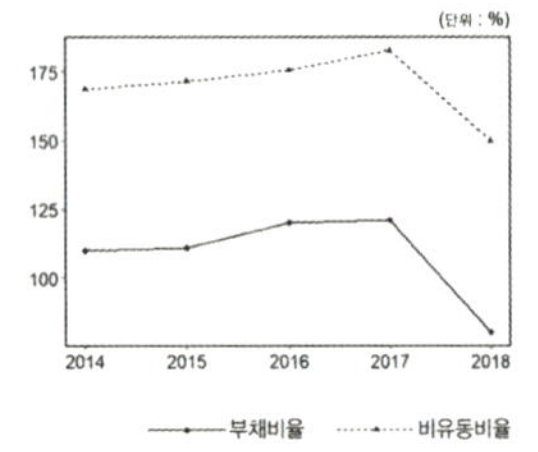

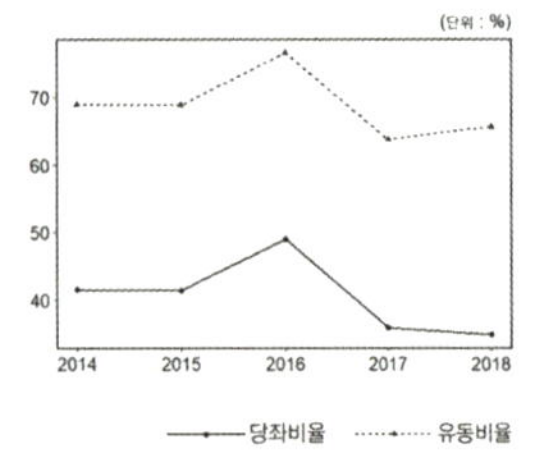

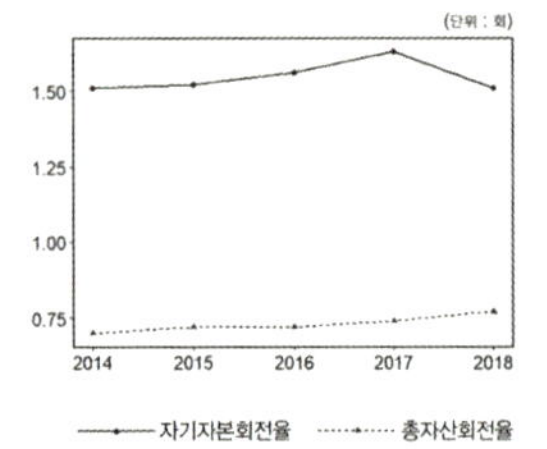

29 한성기업㈜(003680)

코

설립일	1963.03.14	대표이사	임우근, 임준호
업종	수산동물 가공 및 저장처리업	업종코드	1021
소재지	부산광역시 영도구 태종로	주요브랜드	한성기업

	2014	2015	2016	2017	2018
재무상태표					(단위 : 백만 원)
유동자산	91,438	109,665	128,381	122,991	116,091
당좌자산	60,050	77,966	105,805	105,165	92,738
재고자산	31,388	31,699	22,576	17,826	23,353
비유동자산	105,159	104,938	102,475	92,318	106,136
투자자산	24,324	25,032	25,551	20,331	35,040
유형자산	66,415	66,113	64,916	62,662	62,445
무형자산	950	624	558	491	451
자산총계	196,597	214,603	230,856	215,309	222,228
유동부채	117,109	134,464	154,341	135,277	146,667
비유동부채	29,240	26,716	23,466	23,896	21,557
자본	50,248	53,423	53,049	56,136	54,003
부채 및 자본합계	196,597	214,603	230,856	215,309	222,228
손익계산서					(단위 : 백만 원)
매출액	287,155	291,547	320,683	322,797	286,868
매출원가	239,404	242,592	266,931	268,120	245,145
매출총손익	47,751	48,955	53,752	54,678	41,723
판매비 및 관리비	46,499	44,226	45,887	47,965	40,956
영업손익	1,252	4,729	7,865	6,713	767
법인세비용차감전순손익	-14,992	3,928	-199	2,211	-3,322
법인세비용	-2,590	1,521	-151	-382	-690
계속사업이익	-12,402	2,407	-48	2,593	-2,633
중단사업손익	0	0	0	0	0
당기순손익	-12,402	2,407	-48	2,593	-2,633
현금흐름표					(단위 : 백만 원)
영업활동순현금흐름	-142	-13,479	-2,690	9,774	-2,771
투자활동순현금흐름	-7,723	-978	3,812	11,381	-2,824
재무활동순현금흐름	7,938	14,106	-1,832	-20,518	6,699
성장성비율					(단위 : %)
총자산증가율	1.86	9.16	7.57	-6.73	3.21
매출액증가율	1.21	1.53	9.99	0.66	-11.13
수익성비율					(단위 : %)
총자산순이익률	-6.37	1.17	-0.02	1.16	-1.20
자기자본순이익률	-21.74	4.64	-0.09	4.75	-4.78
매출액영업이익률	0.44	1.62	2.45	2.08	0.27
매출액순이익률	-4.32	0.83	-0.02	0.80	-0.92
레버리지비율					(단위 : %)
부채비율	291.25	301.71	335.18	283.55	311.51
이자보상비율	0.35	1.22	1.80	1.51	0.17
비유동비율	209.28	196.43	193.17	164.45	196.54
비유동장기적합률	132.30	130.94	133.93	115.35	140.47
유동성비율					(단위 : %)
유동비율	78.08	81.56	83.18	90.92	79.15
당좌비율	51.28	57.98	68.55	77.74	63.23
현금비율	6.15	4.83	3.57	4.24	5.45
활동성비율					(단위 : 회)
총자산회전율	1.47	1.42	1.44	1.45	1.31
자기자본회전율	5.03	5.62	6.02	5.91	5.21
비유동자산회전율	2.82	2.78	3.09	3.31	2.89
재고자산회전율	8.77	9.24	11.82	15.98	13.93
생산성비율					(단위 : %)
총자본투자효율	3.94	12.68	10.32	12.99	10.08
설비투자효율	11.72	41.14	36.71	44.64	35.86
부가가치의 구성					(단위 : 백만 원)
영업잉여	-1,410	510	4,469	3,143	-2,973
인건비	16,933.71	16,666.02	16,809.48	18,283.90	18,013.32
금융비용	2,176.24	2,654.38	3,395.61	3,569.65	3,777.40
감가상각비	2,741.35	3,092.10	2,988.39	3,039.48	3,000.71

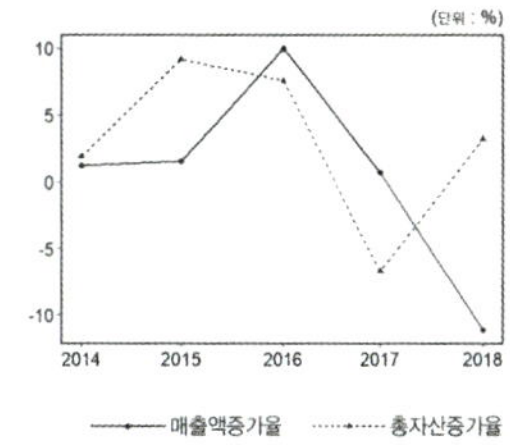

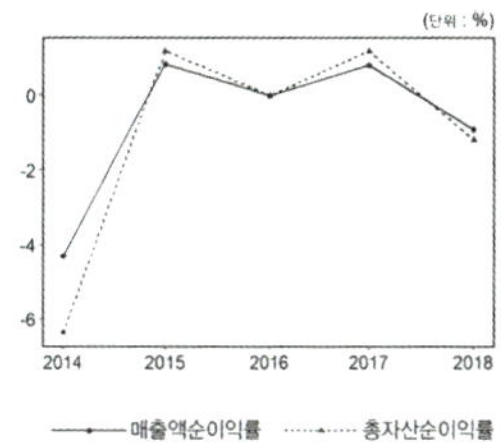

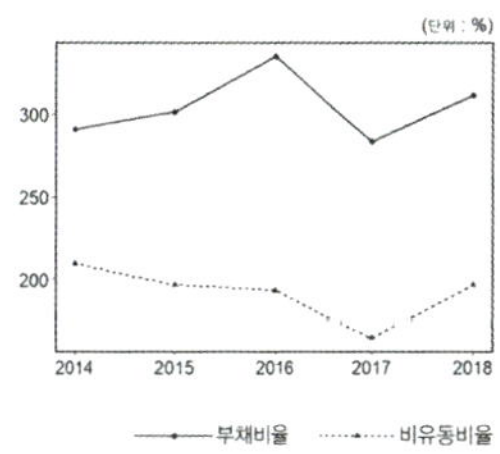

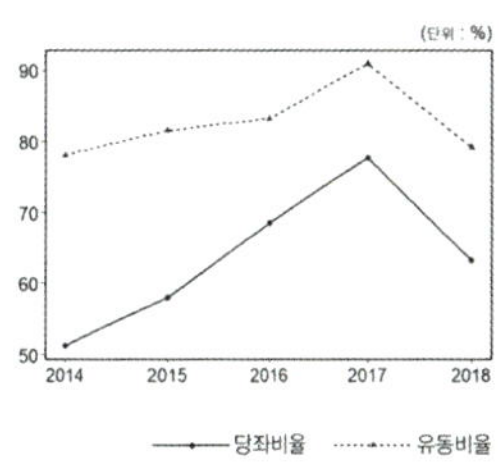

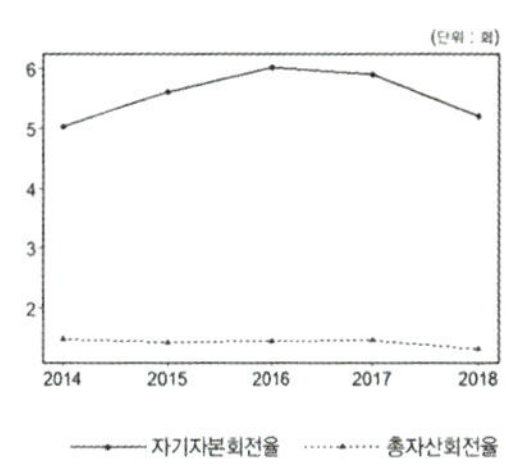

30 해태제과식품㈜(101530) 코

설립일	2001.07.11	대표이사	신정훈
업종	떡, 빵 및 과자류 제조업	업종코드	1071
소재지	충남 천안시 서북구 성거읍 홍천길	주요브랜드	해태

	2014	2015	2016	2017	2018
재무상태표					(단위 : 백만 원)
유동자산	177,568	179,829	203,621	199,975	168,806
당좌자산	134,771	134,498	158,752	152,388	124,705
재고자산	42,797	45,331	44,869	47,587	44,101
비유동자산	531,429	553,019	576,331	575,917	584,010
투자자산	69,324	75,204	73,315	66,181	63,285
유형자산	264,120	275,225	297,485	303,815	320,373
무형자산	186,492	187,966	188,461	188,348	185,317
자산총계	708,997	732,849	779,952	775,892	752,815
유동부채	271,594	251,329	349,636	302,965	232,550
비유동부채	281,275	312,944	144,334	186,269	233,991
자본	156,127	168,576	285,982	286,657	286,274
부채 및 자본합계	708,997	732,849	779,952	775,892	752,815
손익계산서					(단위 : 백만 원)
매출액	680,063	788,448	782,605	784,096	706,369
매출원가	405,552	466,012	476,763	494,364	467,002
매출총손익	274,510	322,436	305,841	289,732	239,367
판매비 및 관리비	249,178	275,334	270,465	271,184	217,895
영업손익	25,332	47,103	35,376	18,548	21,472
법인세비용차감전순손익	6,871	20,776	30,955	7,837	6,797
법인세비용	2,196	7,471	5,955	1,460	2,789
계속사업이익	4,675	13,305	25,000	6,377	4,008
중단사업손익	0	0	0	0	0
당기순손익	4,675	13,305	25,000	6,377	4,008
현금흐름표					(단위 : 백만 원)
영업활동순현금흐름	54,257	62,893	33,494	51,594	44,710
투자활동순현금흐름	-31,035	-38,892	-48,701	-22,397	-42,226
재무활동순현금흐름	-22,754	-17,566	9,444	-30,136	-1,932
성장성비율					(단위 : %)
총자산증가율	0.35	3.36	6.43	-0.52	-2.97
매출액증가율	-5.53	15.94	-0.74	0.19	-9.91
수익성비율					(단위 : %)
총자산순이익률	0.66	1.85	3.31	0.82	0.52
자기자본순이익률	3.03	8.19	11	2.23	1.40
매출액영업이익률	3.72	5.97	4.52	2.37	3.04
매출액순이익률	0.69	1.69	3.19	0.81	0.57
레버리지비율					(단위 : %)
부채비율	354.12	334.73	172.73	170.67	162.97
이자보상비율	1.35	3.25	3.17	2.08	2.42
비유동비율	340.38	328.05	201.53	200.91	204
비유동장기적합률	121.50	114.85	133.93	121.78	112.25
유동성비율					(단위 : %)
유동비율	65.38	71.55	58.24	66.01	72.59
당좌비율	49.62	53.51	45.41	50.30	53.62
현금비율	6.49	9.99	5.98	5.60	6.96
활동성비율					(단위 : 회)
총자산회전율	0.96	1.09	1.03	1.01	0.92
자기자본회전율	4.41	4.86	3.44	2.74	2.47
비유동자산회전율	1.30	1.45	1.39	1.36	1.22
재고자산회전율	15.64	17.89	17.35	16.96	15.41
생산성비율					(단위 : %)
총자본투자효율	19.34	21.05	20.73	17.19	17.44
설비투자효율	52.32	56.92	55.81	45.87	44.39
부가가치의 구성					(단위 : 백만 원)
영업잉여	10,536	39,672	27,017	14,262	15,700
인건비	71,817.03	76,513.63	78,704.34	75,374.04	73,726.58
금융비용	18,346.22	14,338.81	10,691.80	8,867.59	8,857.78
감가상각비	18,472.73	20,024.77	23,833.14	24,428.69	25,397.67

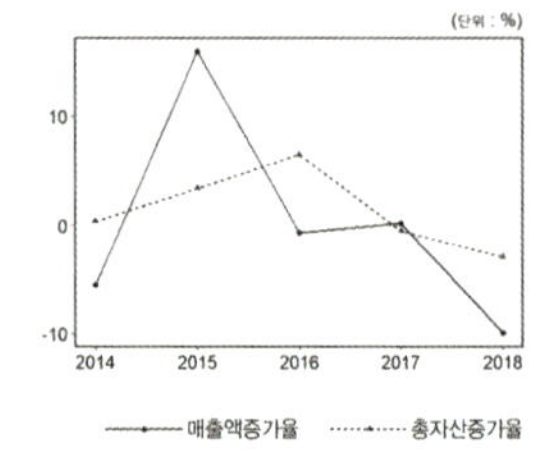

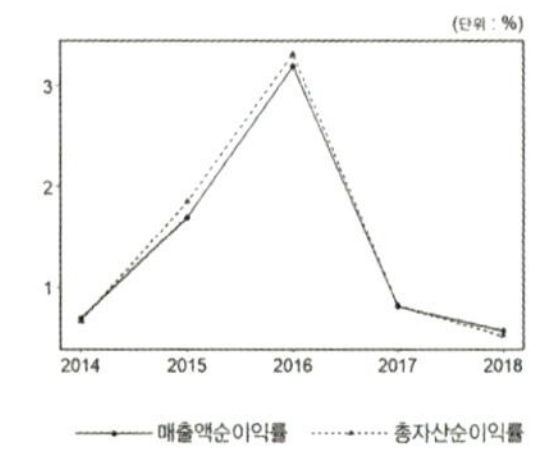

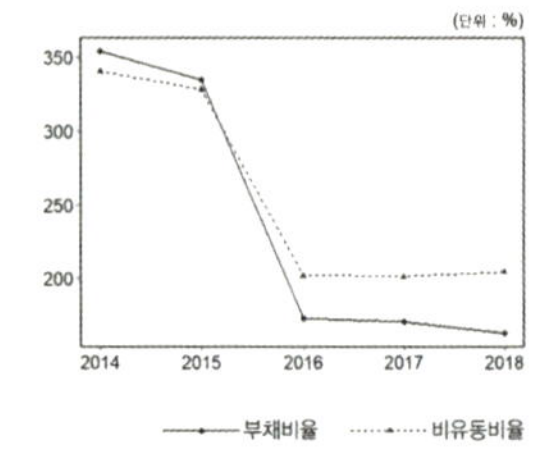

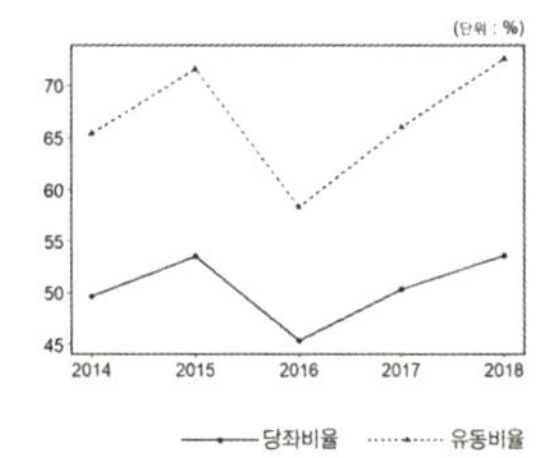

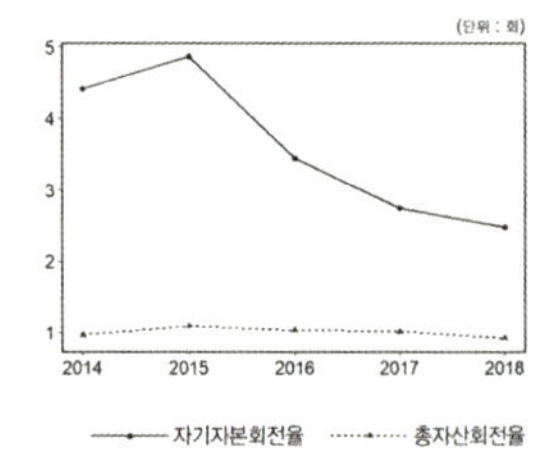

31 ㈜노바렉스(194700) 코

NOVAREX

설립일	2008.11.27	대표이사	권석형
업종	기타 식료품 제조업	업종코드	1079
소재지	충청북도 청주시 청원구 오창읍	주요브랜드	노바렉스

	2014	2015	2016	2017	2018
재무상태표					(단위 : 백만 원)
유동자산	24,106	38,824	39,740	43,979	63,089
당좌자산	17,679	28,438	30,873	35,247	49,893
재고자산	6,427	10,386	8,866	8,732	13,196
비유동자산	15,740	17,412	20,194	27,593	44,225
투자자산	56	362	1,226	2,716	6,269
유형자산	14,128	15,201	17,278	22,996	31,031
무형자산	499	499	499	771	1,128
자산총계	39,846	56,237	59,934	71,572	107,314
유동부채	14,012	18,944	14,467	18,444	25,813
비유동부채	1,170	985	842	753	1,049
자본	24,664	36,308	44,625	52,375	80,452
부채 및 자본합계	39,846	56,237	59,934	71,572	107,314
손익계산서					(단위 : 백만 원)
매출액	67,134	82,744	77,126	80,854	107,300
매출원가	55,788	65,313	61,472	63,820	86,668
매출총손익	11,346	17,431	15,654	17,033	20,631
판매비 및 관리비	5,431	6,216	5,370	6,519	8,225
영업손익	5,914	11,215	10,284	10,514	12,407
법인세비용차감전순손익	6,171	11,517	10,915	10,172	12,818
법인세비용	1,104	1,846	1,709	1,605	2,338
계속사업이익	5,067	9,670	9,207	8,567	10,480
중단사업손익	0	0	0	0	0
당기순손익	5,067	9,670	9,207	8,567	10,480
현금흐름표					(단위 : 백만 원)
영업활동순현금흐름	5,310	8,717	7,254	11,300	8,486
투자활동순현금흐름	-1,880	-2,266	-4,370	-6,473	-12,635
재무활동순현금흐름	-206	1,278	-1,225	-1,070	18,581
성장성비율					(단위 : %)
총자산증가율	22.68	41.13	6.57	19.42	49.94
매출액증가율	37.79	23.25	-6.79	4.83	32.71
수익성비율					(단위 : %)
총자산순이익률	14.01	20.13	15.85	13.03	11.72
자기자본순이익률	22.68	31.72	22.75	17.66	15.78
매출액영업이익률	8.81	13.55	13.33	13	11.56
매출액순이익률	7.55	11.69	11.94	10.60	9.77
레버리지비율					(단위 : %)
부채비율	61.55	54.89	34.31	36.65	33.39
이자보상비율	564.03	145.29	17,139.78	•	•
비유동비율	63.82	47.96	45.25	52.68	54.97
비유동장기적합률	60.93	46.69	44.42	51.94	54.26
유동성비율					(단위 : %)
유동비율	172.04	204.95	274.69	238.45	244.41
당좌비율	126.17	150.12	213.41	191.11	193.29
현금비율	31.26	39.42	43.60	46.62	55.49
활동성비율					(단위 : 회)
총자산회전율	1.86	1.72	1.33	1.23	1.20
자기자본회전율	3.01	2.71	1.91	1.67	1.62
비유동자산회전율	4.45	4.99	4.10	3.38	2.99
재고자산회전율	10.67	9.84	8.01	9.19	9.79
생산성비율					(단위 : %)
총자본투자효율	25.04	28.09	26.06	21.64	18.03
설비투자효율	70.62	103.90	90.38	90.85	92.90
부가가치의 구성					(단위 : 백만 원)
영업잉여	6,083	11,974	9,693	10,735	12,495
인건비	2,832.57	3,168.16	3,287.98	3,587.93	4,577.83
금융비용	-107.16	-77.87	-147.45	-140.33	-159.03
감가상각비	861.05	967.31	1,285.70	1,531.46	1,742.15

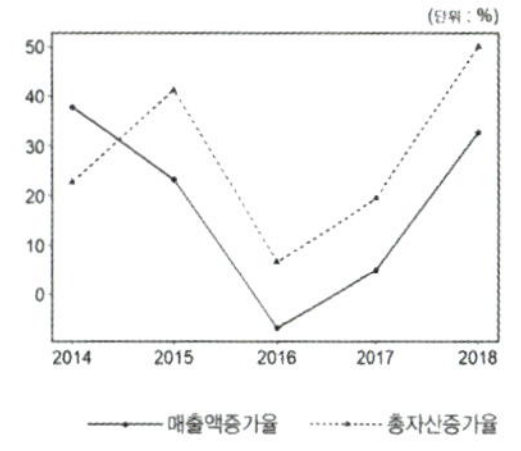

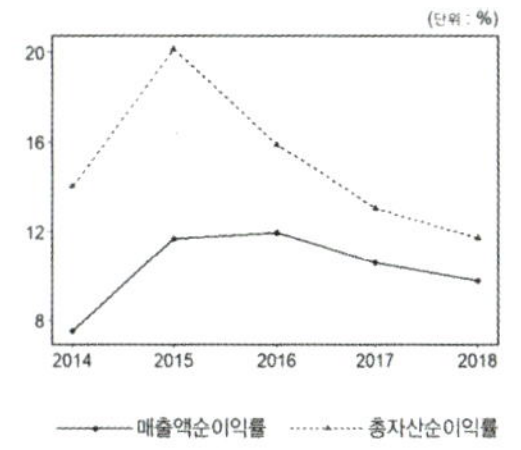

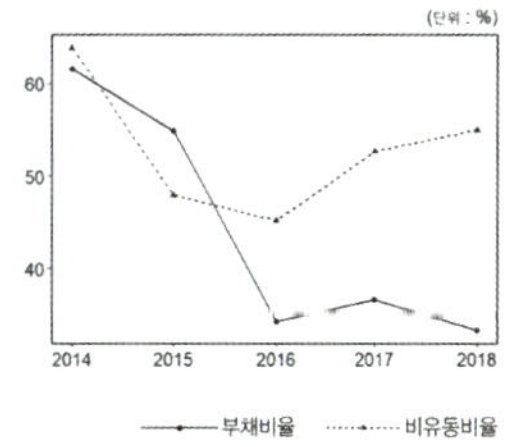

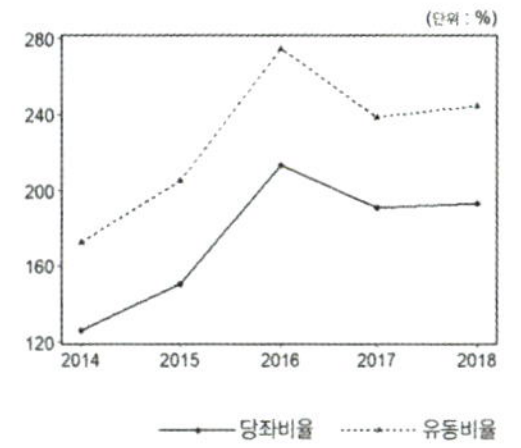

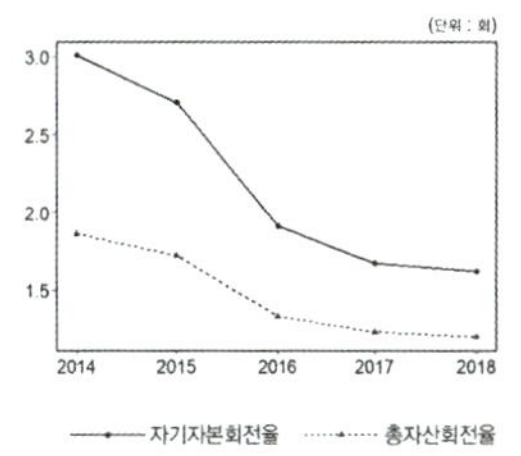

32 ㈜뉴트리(270870) 코

설립일	2001.04.12	대표이사	김도언, 박기범
업종	기타 식료품 제조업	업종코드	1079
소재지	경기도 성남시 중원구 사기막골로	주요브랜드	에버 콜라겐

	2014	2015	2016	2017	2018
재무상태표					(단위 : 백만 원)
유동자산	–	–	–	18,597	48,750
당좌자산	–	–	–	15,070	43,376
재고자산	–	–	–	3,526	5,373
비유동자산	–	–	–	5,196	10,205
투자자산	–	–	–	874	4,427
유형자산	–	–	–	1,984	2,404
무형자산	–	–	–	1,287	1,960
자산총계	–	–	–	23,792	58,955
유동부채	–	–	–	6,825	9,243
비유동부채	–	–	–	10,039	608
자본	–	–	–	6,928	49,104
부채 및 자본합계	–	–	–	23,792	58,955
손익계산서					(단위 : 백만 원)
매출액	–	–	–	59,537	86,707
매출원가	–	–	–	16,019	21,831
매출총손익	–	–	–	43,518	64,876
판매비 및 관리비	–	–	–	38,748	54,712
영업손익	–	–	–	4,770	10,165
법인세비용차감전순손익	–	–	–	2,231	4,068
법인세비용	–	–	–	856	1,821
계속사업이익	–	–	–	1,375	2,247
중단사업손익	–	–	–	0	0
당기순손익	–	–	–	1,375	2,247
현금흐름표					(단위 : 백만 원)
영업활동순현금흐름	–	–	–	4,388	7,974
투자활동순현금흐름	–	–	–	-3,019	-6,723
재무활동순현금흐름	–	–	–	4,091	24,349
성장성비율					(단위 : %)
총자산증가율	–	–	–	–	0
매출액증가율	–	–	–	–	0
수익성비율					(단위 : %)
총자산순이익률	–	–	–	–	3.81
자기자본순이익률	–	–	–	–	4.58
매출액영업이익률	–	–	–	–	11.72
매출액순이익률	–	–	–	–	2.59
레버리지비율					(단위 : %)
부채비율	–	–	–	–	20.06
이자보상비율	–	–	–	–	23.36
비유동비율	–	–	–	–	20.78
비유동장기적합률	–	–	–	–	20.53
유동성비율					(단위 : %)
유동비율	–	–	–	–	527.43
당좌비율	–	–	–	–	469.29
현금비율	–	–	–	–	69.68
활동성비율					(단위 : 회)
총자산회전율	–	–	–	–	1.47
자기자본회전율	–	–	–	–	1.77
비유동자산회전율	–	–	–	–	8.50
재고자산회전율	–	–	–	–	16.14
생산성비율					(단위 : %)
총자본투자효율	–	–	–	–	18.21
설비투자효율	–	–	–	–	506.78
부가가치의 구성					(단위 : 백만 원)
영업잉여	–	–	–	5,118	9,387
인건비	–	–	–	–	5,441.38
금융비용	–	–	–	–	288.36
감가상각비	–	–	–	–	497.81

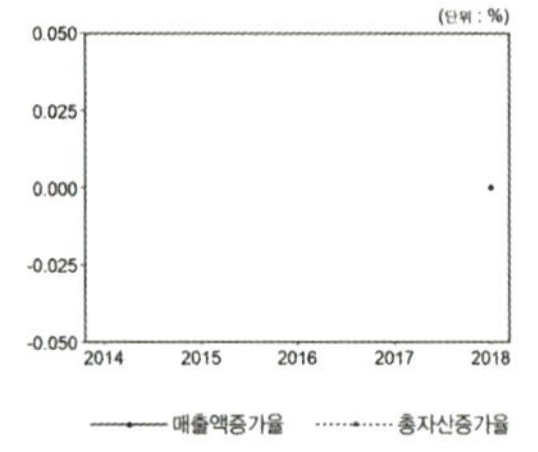

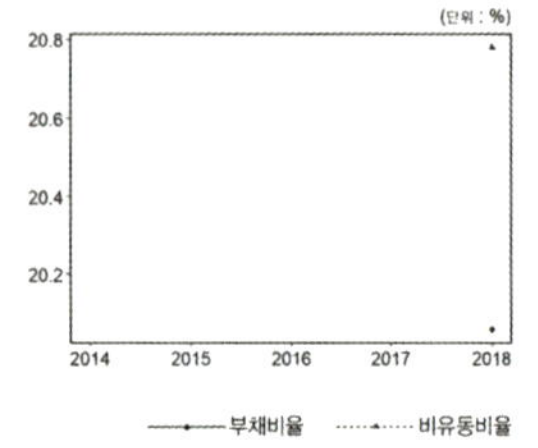

33 ㈜동우팜투테이블(088910)			코
설립일	1993.02.17	대표이사	이계창
업종	도축업	업종코드	1011
소재지	전라북도 군산시 서수면 동군산로	주요브랜드	동우팜투테이블

	2014	2015	2016	2017	2018
재무상태표					(단위 : 백만 원)
유동자산	90,842	93,237	98,442	117,420	123,817
당좌자산	88,507	86,833	94,836	114,759	121,292
재고자산	2,335	6,404	3,606	2,662	2,524
비유동자산	67,230	69,466	75,181	83,083	96,672
투자자산	44,759	47,592	54,471	62,546	74,389
유형자산	22,470	21,870	20,708	20,215	21,973
무형자산	1	4	3	319	307
자산총계	158,072	162,703	173,624	200,503	220,489
유동부채	28,435	25,629	21,275	24,149	25,892
비유동부채	6,556	5,689	8,403	4,973	6,009
자본	123,081	131,385	143,945	171,381	188,587
부채 및 자본합계	158,072	162,703	173,624	200,503	220,489
손익계산서					(단위 : 백만 원)
매출액	219,796	239,668	235,753	230,844	250,159
매출원가	199,668	219,706	210,777	199,150	217,539
매출총손익	20,129	19,962	24,976	31,693	32,620
판매비 및 관리비	13,611	14,086	15,267	14,851	15,651
영업손익	6,518	5,876	9,708	16,842	16,969
법인세비용차감전순손익	3,505	10,120	15,927	23,144	22,901
법인세비용	1,842	1,805	2,978	5,637	4,778
계속사업이익	1,663	8,315	12,949	17,507	18,123
중단사업손익	0	0	0	0	0
당기순손익	1,663	8,315	12,949	17,507	18,123
현금흐름표					(단위 : 백만 원)
영업활동순현금흐름	-526	3,241	13,011	22,036	19,537
투자활동순현금흐름	-13,884	1,170	-6,804	-29,476	-14,943
재무활동순현금흐름	1,953	-7,230	1,603	7,945	-5,799
성장성비율					(단위 : %)
총자산증가율	3.78	2.93	6.71	15.48	9.97
매출액증가율	-12.68	9.04	-1.63	-2.08	8.37
수익성비율					(단위 : %)
총자산순이익률	1.07	5.18	7.70	9.36	8.61
자기자본순이익률	1.36	6.54	9.41	11.10	10.07
매출액영업이익률	2.97	2.45	4.12	7.30	6.78
매출액순이익률	0.76	3.47	5.49	7.58	7.24
레버리지비율					(단위 : %)
부채비율	28.43	23.84	20.62	16.99	16.92
이자보상비율	8.22	39.84	140.63	220.07	633.74
비유동비율	54.62	52.87	52.23	48.48	51.26
비유동장기적합률	51.86	50.68	49.35	47.11	49.68
유동성비율					(단위 : %)
유동비율	319.47	363.79	462.71	486.23	478.20
당좌비율	311.25	338.80	445.76	475.20	468.45
현금비율	11.12	7.81	15.33	13.28	11.62
활동성비율					(단위 : 회)
총자산회전율	1.42	1.49	1.40	1.23	1.19
자기자본회전율	1.80	1.88	1.71	1.46	1.39
비유동자산회전율	2.97	3.51	3.26	2.92	2.78
재고자산회전율	113.31	54.85	47.10	73.66	96.47
생산성비율					(단위 : %)
총자본투자효율	6.49	10.17	12.84	14.90	13.46
설비투자효율	45.65	75.66	107.69	148.43	138.71
부가가치의 구성					(단위 : 백만 원)
영업잉여	7,040	6,633	10,630	17,663	18,670
인건비	4,077.37	4,269.72	4,436.71	4,734.50	5,828.66
금융비용	-508.55	-728.06	-755.53	-654.10	-1,593.14
감가상각비	2,452.35	2,161.38	1,982.53	1,790.93	1,760.67

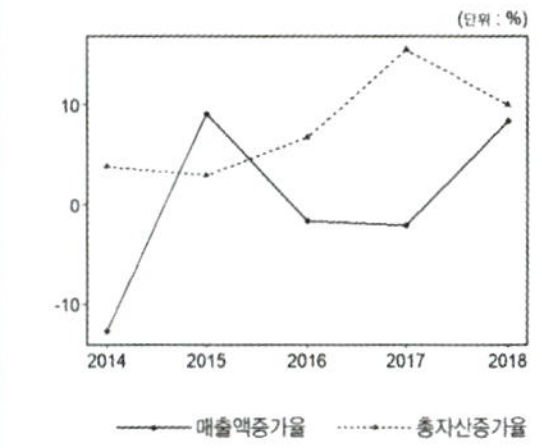

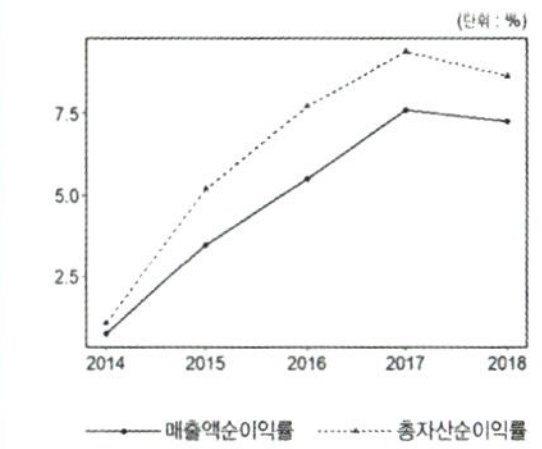

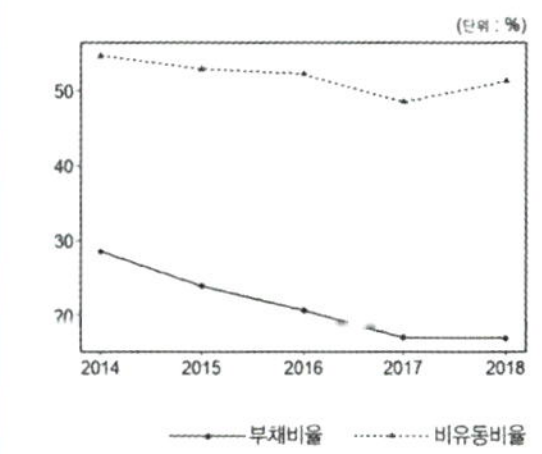

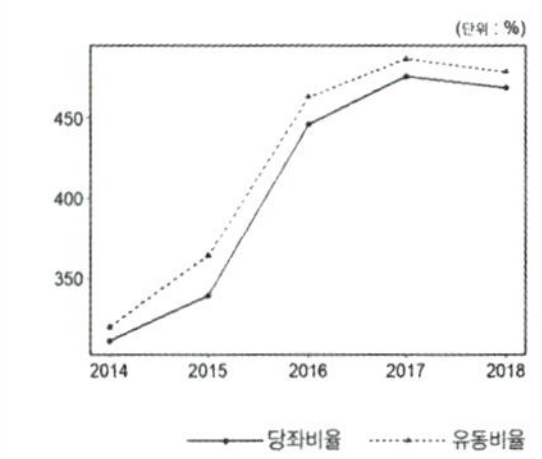

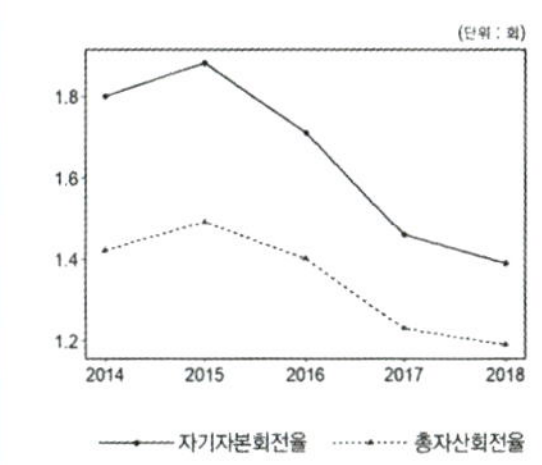

BIFIDO World best probiotics

34 ㈜비피도(238200) 코

설립일	1999.10.12	대표이사	지근억
업종	기타 식료품 제조업	업종코드	1079
소재지	강원도 홍천군 홍천읍 농공단지길	주요브랜드	비피도

	2014	2015	2016	2017	2018
재무상태표					(단위 : 백만 원)
유동자산	–	9,025	21,610	24,743	34,065
당좌자산	–	7,005	19,538	22,179	31,020
재고자산	–	2,020	2,072	2,564	3,045
비유동자산	–	10,899	12,729	12,106	12,677
투자자산	–	40	140	0	0
유형자산	–	10,817	12,557	11,922	12,477
무형자산	–	41	32	50	64
자산총계	–	19,924	34,339	36,849	46,741
유동부채	–	1,755	2,044	1,998	1,246
비유동부채	–	4,267	16,225	16,356	768
자본	–	13,901	16,070	18,495	44,728
부채 및 자본합계	–	19,924	34,339	36,849	46,741
손익계산서					(단위 : 백만 원)
매출액	–	11,845	12,070	13,664	14,870
매출원가	–	6,278	7,421	8,041	8,148
매출총손익	–	5,568	4,649	5,623	6,722
판매비 및 관리비	–	1,818	2,555	2,606	3,221
영업손익	–	3,750	2,094	3,018	3,501
법인세비용차감전순손익	–	3,660	2,541	2,902	1,730
법인세비용	–	534	373	477	598
계속사업이익	–	3,126	2,169	2,425	1,132
중단사업손익	–	0	0	0	0
당기순손익	–	3,126	2,169	2,425	1,132
현금흐름표					(단위 : 백만 원)
영업활동순현금흐름	–	2,791	3,341	3,864	4,753
투자활동순현금흐름	–	-3,283	-8,727	-3,246	-18,927
재무활동순현금흐름	–	3,819	11,994	0	6,691
성장성비율					(단위 : %)
총자산증가율	–	–	0	7.31	26.84
매출액증가율	–	–	0	13.21	8.83
수익성비율					(단위 : %)
총자산순이익률	–	–	6.32	6.81	2.71
자기자본순이익률	–	–	13.49	14.03	3.58
매출액영업이익률	–	–	17.35	22.08	23.55
매출액순이익률	–	–	17.97	17.75	7.61
레버리지비율					(단위 : %)
부채비율	–	–	113.68	99.24	4.50
이자보상비율	–	–	7	5.10	10.76
비유동비율	–	–	79.21	65.46	28.34
비유동장기적합률	–	–	39.41	34.74	27.86
유동성비율					(단위 : %)
유동비율	–	–	1,057.45	1,238.12	2,734.98
당좌비율	–	–	956.06	1,109.82	2,490.51
현금비율	–	–	52.50	47.28	12.52
활동성비율					(단위 : 회)
총자산회전율	–	–	0.35	0.38	0.36
자기자본회전율	–	–	0.75	0.79	0.47
비유동자산회전율	–	–	0.95	1.10	1.20
재고자산회전율	–	–	5.83	5.89	5.30
생산성비율					(단위 : %)
총자본투자효율	–	–	14.03	15.61	9.57
설비투자효율	–	–	42.77	53.65	37.87
부가가치의 구성					(단위 : 백만 원)
영업잉여	–	–	1,896	2,623	3,436
인건비	–	–	670.91	938.85	1,208.61
금융비용	–	–	198.70	394.89	65.62
감가상각비	–	–	1,406.33	1,516.63	1,469.65

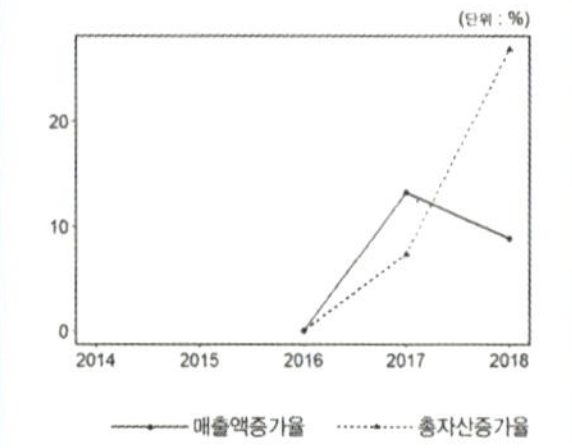

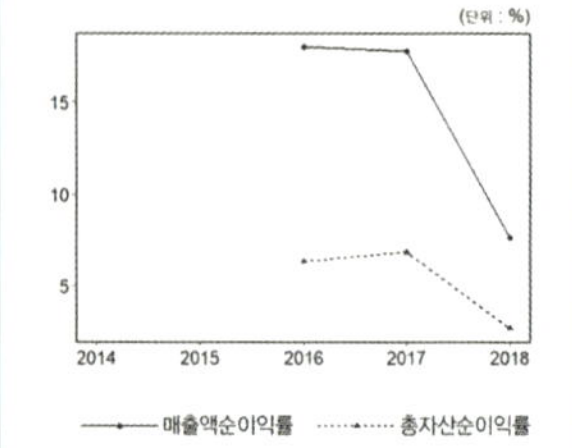

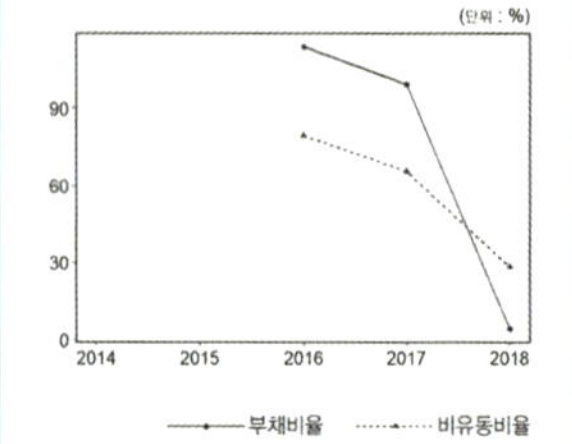

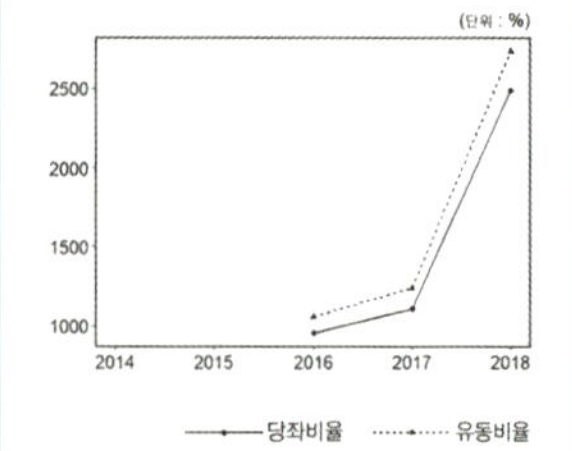

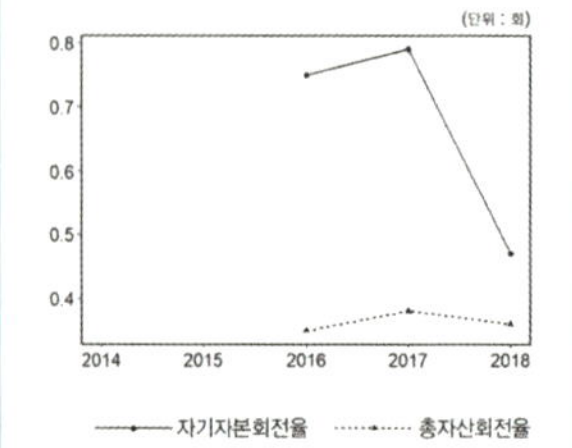

35 ㈜에이치엘사이언스(239610)

코

설립일	2000.09.28	대표이사	이해연
업종	기타 식료품 제조업	업종코드	1079
소재지	경기도 화성시 봉담읍 동재산길	주요브랜드	에이치엘사이언스

	2014	2015	2016	2017	2018
재무상태표					(단위 : 백만 원)
유동자산	6,314	6,661	42,445	39,906	54,047
당좌자산	5,562	5,237	39,340	37,787	51,102
재고자산	752	1,424	3,105	2,119	2,945
비유동자산	9,169	10,721	12,138	17,831	17,365
투자자산	515	2,859	306	6,552	5,992
유형자산	7,735	6,764	10,590	10,213	10,126
무형자산	127	441	594	575	642
자산총계	15,483	17,382	54,584	57,737	71,412
유동부채	3,349	2,690	4,303	3,803	7,564
비유동부채	0	175	92	798	859
자본	12,134	14,516	50,189	53,136	62,988
부채 및 자본합계	15,483	17,382	54,584	57,737	71,412
손익계산서					(단위 : 백만 원)
매출액	17,437	23,705	34,432	40,197	64,108
매출원가	5,156	6,432	11,774	12,045	18,966
매출총손익	12,281	17,273	22,658	28,152	45,143
판매비 및 관리비	9,640	14,298	15,823	22,820	32,894
영업손익	2,641	2,976	6,834	5,333	12,249
법인세비용차감전순손익	2,653	4,255	7,536	5,932	13,568
법인세비용	417	733	1,463	992	2,703
계속사업이익	2,236	3,521	6,073	4,940	10,865
중단사업손익	0	0	0	0	0
당기순손익	2,236	3,521	6,073	4,940	10,865
현금흐름표					(단위 : 백만 원)
영업활동순현금흐름	2,311	3,095	5,527	5,835	13,022
투자활동순현금흐름	-864	-3,145	-30,631	-8,388	-7,231
재무활동순현금흐름	-900	-961	29,589	-1,426	-947
성장성비율					(단위 : %)
총자산증가율	0	12.26	214.03	5.78	23.68
매출액증가율	0	35.95	45.25	16.75	59.48
수익성비율					(단위 : %)
총자산순이익률	14.44	21.43	16.88	8.80	16.83
자기자본순이익률	18.43	26.43	18.77	9.56	18.71
매출액영업이익률	15.14	12.55	19.85	13.27	19.11
매출액순이익률	12.82	14.86	17.64	12.29	16.95
레버리지비율					(단위 : %)
부채비율	27.60	19.74	8.76	8.66	13.37
이자보상비율	37.30	338.92	621,284.64	•	•
비유동비율	75.57	73.85	24.19	33.56	27.57
비유동장기적합률	75.57	72.97	24.14	33.06	27.20
유동성비율					(단위 : %)
유동비율	188.52	247.61	986.46	1,049.25	714.51
당좌비율	166.07	194.68	914.29	993.54	675.58
현금비율	27.50	10.89	18.32	9.51	15.98
활동성비율					(단위 : 회)
총자산회전율	1.13	1.44	0.96	0.72	0.99
자기자본회전율	1.44	1.78	1.06	0.78	1.10
비유동자산회전율	1.90	2.38	3.01	2.68	3.64
재고자산회전율	23.19	21.79	15.20	15.39	25.32
생산성비율					(단위 : %)
총자본투자효율	30.94	40.64	19.05	15.24	23.41
설비투자효율	62.37	106.43	140.01	90.47	165.13
부가가치의 구성					(단위 : 백만 원)
영업잉여	2,605	3,022	7,022	5,808	13,063
인건비	1,655.86	2,436.43	2,635.04	2,769.55	3,284.94
금융비용	39.01	-46.07	-188.10	-474.86	-814.13
감가상각비	231.80	221.31	256.23	483.20	612.46

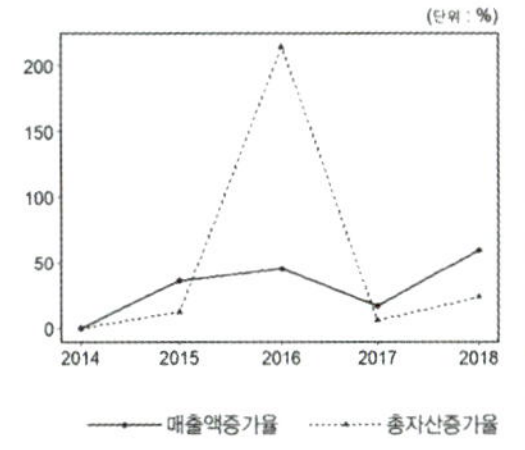

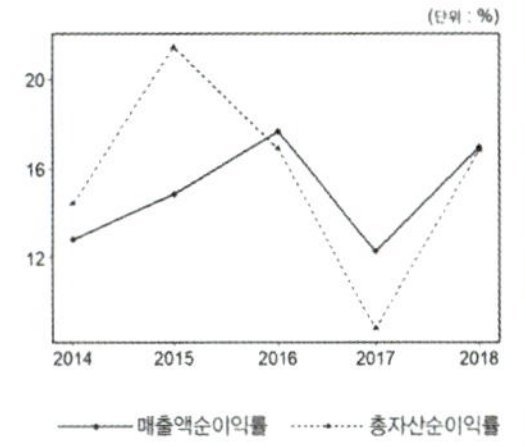

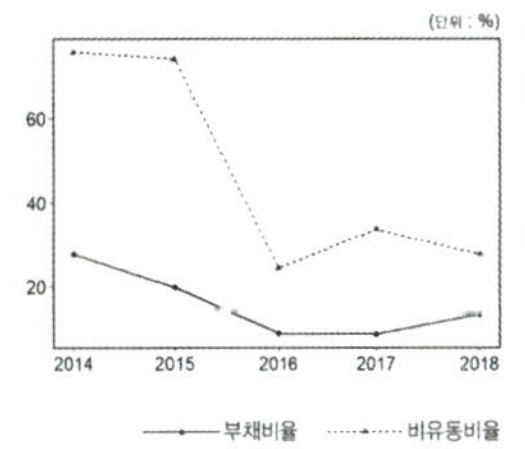

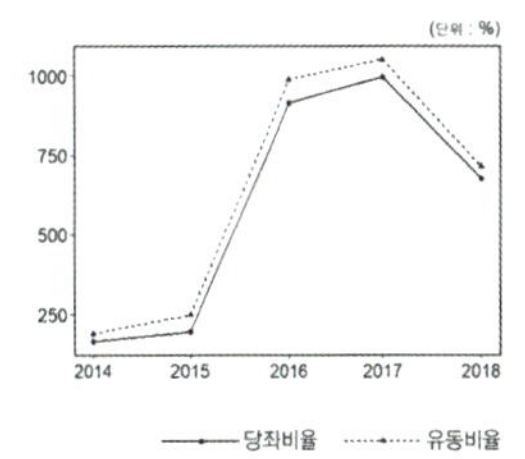

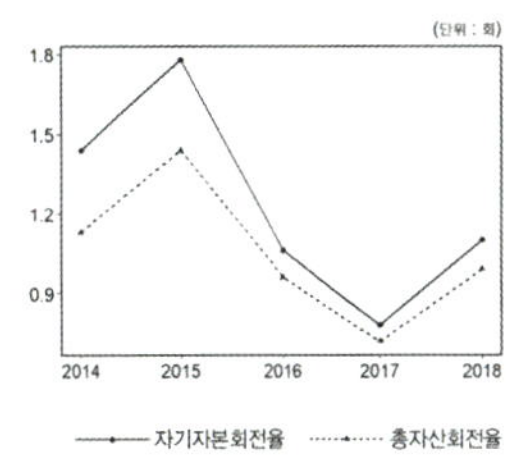

36 ㈜엠에스씨(009780)

코

설립일	1974.04.12	대표이사	김길제, 김호석
업종	조미료 및 식품 첨가물 제조업	업종코드	1074
소재지	경상남도 양산시 소주회야로	주요브랜드	엠에스씨

	2014	2015	2016	2017	2018
재무상태표					(단위 : 백만 원)
유동자산	55,636	54,737	57,231	56,256	62,040
당좌자산	21,691	18,668	29,397	27,856	27,145
재고자산	33,945	36,070	27,833	28,400	34,894
비유동자산	72,736	74,878	81,401	83,252	80,731
투자자산	10,428	11,415	16,274	21,012	19,115
유형자산	55,596	55,844	57,305	54,707	53,658
무형자산	2,063	2,060	2,092	2,090	2,243
자산총계	128,372	129,616	138,632	139,508	142,771
유동부채	61,519	58,926	58,890	57,130	49,025
비유동부채	19,922	20,355	21,683	14,474	18,165
자본	46,930	50,335	58,060	67,904	75,582
부채 및 자본합계	128,372	129,616	138,632	139,508	142,771
손익계산서					(단위 : 백만 원)
매출액	129,226	134,818	135,622	141,955	144,605
매출원가	101,767	105,704	104,303	109,834	113,319
매출총손익	27,459	29,114	31,319	32,121	31,286
판매비 및 관리비	19,721	20,450	17,972	18,879	17,371
영업손익	7,737	8,664	13,347	13,242	13,915
법인세비용차감전순손익	5,808	5,045	10,188	10,474	11,273
법인세비용	481	1,463	2,445	796	2,596
계속사업이익	5,327	3,582	7,742	9,678	8,677
중단사업손익	0	0	0	0	0
당기순손익	5,327	3,582	7,742	9,678	8,677
현금흐름표					(단위 : 백만 원)
영업활동순현금흐름	2,007	9,196	23,205	7,194	9,159
투자활동순현금흐름	-6,969	-7,560	-15,326	-8,512	-4,956
재무활동순현금흐름	5,761	-2,810	-2,584	-2,146	-1,875
성장성비율					(단위 : %)
총자산증가율	10.45	0.97	6.96	0.63	2.34
매출액증가율	1.59	4.33	0.60	4.67	1.87
수익성비율					(단위 : %)
총자산순이익률	4.36	2.78	5.77	6.96	6.15
자기자본순이익률	11.91	7.36	14.29	15.37	12.10
매출액영업이익률	5.99	6.43	9.84	9.33	9.62
매출액순이익률	4.12	2.66	5.71	6.82	6
레버리지비율					(단위 : %)
부채비율	173.54	157.51	138.78	105.45	88.90
이자보상비율	4.55	6.13	9.61	10.70	10.82
비유동비율	154.99	148.76	140.20	122.60	106.81
비유동장기적합률	108.80	105.93	102.08	101.06	86.12
유동성비율					(단위 : %)
유동비율	90.44	92.89	97.18	98.47	126.55
당좌비율	35.26	31.68	49.92	48.76	55.37
현금비율	3.57	1.60	10.98	4.78	8.07
활동성비율					(단위 : 회)
총자산회전율	1.06	1.05	1.01	1.02	1.02
자기자본회전율	2.89	2.77	2.50	2.25	2.02
비유동자산회전율	1.84	1.83	1.74	1.72	1.76
재고자산회전율	4.38	3.85	4.24	5.05	4.57
생산성비율					(단위 : %)
총자본투자효율	14.05	13.27	17.06	17.25	17.57
설비투자효율	33.17	32.51	42.97	46.27	50.42
부가가치의 구성					(단위 : 백만 원)
영업잉여	6,127	7,311	12,045	12,177	12,789
인건비	5,043.61	5,186.57	6,058.74	6,188.64	6,490.93
금융비용	1,580.42	1,326.06	1,314.71	1,146.86	1,188.80
감가상각비	5,329.12	5,355.45	5,814.37	5,932.83	5,795.18

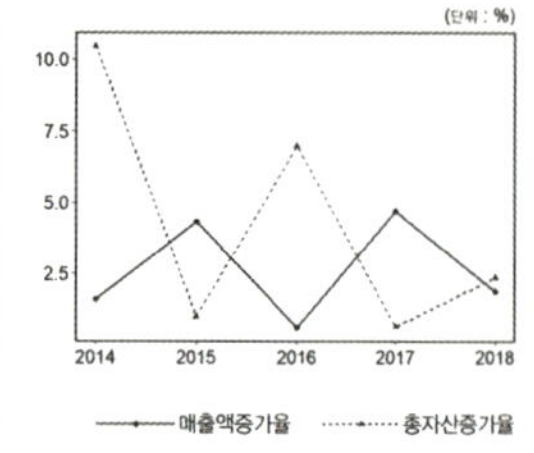

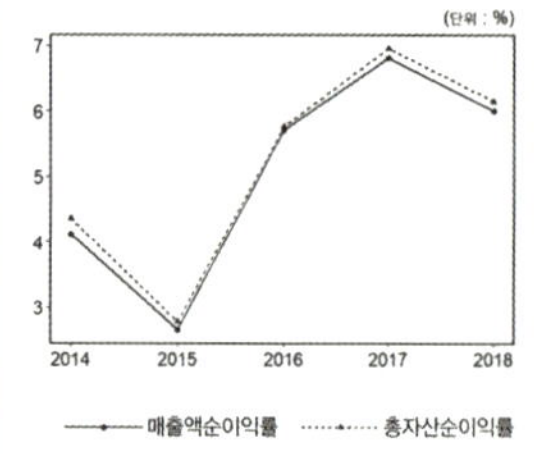

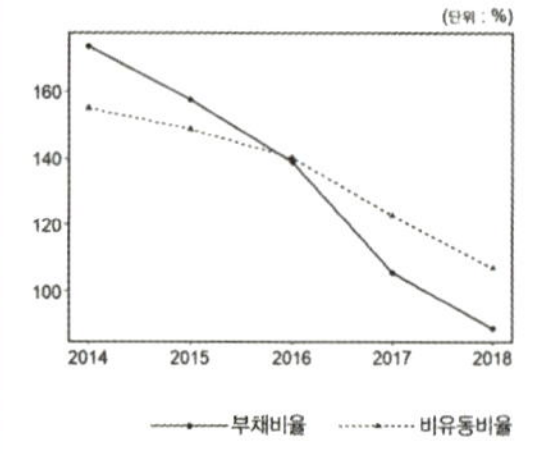

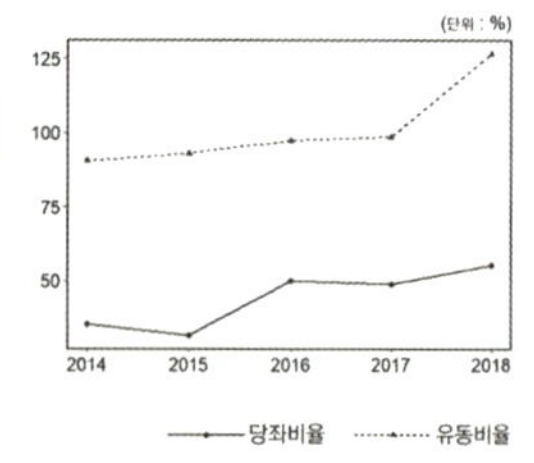

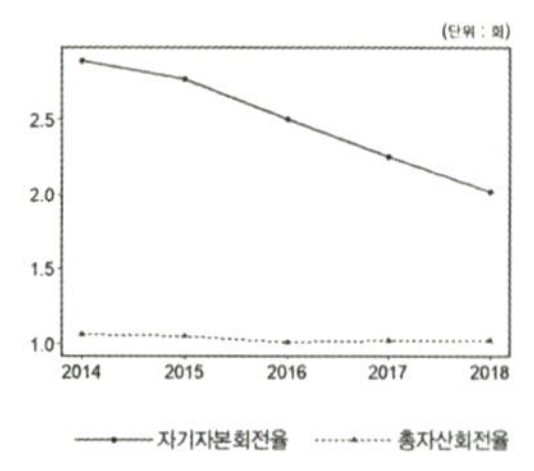

37 ㈜인산가(277410) 코

설립일	2017.07.26	대표이사	김윤세
업종	조미료 및 식품 첨가물 제조업	업종코드	1074
소재지	경남 함양군 수동면 수동농공길	주요브랜드	인산가

	2014	2015	2016	2017	2018
재무상태표					(단위 : 백만 원)
유동자산	–	–	–	–	15,890
당좌자산	–	–	–	–	11,639
재고자산		–	–	–	4,251
비유동자산	–	–	–	–	16,634
투자자산	–	–	–	–	1,370
유형자산	–	–	–	–	12,100
무형자산	–	–	–	–	528
자산총계		–	–	–	32,524
유동부채	–	–	–	–	7,595
비유동부채	–	–	–	–	1,611
자본	–	–	–	–	23,318
부채 및 자본합계	–	–	–	–	32,524
손익계산서					(단위 : 백만 원)
매출액	–	–	–	–	25,400
매출원가	–	–	–	–	9,090
매출총손익	–	–	–	–	16,310
판매비 및 관리비		–	–	–	12,311
영업손익	–	–	–	–	3,999
법인세비용차감전순손익	–	–	–	–	-382
법인세비용	–	–	–	–	654
계속사업이익	–	–	–	–	-1,036
중단사업손익		–	–	–	0
당기순손익	–	–	–	–	-1,036
현금흐름표	–				(단위 : 백만 원)
영업활동순현금흐름	–	–	–	–	2,678
투자활동순현금흐름	–	–	–	–	-2,311
재무활동순현금흐름	–	–	–	–	-1,516
성장성비율	–				(단위 : %)
총자산증가율	–	–	–	–	0
매출액증가율	–	–	–	–	0
수익성비율					(단위 : %)
총자산순이익률	–	–	–	–	-3.19
자기자본순이익률	–	–	–	–	-4.44
매출액영업이익률	–	–	–	–	15.74
매출액순이익률	–	–	–	–	-4.08
레버리지비율					(단위 : %)
부채비율	–	–	–	–	39.48
이자보상비율	–	–	–	–	10.22
비유동비율	–	–	–	–	71.34
비유동장기적합률	–	–	–	–	66.73
유동성비율					(단위 : %)
유동비율	–	–	–	–	209.22
당좌비율	–	–	–	–	153.25
현금비율	–	–	–	–	20.65
활동성비율					(단위 : 회)
총자산회전율	–	–	–	–	0.78
자기자본회전율	–	–	–	–	1.09
비유동자산회전율	–	–	–	–	1.53
재고자산회전율	–	–	–	–	5.98
생산성비율					(단위 : %)
총자본투자효율	–	–	–	–	21.27
설비투자효율	–	–	–	–	79.20
부가가치의 구성					(단위 : 백만 원)
영업잉여	–	–	–	–	3,775
인건비	–	–	–	–	5,270.91
금융비용	–	–	–	–	259.82
감가상각비	–	–	–	–	800.41

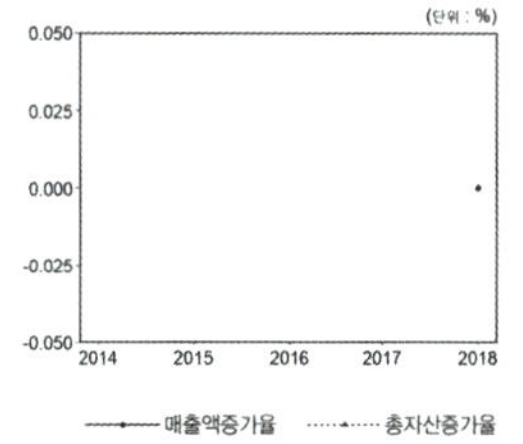

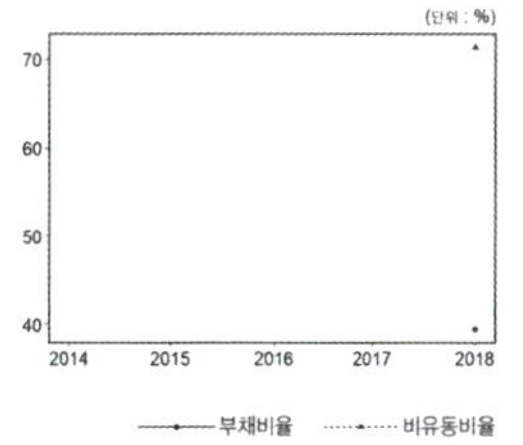

38 ㈜정다운(208140)			
설립일	2014.10.20	대표이사	김선철
업종	도축업	업종코드	1011
소재지	전라남도 나주시 동수농공단지길	주요브랜드	정다운

	2014	2015	2016	2017	2018
재무상태표					(단위 : 백만 원)
유동자산	–	–	29,769	37,108	53,881
당좌자산	–	–	23,991	35,271	45,864
재고자산	–	–	5,778	1,838	8,017
비유동자산	–	–	27,986	27,310	40,073
투자자산	–	–	4,631	2,775	16,497
유형자산	–	–	20,593	22,832	22,343
무형자산	–	–	25	44	34
자산총계	–	–	57,755	64,418	93,954
유동부채	–	–	21,515	18,521	34,400
비유동부채	–	–	7,463	6,598	11,719
자본	–	–	28,777	39,300	47,835
부채 및 자본합계	–	–	57,755	64,418	93,954
손익계산서					(단위 : 백만 원)
매출액	–	–	56,914	80,247	94,884
매출원가	–	–	46,603	60,881	71,467
매출총손익	–	–	10,311	19,367	23,417
판매비 및 관리비	–	–	7,934	8,145	9,909
영업손익	–	–	2,377	11,221	13,508
법인세비용차감전순손익	–	–	-338	13,023	12,019
법인세비용	–	–	720	3,133	2,981
계속사업이익	–	–	-1,058	9,890	9,038
중단사업손익	–	–	0	0	0
당기순손익	–	–	-1,058	9,890	9,038
현금흐름표					(단위 : 백만 원)
영업활동순현금흐름	–	–	-643	18,652	10,343
투자활동순현금흐름	–	–	-3,438	-12,256	-27,470
재무활동순현금흐름	–	–	-732	-4,814	17,401
성장성비율					(단위 : %)
총자산증가율	–	–	0	11.54	45.85
매출액증가율	–	–	0	41	18.24
수익성비율					(단위 : %)
총자산순이익률	–	–	-1.83	16.19	11.41
자기자본순이익률	–	–	-3.68	29.06	20.74
매출액영업이익률	–	–	4.18	13.98	14.24
매출액순이익률	–	–	-1.86	12.32	9.53
레버리지비율					(단위 : %)
부채비율	–	–	100.70	63.92	96.41
이자보상비율	–	–	2.89	16.77	12.03
비유동비율	–	–	97.25	69.49	83.77
비유동장기적합률	–	–	77.22	59.50	67.29
유동성비율					(단위 : %)
유동비율	–	–	138.36	200.36	156.63
당좌비율	–	–	111.51	190.44	133.33
현금비율	–	–	6	9.08	6.76
활동성비율					(단위 : 회)
총자산회전율	–	–	0.99	1.31	1.20
자기자본회전율	–	–	1.98	2.36	2.18
비유동자산회전율	–	–	2.03	2.90	2.82
재고자산회전율	–	–	9.85	21.07	19.26
생산성비율					(단위 : %)
총자본투자효율	–	–	8.27	28.69	18.68
설비투자효율	–	–	23.18	81.05	78.96
부가가치의 구성					(단위 : 백만 원)
영업잉여	–	–	1,716	11,141	13,814
인건비	–	–	2,735.74	2,890.01	2,964.73
금융비용	–	–	597	63.50	19.85
감가상각비	–	–	1,779.21	1,831.08	2,037.37

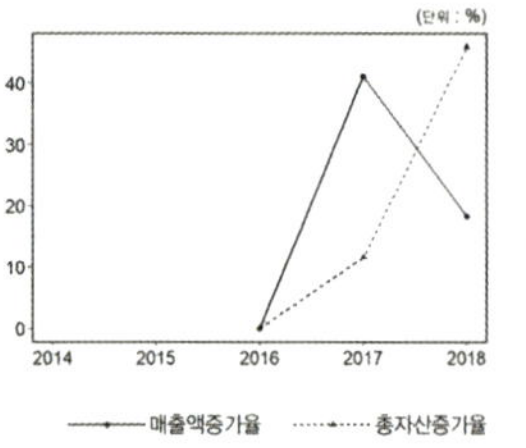

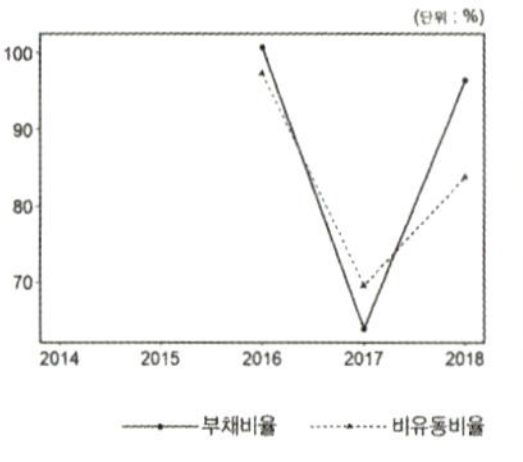

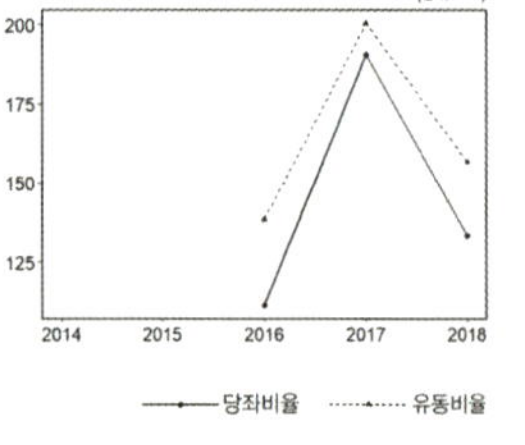

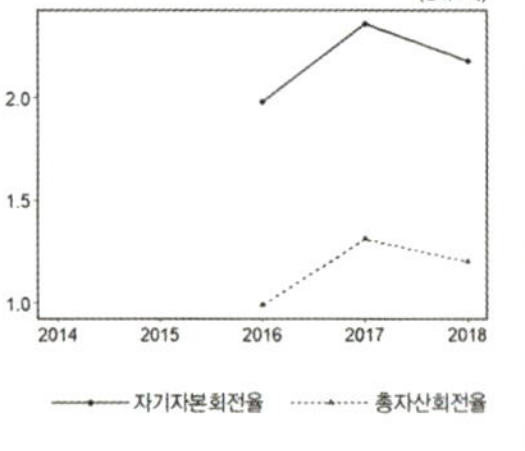

39 ㈜체리부로(066360) 코

설립일	1991.09.07	대표이사	김인식
업종	도축업	업종코드	1011
소재지	충청북도 진천군 이월면 생거진천로	주요브랜드	체리부로, 코켄, 백년백계

	2014	2015	2016	2017	2018
재무상태표					(단위 : 백만 원)
유동자산	75,686	49,417	51,204	54,135	54,265
당좌자산	46,238	29,260	32,724	33,210	31,753
재고자산	29,448	20,157	18,480	20,925	22,513
비유동자산	125,304	113,912	125,466	150,405	150,743
투자자산	30,215	27,596	38,770	66,710	69,720
유형자산	90,439	80,842	82,631	82,369	79,499
무형자산	307	113	719	501	464
자산총계	200,990	163,329	176,670	204,541	205,008
유동부채	125,485	98,619	91,243	85,295	93,487
비유동부채	28,002	21,065	25,889	13,593	15,924
자본	47,503	43,645	59,539	105,653	95,597
부채 및 자본합계	200,990	163,329	176,670	204,541	205,008
손익계산서					(단위 : 백만 원)
매출액	243,885	252,165	290,878	314,521	255,938
매출원가	231,590	227,225	252,101	276,604	234,877
매출총손익	12,295	24,940	38,777	37,917	21,061
판매비 및 관리비	23,890	21,889	22,859	28,450	24,194
영업손익	-11,595	3,051	15,918	9,468	-3,133
법인세비용차감전순손익	-16,091	-2,989	18,291	22,518	-8,521
법인세비용	-3,635	881	2,260	1,922	226
계속사업이익	-12,456	-3,870	16,031	20,596	-8,748
중단사업손익	0	0	0	0	0
당기순손익	-12,456	-3,870	16,031	20,596	-8,748
현금흐름표					(단위 : 백만 원)
영업활동순현금흐름	-848	21,038	17,560	17,127	-2,136
투자활동순현금흐름	-4,736	12,759	-5,962	-10,930	-8,248
재무활동순현금흐름	6,253	-35,471	-11,462	-2,423	9,118
성장성비율					(단위 : %)
총자산증가율	-3.45	-18.74	8.17	15.78	0.23
매출액증가율	-20.89	3.39	15.35	8.13	-18.63
수익성비율					(단위 : %)
총자산순이익률	-6.09	-2.12	9.43	10.81	-4.27
자기자본순이익률	-24.13	-8.49	31.07	24.94	-8.69
매출액영업이익률	-4.75	1.21	5.47	3.01	-1.22
매출액순이익률	-5.11	-1.53	5.51	6.55	-3.42
레버리지비율					(단위 : %)
부채비율	323.11	274.22	196.73	93.60	114.45
이자보상비율	-2.10	0.64	4	3.01	-1.13
비유동비율	263.78	261	210.73	142.36	157.69
비유동장기적합률	165.96	176.04	146.87	126.13	135.17
유동성비율					(단위 : %)
유동비율	60.31	50.11	56.12	63.47	58.05
당좌비율	36.85	29.67	35.86	38.94	33.96
현금비율	4.55	3.59	3.74	10.50	8.14
활동성비율					(단위 : 회)
총자산회전율	1.19	1.38	1.71	1.65	1.25
자기자본회전율	4.73	5.53	5.64	3.81	2.54
비유동자산회전율	2	2.11	2.43	2.28	1.70
재고자산회전율	7.93	10.17	15.06	15.96	11.78
생산성비율					(단위 : %)
총자본투자효율	1.67	8.58	19.88	19.14	4
설비투자효율	3.98	18.76	43.31	48.88	10.56
부가가치의 구성					(단위 : 백만 원)
영업잉여	-15,574	-1,037	10,226	7,282	-6,132
인건비	5,160.82	4,694.57	5,241.60	6,148.77	6,128.33
금융비용	4,071.18	4,333.62	3,536.57	2,797.89	2,526.43
감가상각비	8,933.47	6,984.53	7,162.43	6,545.87	6,779.12

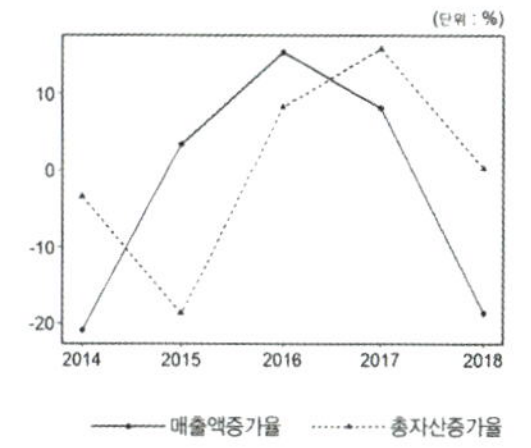

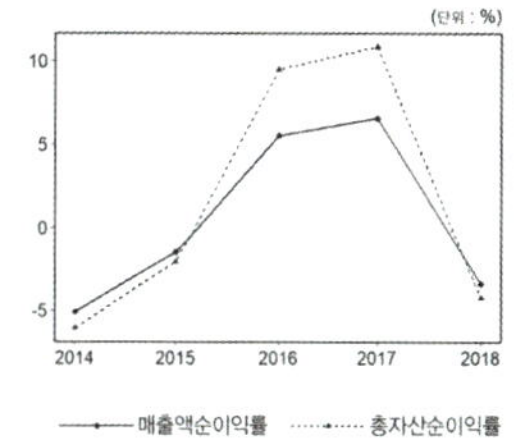

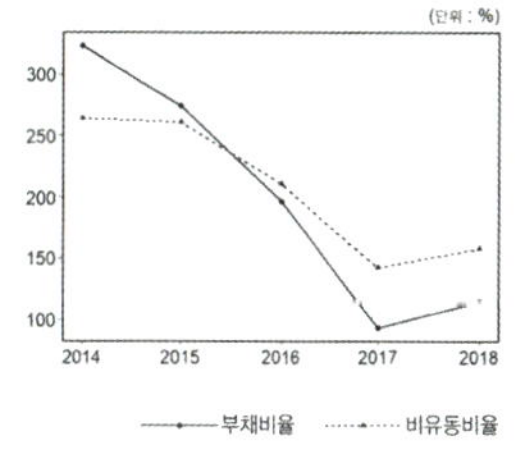

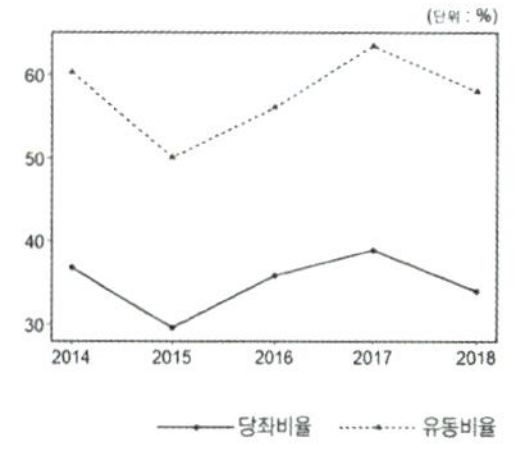

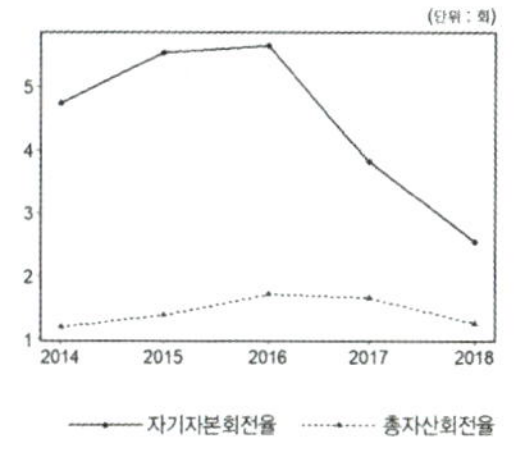

40 ㈜푸드웰(005670)

코

FOODWELL

설립일	1968.08.09	대표이사	성기준, 성민겸
업종	과실, 채소 가공 및 저장처리업	업종코드	1030
소재지	대구광역시 달서구 성서서로	주요브랜드	푸드웰

	2014	2015	2016	2017	2018
재무상태표					(단위 : 백만 원)
유동자산	33,942	32,034	34,604	35,680	48,250
당좌자산	14,099	13,397	18,791	20,803	32,545
재고자산	19,843	18,637	15,813	14,877	15,705
비유동자산	45,107	48,543	51,652	49,578	37,969
투자자산	12,549	15,612	16,457	15,085	17,544
유형자산	31,252	31,567	33,862	33,123	19,253
무형자산	884	862	837	754	776
자산총계	79,048	80,577	86,256	85,259	86,219
유동부채	28,111	27,662	34,527	33,664	37,413
비유동부채	8,792	11,592	9,090	9,214	6,170
자본	42,145	41,323	42,639	42,381	42,636
부채 및 자본합계	79,048	80,577	86,256	85,259	86,219
손익계산서					(단위 : 백만 원)
매출액	59,401	61,838	69,371	72,828	64,995
매출원가	52,410	54,782	61,503	63,888	57,409
매출총손익	6,991	7,057	7,867	8,940	7,586
판매비 및 관리비	5,864	5,792	6,207	6,396	6,408
영업손익	1,127	1,265	1,660	2,544	1,178
법인세비용차감전순손익	671	376	2,265	1,363	1,575
법인세비용	164	199	209	171	120
계속사업이익	507	177	2,056	1,192	1,455
중단사업손익	0	0	0	0	0
당기순손익	507	177	2,056	1,192	1,455
현금흐름표					(단위 : 백만 원)
영업활동순현금흐름	4,132	2,303	4,087	3,875	5,265
투자활동순현금흐름	1,283	-1,327	-8,080	-1,856	5,557
재무활동순현금흐름	-2,631	-211	3,571	-2,490	-8,721
성장성비율					(단위 : %)
총자산증가율	-3.12	1.93	7.05	-1.16	1.13
매출액증가율	-7.98	4.10	12.18	4.98	-10.76
수익성비율					(단위 : %)
총자산순이익률	0.63	0.22	2.46	1.39	1.70
자기자본순이익률	1.20	0.42	4.90	2.80	3.42
매출액영업이익률	1.90	2.05	2.39	3.49	1.81
매출액순이익률	0.85	0.29	2.96	1.64	2.24
레버리지비율					(단위 : %)
부채비율	87.56	94.99	102.29	101.17	102.22
이자보상비율	1.02	1.45	2.55	5.16	2.55
비유동비율	107.03	117.47	121.14	116.98	89.05
비유동장기적합률	88.55	91.74	99.85	96.09	77.80
유동성비율					(단위 : %)
유동비율	120.74	115.80	100.22	105.99	128.96
당좌비율	50.15	48.43	54.42	61.80	86.99
현금비율	8.27	11.23	9.24	7.51	9.82
활동성비율					(단위 : 회)
총자산회전율	0.74	0.77	0.83	0.85	0.76
자기자본회전율	1.41	1.48	1.65	1.71	1.53
비유동자산회전율	1.31	1.32	1.38	1.44	1.48
재고자산회전율	2.84	3.21	4.03	4.75	4.25
생산성비율					(단위 : %)
총자본투자효율	8.28	7.02	8.88	7.74	8.19
설비투자효율	20.95	17.93	22.62	19.92	36.66
부가가치의 구성					(단위 : 백만 원)
영업잉여	324	783	1,474	2,537	1,205
인건비	2,592.10	2,380.66	2,436.81	2,316.49	2,490.42
금융비용	796.99	480.42	179.73	5.46	-26.98
감가상각비	2,146.99	2,083.39	2,341.82	2,442.61	2,530.74

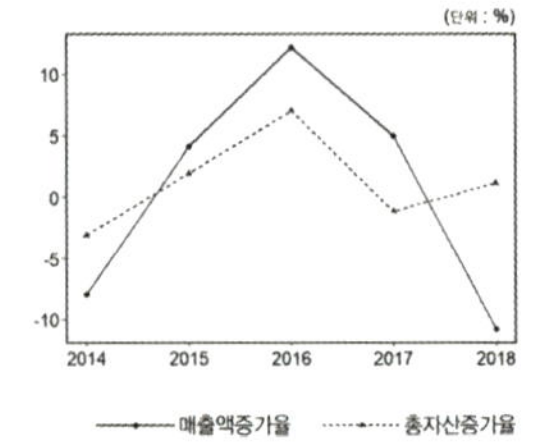

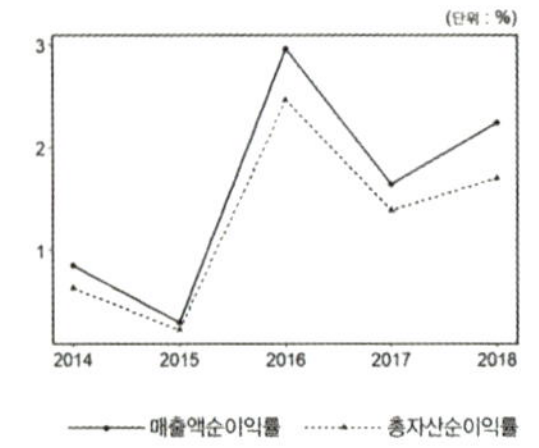

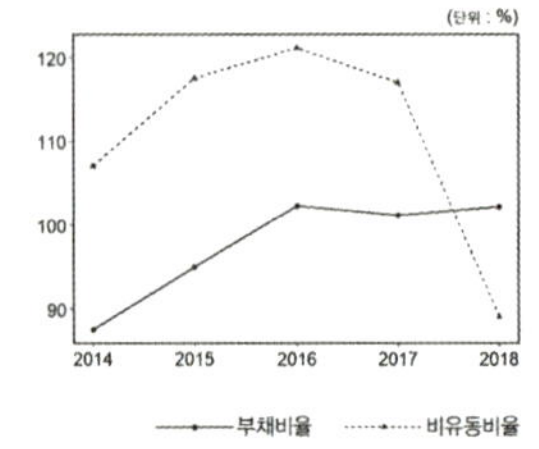

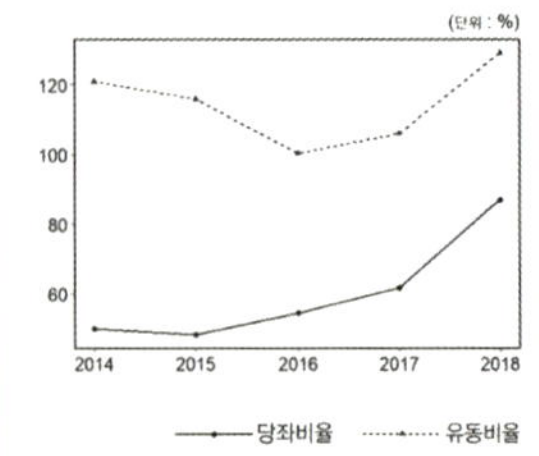

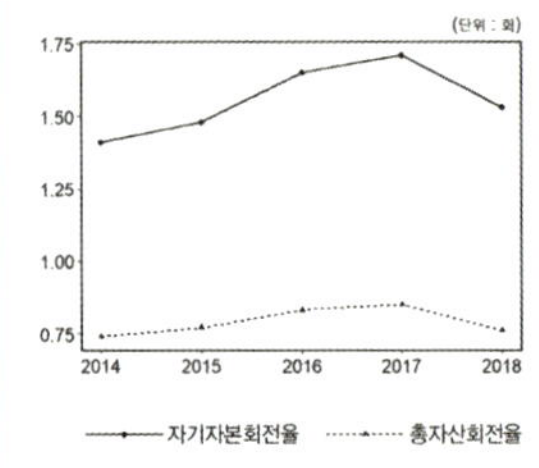

41 ㈜하림(136480)

㈜하림

설립일	2011.01.04	대표이사	김홍국, 박길연, 윤석춘
업종	도축업	업종코드	1011
소재지	전라북도 익산시 망성면 망성로	주요브랜드	하림

	2014	2015	2016	2017	2018
재무상태표					(단위 : 백만 원)
유동자산	275,756	326,768	205,524	269,733	377,882
당좌자산	164,998	200,056	118,220	171,018	253,516
재고자산	110,759	126,712	87,304	98,715	124,366
비유동자산	253,931	246,774	244,380	344,938	442,463
투자자산	11,235	13,332	15,203	14,293	22,987
유형자산	232,404	223,808	219,091	323,044	410,228
무형자산	2,281	1,907	1,587	1,186	2,456
자산총계	529,687	573,542	449,904	614,672	820,345
유동부채	295,465	347,500	210,337	281,545	434,673
비유동부채	37,575	34,880	32,930	27,089	88,298
자본	196,647	191,162	206,637	306,038	297,374
부채 및 자본합계	529,687	573,542	449,904	614,672	820,345
손익계산서					(단위 : 백만 원)
매출액	754,061	794,594	822,136	866,517	828,007
매출원가	638,294	663,352	665,090	708,901	699,205
매출총손익	115,766	131,242	157,046	157,616	128,802
판매비 및 관리비	117,540	127,008	136,131	140,592	129,722
영업손익	-1,774	4,234	20,915	17,023	-920
법인세비용차감전순손익	-9,917	-5,010	23,157	25,876	-9,915
법인세비용	-1,638	-26	5,936	5,270	-2,236
계속사업이익	-8,279	-4,983	17,220	20,606	-7,678
중단사업손익	0	0	0	0	0
당기순손익	-8,279	-4,983	17,220	20,606	-7,678
현금흐름표					(단위 : 백만 원)
영업활동순현금흐름	1,824	8,383	88,395	10,129	-14,526
투자활동순현금흐름	-35,882	-39,954	52,455	-142,701	-187,391
재무활동순현금흐름	57,844	44,800	-153,950	137,299	208,332
성장성비율					(단위 : %)
총자산증가율	10.11	8.28	-21.56	36.62	33.46
매출액증가율	-4.43	5.38	3.47	5.40	-4.44
수익성비율					(단위 : %)
총자산순이익률	-1.64	-0.90	3.37	3.87	-1.07
자기자본순이익률	-4.10	-2.57	8.66	8.04	-2.55
매출액영업이익률	-0.24	0.53	2.54	1.96	-0.11
매출액순이익률	-1.10	-0.63	2.09	2.38	-0.93
레버리지비율					(단위 : %)
부채비율	169.36	200.03	117.73	100.85	175.86
이자보상비율	-0.26	0.70	4.30	4.12	-0.14
비유동비율	129.13	129.09	118.27	112.71	148.79
비유동장기적합률	108.41	109.17	102.01	103.55	114.73
유동성비율					(단위 : %)
유동비율	93.33	94.03	97.71	95.80	86.93
당좌비율	55.84	57.57	56.21	60.74	58.32
현금비율	10.63	13.02	14.32	12.67	10.74
활동성비율					(단위 : 회)
총자산회전율	1.49	1.44	1.61	1.63	1.15
자기자본회전율	3.74	4.10	4.13	3.38	2.74
비유동자산회전율	2.89	3.17	3.35	2.94	2.10
재고자산회전율	7.21	6.69	7.68	9.32	7.42
생산성비율					(단위 : %)
총자본투자효율	9.51	9.91	19.44	18.10	9.26
설비투자효율	21.94	25.78	41.61	51.63	36.44
부가가치의 구성					(단위 : 백만 원)
영업잉여	-7,637	242	17,578	13,528	-5,330
인건비	28,521.26	31,213.33	34,423.13	35,727.07	34,719.79
금융비용	5,553.19	3,778.79	3,334.09	3,526.47	5,101.25
감가상각비	20,868.88	21,530.82	20,445.97	40,225.18	40,130.50

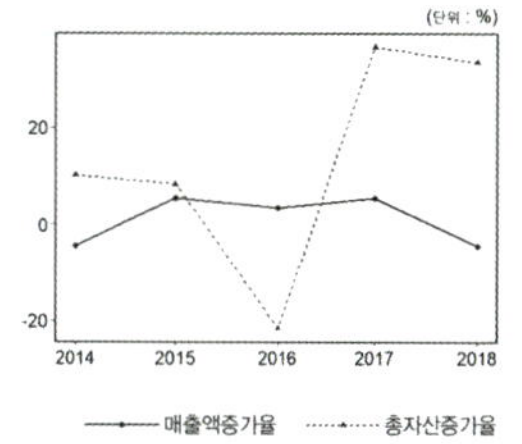

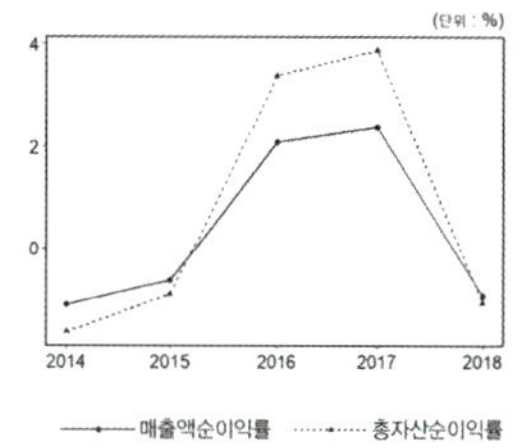

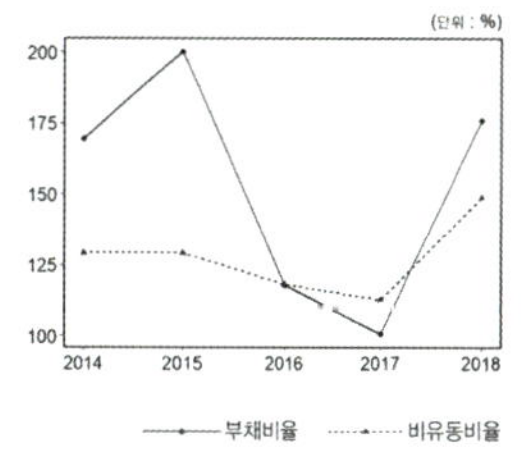

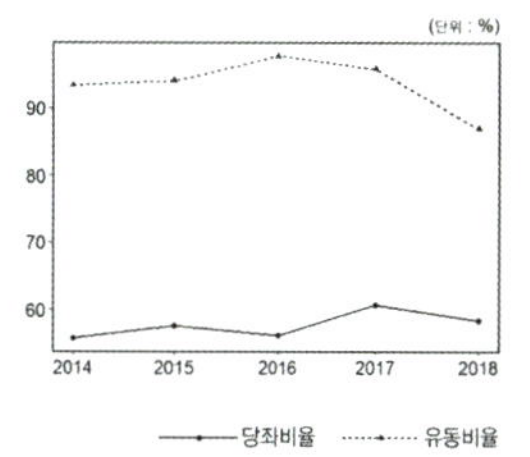

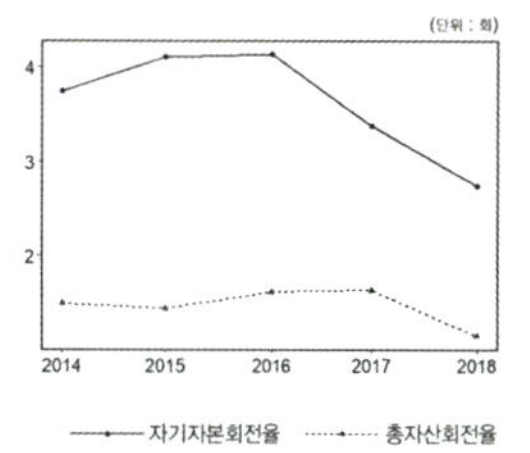

42 ㈜한탑(002680) 코

설립일	1959.06.26	대표이사	강신우
업종	곡물 가공품 제조업	업종코드	1061
소재지	부산광역시 남구 용소로	주요브랜드	한탑

	2014	2015	2016	2017	2018
재무상태표					(단위 : 백만 원)
유동자산	61,684	54,491	48,501	47,037	59,659
당좌자산	49,663	44,289	40,393	39,630	49,395
재고자산	12,022	10,202	8,108	7,407	10,264
비유동자산	70,362	70,481	69,698	69,936	70,963
투자자산	24,689	24,304	24,035	24,655	24,765
유형자산	40,125	40,097	40,017	39,799	39,849
무형자산	2,453	2,457	2,413	2,397	2,364
자산총계	132,047	124,972	118,199	116,973	130,623
유동부채	74,657	70,258	67,021	60,933	62,237
비유동부채	8,829	7,981	3,600	7,790	23,699
자본	48,561	46,733	47,578	48,250	44,686
부채 및 자본합계	132,047	124,972	118,199	116,973	130,623
손익계산서					(단위 : 백만 원)
매출액	74,377	83,888	86,762	82,298	74,389
매출원가	66,673	72,061	73,702	71,511	63,961
매출총손익	7,704	11,827	13,060	10,787	10,427
판매비 및 관리비	10,330	10,042	9,526	10,341	10,062
영업손익	-2,626	1,785	3,534	446	365
법인세비용차감전순손익	-4,346	-1,840	1,384	1,383	-4,857
법인세비용	188	31	545	466	-834
계속사업이익	-4,534	-1,871	839	917	-4,023
중단사업손익	0	0	0	0	0
당기순손익	-4,534	-1,871	839	917	-4,023
현금흐름표					(단위 : 백만 원)
영업활동순현금흐름	-2,167	1,516	9,686	4,085	-6,655
투자활동순현금흐름	-1,121	1,359	-1,673	-2,995	-1,678
재무활동순현금흐름	4,528	-4,525	-7,416	-1,179	17,616
성장성비율					(단위 : %)
총자산증가율	3.85	-5.36	-5.42	-1.04	11.67
매출액증가율	-16.89	12.79	3.43	-5.15	-9.61
수익성비율					(단위 : %)
총자산순이익률	-3.50	-1.46	0.69	0.78	-3.25
자기자본순이익률	-9.32	-3.93	1.78	1.91	-8.66
매출액영업이익률	-3.53	2.13	4.07	0.54	0.49
매출액순이익률	-6.10	-2.23	0.97	1.11	-5.41
레버리지비율					(단위 : %)
부채비율	171.92	167.41	148.43	142.43	192.31
이자보상비율	-1.11	0.75	1.38	0.20	0.14
비유동비율	144.90	150.82	146.49	144.95	158.80
비유동장기적합률	122.61	128.82	136.19	124.80	103.77
유동성비율					(단위 : %)
유동비율	82.62	77.56	72.37	77.19	95.86
당좌비율	66.52	63.04	60.27	65.04	79.37
현금비율	3.35	0.77	2.09	1.97	17.11
활동성비율					(단위 : 회)
총자산회전율	0.57	0.65	0.71	0.70	0.60
자기자본회전율	1.53	1.76	1.84	1.72	1.60
비유동자산회전율	1.14	1.19	1.24	1.18	1.06
재고자산회전율	6.46	7.55	9.48	10.61	8.42
생산성비율					(단위 : %)
총자본투자효율	2.63	4.06	7.73	7.51	2.59
설비투자효율	8.65	12.65	22.82	22.08	8.51
부가가치의 구성					(단위 : 백만 원)
영업잉여	-4,307	186	402	-1,630	-2,247
인건비	3,484.18	3,357.05	3,422.35	3,507.32	4,116.34
금융비용	1,995.36	1,649.26	2,449.77	2,132.95	2,459.87
감가상각비	1,482.86	1,149.89	1,060.36	982.20	933.54

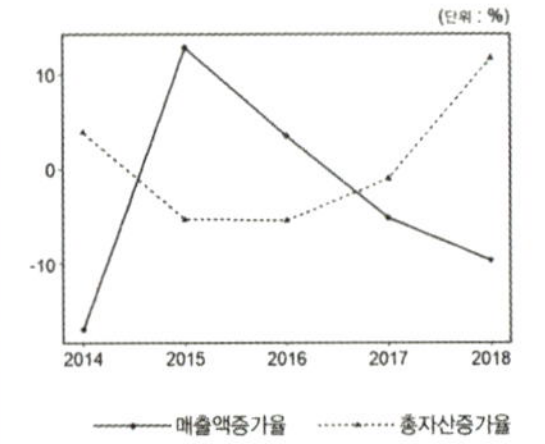

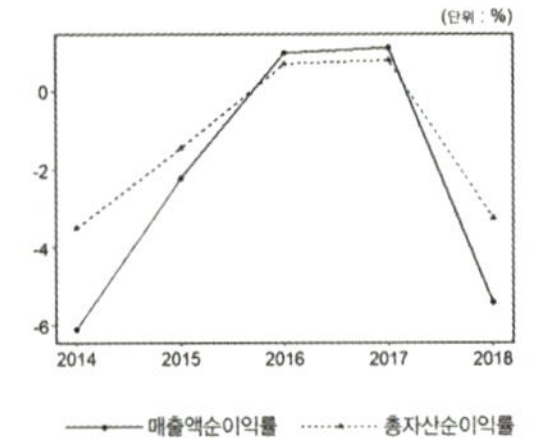

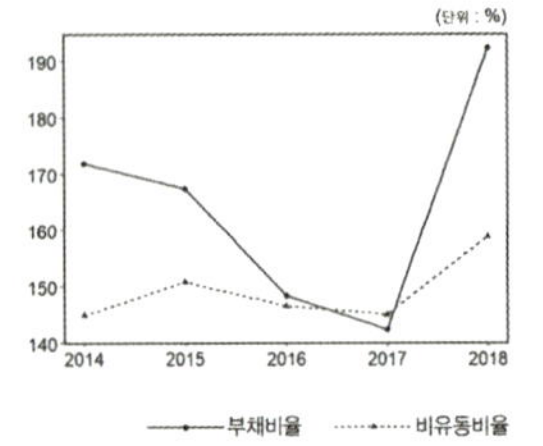

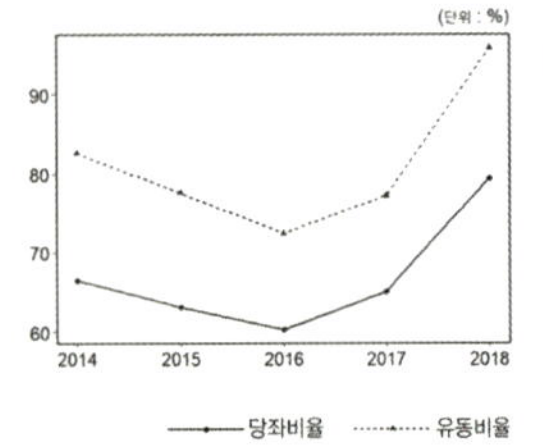

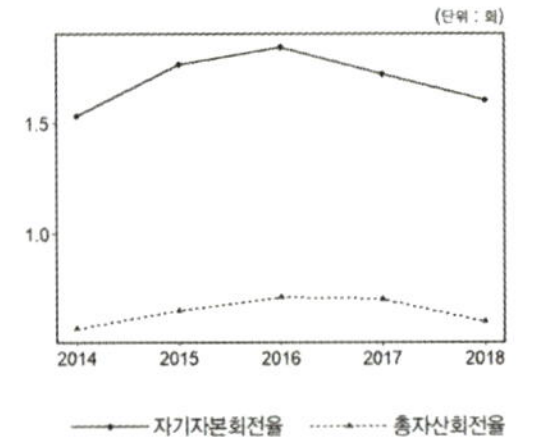

43 ㈜현성바이탈(204990)

㈜ 현성바이탈			
설립일	2006.08.04	대표이사	신지윤
업종	기타 식료품 제조업	업종코드	1079
소재지	서울특별시 영등포구 선유로	주요브랜드	현성바이탈

	2014	2015	2016	2017	2018
재무상태표					(단위 : 백만 원)
유동자산	15,549	24,825	43,022	45,549	28,179
당좌자산	15,175	23,343	41,735	44,040	26,935
재고자산	374	1,481	1,287	1,508	1,244
비유동자산	6,512	7,417	7,512	85,331	38,941
투자자산	41	30	30	77,629	30,502
유형자산	5,521	6,804	6,895	7,051	6,660
무형자산	13	156	155	286	283
자산총계	22,061	32,242	50,535	130,880	67,120
유동부채	3,976	5,100	4,513	2,811	4,110
비유동부채	647	960	1,254	1,532	1,606
자본	17,438	26,182	44,768	126,537	61,404
부채 및 자본합계	22,061	32,242	50,535	130,880	67,120
손익계산서					(단위 : 백만 원)
매출액	22,543	25,807	28,618	21,886	8,109
매출원가	11,776	11,939	15,903	11,981	6,042
매출총손익	10,767	13,869	12,715	9,905	2,068
판매비 및 관리비	3,355	4,280	4,813	4,662	19,635
영업손익	7,411	9,589	7,902	5,242	-17,567
법인세비용차감전순손익	7,403	9,903	8,401	6,009	-65,501
법인세비용	1,632	1,922	1,649	1,155	-621
계속사업이익	5,771	7,981	6,752	4,854	-64,880
중단사업손익	0	0	0	0	0
당기순손익	5,771	7,981	6,752	4,854	-64,880
현금흐름표					(단위 : 백만 원)
영업활동순현금흐름	10,047	2,327	-76	-16,656	-6,285
투자활동순현금흐름	-13,497	-1,123	3,660	4,406	618
재무활동순현금흐름	1,400	-21	11,848	-194	2,400
성장성비율					(단위 : %)
총자산증가율	26.85	46.15	56.74	158.99	-48.72
매출액증가율	18.01	14.48	10.89	-23.52	-62.95
수익성비율					(단위 : %)
총자산순이익률	29.26	29.39	16.31	5.35	-65.54
자기자본순이익률	42.50	36.59	19.03	5.67	-69.04
매출액영업이익률	32.88	37.16	27.61	23.95	-216.63
매출액순이익률	25.60	30.93	23.59	22.18	-800.07
레버리지비율					(단위 : %)
부채비율	26.51	23.14	12.88	3.43	9.31
이자보상비율	451.62	·	·	3,292.97	-459.35
비유동비율	37.34	28.33	16.78	67.44	63.42
비유동장기적합률	36.01	27.33	16.32	66.63	61.80
유동성비율					(단위 : %)
유동비율	391.08	486.78	953.32	1,620.61	685.58
당좌비율	381.67	457.73	924.81	1,566.94	655.31
현금비율	6.64	8.92	41.02	11.41	6.85
활동성비율					(단위 : 회)
총자산회전율	1.14	0.95	0.69	0.24	0.08
자기자본회전율	1.66	1.18	0.81	0.26	0.09
비유동자산회전율	3.55	3.71	3.83	0.47	0.13
재고자산회전율	54.42	27.81	20.68	15.66	5.89
생산성비율					(단위 : %)
총자본투자효율	44.21	37.69	22.56	7.08	-92.82
설비투자효율	178.76	178.59	165.37	136.19	-935.47
부가가치의 구성					(단위 : 백만 원)
영업잉여	7,489	9,788	8,170	5,630	-1,908
인건비	1,400.40	1,458.24	2,147.82	2,356.32	2,047.01
금융비용	-100.42	-184.26	-258.62	-368.61	7.23
감가상각비	759.86	736.34	771.08	776.54	705.16

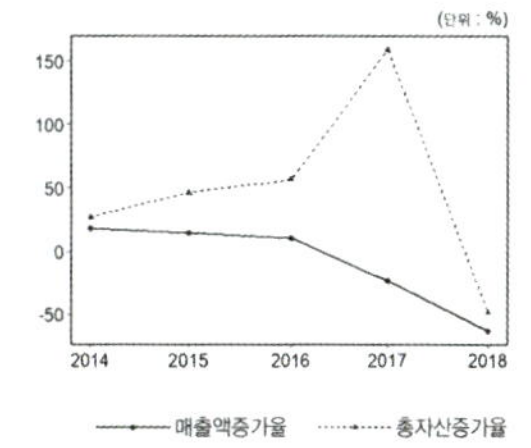

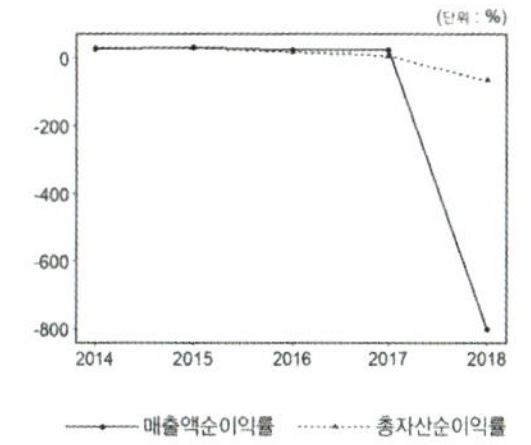

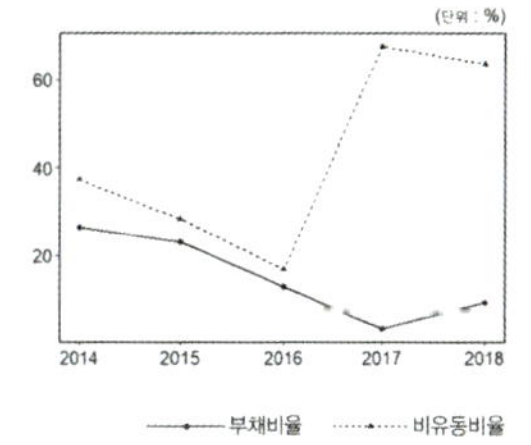

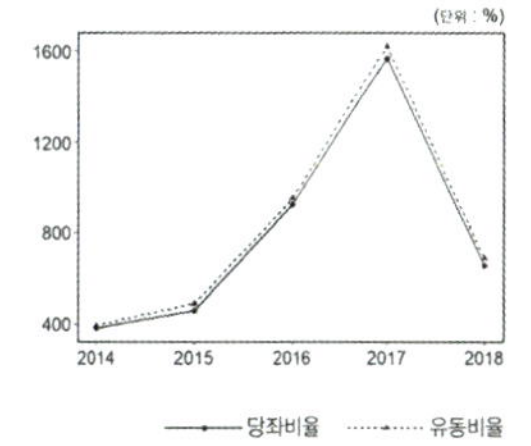

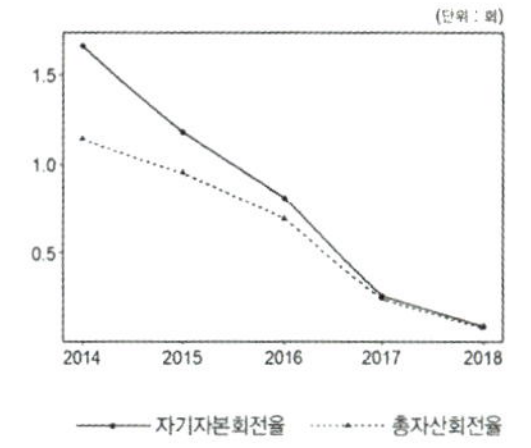

44 매일유업㈜(267980) 코

Maeil 매일유업

설립일	2017.05.01	대표이사	김선희
업종	낙농제품 및 식용빙과류 제조업	업종코드	1050
소재지	서울특별시 종로구 종로1길	주요브랜드	매일, 상하목장, 페로로로쉐

	2014	2015	2016	2017	2018
재무상태표					(단위 : 백만 원)
유동자산	–	–	–	331156	348334
당좌자산	–	–	–	229056	237069
재고자산	–	–	–	102100	111265
비유동자산	–	–	–	259796	268472
투자자산	–	–	–	9893	8400
유형자산	–	–	–	219884	226666
무형자산	–	–	–	8119	8123
자산총계	–	–	–	590951	616806
유동부채	–	–	–	232971	182365
비유동부채	–	–	–	70491	84698
자본	–	–	–	287489	349743
부채 및 자본합계	–	–	–	590951	616806
손익계산서					(단위 : 백만 원)
매출액	–	–	–	881178	1300078
매출원가	–	–	–	602315	932926
매출총손익	–	–	–	278863	367152
판매비 및 관리비	–	–	–	227712	289908
영업손익	–	–	–	51151	77244
법인세비용차감전순손익	–	–	–	43853	79579
법인세비용	–	–	–	9107	18434
계속사업이익	–	–	–	34746	61145
중단사업손익	–	–	–	0	0
당기순손익	–	–	–	34746	61145
현금흐름표					(단위 : 백만 원)
영업활동순현금흐름	–	–	–	97471	59858
투자활동순현금흐름	–	–	–	−57500	−26296
재무활동순현금흐름	–	–	–	−48649	−7686
성장성비율					(단위 : %)
총자산증가율	–	–	–		0
매출액증가율	–	–	–		0
수익성비율					(단위 : %)
총자산순이익률	–	–	–		9.91
자기자본순이익률	–	–	–		17.48
매출액영업이익률	–	–	–		5.94
매출액순이익률	–	–	–		4.7
레버리지비율					(단위 : %)
부채비율	–	–	–		76.36
이자보상비율	–	–	–		24.08
비유동비율	–	–	–		76.76
비유동장기적합률	–	–	–		61.8
유동성비율					(단위 : %)
유동비율	–	–	–		191.01
당좌비율	–	–	–		130
현금비율	–	–	–		17.92
활동성비율					(단위 : 회)
총자산회전율	–	–	–		2.11
자기자본회전율	–	–	–		3.72
비유동자산회전율	–	–	–		4.84
재고자산회전율	–	–	–		11.68
생산성비율					(단위 : %)
총자본투자효율	–	–	–		28.48
설비투자효율	–	–	–		81.28
부가가치의 구성					(단위 : 백만 원)
영업잉여	–	–	–	51150.807	76229.502
인건비	–	–	–		68037.52
금융비용	–	–	–		1014.2
감가상각비	–	–	–		27057.17

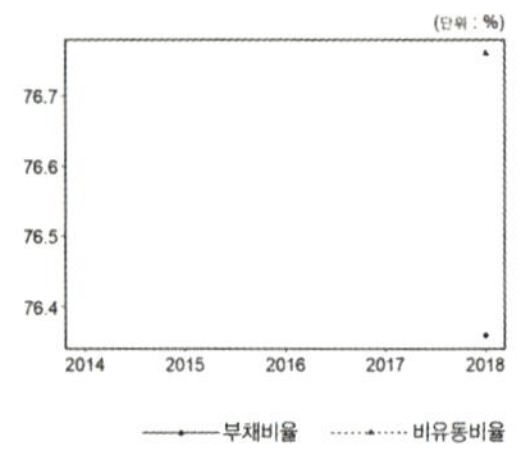

45 아미코젠㈜(092040) 코

설립일	2000.05.29	대표이사	신용철
업종	기타 식료품 제조업	업종코드	1079
소재지	경상남도 진주시 진성면 동부로	주요브랜드	아미코젠

	2014	2015	2016	2017	2018
재무상태표					(단위 : 백만 원)
유동자산	30,180	24,447	23,599	26,272	24,133
당좌자산	27,631	20,869	19,814	21,625	17,889
재고자산	2,549	3,579	3,785	4,646	6,244
비유동자산	23,848	62,984	72,494	73,273	126,513
투자자산	5,020	41,314	45,725	47,011	100,815
유형자산	16,842	17,938	21,936	22,031	22,802
무형자산	1,964	3,329	4,523	2,099	2,740
자산총계	54,027	87,431	96,093	99,545	150,646
유동부채	3,895	2,310	6,008	2,225	9,993
비유동부채	257	308	3,329	1,830	10,729
자본	49,875	84,813	86,756	95,490	129,924
부채 및 자본합계	54,027	87,431	96,093	99,545	150,646
손익계산서					(단위 : 백만 원)
매출액	26,999	21,364	23,692	20,153	23,595
매출원가	13,161	12,736	13,972	12,950	16,637
매출총손익	13,837	8,628	9,721	7,203	6,958
판매비 및 관리비	4,230	5,559	6,972	9,253	9,127
영업손익	9,608	3,069	2,749	-2,050	-2,169
법인세비용차감전순손익	9,603	4,080	2,305	-6,706	45,490
법인세비용	1,875	360	-127	-1,997	10,861
계속사업이익	7,728	3,720	2,432	-4,709	34,629
중단사업손익	0	0	0	0	0
당기순손익	7,728	3,720	2,432	-4,709	34,629
현금흐름표					(단위 : 백만 원)
영업활동순현금흐름	4,869	7,379	1,850	1,477	830
투자활동순현금흐름	-1,202	-38,512	-6,287	-15,993	-7,867
재무활동순현금흐름	757	31,193	2,588	11,383	6,362
성장성비율					(단위 : %)
총자산증가율	21.79	61.83	9.91	3.59	51.33
매출액증가율	16.47	-20.87	10.90	-14.94	17.08
수익성비율					(단위 : %)
총자산순이익률	15.71	5.26	2.65	-4.81	27.68
자기자본순이익률	16.93	5.52	2.84	-5.17	30.72
매출액영업이익률	35.59	14.37	11.60	-10.17	-9.19
매출액순이익률	28.62	17.41	10.27	-23.37	146.77
레버리지비율					(단위 : %)
부채비율	8.32	3.09	10.76	4.25	15.95
이자보상비율	•	223.83	186.15	-28.92	-23.13
비유동비율	47.81	74.26	83.56	76.73	97.37
비유동장기적합률	47.57	73.99	80.47	75.29	89.95
유동성비율					(단위 : %)
유동비율	774.90	1,058.21	392.82	1,180.95	241.51
당좌비율	709.45	903.31	329.81	972.09	179.02
현금비율	27.19	33.82	27.98	13.01	11.34
활동성비율					(단위 : 회)
총자산회전율	0.55	0.30	0.26	0.21	0.19
자기자본회전율	0.59	0.32	0.28	0.22	0.21
비유동자산회전율	1.38	0.49	0.35	0.28	0.24
재고자산회전율	13.20	6.97	6.43	4.78	4.33
생산성비율					(단위 : %)
총자본투자효율	22.99	8.80	6.75	-1.94	32.45
설비투자효율	74.69	43.40	29.66	-8.82	216.62
부가가치의 구성					(단위 : 백만 원)
영업잉여	9,918	3,143	2,879	-1,835	-878
인건비	1,859.79	2,175.59	2,505.76	2,808.83	2,771.71
금융비용	-334.28	-115.35	-109.07	-40.69	-1,338.55
감가상각비	1,227.74	1,452.45	1,650.83	1,858.18	1,792.83

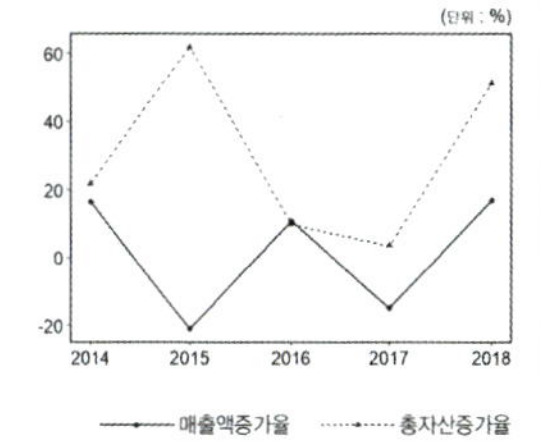

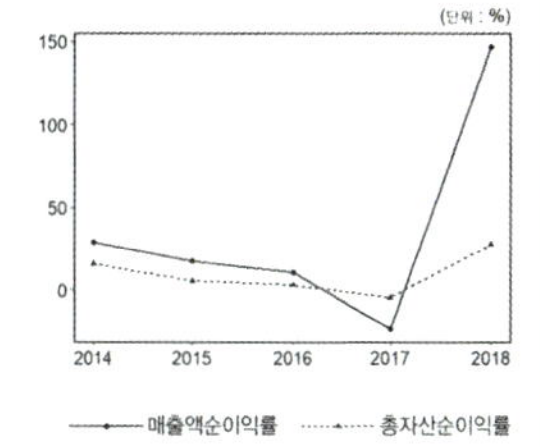

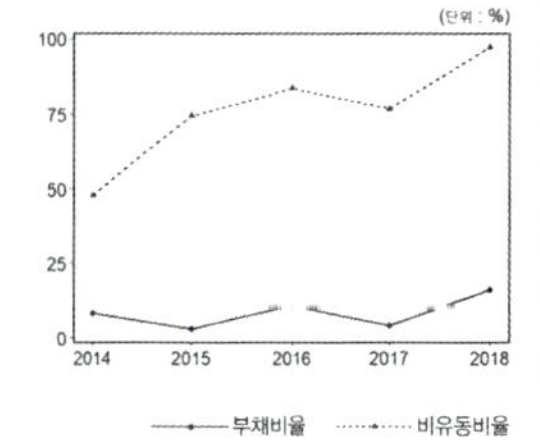

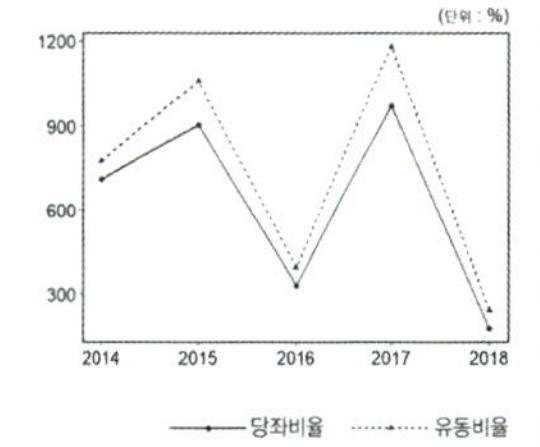

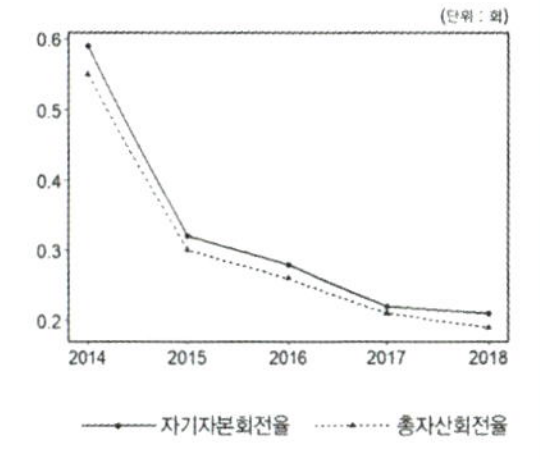

46 우리손에프앤지농업회사법인㈜(073560) 코

설립일	2001.02.22	대표이사	조창현, 편명식
업종	도축업	업종코드	1011
소재지	전라남도 나주시 반남면 장송길	주요브랜드	우리손에프앤지

	2014	2015	2016	2017	2018
재무상태표					(단위 : 백만 원)
유동자산	19,516	25,944	31,254	43,715	37,040
당좌자산	19,101	25,196	30,606	42,925	36,351
재고자산	415	748	648	790	690
비유동자산	90,271	113,463	115,337	114,953	127,096
투자자산	54,148	64,526	66,544	65,481	77,484
유형자산	34,829	48,114	47,344	48,624	47,559
무형자산	21	14	25	11	5
자산총계	109,787	139,406	146,591	158,669	164,136
유동부채	44,785	40,615	22,945	27,445	36,423
비유동부채	6,045	20,725	11,559	10,147	9,922
자본	58,957	78,066	112,087	121,076	117,792
부채 및 자본합계	109,787	139,406	146,591	158,669	164,136
손익계산서					(단위 : 백만 원)
매출액	30,415	34,607	75,730	82,809	83,234
매출원가	20,885	27,007	66,781	67,821	75,206
매출총손익	9,529	7,599	8,949	14,988	8,028
판매비 및 관리비	1,514	1,610	3,712	3,559	3,616
영업손익	8,016	5,989	5,237	11,429	4,411
법인세비용차감전순손익	9,696	5,576	4,127	12,069	4,958
법인세비용	2,157	1,368	1,041	2,914	772
계속사업이익	7,539	4,207	3,086	9,155	4,186
중단사업손익	0	0	0	0	0
당기순손익	7,539	4,207	3,086	9,155	4,186
현금흐름표					(단위 : 백만 원)
영업활동순현금흐름	1,587	8,646	3,026	8,514	7,664
투자활동순현금흐름	-2,583	-10,170	-11,493	-5,935	-21,947
재무활동순현금흐름	1,194	1,295	8,277	2,686	8,660
성장성비율					(단위 : %)
총자산증가율	1.80	26.98	5.15	8.24	3.45
매출액증가율	37.26	13.78	118.83	9.35	0.51
수익성비율					(단위 : %)
총자산순이익률	6.93	3.38	2.16	6	2.59
자기자본순이익률	13.02	6.14	3.25	7.85	3.50
매출액영업이익률	26.36	17.31	6.92	13.80	5.30
매출액순이익률	24.79	12.16	4.07	11.06	5.03
레버리지비율					(단위 : %)
부채비율	86.22	78.58	30.78	31.05	39.34
이자보상비율	3.63	2.63	2.57	12.85	4.59
비유동비율	153.11	145.34	102.90	94.94	107.90
비유동장기적합률	138.87	114.85	93.28	87.60	99.52
유동성비율					(단위 : %)
유동비율	43.58	63.88	136.21	159.28	101.69
당좌비율	42.65	62.04	133.39	156.40	99.80
현금비율	2.90	10.27	8.04	17.79	5.82
활동성비율					(단위 : 회)
총자산회전율	0.28	0.28	0.53	0.54	0.52
자기자본회전율	0.53	0.51	0.80	0.71	0.70
비유동자산회전율	0.33	0.34	0.66	0.72	0.69
재고자산회전율	69.59	59.53	108.55	115.17	112.49
생산성비율					(단위 : %)
총자본투자효율	12.83	7.33	7.24	10.87	6.27
설비투자효율	40.55	21.62	22.55	37.26	21.74
부가가치의 구성					(단위 : 백만 원)
영업잉여	6,009	3,865	3,584	11,040	4,027
인건비	576.74	535.03	1,329.17	1,305.36	1,291.33
금융비용	2,006.78	2,123.56	1,774.89	463.62	518.21
감가상각비	1,763.56	1,941.69	3,245.04	3,275.59	3,314.05

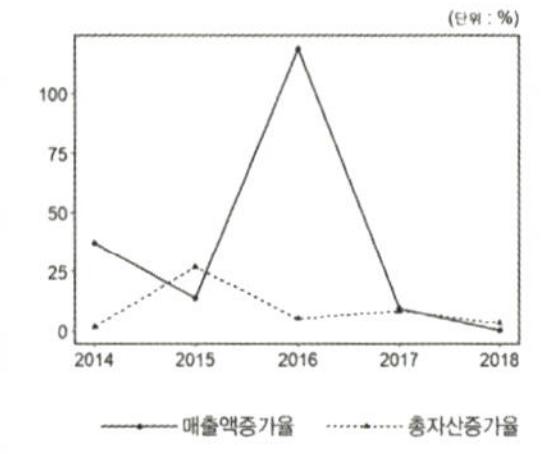

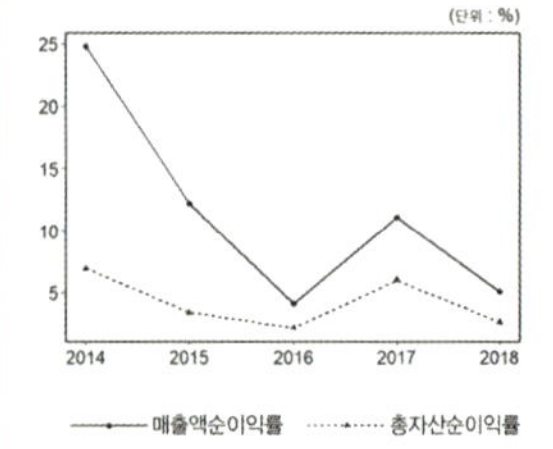

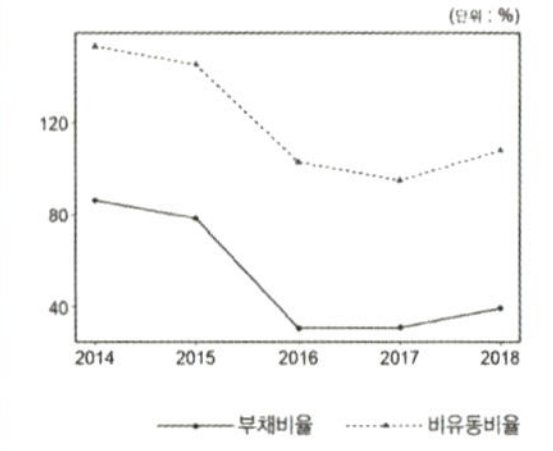

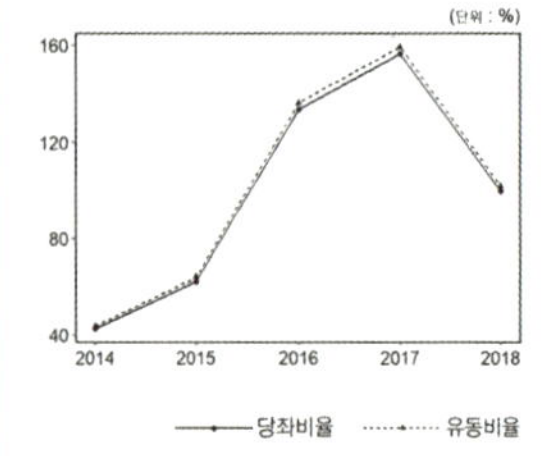

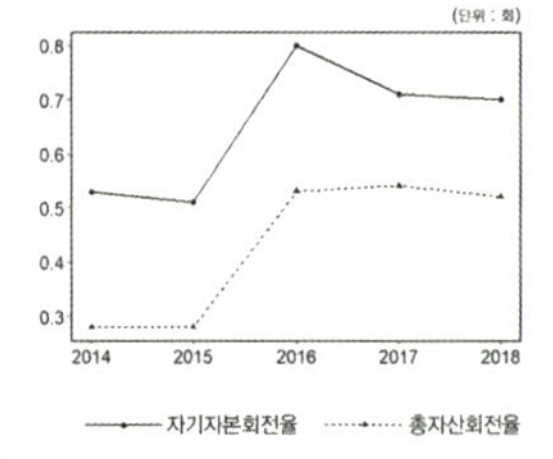

47 코스맥스엔비티㈜(222040)

COSMAX NBT

설립일	2002.01.02	대표이사	이윤종
업종	기타 식료품 제조업	업종코드	1079
소재지	서울특별시 강남구 테헤란로	주요브랜드	코스맥스엔비티

	2014	2015	2016	2017	2018
재무상태표					(단위 : 백만 원)
유동자산	14,347	55,817	75,611	66,356	107,272
당좌자산	9,007	49,223	65,009	57,205	92,547
재고자산	5,340	6,594	10,601	9,150	14,725
비유동자산	30,771	48,796	73,766	88,301	99,820
투자자산	3,395	11,764	25,199	26,761	39,100
유형자산	27,029	36,304	46,344	59,033	57,923
무형자산	25	9	842	1,000	872
자산총계	45,118	104,613	149,377	154,657	207,092
유동부채	22,183	27,124	50,750	34,804	59,999
비유동부채	10,393	13,096	14,451	20,632	26,482
자본	12,542	64,393	84,177	99,221	120,611
부채 및 자본합계	45,118	104,613	149,377	154,657	207,092
손익계산서					(단위 : 백만 원)
매출액	45,409	74,433	115,869	121,333	145,785
매출원가	37,644	56,651	82,378	87,111	105,047
매출총손익	7,765	17,782	33,491	34,222	40,738
판매비 및 관리비	4,186	6,386	11,962	13,131	15,077
영업손익	3,579	11,396	21,529	21,091	25,661
법인세비용차감전순손익	2,895	10,896	24,459	17,990	25,134
법인세비용	508	1,973	4,593	3,184	3,756
계속사업이익	2,388	8,923	19,866	14,806	21,378
중단사업손익	0	0	0	0	0
당기순손익	2,388	8,923	19,866	14,806	21,378
현금흐름표					(단위 : 백만 원)
영업활동순현금흐름	3,824	12,204	6,418	22,581	8,014
투자활동순현금흐름	-10,061	-38,505	-13,753	-39,537	-34,166
재무활동순현금흐름	6,729	44,957	2,492	6,328	23,689
성장성비율					(단위 : %)
총자산증가율	38.13	131.86	42.79	3.53	33.90
매출액증가율	18.12	63.92	55.67	4.72	20.15
수익성비율					(단위 : %)
총자산순이익률	6.14	11.92	15.64	9.74	11.82
자기자본순이익률	21.27	23.20	26.74	16.15	19.45
매출액영업이익률	7.88	15.31	18.58	17.38	17.60
매출액순이익률	5.26	11.99	17.15	12.20	14.66
레버리지비율					(단위 : %)
부채비율	259.74	62.46	77.46	55.87	71.70
이자보상비율	5.14	16.71	31.55	19.12	17.75
비유동비율	245.35	75.78	87.63	88.99	82.76
비유동장기적합률	134.17	62.97	74.79	73.67	67.86
유동성비율					(단위 : %)
유동비율	64.67	205.79	148.99	190.66	178.79
당좌비율	40.60	181.48	128.10	164.37	154.25
현금비율	7.04	35.24	20.13	6.92	1.50
활동성비율					(단위 : 회)
총자산회전율	1.17	0.99	0.91	0.80	0.81
자기자본회전율	4.05	1.93	1.56	1.32	1.33
비유동자산회전율	1.70	1.87	1.89	1.50	1.55
재고자산회전율	10.30	12.47	13.48	12.29	12.21
생산성비율					(단위 : %)
총자본투자효율	19.23	17.70	23.63	17.35	18.54
설비투자효율	34.41	52.58	103.16	52.09	69.46
부가가치의 구성					(단위 : 백만 원)
영업잉여	2,978	10,950	21,598	20,657	25,874
인건비	2,662.12	3,985.61	7,005.88	7,394.49	7,672
금융비용	611.03	559.44	205.69	527.92	-97.55
감가상각비	2,395.11	2,767.96	3,200.29	0	4,690.04

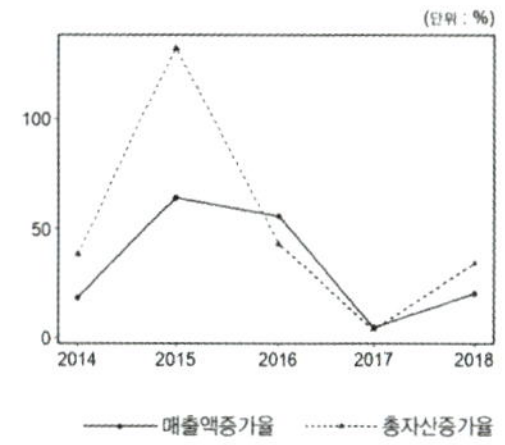

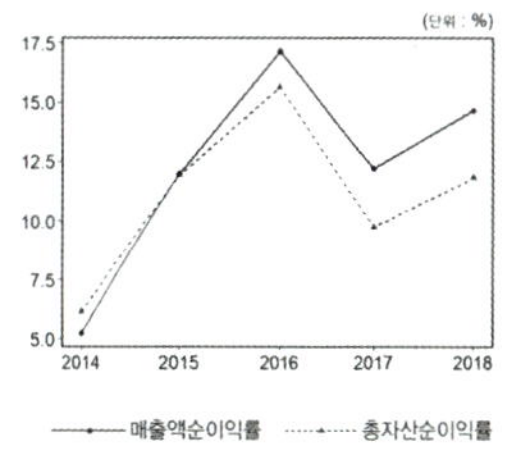

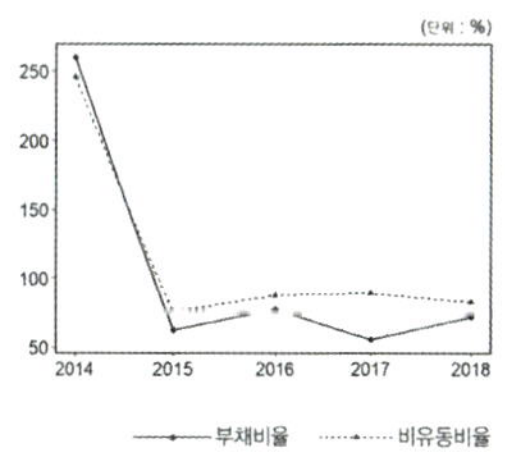

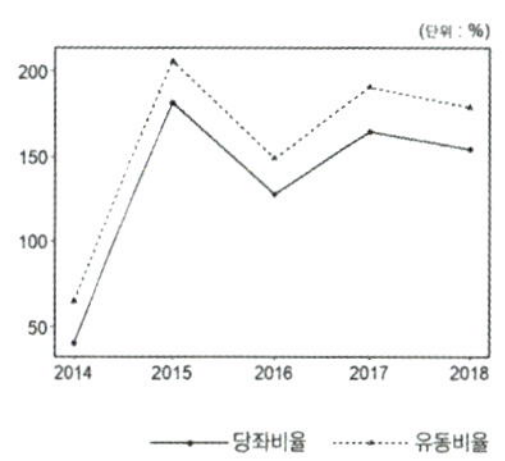

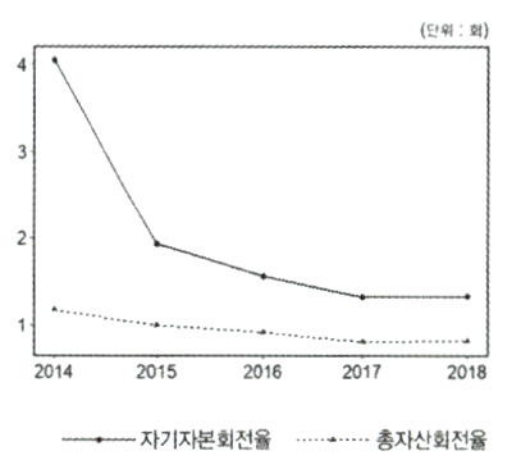

Mcnulty

48 한국맥널티(주)(222980) 코

설립일	1997.12.19	대표이사	이은정
업종	기타 식료품 제조업	업종코드	1079
소재지	충청남도 천안시 서북구 성환읍	주요브랜드	맥널티

	2014	2015	2016	2017	2018
재무상태표					(단위 : 백만 원)
유동자산	11,045	22,193	20,184	17,385	13,923
당좌자산	8,032	19,635	17,562	13,762	9,602
재고자산	3,014	2,558	2,622	3,623	4,322
비유동자산	11,335	13,027	17,620	23,204	27,177
투자자산	279	496	577	1,023	3,709
유형자산	10,627	12,020	16,421	21,293	22,192
무형자산	15	133	147	163	584
자산총계	22,380	35,220	37,803	40,589	41,101
유동부채	8,692	6,926	7,114	7,098	11,016
비유동부채	3,718	2,800	3,044	5,245	2,666
자본	9,971	25,493	27,646	28,246	27,419
부채 및 자본합계	22,380	35,220	37,803	40,589	41,101
손익계산서					(단위 : 백만 원)
매출액	19,691	27,131	32,505	32,907	32,102
매출원가	14,184	18,830	22,023	23,114	22,915
매출총손익	5,507	8,301	10,482	9,793	9,187
판매비 및 관리비	4,936	5,544	6,757	7,760	8,482
영업손익	572	2,757	3,725	2,033	705
법인세비용차감전순손익	6,486	2,523	3,811	1,195	239
법인세비용	692	204	1,049	-68	-240
계속사업이익	5,795	2,318	2,762	1,263	479
중단사업손익	-196	0	0	0	0
당기순손익	5,599	2,318	2,762	1,263	479
현금흐름표					(단위 : 백만 원)
영업활동순현금흐름	2,398	2,469	3,588	2,482	918
투자활동순현금흐름	-1,539	-1,926	-8,928	-7,256	-4,319
재무활동순현금흐름	-1,126	11,996	-180	199	1,527
성장성비율					(단위 : %)
총자산증가율	-12.61	57.37	7.34	7.37	1.26
매출액증가율	26.26	37.78	19.81	1.24	-2.45
수익성비율					(단위 : %)
총자산순이익률	23.33	8.05	7.56	3.22	1.17
자기자본순이익률	58.41	13.08	10.39	4.52	1.72
매출액영업이익률	2.90	10.16	11.46	6.18	2.20
매출액순이익률	28.43	8.55	8.50	3.84	1.49
레버리지비율					(단위 : %)
부채비율	124.46	38.15	36.74	43.70	49.90
이자보상비율	1.86	13.52	25.72	15.31	3.78
비유동비율	113.68	51.10	63.73	82.15	99.12
비유동장기적합률	82.81	46.04	57.41	69.28	90.34
유동성비율					(단위 : %)
유동비율	127.08	320.41	283.71	244.94	126.40
당좌비율	92.41	283.49	246.86	193.89	87.16
현금비율	4.47	58.71	37.46	16.10	6.64
활동성비율					(단위 : 회)
총자산회전율	0.82	0.94	0.89	0.84	0.79
자기자본회전율	2.05	1.53	1.22	1.18	1.15
비유동자산회전율	1.36	2.23	2.12	1.61	1.27
재고자산회전율	7.93	9.74	12.55	10.54	8.08
생산성비율					(단위 : %)
총자본투자효율	46.58	17.56	20.83	14.97	13.24
설비투자효율	100.57	56.49	63.72	50.77	25.62
부가가치의 구성					(단위 : 백만 원)
영업잉여	398	2,631	3,781	2,026	644
인건비	1,751.31	1,937.60	2,343.72	2,857.07	2,738.61
금융비용	224.49	118.46	-21.40	5.10	60.31
감가상각비	1,792.53	1,271.16	1,379.75	1,537.77	1,887.68

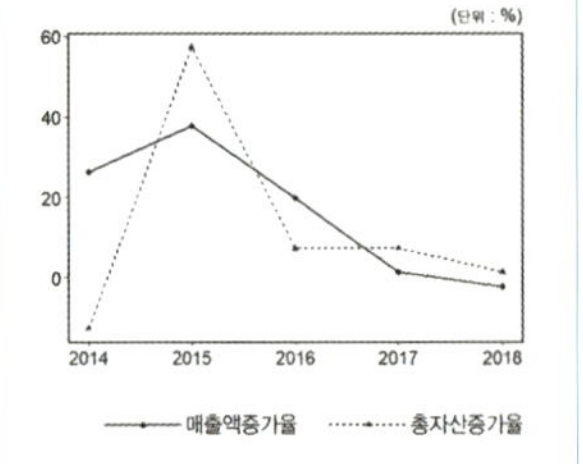

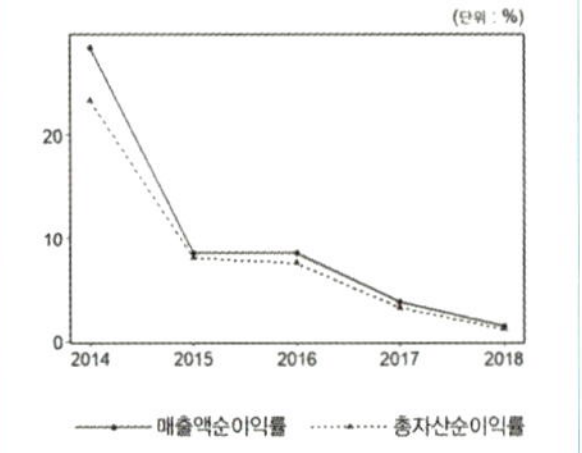

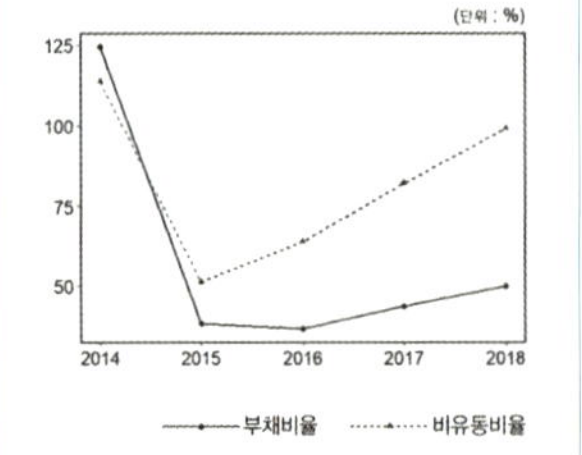

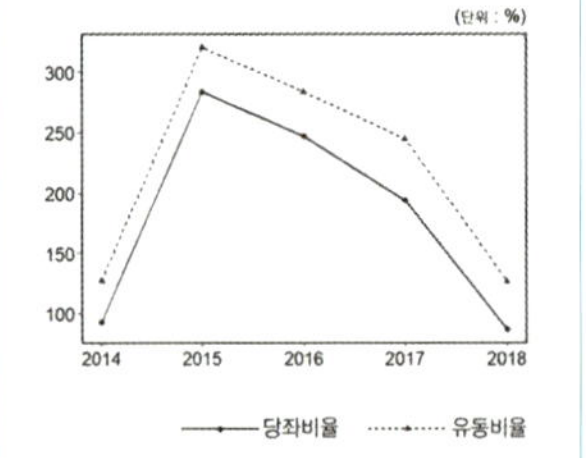

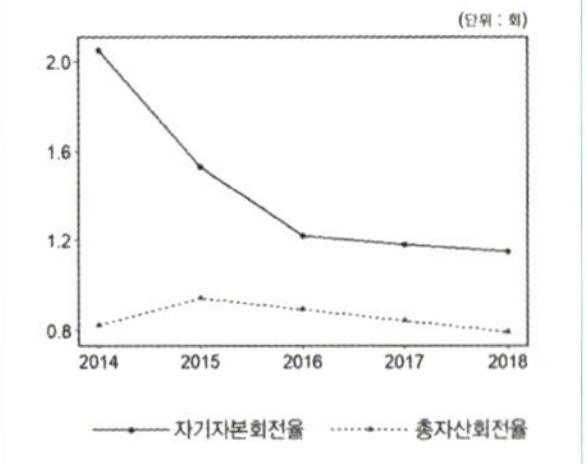

49 ㈜MH에탄올(023150)			코
설립일	1978.07.04	대표이사	윤현의
업종	증류주 및 합성주 제조업	업종코드	1112
소재지	경상남도 창원시 마산회원구 내서읍	주요브랜드	MH에탄올

	2014	2015	2016	2017	2018
재무상태표					(단위 : 백만 원)
유동자산	28,019	21,759	18,956	18,235	18,385
당좌자산	21,032	18,156	13,417	12,733	11,955
재고자산	6,987	3,603	5,539	5,503	6,430
비유동자산	57,235	56,933	53,069	89,202	91,272
투자자산	12,353	13,603	11,132	45,154	45,974
유형자산	36,083	36,846	37,391	39,419	40,586
무형자산	4,575	4,581	4,512	4,617	4,617
자산총계	85,254	78,691	72,025	107,437	109,657
유동부채	31,619	20,538	7,641	15,541	13,741
비유동부채	1,127	583	1,127	27,197	27,444
자본	52,508	57,570	63,258	64,699	68,472
부채 및 자본합계	85,254	78,691	72,025	107,437	109,657
손익계산서					(단위 : 백만 원)
매출액	48,984	50,386	48,897	48,270	46,943
매출원가	37,110	36,425	33,962	34,577	34,331
매출총손익	11,874	13,961	14,935	13,693	12,612
판매비 및 관리비	3,127	2,867	3,058	3,240	3,583
영업손익	8,747	11,094	11,877	10,453	9,029
법인세비용차감전순손익	4,265	9,990	10,440	8,320	8,252
법인세비용	-353	2,245	2,305	2,417	1,699
계속사업이익	4,618	7,745	8,135	5,903	6,553
중단사업손익	0	0	0	0	0
당기순손익	4,618	7,745	8,135	5,903	6,553
현금흐름표					(단위 : 백만 원)
영업활동순현금흐름	5,126	13,354	12,230	10,756	6,669
투자활동순현금흐름	35,175	2,921	1,477	-38,164	-2,930
재무활동순현금흐름	-40,343	-13,158	-15,502	26,812	-4,495
성장성비율					(단위 : %)
총자산증가육	-30.42	-7.70	-8.47	49.17	2.07
매출액증가율	5.80	2.86	-2.96	-1.28	-2.75
수익성비율					(단위 : %)
총자산순이익률	4.45	9.45	10.79	6.58	6.04
자기자본순이익률	9.27	14.07	13.47	9.23	9.84
매출액영업이익률	17.86	22.02	24.29	21.65	19.23
매출액순이익률	9.43	15.37	16.64	12.23	13.96
레버리지비율					(단위 : %)
부채비율	62.36	36.69	13.86	66.06	60.15
이자보상비율	5.62	12.70	29.42	33.29	8.73
비유동비율	109	98.89	83.89	137.87	133.30
비유동장기적합률	106.71	97.90	82.43	97.07	95.16
유동성비율					(단위 : %)
유동비율	88.61	105.94	248.10	117.34	133.80
당좌비율	66.52	88.40	175.61	81.93	87
현금비율	0.02	14.48	7.16	4.17	0.03
활동성비율					(단위 : 회)
총자산회전율	0.47	0.61	0.65	0.54	0.43
자기자본회전율	0.98	0.92	0.81	0.75	0.71
비유동자산회전율	0.64	0.88	0.89	0.68	0.52
재고자산회전율	7.49	9.52	10.70	8.74	7.87
생산성비율					(단위 : %)
총자본투자효율	10.04	17.75	19.59	11.12	11.68
설비투자효율	24.04	38.18	38.14	30.55	31.61
부가가치의 구성					(단위 : 백만 원)
영업잉여	7,502	10,468	11,779	10,519	8,401
인건비	1,970.18	1,970.47	2,172.61	2,107.29	2,311.89
금융비용	1,244.98	625.96	97.67	-66.40	627.23
감가상각비	827.61	1,133.78	1,168.22	1,349.02	1,338.09

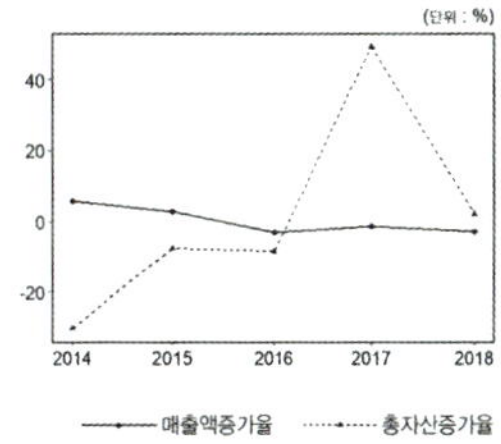

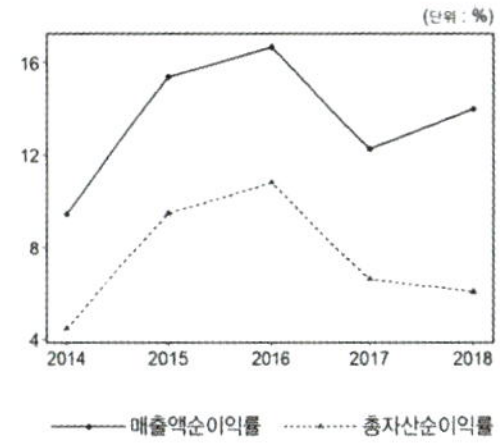

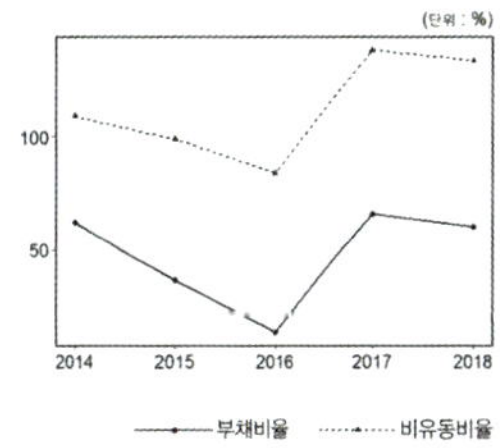

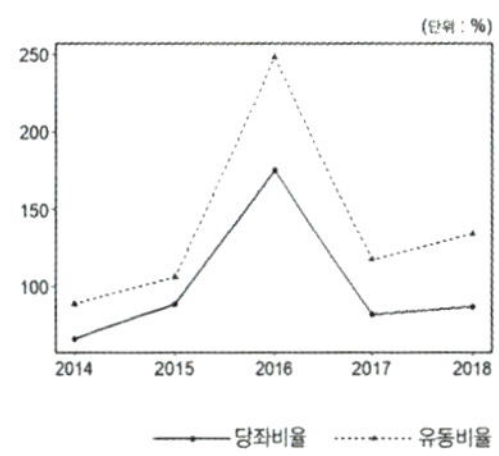

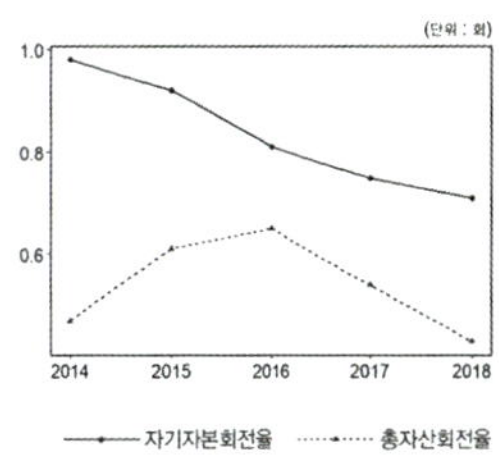

50 ㈜무학(033920)

코

설립일	1973.10.01	대표이사	이수능, 최재호
업종	증류주 및 합성주 제조업	업종코드	1112
소재지	경상남도 창원시 마산회원구 봉암공단길	주요브랜드	무학, 좋은데이

	2014	2015	2016	2017	2018
재무상태표					(단위 : 백만 원)
유동자산	66,721	55,404	89,496	107,186	64,830
당좌자산	46,105	47,737	81,632	99,584	56,706
재고자산	20,616	7,667	7,864	7,602	8,124
비유동자산	463,286	497,842	509,119	558,992	554,131
투자자산	268,355	288,850	304,842	359,356	346,650
유형자산	189,731	199,078	200,196	195,912	199,098
무형자산	616	571	369	342	325
자산총계	530,006	553,246	598,615	666,177	618,961
유동부채	115,177	119,629	110,318	128,374	99,740
비유동부채	2,930	340	400	4,230	12,000
자본	411,899	433,276	487,897	533,573	507,221
부채 및 자본합계	530,006	553,246	598,615	666,177	618,961
손익계산서					(단위 : 백만 원)
매출액	285,233	278,309	254,174	231,322	177,542
매출원가	148,586	143,769	128,332	120,478	102,933
매출총손익	136,647	134,540	125,842	110,844	74,609
판매비 및 관리비	55,136	68,382	73,951	81,977	83,676
영업손익	81,511	66,158	51,891	28,867	-9,066
법인세비용차감전순손익	105,850	43,935	81,506	77,172	-25,180
법인세비용	25,300	14,566	20,520	25,500	-6,058
계속사업이익	80,550	29,369	60,985	51,673	-19,122
중단사업손익	0	0	0	0	0
당기순손익	80,550	29,369	60,985	51,673	-19,122
현금흐름표					(단위 : 백만 원)
영업활동순현금흐름	128,706	76,273	53,687	21,175	-14,063
투자활동순현금흐름	-126,752	-61,654	-25,612	-35,367	-17,526
재무활동순현금흐름	-3,232	-11,151	-11,605	20,205	2,135
성장성비율					(단위 : %)
총자산증가율	20.36	4.38	8.20	11.29	-7.09
매출액증가율	21.82	-2.43	-8.67	-8.99	-23.25
수익성비율					(단위 : %)
총자산순이익률	16.60	5.42	10.59	8.17	-2.98
자기자본순이익률	21.25	6.95	13.24	10.12	-3.67
매출액영업이익률	28.58	23.77	20.42	12.48	-5.11
매출액순이익률	28.24	10.55	23.99	22.34	-10.77
레버리지비율					(단위 : %)
부채비율	28.67	27.69	22.69	24.85	22.03
이자보상비율	1,103.21	505.20	482.46	53.50	-10.47
비유동비율	112.48	114.90	104.35	104.76	109.25
비유동장기적합률	111.68	114.81	104.26	103.94	106.72
유동성비율					(단위 : %)
유동비율	57.93	46.31	81.13	83.49	65
당좌비율	40.03	39.90	74	77.57	56.85
현금비율	30.66	43.25	45.24	43.38	26.29
활동성비율					(단위 : 회)
총자산회전율	0.59	0.51	0.44	0.37	0.28
자기자본회전율	0.75	0.66	0.55	0.45	0.34
비유동자산회전율	0.74	0.58	0.50	0.43	0.32
재고자산회전율	9.32	19.68	32.73	29.91	22.58
생산성비율					(단위 : %)
총자본투자효율	26.81	15.67	21.34	18.36	3.20
설비투자효율	85.50	44.50	63.86	65.76	11.80
부가가치의 구성					(단위 : 백만 원)
영업잉여	81,751	66,406	52,405	29,793	-8,094
인건비	11,975.73	15,105.40	16,968.57	16,045.36	16,241.17
금융비용	-240.01	-247.96	-513.27	-926.88	-972.44
감가상각비	23,225.48	26,743.42	28,787.14	28,930.04	28,568.30

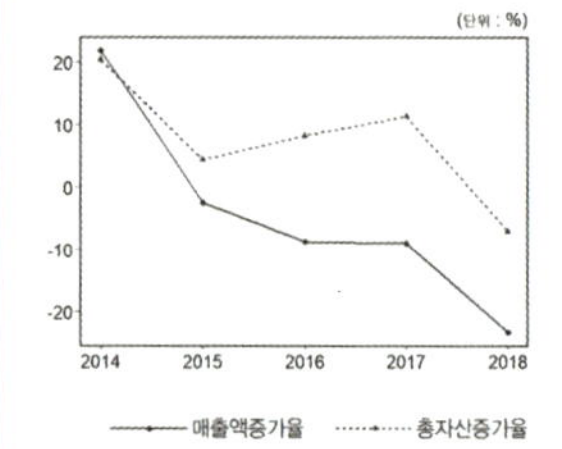

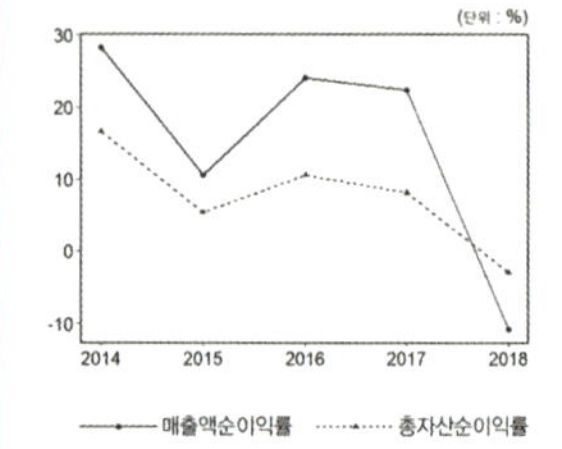

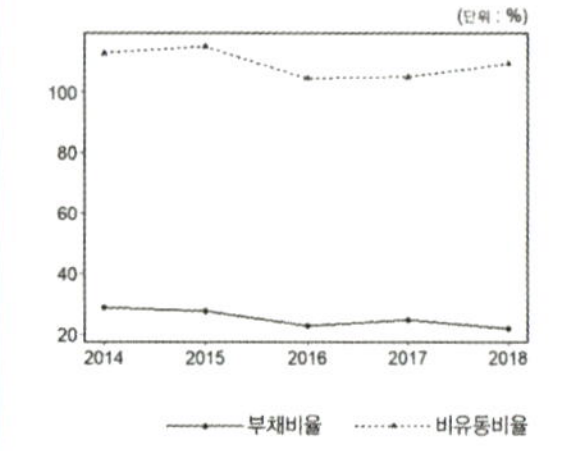

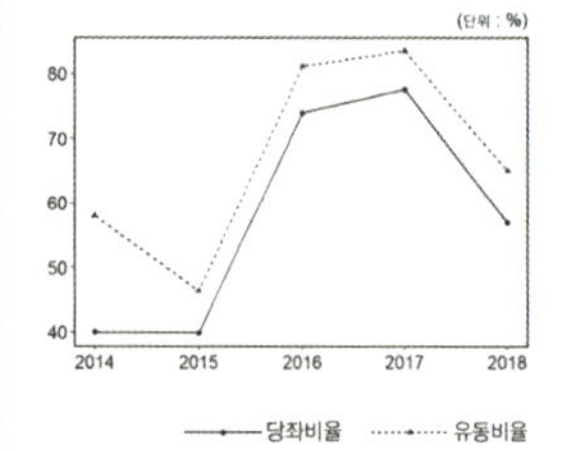

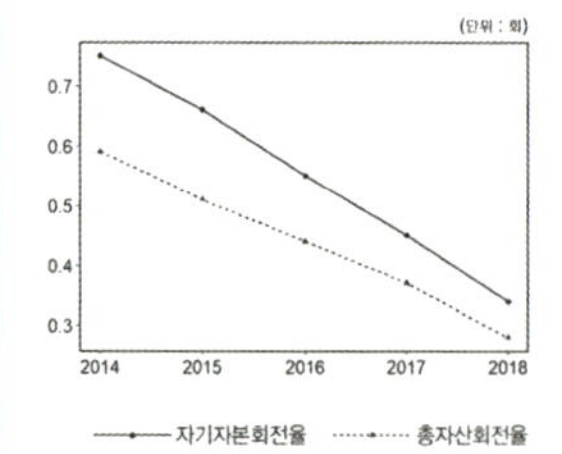

51 롯데칠성음료㈜(005300)

롯데칠성음료

설립일	1967.11.29	대표이사	이영구, 김태환
업종	비알코올음료 및 얼음 제조업	업종코드	1120
소재지	서울특별시 서초구 서초대로	주요브랜드	칠성, 펩시, 델몬트, 아이시스

	2014	2015	2016	2017	2018
재무상태표					(단위 : 백만 원)
유동자산	671,987	852,724	957,370	751,027	670,445
당좌자산	436,994	635,084	734,304	512,608	422,195
재고자산	234,994	217,640	223,066	238,420	248,250
비유동자산	3,273,712	3,390,906	3,510,730	2,680,699	2,531,313
투자자산	1,305,192	1,300,150	1,179,426	304,581	298,722
유형자산	1,663,776	1,796,138	2,049,929	2,234,934	2,107,071
무형자산	278,823	259,736	241,767	100,415	75,824
자산총계	3,945,699	4,243,630	4,468,099	3,431,726	3,201,757
유동부채	897,901	747,825	1,111,873	863,848	646,367
비유동부채	758,437	1,137,805	1,042,920	1,288,766	1,363,431
자본	2,289,361	2,358,000	2,313,306	1,279,112	1,191,960
부채 및 자본합계	3,945,699	4,243,630	4,468,099	3,431,726	3,201,757
손익계산서					(단위 : 백만 원)
매출액	2,083,654	2,194,881	2,264,212	2,279,283	2,323,272
매출원가	1,217,875	1,256,052	1,279,755	1,341,530	1,400,996
매출총손익	865,779	938,829	984,457	937,753	922,277
판매비 및 관리비	770,192	791,787	838,275	863,186	834,717
영업손익	95,587	147,042	146,182	74,566	87,560
법인세비용차감전순손익	42,101	123,587	49,242	171,795	-73,584
법인세비용	15,514	37,093	39,853	20,216	-19,016
계속사업이익	26,587	86,494	9,389	151,579	-54,568
중단사업손익	0	0	0	0	0
당기순손익	26,587	86,494	9,389	151,579	-54,568
현금흐름표					(단위 : 백만 원)
영업활동순현금흐름	144,197	271,802	174,975	131,659	81,492
투자활동순현금흐름	-413,304	-306,798	-318,981	-144,717	-139,289
재무활동순현금흐름	241,943	151,080	266,809	-126,711	2,342
성장성비율					(단위 : %)
총자산증가율	2.80	7.55	5.29	-23.19	-6.70
매출액증가율	2.66	5.34	3.16	0.67	1.93
수익성비율					(단위 : %)
총자산순이익률	0.68	2.11	0.22	3.84	-1.65
자기자본순이익률	1.13	3.72	0.40	8.44	-4.42
매출액영업이익률	4.59	6.70	6.46	3.27	3.77
매출액순이익률	1.28	3.94	0.41	6.65	-2.35
레버리지비율					(단위 : %)
부채비율	72.35	79.97	93.15	168.29	168.61
이자보상비율	3.86	6.40	6.32	2.50	2.37
비유동비율	143	143.80	151.76	209.58	212.37
비유동장기적합률	107.41	97	104.60	104.39	99.06
유동성비율					(단위 : %)
유동비율	74.84	114.03	86.10	86.94	103.73
당좌비율	48.67	84.92	66.04	59.34	65.32
현금비율	7.99	19.91	30.56	20.29	14.45
활동성비율					(단위 : 회)
총자산회전율	0.54	0.54	0.52	0.58	0.70
자기자본회전율	0.88	0.94	0.97	1.27	1.88
비유동자산회전율	0.64	0.66	0.66	0.74	0.89
재고자산회전율	9.58	9.70	10.28	9.88	9.55
생산성비율					(단위 : %)
총자본투자효율	11.28	12.79	11.04	18.65	13.40
설비투자효율	28.99	33.26	29.31	28.73	20.53
부가가치의 구성					(단위 : 백만 원)
영업잉여	81,638	139,732	137,767	60,461	59,891
인건비	240,561	253,516	268,929.29	269,366.33	280,027
금융비용	16,285	10,856.26	11,252.05	16,434.29	30,507.32
감가상각비	109,252	116,970	120,914	137,310	147,652

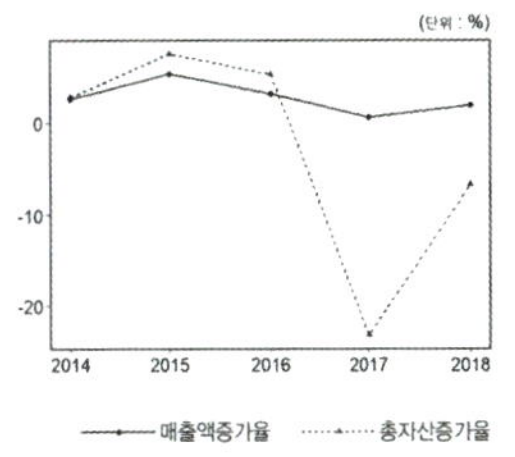

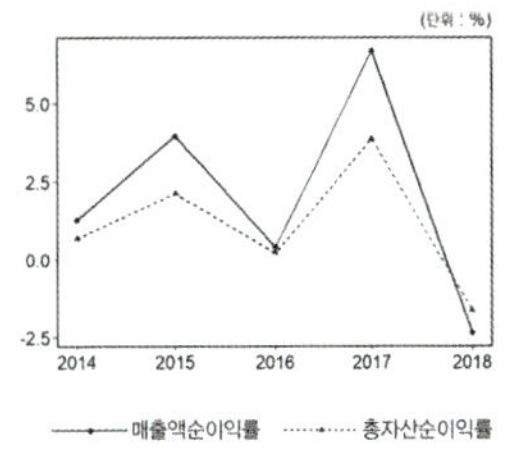

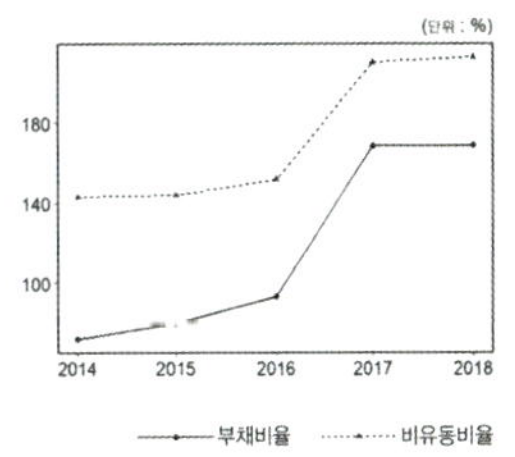

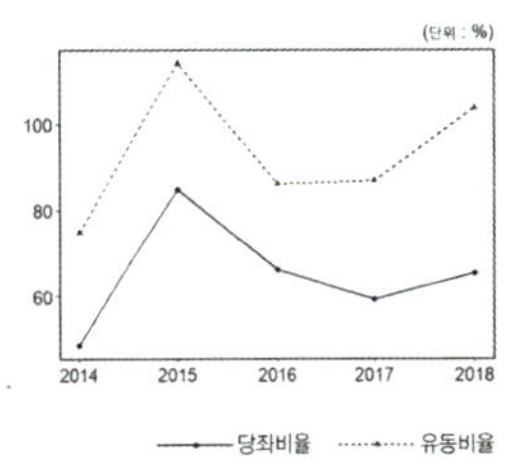

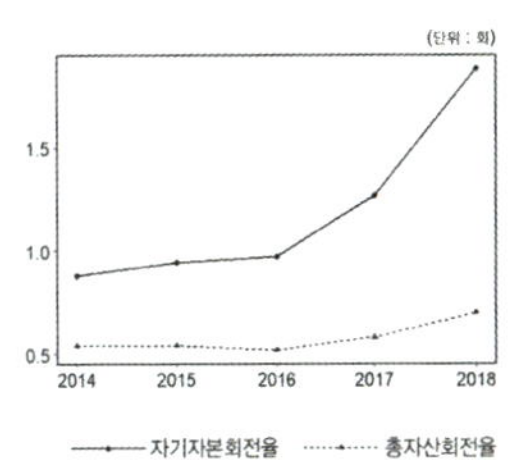

52 보해양조㈜(000890)

보해양조

설립일	1952.11.11	대표이사	임지선
업종	증류주 및 합성주 제조업	업종코드	1112
소재지	전라남도 목포시 호남로	주요브랜드	보해, 매취순, 잎새주

	2014	2015	2016	2017	2018
재무상태표					(단위 : 백만 원)
유동자산	80,230	88,442	75,160	65,474	75,337
당좌자산	24,880	33,265	22,526	34,143	43,675
재고자산	55,349	55,178	52,634	31,330	31,662
비유동자산	130,227	130,414	142,886	151,905	125,181
투자자산	27,939	22,159	20,335	20,614	18,261
유형자산	99,117	105,650	119,014	119,657	98,912
무형자산	1,367	1,323	1,359	941	895
자산총계	210,457	218,857	218,046	217,378	200,518
유동부채	77,029	92,181	91,006	83,971	74,939
비유동부채	51,724	22,326	28,208	33,969	56,073
자본	81,704	104,349	98,832	99,438	69,506
부채 및 자본합계	210,457	218,857	218,046	217,378	200,518
손익계산서					(단위 : 백만 원)
매출액	118,793	122,901	114,987	98,851	81,443
매출원가	72,068	72,550	69,732	62,111	58,500
매출총손익	46,725	50,351	45,255	36,740	22,943
판매비 및 관리비	37,963	41,925	50,920	34,259	33,701
영업손익	8,762	8,425	-5,665	2,481	-10,758
법인세비용차감전순손익	4,947	11,570	-8,022	1,260	-23,242
법인세비용	-15	3,325	-1,737	-9,855	4,792
계속사업이익	4,962	8,245	-6,284	11,115	-28,034
중단사업손익	0	0	0	0	0
당기순손익	4,962	8,245	-6,284	11,115	-28,034
현금흐름표					(단위 : 백만 원)
영업활동순현금흐름	18,415	30,818	-9,763	848	-1,749
투자활동순현금흐름	-13,937	-18,433	-15,408	-11,359	-6,274
재무활동순현금흐름	-2,814	-13,073	23,977	10,133	16,667
성장성비율					(단위 : %)
총자산증가율	1.12	3.99	-0.37	-0.31	-7.76
매출액증가율	3.36	3.46	-6.44	-14.03	-17.61
수익성비율					(단위 : %)
총자산순이익률	2.37	3.84	-2.88	5.11	-13.42
자기자본순이익률	7.13	8.86	-6.19	11.21	-33.19
매출액영업이익률	7.38	6.86	-4.93	2.51	-13.21
매출액순이익률	4.18	6.71	-5.47	11.24	-34.42
레버리지비율					(단위 : %)
부채비율	157.59	109.74	120.62	118.61	188.49
이자보상비율	2.34	3.36	-3.53	1.13	-3.51
비유동비율	159.39	124.98	144.57	152.76	180.10
비유동장기적합률	97.60	102.95	112.47	113.87	99.68
유동성비율					(단위 : %)
유동비율	104.16	95.94	82.59	77.97	100.53
당좌비율	32.30	36.09	24.75	40.66	58.28
현금비율	3.37	2.28	1.09	0.67	12.06
활동성비율					(단위 : 회)
총자산회전율	0.57	0.57	0.53	0.45	0.39
자기자본회전율	1.71	1.32	1.13	1	0.96
비유동자산회전율	0.94	0.94	0.84	0.67	0.59
재고자산회전율	2.07	2.22	2.13	2.35	2.59
생산성비율					(단위 : %)
총자본투자효율	16.02	18.77	10.46	13.27	1.79
설비투자효율	34.01	39.19	20.53	24.11	3.63
부가가치의 구성					(단위 : 백만 원)
영업잉여	5,260	6,438	-6,930	1,177	-11,614
인건비	14,727.17	16,171.81	17,995.36	13,595.48	12,722.44
금융비용	3,501.86	2,097.17	1,265.61	1,303.90	1,844.74
감가상각비	9,933.52	10,622.89	11,562.41	12,692.64	12,260.77

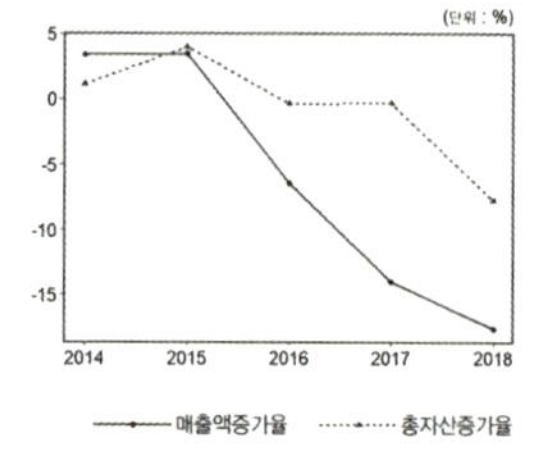

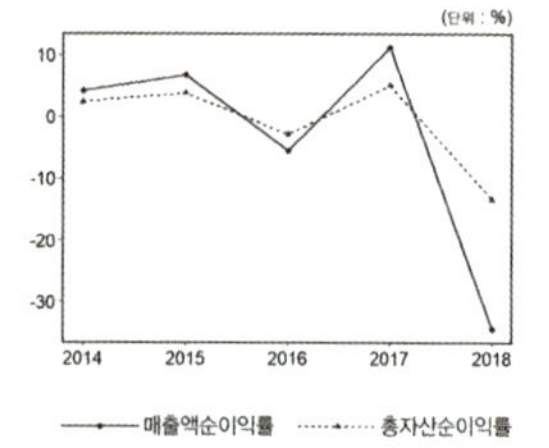

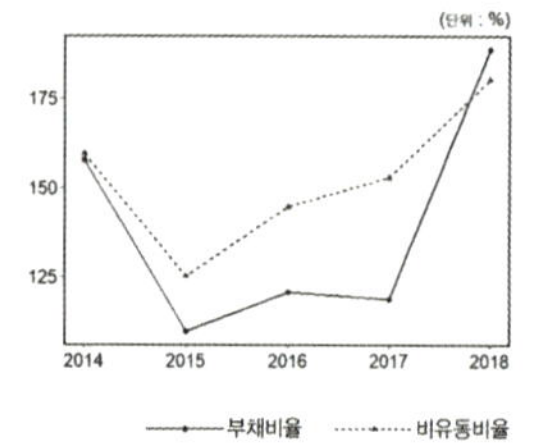

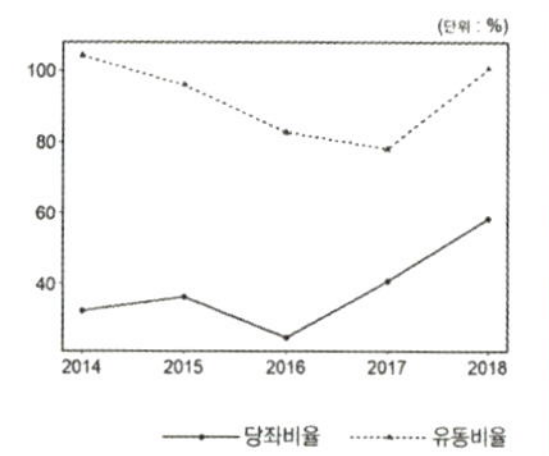

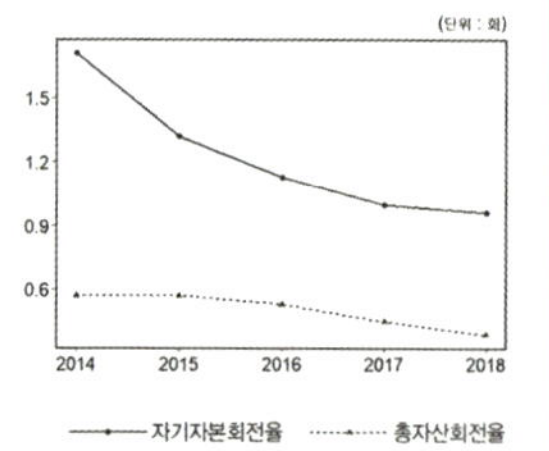

53 하이트진로㈜(000080)

코

설립일	1954.06.15	대표이사	김인규
업종	증류주 및 합성주 제조업	업종코드	1112
소재지	서울특별시 강남구 영동대로	주요브랜드	하이트, 진로, 참이슬

	2014	2015	2016	2017	2018
재무상태표					(단위 : 백만 원)
유동자산	622,301	716,126	818,527	976,314	867,586
당좌자산	507,225	599,248	707,314	858,206	731,326
재고자산	115,075	116,878	111,213	118,108	136,261
비유동자산	2,682,346	2,620,430	2,461,748	2,427,102	2,449,113
투자자산	352,073	348,596	346,229	341,123	399,408
유형자산	2,022,796	1,997,727	1,865,463	1,834,421	1,810,719
무형자산	194,683	185,896	178,513	172,049	163,679
자산총계	3,304,646	3,336,556	3,280,275	3,403,416	3,316,700
유동부채	1,230,441	1,359,570	1,337,052	1,647,959	1,567,567
비유동부채	701,239	616,897	611,622	483,206	532,765
자본	1,372,967	1,360,090	1,331,601	1,272,250	1,216,367
부채 및 자본합계	3,304,646	3,336,556	3,280,275	3,403,416	3,316,700
손익계산서					(단위 : 백만 원)
매출액	1,605,639	1,663,246	1,637,185	1,664,922	1,657,622
매출원가	915,046	931,360	908,918	949,617	980,435
매출총손익	690,593	731,887	728,267	715,305	677,187
판매비 및 관리비	595,286	608,130	610,349	631,811	587,137
영업손익	95,307	123,757	117,919	83,494	90,049
법인세비용차감전순손익	44,420	68,167	68,529	36,913	42,837
법인세비용	13,163	20,910	20,125	18,287	17,924
계속사업이익	31,256	47,256	48,404	18,625	24,913
중단사업손익	0	0	0	0	0
당기순손익	31,256	47,256	48,404	18,625	24,913
현금흐름표					(단위 : 백만 원)
영업활동순현금흐름	253,954	282,913	167,740	342,966	139,159
투자활동순현금흐름	-71,164	-92,563	-72,780	-106,023	-97,069
재무활동순현금흐름	-183,860	-111,689	-94,138	-107,673	-37,920
성장성비율					(단위 : %)
총자산증가율	-2.77	0.97	-1.69	3.75	-2.55
매출액증가율	-1.42	3.59	-1.57	1.69	-0.44
수익성비율					(단위 : %)
총자산순이익률	0.93	1.42	1.46	0.56	0.74
자기자본순이익률	2.25	3.46	3.60	1.43	2
매출액영업이익률	5.94	7.44	7.20	5.01	5.43
매출액순이익률	1.95	2.84	2.96	1.12	1.50
레버리지비율					(단위 : %)
부채비율	140.69	145.32	146.34	167.51	172.67
이자보상비율	1.87	2.87	3.09	2.31	2.35
비유동비율	195.37	192.67	184.87	190.77	201.35
비유동장기적합률	129.32	132.55	126.68	138.26	140.02
유동성비율					(단위 : %)
유동비율	50.58	52.67	61.22	59.24	55.35
당좌비율	41.22	44.08	52.90	52.08	46.65
현금비율	2.72	13.38	11.73	22.90	26.27
활동성비율					(단위 : 회)
총자산회전율	0.48	0.50	0.49	0.50	0.49
자기자본회전율	1.15	1.22	1.22	1.28	1.33
비유동자산회전율	0.59	0.63	0.64	0.68	0.68
재고자산회전율	14.11	14.34	14.36	14.52	13.03
생산성비율					(단위 : %)
총자본투자효율	11.22	11.96	11.94	11.76	11.34
설비투자효율	18.36	20.21	21.07	21.95	20.87
부가가치의 구성					(단위 : 백만 원)
영업잉여	51,839	84,324	92,249	52,339	59,601
인건비	170,356.11	177,281.23	185,283.36	214,092.68	177,093.04
금융비용	42,812.19	41,929.52	25,834.99	34,815.65	36,644.20
감가상각비	113,241.16	111,582.65	111,917.27	114,330.30	119,442.10

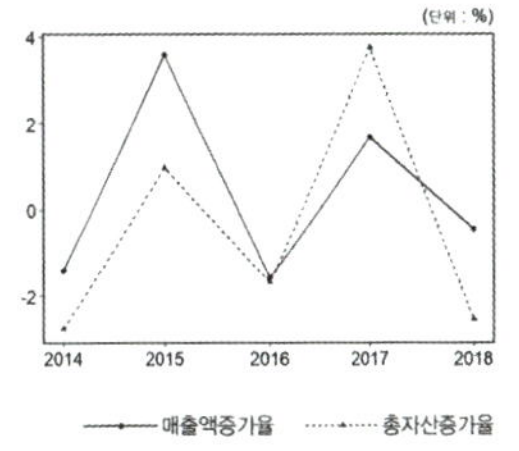

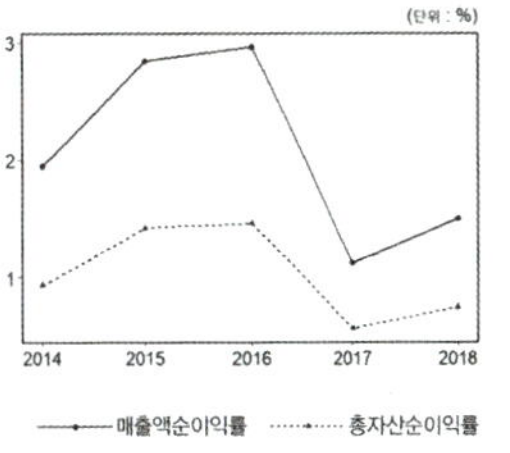

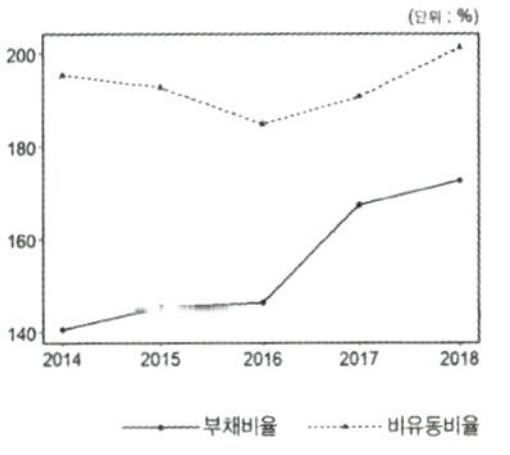

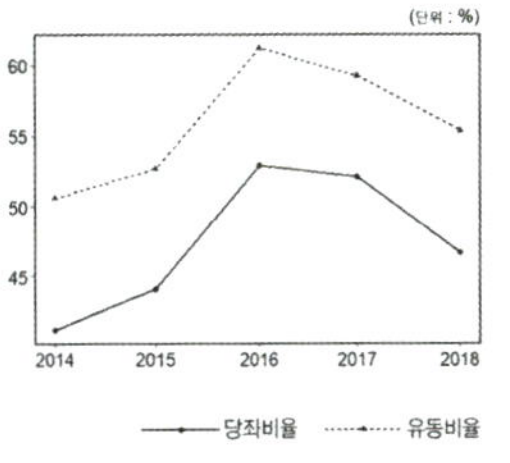

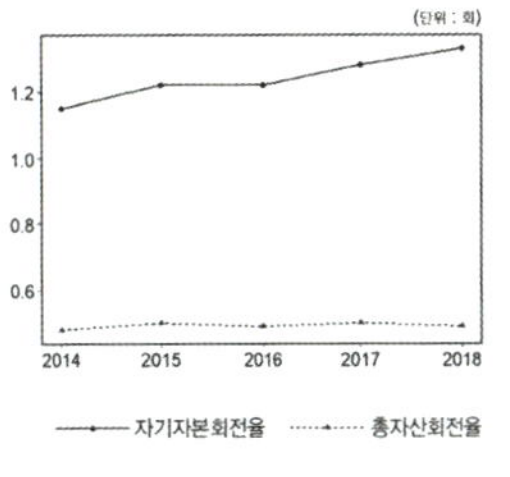

54 ㈜국순당(043650) 코

설립일	1983.02.05	대표이사	배중호
업종	발효주 제조업	업종코드	1111
소재지	서울특별시 강남구 봉은사로	주요브랜드	국순당, 백세주

	2014	2015	2016	2017	2018
재무상태표					(단위 : 백만 원)
유동자산	86,268	82,906	71,906	75,544	62,941
당좌자산	74,382	71,117	60,966	65,410	52,081
재고자산	11,887	11,788	10,940	10,134	10,861
비유동자산	119,515	120,623	128,171	133,288	158,288
투자자산	51,142	54,472	67,246	79,563	94,430
유형자산	63,633	60,757	56,089	49,399	58,144
무형자산	3,576	2,921	2,487	2,564	3,051
자산총계	205,783	203,528	200,077	208,832	221,230
유동부채	13,596	11,431	9,512	10,644	10,033
비유동부채	5,348	5,980	7,377	6,443	7,697
자본	186,838	186,118	183,189	191,746	203,500
부채 및 자본합계	205,783	203,528	200,077	208,832	221,230
손익계산서					(단위 : 백만 원)
매출액	89,174	74,955	68,426	60,087	52,679
매출원가	54,217	48,640	40,999	36,939	32,146
매출총손익	34,957	26,315	27,427	23,149	20,533
판매비 및 관리비	34,075	34,621	32,884	26,734	23,285
영업손익	882	-8,306	-5,457	-3,585	-2,752
법인세비용차감전순손익	3,565	-6,137	-2,911	12,203	19,860
법인세비용	1,568	-1,282	-698	2,355	4,689
계속사업이익	1,998	-4,855	-2,213	9,847	15,171
중단사업손익	0	0	0	0	0
당기순손익	1,998	-4,855	-2,213	9,847	15,171
현금흐름표					(단위 : 백만 원)
영업활동순현금흐름	5,749	-5,215	2,455	18,085	15,818
투자활동순현금흐름	-3,796	-350	-11,011	-3,908	-23,419
재무활동순현금흐름	-771	3,981	-881	-881	-2,997
성장성비율					(단위 : %)
총자산증가율	1.27	-1.10	-1.70	4.38	5.94
매출액증가율	-7.25	-15.94	-8.71	-12.19	-12.33
수익성비율					(단위 : %)
총자산순이익률	0.98	-2.37	-1.10	4.82	7.06
자기자본순이익률	1.07	-2.60	-1.20	5.25	7.68
매출액영업이익률	0.99	-11.08	-7.97	-5.97	-5.22
매출액순이익률	2.24	-6.48	-3.23	16.39	28.80
레버리지비율					(단위 : %)
부채비율	10.14	9.35	9.22	8.91	8.71
이자보상비율	•	•	•	•	•
비유동비율	63.97	64.81	69.97	69.51	77.78
비유동장기적합률	62.19	62.79	67.26	67.25	74.95
유동성비율					(단위 : %)
유동비율	634.49	725.29	755.95	709.77	627.32
당좌비율	547.06	622.16	640.93	614.56	519.07
현금비율	32.88	33.18	25.40	40.46	32.80
활동성비율					(단위 : 회)
총자산회전율	0.44	0.37	0.34	0.29	0.24
자기자본회전율	0.48	0.40	0.37	0.32	0.27
비유동자산회전율	0.75	0.62	0.55	0.46	0.36
재고자산회전율	7	6.33	6.02	5.70	5.02
생산성비율					(단위 : %)
총자본투자효율	7.68	2.76	3.81	2.32	4.44
설비투자효율	24.85	9.25	13.58	9.81	16.90
부가가치의 구성					(단위 : 백만 원)
영업잉여	1,770	-6,412	-3,029	16,216	17,989
인건비	9,181.32	9,901.13	9,595.17	8,848.36	7,745.06
금융비용	-888.28	-1,893.96	-2,427.66	-19,462.53	-20,833.01
감가상각비	3,946.24	3,287.92	2,892.56	2,816.16	2,536.12

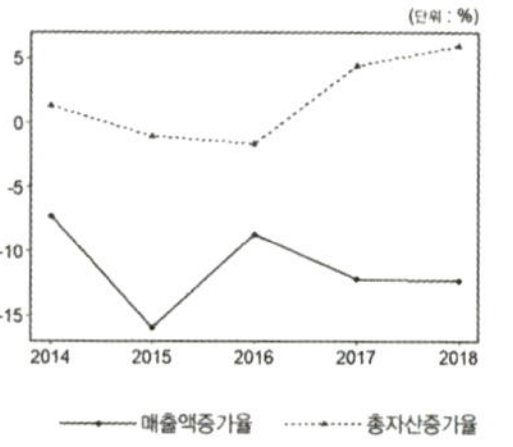

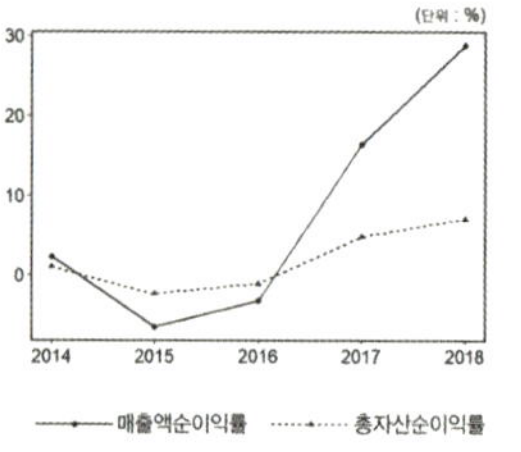

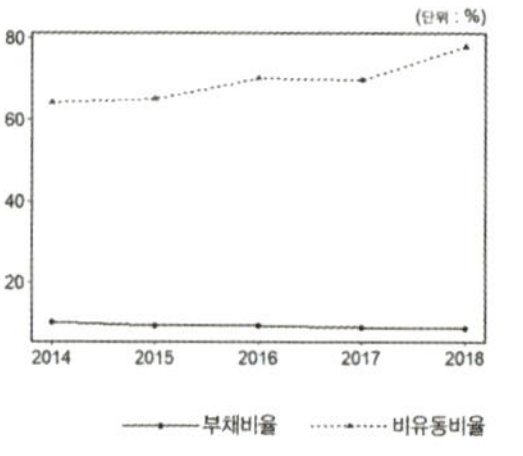

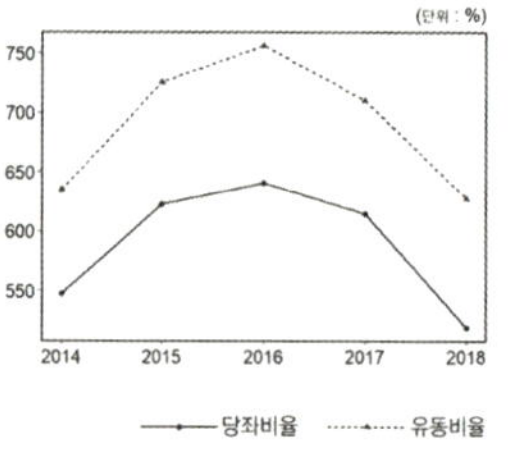

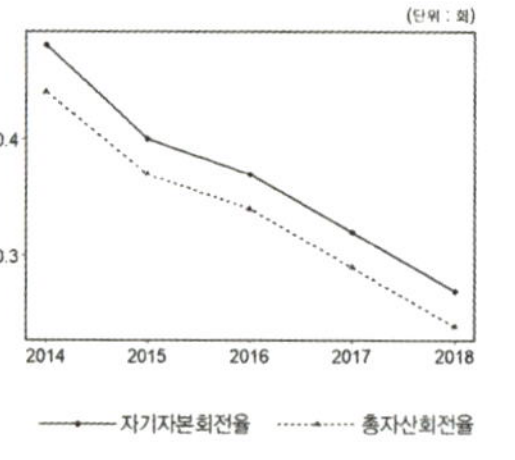

55 ㈜진로발효(018120) 코

설립일	1984.12.31	대표이사	김종식
업종	증류주 및 합성주 제조업	업종코드	1112
소재지	경기도 안산시 단원구 별망로	주요브랜드	진로발효

	2014	2015	2016	2017	2018
재무상태표					(단위 : 백만 원)
유동자산	53,831	68,045	69,934	76,393	77,650
당좌자산	44,131	61,912	61,132	67,668	66,074
재고자산	9,700	6,133	8,802	8,725	11,576
비유동자산	24,311	23,807	29,280	29,326	36,637
투자자산	4,230	4,453	4,368	4,018	10,075
유형자산	16,913	16,225	21,799	22,674	23,943
무형자산	3,136	3,121	3,105	2,627	2,611
자산총계	78,142	91,852	99,214	105,719	114,287
유동부채	11,072	15,210	13,163	13,272	10,477
비유동부채	2,906	2,340	2,386	2,149	3,444
자본	64,164	74,302	83,665	90,298	100,367
부채 및 자본합계	78,142	91,852	99,214	105,719	114,287
손익계산서					(단위 : 백만 원)
매출액	85,705	88,652	85,276	86,702	85,779
매출원가	64,499	64,865	61,925	64,527	66,525
매출총손익	21,205	23,787	23,351	22,175	19,255
판매비 및 관리비	1,784	2,130	2,064	2,362	2,742
영업손익	19,421	21,657	21,288	19,813	16,512
법인세비용차감전순손익	20,644	23,148	22,373	20,488	18,136
법인세비용	4,362	5,572	4,434	4,634	4,076
계속사업이익	16,282	17,576	17,938	15,854	14,059
중단사업손익	0	0	0	0	0
당기순손익	16,282	17,576	17,938	15,854	14,059
현금흐름표					(단위 : 백만 원)
영업활동순현금흐름	21,758	25,272	15,926	17,856	17,760
투자활동순현금흐름	-13,950	-16,595	-12,793	-6,708	-136
재무활동순현금흐름	-4,995	-7,503	-7,056	-10,222	-14,018
성장성비율					(단위 : %)
총자산증가율	18.61	17.55	8.01	6.56	8.10
매출액증가율	4.99	3.44	-3.81	1.67	-1.06
수익성비율					(단위 : %)
총자산순이익률	22.61	20.68	18.78	15.47	12.78
자기자본순이익률	27.10	25.39	22.71	18.23	14.75
매출액영업이익률	22.66	24.43	24.96	22.85	19.25
매출액순이익률	19	19.83	21.04	18.29	16.39
레버리지비율					(단위 : %)
부채비율	21.78	23.62	18.58	17.08	13.87
이자보상비율	282.57	544.33	275.31	144.37	211.55
비유동비율	37.89	32.04	35	32.48	36.50
비유동장기적합률	36.25	31.06	34.03	31.72	35.29
유동성비율					(단위 : %)
유동비율	486.18	447.37	531.28	575.58	741.18
당좌비율	398.58	407.05	464.42	509.84	630.68
현금비율	5.85	6.37	0.59	1.72	6.33
활동성비율					(단위 : 회)
총자산회전율	1.19	1.04	0.89	0.85	0.78
자기자본회전율	1.43	1.28	1.08	1	0.90
비유동자산회전율	3.48	3.68	3.21	2.96	2.60
재고자산회전율	7.35	11.20	11.42	9.89	8.45
생산성비율					(단위 : %)
총자본투자효율	29.65	27.82	24.95	22.30	18.90
설비투자효율	137	157.47	139.37	103.98	97.77
부가가치의 구성					(단위 : 백만 원)
영업잉여	19,701	22,423	22,052	20,759	17,686
인건비	1,328.62	1,693.89	1,568.94	1,734.58	1,871.68
금융비용	-316.85	-767.32	-764.38	-945.69	-1,173.49
감가상각비	1,431.10	1,412.82	1,520.17	2,222.16	2,391.23

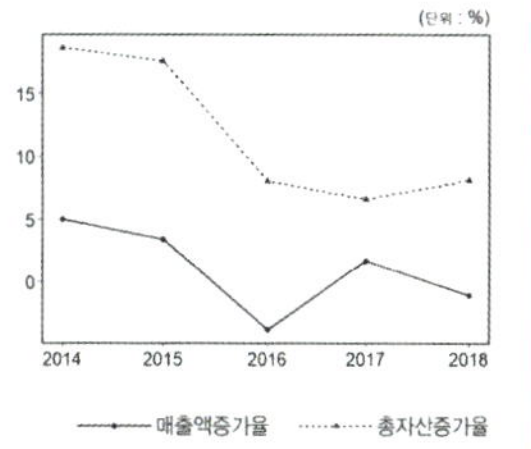

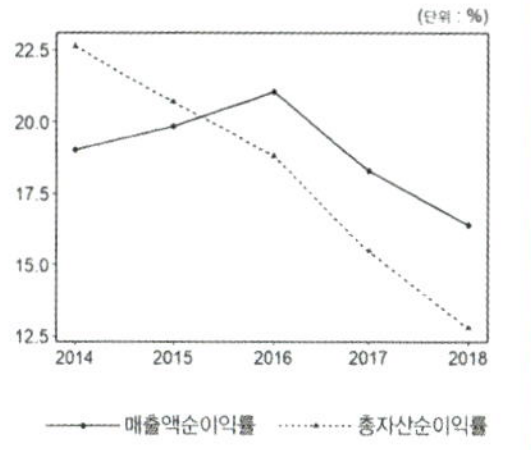

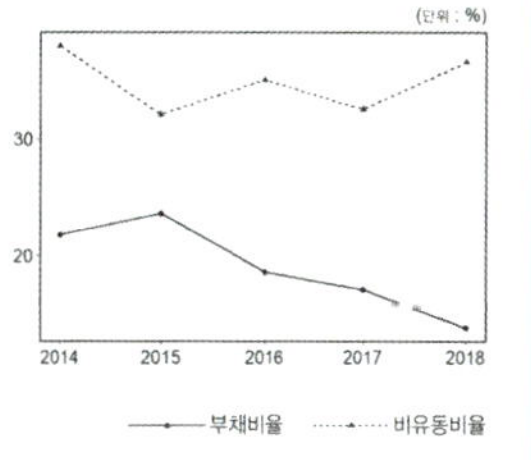

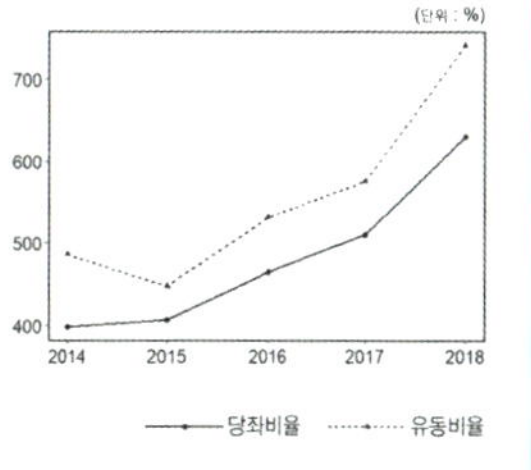

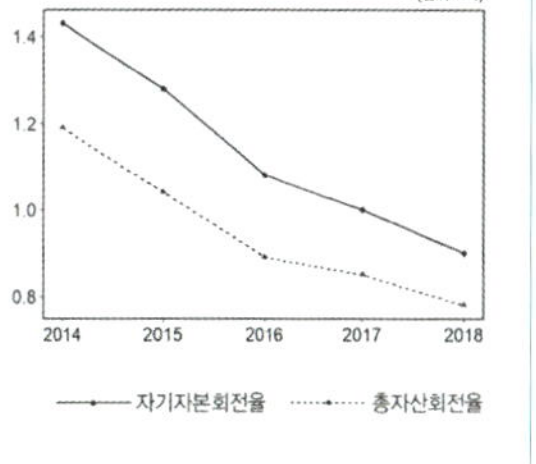

56 ㈜창해에탄올(004650)

코

CHANGHAE

설립일	1966.05.26	대표이사	임성우, 이연희
업종	증류주 및 합성주 제조업	업종코드	1112
소재지	전라북도 전주시 덕진구 원망성로	주요브랜드	창해에탄올

	2014	2015	2016	2017	2018
재무상태표					(단위 : 백만 원)
유동자산	37,880	48,996	36,036	44,760	38,405
당좌자산	31,137	40,495	24,422	34,578	25,748
재고자산	6,743	8,501	11,614	10,182	12,657
비유동자산	68,476	66,102	143,334	123,742	122,825
투자자산	45,278	44,767	119,293	40,060	42,652
유형자산	19,942	17,895	20,672	29,274	27,535
무형자산	1,583	1,588	1,047	52,156	51,721
자산총계	106,356	115,098	179,370	168,502	161,230
유동부채	15,720	10,808	46,526	66,623	52,444
비유동부채	217	0	20,654	324	734
자본	90,420	104,289	112,190	101,555	108,052
부채 및 자본합계	106,356	115,098	179,370	168,502	161,230
손익계산서					(단위 : 백만 원)
매출액	72,425	72,701	70,904	91,978	96,390
매출원가	56,669	54,750	52,066	70,340	69,635
매출총손익	15,757	17,951	18,838	21,638	26,756
판매비 및 관리비	4,859	5,060	6,388	7,985	5,987
영업손익	10,898	12,891	12,450	13,653	20,769
법인세비용차감전순손익	10,006	12,860	13,219	9,458	19,151
법인세비용	3,204	2,807	1,756	2,111	5,990
계속사업이익	6,802	10,053	11,463	7,347	13,161
중단사업손익	0	0	0	0	0
당기순손익	6,802	10,053	11,463	7,347	13,161
현금흐름표					(단위 : 백만 원)
영업활동순현금흐름	13,067	8,655	18,138	22,220	11,138
투자활동순현금흐름	-21,416	4,661	-81,315	-113	8,266
재무활동순현금흐름	7,813	-135	52,247	-23,804	-23,672
성장성비율					(단위 : %)
총자산증가율	19.19	8.22	55.84	-6.06	-4.32
매출액증가율	4.91	0.38	-2.47	29.72	4.80
수익성비율					(단위 : %)
총자산순이익률	6.96	9.08	7.79	4.22	7.98
자기자본순이익률	8.78	10.33	10.59	6.87	12.56
매출액영업이익률	15.05	17.73	17.56	14.84	21.55
매출액순이익률	9.39	13.83	16.17	7.99	13.65
레버리지비율					(단위 : %)
부채비율	17.63	10.36	59.88	65.92	49.21
이자보상비율	23.83	63.97	15.21	7.90	14.51
비유동비율	75.73	63.38	127.76	121.85	113.67
비유동장기적합률	75.55	63.38	107.90	121.46	112.90
유동성비율					(단위 : %)
유동비율	240.97	453.32	77.45	67.18	73.23
당좌비율	198.08	374.67	52.49	51.90	49.10
현금비율	11.03	35.43	17.85	10.21	0.79
활동성비율					(단위 : 회)
총자산회전율	0.74	0.66	0.48	0.53	0.58
자기자본회전율	0.94	0.75	0.66	0.86	0.92
비유동자산회전율	1.13	1.08	0.68	0.69	0.78
재고자산회전율	10.19	9.54	7.05	8.44	8.44
생산성비율					(단위 : %)
총자본투자효율	14.29	15.38	5.67	10.29	15.89
설비투자효율	78.25	98.91	50.72	59.21	93.07
부가가치의 구성					(단위 : 백만 원)
영업잉여	10,763	13,094	20,314	12,406	19,771
인건비	2,678.41	2,728.97	2,780.49	4,186.67	3,054.10
금융비용	134.66	-178.16	-7,864.15	1,247.01	997.64
감가상각비	2,320.96	2,242.63	1,857.98	2,354.09	2,344.38

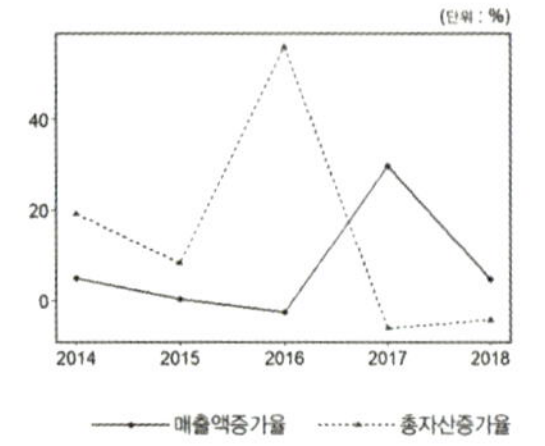

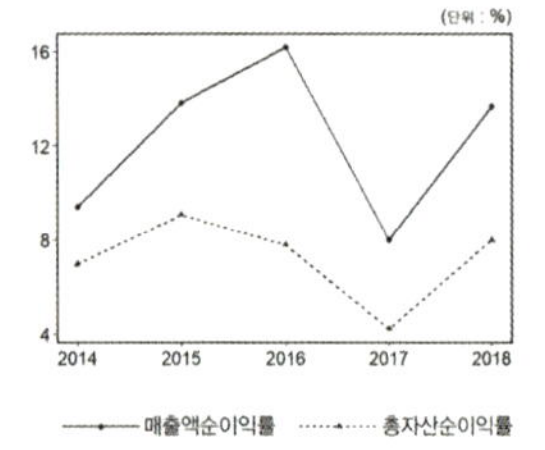

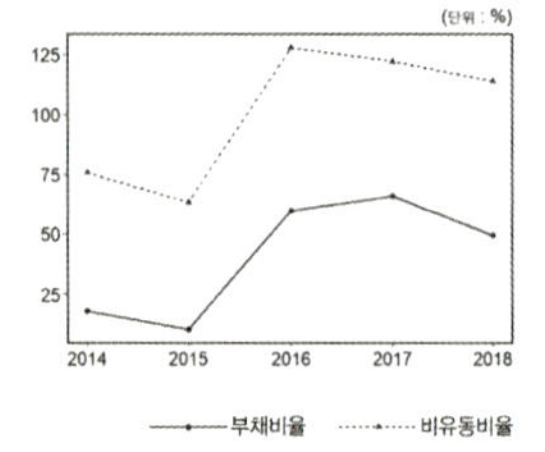

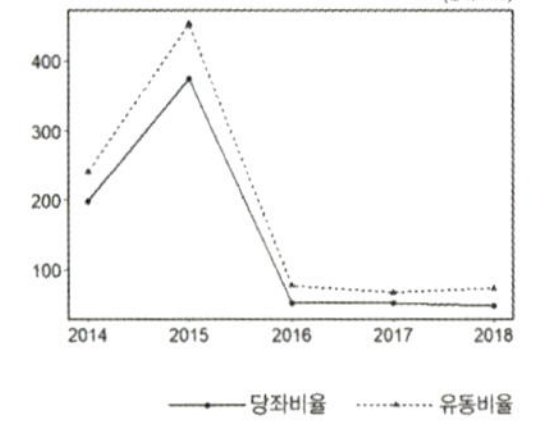

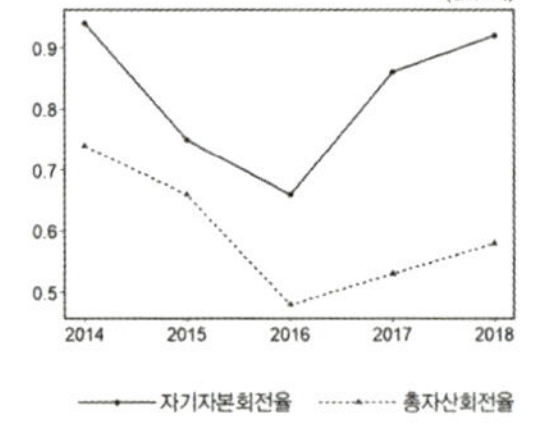

57 ㈜흥국에프엔비(189980) 코

설립일	2005.03.25	대표이사	박철범, 오길영
업종	비알코올음료 및 얼음 제조업	업종코드	1120
소재지	서울특별시 서초구 마방로	주요브랜드	흥국에프엔비

	2014	2015	2016	2017	2018
재무상태표					(단위 : 백만 원)
유동자산	14,361	27,173	18,010	26,991	33,997
당좌자산	6,616	18,836	8,543	17,795	22,437
재고자산	7,745	8,337	9,467	9,196	11,560
비유동자산	27,050	48,081	48,420	42,285	46,439
투자자산	4,683	13,482	12,324	3,094	5,947
유형자산	21,440	33,372	34,407	37,189	38,157
무형자산	514	493	913	1,231	1,533
자산총계	41,412	75,255	66,430	69,277	80,436
유동부채	10,778	8,540	9,201	10,957	21,490
비유동부채	7,043	3,018	2,774	2,303	256
자본	23,590	63,697	54,455	56,017	58,690
부채 및 자본합계	41,412	75,255	66,430	69,277	80,436
손익계산서					(단위 : 백만 원)
매출액	35,084	39,503	40,254	43,667	44,126
매출원가	21,474	23,631	26,260	29,783	29,381
매출총손익	13,610	15,872	13,995	13,885	14,745
판매비 및 관리비	6,723	8,206	11,097	11,178	11,062
영업손익	6,888	7,666	2,898	2,707	3,682
법인세비용차감전순손익	7,604	8,652	3,268	2,423	3,658
법인세비용	1,332	1,490	604	190	549
계속사업이익	6,272	7,162	2,664	2,234	3,109
중단사업손익	0	0	0	0	0
당기순손익	6,272	7,162	2,664	2,234	3,109
현금흐름표					(단위 : 백만 원)
영업활동순현금흐름	6,408	6,711	4,548	5,639	4,322
투자활동순현금흐름	-5,595	-28,306	-406	-7,000	-11,717
재무활동순현금흐름	1,181	27,919	-10,889	955	7,249
성장성비율					(단위 : %)
총자산증가율	24.77	81.72	-11.73	4.29	16.11
매출액증가율	16.09	12.60	1.90	8.48	1.05
수익성비율					(단위 : %)
총자산순이익률	16.82	12.28	3.76	3.29	4.15
자기자본순이익률	33.61	16.41	4.51	4.04	5.42
매출액영업이익률	19.63	19.41	7.20	6.20	8.35
매출액순이익률	17.88	18.13	6.62	5.12	7.05
레버리지비율					(단위 : %)
부채비율	75.55	18.14	21.99	23.67	37.05
이자보상비율	13.17	23.52	14.69	15.52	34.26
비유동비율	114.67	75.48	88.92	75.49	79.13
비유동장기적합률	88.30	72.07	84.61	72.51	78.78
유동성비율					(단위 : %)
유동비율	133.24	318.20	195.74	246.35	158.20
당좌비율	61.38	220.58	92.85	162.41	104.41
현금비율	18.12	32.85	12.27	6.54	4.75
활동성비율					(단위 : 회)
총자산회전율	0.94	0.68	0.57	0.64	0.59
자기자본회전율	1.88	0.91	0.68	0.79	0.77
비유동자산회전율	1.42	1.05	0.83	0.96	0.99
재고자산회전율	5.25	4.91	4.52	4.68	4.25
생산성비율					(단위 : %)
총자본투자효율	29.60	18.22	15.93	17	15.15
설비투자효율	62.95	48.99	31.96	35.51	38.06
부가가치의 구성					(단위 : 백만 원)
영업잉여	7,537	8,642	3,975	2,551	4,766
인건비	2,665.28	3,055.06	3,898.84	4,461.80	4,486.19
금융비용	-648.04	-962.78	-793.56	122.62	-720.49
감가상각비	1,976.95	2,262.59	3,277.43	3,792.74	3,835.15

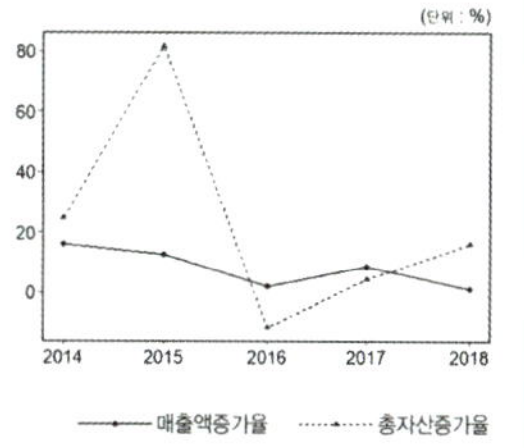

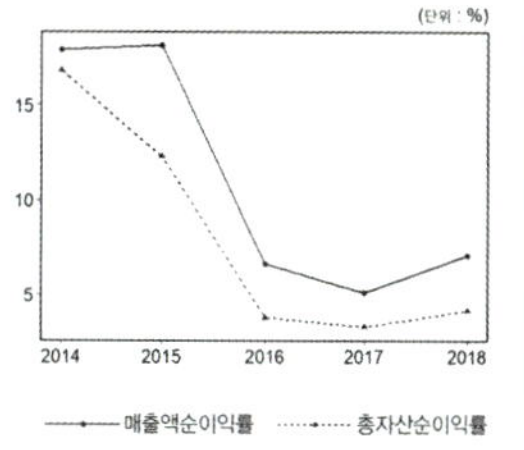

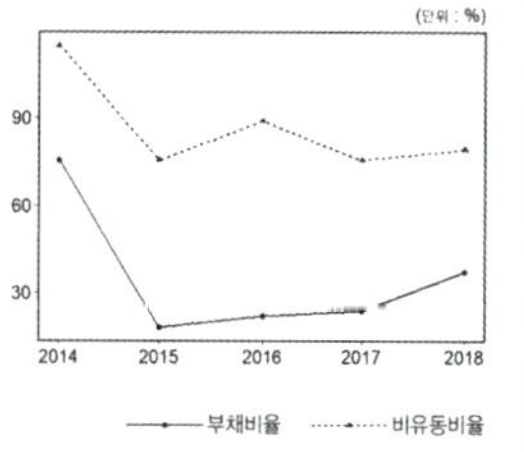

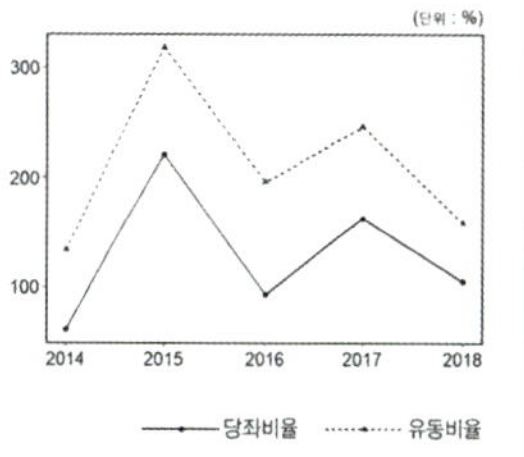

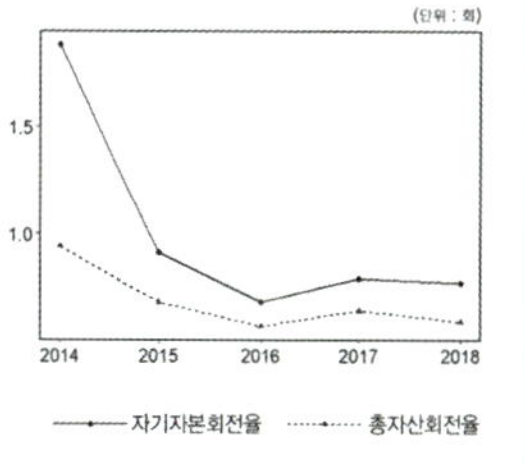

58 풍국주정공업㈜(023900)

풍국주정

코

설립일	1954.02.27	대표이사	이한용, 김규호
업종	증류주 및 합성주 제조업	업종코드	1112
소재지	대구광역시 달서구 성서로	주요브랜드	풍국주정공업

	2014	2015	2016	2017	2018
재무상태표					(단위 : 백만 원)
유동자산	27,398	33,584	40,298	57,452	51,651
당좌자산	20,677	29,520	36,758	53,267	46,433
재고자산	6,720	4,064	3,541	4,185	5,218
비유동자산	66,826	66,615	64,044	58,073	71,082
투자자산	49,441	49,135	49,008	42,163	45,492
유형자산	12,743	11,184	9,966	9,755	19,497
무형자산	4,426	4,426	3,200	4,222	4,160
자산총계	94,223	100,199	104,343	115,525	122,734
유동부채	3,109	4,007	5,452	5,664	4,465
비유동부채	3,890	3,296	882	568	1,469
자본	87,224	92,896	98,008	109,293	116,800
부채 및 자본합계	94,223	100,199	104,343	115,525	122,734
손익계산서					(단위 : 백만 원)
매출액	51,105	52,272	50,710	50,196	49,394
매출원가	41,152	39,420	36,285	36,168	35,937
매출총손익	9,954	12,852	14,425	14,027	13,458
판매비 및 관리비	4,086	4,047	3,978	4,109	3,682
영업손익	5,868	8,805	10,447	9,919	9,776
법인세비용차감전순손익	6,083	9,719	10,814	17,051	10,861
법인세비용	1,358	2,133	2,373	3,911	2,336
계속사업이익	4,725	7,586	8,441	13,140	8,524
중단사업손익	0	0	0	0	0
당기순손익	4,725	7,586	8,441	13,140	8,524
현금흐름표					(단위 : 백만 원)
영업활동순현금흐름	6,082	13,132	10,341	7,846	3,214
투자활동순현금흐름	−3,553	−3,890	−7,364	−8,312	−862
재무활동순현금흐름	−2,100	−2,100	−3,360	−2,016	−3,402
성장성비율					(단위 : %)
총자산증가율	2.37	6.34	4.14	10.72	6.24
매출액증가율	4.80	2.28	−2.99	−1.01	−1.60
수익성비율					(단위 : %)
총자산순이익률	5.07	7.80	8.25	11.95	7.16
자기자본순이익률	5.50	8.42	8.84	12.68	7.54
매출액영업이익률	11.48	16.84	20.60	19.76	19.79
매출액순이익률	9.25	14.51	16.65	26.18	17.26
레버리지비율					(단위 : %)
부채비율	8.02	7.86	6.46	5.70	5.08
이자보상비율	•	•	•	•	•
비유동비율	76.61	71.71	65.35	53.13	60.86
비유동장기적합률	73.34	69.25	64.76	52.86	60.10
유동성비율					(단위 : %)
유동비율	881.17	838.12	739.19	1,014.36	1,156.80
당좌비율	665.04	736.71	674.24	940.47	1,039.93
현금비율	10.20	29.59	23.71	12.31	11.66
활동성비율					(단위 : 회)
총자산회전율	0.55	0.54	0.50	0.46	0.41
자기자본회전율	0.59	0.58	0.53	0.48	0.44
비유동자산회전율	0.76	0.78	0.78	0.82	0.76
재고자산회전율	7.89	9.69	13.34	12.99	10.51
생산성비율					(단위 : %)
총자본투자효율	11.50	12.60	13.27	17.01	10.69
설비투자효율	85.07	112.85	138.95	214.33	142.13
부가가치의 구성					(단위 : 백만 원)
영업잉여	6,085	10,013	11,356	10,761	10,941
인건비	2,306.64	2,013.76	1,974.21	2,090.52	2,065.99
금융비용	−217.60	−1,208.33	−908.95	−842.22	−1,165.30
감가상각비	2,495.81	1,940.10	1,800.23	1,178.37	1,193.69

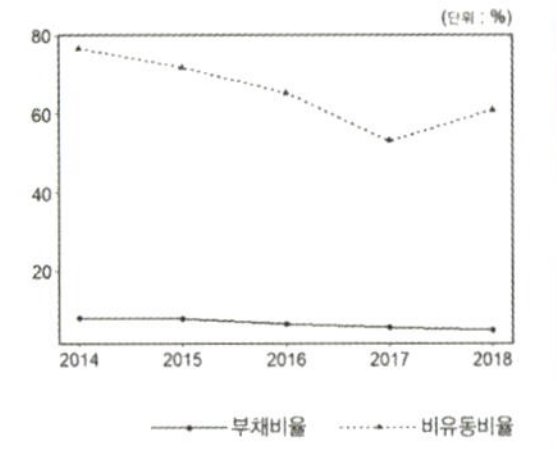

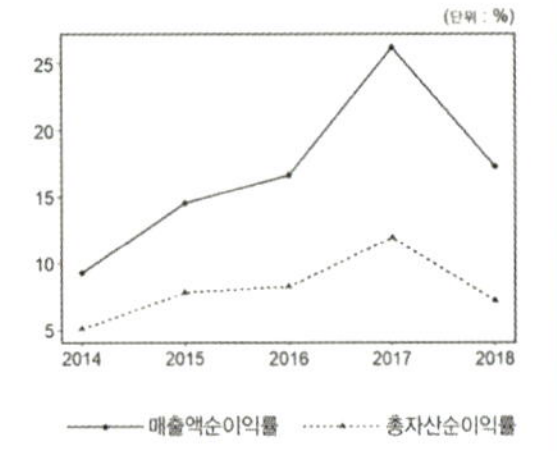

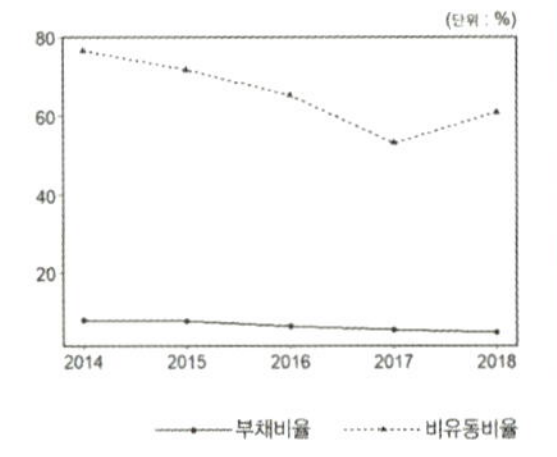

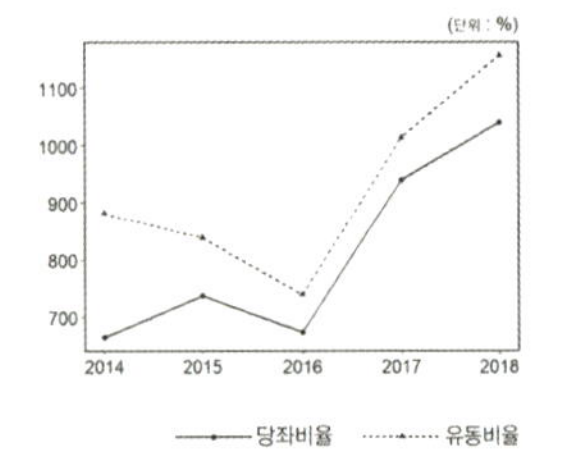

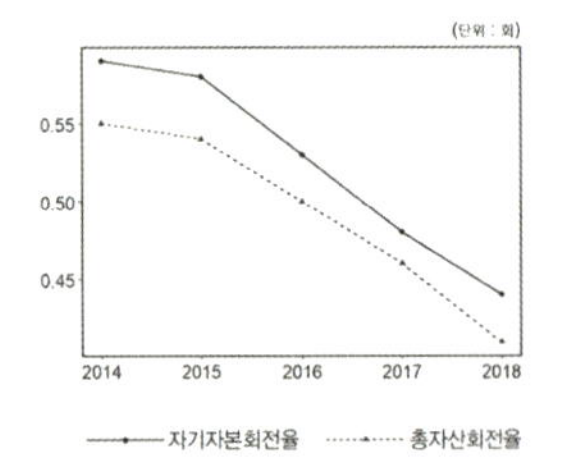

부록 II

경영분석 지표 해설

1. 성장성에 대한 지표 Indicators Concerning Growth

기업의 자산 등 경영규모와 기업활동의 성과가 전년에 비해 얼마나 증가했는지를 나타내는 지표로, 기업의 경쟁력이나 미래의 수익창출능력을 간접적으로 나타낸다.

1.1 총자산증가율 (Growth Rate of Total Assets)

기업의 총자산이 얼마나 증가했는가를 나타내는 비율로, 기업의 전체적인 성장성을 측정하는 지표이다.

$$\text{총자산증가율} = \left(\frac{\text{당기말총자산}}{\text{전기말총자산}} \times 100\right) - 100$$

1.2 매출액증가율 (Growth Rate of Sales)

전기 매출액에 대한 당기 매출액의 증가율로 기업의 외형 신장세를 판단하는 대표적인 지표이다.

$$\text{매출액증가율} = \left(\frac{\text{당기매출액}}{\text{전기매출액}} \times 100\right) - 100$$

2. 수익성에 대한 지표 Indicators Concerning Income and Expenses

일정 기간 기업의 경영성과를 측정하는 비율로, 투자된 자본 또는 자산, 매출 수준에 상응하여 창출한 이익의 정도를 나타낸다. 참고로 저량(stock)개념의 대차대조표 항목과 유량(flow)개념의 손익계산서 항목을 동시에 고려하는 혼합비율의 경우 대차대조표 항목은 기초잔액과 기말잔액을 평균하여 사용한다.

2.1 총자산순이익률 (Net Income to Total Assets)

당기순이익의 총자산에 대한 비율로, ROA(Return on Assets)로 알려져 있다. 기업의 계획과 실적 간 차이 분석을 통한 경영활동 평가나 경영전략 수립 등에 많이 사용한다.

$$\text{총자산순이익률} = \frac{\text{당기순이익}}{\text{총자산(평균)}} \times 100$$

2.2 자기자본순이익률 (Net Income to Stockholders' Equity)

자기자본에 대한 당기순이익의 비율을 나타내는 지표로, ROE(Return on Equity)로 널리 알려져 있다. 자본 조달 특성에 따라 동일한 자산구성하에서도 서로 상이한 결과를 나타내므로 자본구성과의 관계도 동시에 고려해야 한다.

$$\text{자기자본순이익률} = \frac{\text{당기순이익}}{\text{자기자본(평균)}} \times 100$$

2.3 매출액영업이익률 (Operating Income to Sales)

기업의 주된 영업활동에 의한 성과를 판단하기 위한 지표이다. 제조 및 판매 활동과 직접 관계된 순수한 영업이익만을 매출액에 대비하며 영업수익성을 나타낸다.

$$\text{매출액영업이익률} = \frac{\text{영업이익}}{\text{매출액}} \times 100$$

2.4 매출액순이익률 (Net Income to Sales)

매출액에 대한 당기순이익의 비율을 나타내는 지표이다.

$$매출액순이익률 = \frac{당기순이익}{매출액} \times 100$$

3. 레버리지에 대한 지표 Indicators Concerning Leverage Analysis

레버리지에 대한 분석은 기업경영의 안정성, 타인자본에 대한 지불능력, 타인자본 사용에 따른 손익확대 효과, 자본의 조달 및 운용, 경영성과에 대한 파악이 가능한 지표들로 구성되어 있다.

3.1 부채비율 (Debt Ratio)

$$부채비율 = \frac{유동부채+비유동부채}{자기자본} \times 100$$

부채비율은 타인자본과 자기자본 간의 관계를 나타내는 대표적인 안정성 지표로, 이 비율이 낮을수록 재무구조가 건전하다고 할 수 있다. 타인자본은 차입금, 회사채, 매입채무, 미지급금, 부채성충당금 등의 부채를 말하며 1년 이내에 지급기일이 도래하는 부채는 유동부채, 1년 이후에 지급기일이 도래하는 부채는 비유동부채이다. 경영자 입장에서는 단기채무 상환의 압박을 받지 않고 투자수익률이 이자율을 상회하는 한 타인자본을 계속 이용하는 것이 유리하다. 그러나 채권회수의 안전성을 중시하는 채권자는 부정적일 수 있는데, 그 이유는 기업의 부채비율이 지나치게 높을 경우 추가로 부채를 조달하는 것이 어려울 뿐만 아니라 과다한 이자비용의 지급으로 수익성도 악화되어 지급불능 사태에 직면할 가능성이 높아지기 때문이다.

3.2 이자보상비율 (Interest Coverage Ratio)

이자보상비율은 이자지급에 필요한 수익을 창출할 수 있는 능력을 측정하기 위한 지표로, 이자부담능력을 판단하는 데 유용하다.

$$이자보상비율 = \frac{영업이익}{이자비용} \times 100$$

3.3 비유동비율 (Non-Current Ratio)

$$비유동비율 = \frac{비유동자산}{자기자본} \times 100$$

기업자산의 고정화 위험을 측정하는 비율로, 운용기간이 장기에 속하는 비유동자산을 어느 정도 자기자본으로 충당했는가를 나타내는 지표이다. 비유동비율은 일반적으로 100% 이하를 양호한 상태로 보고 있는데 이는 장기적으로 자금이 고착되어 있는 비유동자산에 대한 투자를 가급적 상환기간이 없는 자기자본으로 충당하는 것이 기업의 장기 안정성을 위해 바람직하다고 판단하기 때문이다.

3.4 비유동장기적합률 (Non-Current Assets to Stockholders' Equity and Non-Current Liabilities)

$$비유동장기적합률 = \frac{비유동자산}{자기자본+비유동부채} \times 100$$

자기자본 및 비유동부채가 비유동자산에 어느 정도 투입되어 운용되고 있는가를 나타내는 지표로 운용자금 조달의 적정성과 투하자본의 고정화 정도를 측정하는 데 사용된다. 일반적으로 비유동자산에 대한 투자는 자기자본의 범위 내에서 이루어지는 것이 안정적이나, 현실적으로 거액의 설비투자를 필요로 하는 산업의 경우 부족한 자금을 자기자본으로만 충당하는 데 어려움이 있다. 따라서 소요자금의 일부를 타인자본으로 충당하더라도 단기부채보다는 비교적 상환 기간이 긴 장기부채로 조달하게 되면 안정성을 유지할 수 있다고 볼 수 있으며, 그러한 의미에서 100% 이하를 표준비율로 보는 것이 일반적이다.

3.5 부채레버리지비율 (Leverage ratio)

기업의 부채에 대한 의존도를 나타내는 지표이다. 자기자본순이익률 계산 시 활용되어 기업의 부채의 존도가 자기자본순이익률 변화에 어떠한 영향을 미쳤는지 파악할 수 있다.

$$\text{부채레버리지비율} = 1 + \frac{\text{부채}}{\text{자기자본}}$$

3.6 결합레버리지도 (DCL: Degree of Combined Leverage)

기업은 일반적으로 영업활동을 영위하기 위해 영업고정비를 수반하는 자산을 보유하고, 재무고정비를 수반하는 타인자본을 사용한다. 이에 따라 발생하는 고정비가 기업의 수익성에 미치는 효과는 결합레버지도를 통해 분석할 수 있다. 결합레버리지도는 영업레버리지도와 재무레버리지도의 곱으로 측정할 수 있으며 결합레버리지 효과는 매출액이 일정한 비율로 변화할 때 주당순이익의 변화율이 확대되어 나타나는 효과를 의미한다.

$$\text{결합레버리지도} = \frac{\text{주당순이익의 변화율}}{\text{매출액의 변화율}}$$

3.7 영업레버리지도 (DOL: Degree of Operating Leverage)

매출액 변화에 대한 영업이익 변화의 크기, 즉 영업고정비에 의한 손익확대효과의 정도를 측정하는 지표이다.

$$\text{영업레버리지도} = \frac{\text{영업이익의 변화율}}{\text{매출액의 변화율}}$$

3.8 재무레버리지도 (DFL: Degree of Financial Leverage)

재무고정비로 인해 발생하는 손익확대효과의 정도를 측정하는 지표이다.

$$\text{재무레버리지도} = \frac{\text{주당순이익의 변화율}}{\text{영업이익의 변화율}}$$

4. 유동성에 대한 지표 Indicators Concerning Liquidity

4.1 유동비율 (Current Ratio)

단기채무에 충당할 수 있는 유동자산이 얼마나 되는가를 평가하여 기업의 단기지급능력을 판정하는 대표적 지표이다. 유동비율이 높을수록 단기지급능력이 양호하다고 볼 수 있으나 과다한 유동자산 보유는 자산운용 효율성을 떨어뜨려 수익성을 저해한다.

$$\text{유동비율} = \frac{\text{유동자산}}{\text{유동부채}} \times 100$$

4.2 당좌비율 (Quick Ratio)

유동부채에 대한 당좌자산의 비율로, 유동자산 중 현금화되는 속도가 늦고 현금화의 불확실성이 높은 재고자산 등을 제외시킨 당좌자산을 유동부채에 대응시킴으로써 단기채무에 대한 기업의 지급능력을 파악하는 데 사용된다. 산성시험비율(Acid test ratio)또는 신속비율이라고도 하는 이 비율은 기업의 유동성분석을 위한 보조지표로 사용되고 있다.

$$당좌비율 = \frac{당좌자산}{유동부채} \times 100$$

4.3 현금비율 (Cash Ratio)

유동부채에 대한 현금 및 현금성자산의 비율로, 당좌자산 중 현금 및 현금성자산으로 유동부채를 상환할 수 있는 초단기 채무지급능력을 파악하는 지표이다. 2007년부터 회계기준이 변경되어 단기금융상품을 현금 및 현금성자산에서 단기투자자산으로 분류한다.

$$현금비율 = \frac{현금\ 및\ 현금성자산}{유동부채} \times 100$$

5. 활동성비율 Indicators Concerning Activity

활동성에 대한 지표는 기업에 투하된 자산이나 자본이 얼마나 활발하게 운용되었는가를 나타낸다.

5.1 총자산회전율 (Total Assets Turnover)

총자산이 1년 동안 몇 번 회전했는가를 나타내는 비율로, 기업에 투하한 총자산의 운용효율을 총괄적으로 표시하는 지표이다.(총자산=총자본)

$$총자산회전율 = \frac{매출액}{총자산(평균)}$$

5.2 자기자본회전율 (Stockholders' equity turnover)

자기자본이 1년 동안 몇 번 회전했는가를 나타내는 비율로, 자기자본 이용의 효율성을 측정하는 지표이다.

$$자기자본회전율 = \frac{매출액}{자기자본(평균)}$$

5.3 비유동자산회전율 (Non-Current Assets Turnover)

비유동자산의 효율적 이용도를 나타내는 지표이다. 자본의 고정화 정도를 판단하는 수단이 되며 유동성 분석에 있어서도 유용한 보조지표로 이용될 수 있다.

$$비유동자산회전율 = \frac{매출액}{비유동자산(평균)}$$

5.4 재고자산회전율 (Inventories Turnover)

재고자산의 회전속도, 즉 기업이 보유중인 재고가 매출액으로 변화하는 속도를 말한다. 일반적으로 이 비율이 높을수록 재고자산의 관리가 효율적으로 이루어지고 있음을 나타낸다. 그러나 재고를 정

$$재고자산회전율 = \frac{매출액}{재고자산(평균)}$$

상적인 영업활동에 필요한 적정수준 이하로 유지하여 수요변동에 적절히 대처하지 못하는 경우에도 이 비율은 높게 나타날 수 있으므로 해석에 유의할 필요가 있다. 재고자산회전율에 대한 상대적인 차이에 대해서는 실제로 재고자산이 효율적으로 관리되었는지, 생산기간이 단축되어 재공품이 감소하였는지, 기업의 재고보유 방침이 바뀌었는지, 또한 재고자산 평가방법을 다르게 채택하고 있는지를 비교 분석하여 판단해야 할 것이다.

6. 생산성에 관한 지표 Indicators Concerning Productivity

기업활동의 성과 및 효율을 측정하고 개별 생산요소의 기여도 및 성과배분의 합리성 여부를 규명하기 위한 지표이다. 생산성에 관한 지표는 곧 경영합리화의 척도라고 할 수 있으며, 생산성 향상으로 얻은 성과에 대한 분배의 기준이 된다. 최근에는 기업경영의 성과를 부가가치 생산성이라는 개념으로 측정하는 것이 일반적이다.

6.1 노동장비율 (Property, Plant andequipment per capital)

생산과정에서 종업원 한 사람이 어느 정도의 노동장비를 이용하고 있는가를 나타내는 지표이다.

$$\text{노동장비율} = \frac{\text{[유형자산-건설 중인 자산]의 평균}}{\text{종업원수(평균)}}$$

6.2 자본집약도 (Total assets per capital)

종업원 한 사람이 어느 정도의 자본을 보유하고 있는가를 나타내는 지표로, 노동장비율의 보조지표로 이용된다.

$$\text{자본집약도} = \frac{\text{총자본(평균)}}{\text{종업원수(평균)}}$$

6.3 총자본투자효율 (Gross value-added to total assets or Productivity of capital)

자본생산성(Productivity of capital)을 측정하는 지표로, 기업에 투자된 총자본이 1년 동안 어느 정도의 부가가치를 산출했는가를 나타낸다. 이 비율이 높으면 총자본이 효율적으로 운용되었음을 의미한다.

$$\text{총자본투자효율} = \frac{\text{부가가치}}{\text{총자본(평균)}} \times 100$$

6.4 설비투자효율 (Gross value-added to property, plant and equipment)

기업에서 실제로 사용되고 있는 유형자산(유형자산-건설중인 자산)이 어느 정도의 부가가치를 생산하였는가를 나타내는 지표로, 총자본투자효율의 보조지표로 이용된다. 또한 '설비투자효율×노동장비율 = 종업원 1인당 부가가치'로 표시되므로 노동생산성의 변동요인분석에도 이용된다.

$$\text{설비투자효율} = \frac{\text{부가가치}}{\text{[유형자산-건설 중인 자산]의 평균}} \times 100$$

7. 부가가치의 구성 Composition of Gross Value-Added

부가가치(value-added)는 생산 과정에서 새로 덧붙인 가치이다. 회사의 이익을 주주에게 귀속되는 순이익(net income)에 국한하지 않고 광범위한 이해관계자(stakeholders)에게 귀속되는 모든 이익을 측정한 것이다.

7.1 영업잉여 (Operating Surplus)

영업잉여 = 영업손익+대손상각비−금융비용

영업손익에 대손상각비를 가산하고 금융비용을 차감한 잔액을 말한다. 금융비용을 차감해 이를 구분 명기한 것은 타인자본에 대한 대가를 명확히 보여주기 위한 것이다.

7.2 인건비 (Employment Costs)

판매비와 관리비 중 급여, 퇴직급여, 복리후생비 항목과 제조원가명세서 중 노무비, 복리후생비 항목의 합계액을 인건비로 한다.

7.3 금융비용 (Interest Expenses)

차입금이나 회사채발행 등에 대한 대가로 지급되는 이자비용을 말한다.

7.4 감가상각비 (Depreciation)

판매관리 부문과 제조 부문에서 발생된 감가상각비를 말한다.

8. 현금흐름분석 Indicators Concerning Cash flow

현금흐름표를 이용해 현금흐름의 내용과 변동원인, 현금창출능력 등에 대한 정보를 파악할 수 있다.

8.1 영업활동 순현금흐름 (Cash flows from Operating activities)

기업의 주요 수익창출활동인 제품 및 상품의 생산과 판매활동, 관리활동을 통해 기업의 현금흐름이 원활한지 파악하는 지표이다. 영업활동에서 발생하는 현금흐름의 금액은 기업이 외부의 재무자원에 의존하지 않고 영업을 통해 필요한 현금흐름을 창출하는지에 대한 중요한 지표가 된다.

8.2 투자활동 순현금흐름 (Cash flows from Investing activities)

장기성 자산 및 현금성자산에 속하지 않는 기타 투자자산의 취득과 처분을 통해 발생하는 현금흐름을 보여주는 지표이다.

8.3 재무활동 순현금흐름 (Cash flows from Financing activities)

차입금의 조달 및 상환, 주식발행 등 기업의 자금조달활동으로 발생하는 현금흐름을 나타내는 지표이다.

8.4 잉여현금흐름 (FCF: free cash flow)

잉여현금흐름 = 세후영업현금흐름 − 총투자액(투하자본증가액)

세후영업현금흐름에서 미래 가치창출을 위한 투자액을 차감한 현금흐름을 말한다.

부록 III

자료포락분석 방법론 설명

Business Analysis of Korean Food Manufacturing and Processing Company

1. 자료포락분석 Data Envelopment Analysis 개념

- 효율성(efficiency)에 대한 정의는 다양하지만, 일반적으로 운영관리 관점에서 정의되는 효율성이란 투입량에 대한 산출량의 비율을 의미한다. 이러한 효율성의 개념은 어떤 조직이나 생산성 측정 단위가 가진 자원들을 투입하여 산출물 또는 조직이 원하는 결과물을 어떻게 창출해내는가를 측정할 때 활용되었다. 자료포락분석(DEA)은 자료지향적(data oriented) 효율성 계산 방법의 하나로 수집된 의사결정단위(DMU : Decision Making Unit)들로부터 최적이라고 생각되는 의사결정단위(DMU)를 도출한다. 또한 최적이 아닌 즉, 비효율적인 의사결정단위(DMU)들의 비효율성의 정도를 파악 가능하게 해준다.
- 비교가 가능한 DMU들 간 상대적 효율성을 평가하기 위해 자료포락분석(DEA)은 투입과 산출의 관계를 선형으로 나타내고, 최적화 모형을 수립한 후 선형계획법(LP : Linear Programming)을 활용한다. 다시 말해, 자료포락분석(DEA)은 선형계획법(LP)의 한 적용사례라 할 수 있다. 선형계획 모형(LP)의 목적함수에 따라 '투입지향(Input-oriented) 모형' 또는 '산출지향(Output-oriented) 모형'을 정의할 수 있고, 규모 가변성(Return to scale) 제약조건에 따라 다양한 모형이 정의될 수 있다.

2. CCR 및 BCC 모형

- 자료포락분석(DEA)의 가장 초기 모형인 CCR 모형은 1978년 Charnes et al.(1978)[1]에 의해 발표되었다. CCR 모형은 투입 대비 산출의 발생이 규모에 상관없이 일정 비율로 발생한다는 불변규모수익(CRS : Constant returns to scale)을 가정하는 자료포락 모형 중 하나이다. CCR 모형은 주어진 자료로부터 구성된 생산가능집합의 생산변경선(Production Frontier Line)과 각각의 의사결정단위(DMU) 간 거리를 비효율성으로 정의한다. 즉, 생산변경선 위에 놓인 의사결정단위(DMU)가 효율적인 의사결정단위(DMU)가 되고, 그렇지 못한 의사결정단위로부터 생산변경선까지의 거리가 얼마나 되느냐에 따라 비효율성이 결정된다. 산출을 고정하고 투입을 최소화하여 효율성을 달성하고자 하는 '투입지향 CCR 모형'과 투입을 고정하고 산출을 최대화하고자 하는 '산출지향 CCR 모형'에 대한 수리적 표현은 아래와 같이 각각 나타낼 수 있다. 여기서 x_m은 M개의 투입요소, y_n은 N개의 산출요소를 나타내고, θ^k와 ϕ^k가 각 모형에서의 효율성이 된다. $\overline{OK}$는 의사결정단위 K로부터 원점까지의 거리이고, $\overline{OK_1}$는 K를 원점으로 투사했을 때, 생산변경과 만나는 점 즉, K의 생산변경점인 K_1과 원점간 거리이다.

1 Charnes, A., Cooper, W. W., & Rhodes, E. (1978). Measuring the efficiency of decision making units, *European Journal of Operational Research*, 2(6), 429-444.

– 투입지향 CCR 모형

$$\underset{\theta,\lambda}{Min}\,\theta^k = \frac{\overline{OK_1}}{\overline{OK}}$$

$$Subject\ to$$

$$\theta^k x_m^k \ \geq \ \sum_{j=1}^{J} x_m^j \lambda^j \quad (m = 1, 2, \ldots, M)$$

$$y_n^k \ \leq \ \sum_{j=1}^{J} y_n^j \lambda^j \quad (n = 1, 2, \ldots, N)$$

$$\lambda^j \ \geq \ 0 \ (j = 1, 2, \ldots, J)$$

– 산출지향 CCR 모형

$$\underset{\theta,\lambda}{Max}\,\phi^k = \frac{\overline{OK_1}}{\overline{OK}}$$

$$Subject\ to$$

$$x_m^k \ \geq \ \sum_{j=1}^{J} x_m^j \lambda^j \quad (m = 1, 2, \ldots, M)$$

$$\phi^k y_n^k \ \leq \ \sum_{j=1}^{J} y_n^j \lambda^j \quad (n = 1, 2, \ldots, N)$$

$$\lambda^j \ \geq \ 0 \ (j = 1, 2, \ldots, J)$$

- 한편, CCR 모형과 달리 투입 대비 산출의 발생이 규모에 따라 가변적으로 발생할 수 있다는 가변규모수익(VRS : Variable Returns to Scale)을 가정한 BCC 모형은 1984년 발표되었다. BCC 모형[2]에서의 생산가능집합은 항상 CCR 모형에서의 생산가능집합에 포함되고, 생산변경선이 선형이 아니라 규모에 따라 비선형으로 나타난다. 따라서, BCC 모형에서의 효율성은 항상 CCR 모형보다 크거나 같은 값을 지니게 된다. BCC 모형 하에서의 자료포락 모형의 수리적 표현은 다음과 같이 표현할 수 있다. BCC 모형은 CCR 모형에서 $\sum_{j=1}^{J} \lambda^j = 1$이라는 제약조건이 추가된 형태이다.

2 Banker, R. D., Charnes, A., & Cooper, W. W. (1984). Some models for estimating technical and scale inefficiencies in Data Envelopment Analysis, *Management Science*, 30(9), 1078–1092.

- 투입지향 BCC 모형

$$\underset{\theta,\lambda}{Min}\,\theta^k = \frac{\overline{OK_1}}{\overline{OK}}$$

$$Subject\ to$$

$$\theta^k x_m^k \geq \sum_{j=1}^{J} x_m^j \lambda^j \ (m = 1, 2, \dots, M)$$

$$y_n^k \leq \sum_{j=1}^{J} y_n^j \lambda^j \ (n = 1, 2, \dots, N)$$

$$\sum_{j=1}^{J} \lambda^j = 1$$

$$\lambda^j \geq 0 \ (j = 1, 2, \dots, J)$$

- 산출지향 BCC 모형

$$\underset{\theta,\lambda}{Max}\,\phi^k = \frac{\overline{OK_1}}{\overline{OK}}$$

$$Subject\ to$$

$$x_m^k \geq \sum_{j=1}^{J} x_m^j \lambda^j \ (m = 1, 2, \dots, M)$$

$$\phi^k y_n^k \leq \sum_{j=1}^{J} y_n^j \lambda^j \ (n = 1, 2, \dots, N)$$

$$\sum_{j=1}^{J} \lambda^j = 1$$

$$\lambda^j \geq 0 \ (j = 1, 2, \dots, J)$$

3. 여유분 기반 모형 Slack Based Model

- 불변규모수익(CRS)을 가정한 CCR 모형 및 가변규모수익(VRS)을 가정한 BCC 모형 모두 비효율적인 점들이 원점 방향으로 투사했을 때, 그 거리의 정도를 가지고 효율성을 측정하는 방사형 모형(Radial model)이다. 방사형 모형의 경우, 투입요소 혹은 산출요소의 여유분(slack)은 고려하지 않아 여유분(slack)이 존재함에도 평가대상을 효율적이라고 산출하는 반면, 여유분 기반 모형(SBM : Slack Based Model)[3]은 단위 무관하게 투입 여유분(input slack)과 산출 여유분(output slack)을 고려해 효율성을 산출하는 비방사형 모형(Non-radial model)이다.

3 Tone, K. (2001). A slacks-based measure of efficiency in data envelopment analysis. European journal of operational research, 130(3), 498-509.

- 이러한 특성으로 인해 특정 의사결정단위(DMU)보다 조금이라도 투입이 많거나, 산출이 적은 관측치는 해당 의사결정단위(DMU)보다 더 낮은 효율성 값을 가지게 된다. 투입요소나 산출요소의 비효율성에 기반하기 때문에 현실적으로 의사결정단위(DMU) 간 상대적인 비교가 용이하다는 점에서 여유분 기반 모형(SBM)은 장점을 갖는다. 규모수익의 가정에 따른 여유분 기반 모형(SBM)을 수리적으로 표현하면 다음과 같다.

– 여유분 기반 모형 SBM – 불변규모수익 CRS 가정

$$\underset{\lambda,\, s^+,\, s^-}{Min}\ \theta^k_{SBM} = \frac{1 - \frac{1}{M}\sum_{m=1}^{M} s_m^- / x_m^k}{1 + \frac{1}{N}\sum_{n=1}^{N} s_n^+ / y_n^k}$$

Subject to

$$x_m^k = \sum_{j=1}^{J} x_m^k \lambda_j + s_m^-, \quad m = 1, 2, \ldots, M$$

$$y_n^k = \sum_{j=1}^{J} y_n^k \lambda_j - s_n^-, \quad n = 1, 2, \ldots, N$$

$$\lambda_j,\ s_i^-,\ s_n^+ \geq 0, \quad j = 1, 2, \ldots, J,\ m = 1,2,\ldots,M,\ n = 1,2,\ldots,N$$

– 여유분 기반 모형SBM – 가변규모수익 VRS 가정

$$\underset{\lambda,\, s^+,\, s^-}{Min}\ \theta^k_{SBM} = \frac{1 - \frac{1}{M}\sum_{m=1}^{M} s_m^- / x_m^k}{1 + \frac{1}{N}\sum_{n=1}^{N} s_n^+ / y_n^k}$$

Subject to

$$x_m^k = \sum_{j=1}^{J} x_m^k \lambda^j + s_m^-, \quad m = 1, 2, \ldots, M$$

$$y_n^k = \sum_{j=1}^{J} y_n^k \lambda^j - s_n^-, \quad n = 1, 2, \ldots, N$$

$$\sum_{j=1}^{J} \lambda^j = 1$$

$$\lambda^j,\ s_m^-,\ s_n^+ \geq 0, \quad j = 1, 2, \ldots, J,\ m = 1,2,\ldots,M,\ n = 1,2,\ldots,N$$

최규완

경희대학교 호텔관광대학 Hospitality 경영학부 교수로 재직하고 있으며, 경희대학교 관광대학원 부원장, 국민연금기금운용위원회위원, 한국외식산업정책학회 부회장직을 맡고 있다. 삼성경제연구소(SERI) 금융증권실, 경제동향실, 국내경제실, 경영전략 T/F 등에서 연구와 기업컨설팅을 수행했고, Great Human Software Co. Ltd. 경영총괄이사, 재무담당이사 그리고 한국외식산업연구원 부원장직을 역임했다. 주요 연구 분야는 재무관리, 전략경영, 브랜드경영, 비즈니스애널리틱스(경영 분야), 창업, 프랜차이즈, Hospitality 산업분석(산업 분야) 등이다. 『OECD가입과 한국경제의 자유화』(1995), 『IMF와 기업경영』(1998)을 출간했으며, Journal of Productivity Analysis, The Service Industries Journal, International Journal of Hospitality Management, Cornell Hospitality Quarterly, Tourism Economics 등 다수의 SSCI 저널에 논문을 발표했다.

장수청

미국 퍼듀대학교 호텔관광대학 교수로 재직하고 있으며, 재무관리와 경영전략, 소비자 행동분석 등을 연구, 강의하고 있다. SSCI급 국제저널에 180여 편의 논문을 출간했으며, 'Michael Olsen 연구 업적상', 'Bradford Wiley 그 해의 최우수 논문상'과 '국제학회 최우수 논문상'을 20여 회 수상했다. 2009년 『월간조선』 '해외학계를 주름잡는 한국인'으로 선정됐으며, 2011년 국제학술지 Journal of Hospitality and Tourism Research에서 호텔관광경영 연구 분야 최고 기여자로 선정됐다. 한국외식산업연구원 원장, 아시아태평양관광학회(Asia Pacific Tourism Association) 학술 부문 의장, 한국외식산업정책학회 회장을 역임했으며, 저서로 Planning Research in Hospitality and Tourism이 있다.

방도형 서울대학교 경영대학 박사수료 후 코리아애널리틱스 공동창업자 및 대표로 재직 중이다. 주요 관심 연구분야는 Business Analytics이고, 관련 분야로 연구 및 강의를 하고 있으며 현재는 기업 및 정부 프로젝트에 활발히 참여 중이다.

강혜진 경희대학교 호텔관광대학 Hospitality management 석사과정에 재학 중이며 주요 연구분야는 브랜드 매니지먼트와 수익경영이다.

이창민 경희대학교 호텔관광대학 Hospitality management 석사과정에 재학 중이며 주요 연구분야는 수익경영이다.

정조영 경희대학교 호텔관광대학 Hospitality management 석사과정에 재학 중이며 주요 연구분야는 서비스 운영관리이다.

정지윤 경희대학교 호텔관광대학 Hospitality 경영학부 졸업 후 현재 코리아애널리틱스에 재직 중이다.

식품기업 경영분석 2019

초판1쇄 인쇄 2019년 12월 20일
초판1쇄 발행 2019년 12월 20일

지은이 최규완, 장수청, 방도형, 강혜진, 이창민, 정조영, 정지윤
펴낸이 박영국
펴낸곳 경희대학교 출판문화원
주소 서울시 동대문구 경희대로 26
전화 02-961-0106~8
팩스 02-961-0291
설립 1960년 9월 16일 제5-8호
등록 1977년 11월 8일 제6-5호
홈페이지 www.khupress.com
전자우편 press@khu.ac.kr

ISBN 978-89-8222-016-6 (93320)

※ 책 내용 관련 문의 : 저자 방도형(bdh718@snu.ac.kr)